Die Zitate der Titelseite in vollem Wortlaut

Christian Felber (Attac):
„Während Chemie-, Erdöl- oder Gentechnik-Konzerne keinerlei Probleme beim Zugang zu Fremdkapital haben, sind lebenswichtige Zukunftstechnologien, wie zum Beispiel Solarenergie oder Biolandbau, chronisch unterausgestattet."
Quelle: 50 Vorschläge für eine gerechtere Welt, Christian Felber, S. 24

Franz Hörmann:
„Wir wissen, dass zehn Prozent der berufstätigen Bevölkerung von ihren Arbeitseinkommen nicht mehr leben können."
Quelle: www.derstandard.at, 13. Oktober 2010

Jean Ziegler:
„Im Jahr 2003 belief sich die öffentliche Entwicklungshilfe der Industrieländer des Nordens für die 122 Länder der Dritten Welt auf 54 Milliarden Dollar. Im selben Jahr haben diese Länder der Dritten Welt den Kosmokraten der Banken des Nordens 436 Milliarden Dollar als Schuldendienst überwiesen."
Quelle: Das Imperium der Schande, Jean Ziegler, 2005, S, 69

Die Gemeinwohl-Falle

Wie man mit Halb- und Unwahrheiten
eine Gesellschaft aufwiegelt

Michael Hörl

Die Gemeinwohl-Falle

Wie man mit
Halb- und Unwahrheiten
eine Gesellschaft aufwiegelt

Michael Hörl

Ein Buch aus dem eco.bizz.verlag

Korrektorat: Sabine Kopp
Umschlaggestaltung: Heidi Schausberger

1. Auflage

ISBN: 978-3-200-02660-5
Die Rechte liegen beim eco.bizz.verlag,
Paracelsusstraße 268, A-5084 Großgmain.
www.ecobizz.at
© 2012, by eco.bizz.verlag, Großgmain

Das Werk ist einschließlich aller seiner Teile urheberrechtlich geschützt.
Jede Verwertung und Vervielfältigung des Werkes ist ohne Zustimmung des
Verlages unzulässig und strafbar. Alle Rechte, auch die des auszugsweisen
Nachdrucks und der Übersetzung, sind vorbehalten! Ohne ausdrückliche
schriftliche Erlaubnis des Verlages darf das Werk, auch Teile daraus,
weder reproduziert, übertragen noch kopiert werden, wie zum Beispiel manuell oder
mithilfe elektronischer und mechanischer Systeme inklusive Fotokopieren, Bandaufzeichnung und Datenspeicherung. Zuwiderhandlung verpflichtet zu
Schadenersatz. Der eco.bizz.verlag ist eine eingetragene Marke.
Alle im Buch enthaltenen Angaben, Ergebnisse usw. wurden vom Autor
nach bestem Wissen erstellt. Sie erfolgen ohne jegliche Verpflichtung oder
Garantie des Verlages. Er übernimmt deshalb keinerlei
Verantwortung und Haftung für etwa vorhandene Unrichtigkeiten.

Inhaltsverzeichnis

1. Die geschürte Abstiegsangst 14
1.1 Wie aus guten Zahlen schlechte werden 14
1.2 „Manifest Arme": Schwuppdiwupp von 355.000 auf 511.000 nach oben korrigiert 20
1.3 ORF: Mehrheit gegen Minderheit 22
1.4 Die Angst vor der Angst 25
1.5 Was uns Angst macht 27
1.6 Die Bedarfsarmut 30
1.7 Wer profitiert von der geschürten Abstiegsangst? 32
1.8 „Immer weniger besitzen immer mehr" 38

2. „Nieder mit dem …!" 44
2.1 Das eiserne Gesetz der Kapitalismus-Kritik 44
2.2 Die Ängste des Herrn Karl 46
2.3 Karl Marx: viermal widerlegt 47
2.4 Die Angst vor dem Monopolkapitalismus 56
2.5 Felber: „Konzerne kontrollieren Märkte!" 63
2.6 Der Monopol-Sozialismus 70
2.7 Marxismus in der Praxis 74
2.8 Was stört Felber am Gewinn? 78
2.9 Als es noch keinen Kapitalismus gab 79
2.10 Eine „andere" DDR ist möglich 84
2.11 „Kapitalismus, Sozialismus und Demokratie" 87
2.12 Die „Totale-Gemeinwohl-Basis-Volks-Demokratie" 95
2.13 Manchesterkapitalismus: Einmal anders betrachtet 104
2.14 Europas Gemeinwirtschaft exportiert seine Zukunft ... 106
2.15 Arm in Österreich 113
2.16 Die Kälte des Neo-Liberalismus 117

3. Konzerne: All- oder Ohnmacht? 121
3.1 Dichtung und Wahrheit 121

3.2	Warum entstehen Konzerne?	126
3.3	Warum produzieren Konzerne effizient?	130
3.4	Je größer die Firmen, desto höher die Löhne	134
3.5	Der Monopolkapitalismus Chicagoer Fleischfabriken	138
3.6	Sozialismus: Leben mit dem Diebstahl	143
3.7	Wissenschaftlich nachgemessen: Steigt die Macht der Großkonzerne?	147
3.8	Wenn Börsengiganten verschwinden	152
3.9	Wenn 1 Mensch 2 Milliarden verdient	161

4. Die Gemeinwirtschaft in Indien 165

4.1	Indiens „Dritter Weg"	166
4.2	Attac: Patentschutz oder Fortschritt	172
4.3	Die „Prämisse vom Nullsummenspiel"	177
4.4	Felber: „Kapitalismus verhindert Innovationen in der Energiewirtschaft"	194

5. Die Gemeinwirtschaft in China 200

5.1	Leben mit dem Kaiser	200
5.2	Chinas zwei Systeme	201
5.3	Vom Staatskapitalismus zum Kommunismus	202
5.4	Chinas großer Sprung zurück	203
5.5	„China: Moving away from Marx"	207
5.6	Wenn die Karawane weiterzieht	215
5.7	Konzerne: Textilarbeiter ausgebeutet?	217
5.8	China 2012: Profit- vor Gemeinwirtschaft	220
5.9	„Zurück" in die Zukunft?	222

6. Und leider nicht ... in Afrika! 226

6.1	Unternehmerinnen dringend gesucht	227
6.2	Große Pläne mit der kleinen Bohne	230
6.3	Geschäftsideen für Afrika	232
6.4	Der „Business-Plan" für Afrika	235
6.5	„Flucht vor der Armut"	237

6.6 Zieglers Zahlenmix: Von Äpfel + Birnen 240

7. Irrtümer über unsere Wirtschaft 245

7.1 „Banken und Spekulanten haben an der Krise Schuld". 245
7.2 Für „Ökonomisierung der Gesellschaft" 251
7.3 „Frauen werden diskriminiert!" 251
7.4 „Pflegeinvestitionen schaffen Jobs" 256
7.5 „Kapitalismus an Ressourcenschwund schuld!" 256
7.6 „Die Ernten werden sich halbieren!" 259
7.7 „Das US-Embargo hält Kuba arm!" 260
7.8 „Der Kapitalismus vernichtet Vielfalt!" 263
7.9 Ziegler: Konzernwachstum ohne Jobs 264
7.10 „Die Lohnquote sinkt!" 270
7.11 „In unseren Städten hungern Kinder!" 276
7.12 „Schwund-Geld – basisdemokratisch und
      gemeinschaftsbildend!" 281
7.13 „Wenig arbeiten – viel verdienen!" 284
7.14 „Der Kapitalismus ist an stagnierenden Realeinkommen
      schuld!" 288
7.15 „Als Kleiner hast Du keine Chance!" 291
7.16 „Umverteilung macht reich!" 297
7.17 „Erfolg hängt nicht von Arbeit ab" 301
7.18 „Die Mittelschichten schrumpfen!" 302
7.19 „Hartz IV hat zu Armut und Ungleichheit geführt!" ... 307
7.20 „Deutschland kann seine Marktwirtschaft noch retten!" 311
7.21 „Bei Hartz IV verdient man einen Euro in der Stunde" 318
7.22 „Österreicher werden diskriminiert!" 319
7.23 Wir sind doch alles „Kleine Leute" 320

**8. Das 19 Punkte-Programm für den Aufbau einer
liberalen Zivilgesellschaft 326**

8.1 Europäer betriebswirtschaftlich bilden 327
8.2 Lehrstuhl für Sozialismusforschung 334
8.3 Ökonomie ohne Soziologie 336

8.4	Generationengerechtigkeit neu definieren	337
8.5	Schluss mit Föderalismus-Kindergarten	340
8.6	Der Super-Wahltag	344
8.7	Für jeden (Wiener) eine Wohnung	345
8.8	Staats- und Landesfirmen verkaufen	348
8.9	Subventionswahnsinn stoppen	350
8.10	Österreichs Medien demokratisieren	351
8.11	Deutsche Medien demokratisieren	354
8.12	Fernseh-Angst zügeln	356
8.13	Blühen uns die 1920er?	358
8.14	Das sozialistische Europa der 1920er	362
8.15	Menschenjagd stoppen	366
8.16	Politiker auf die Schulbank	368
8.17	Lasst uns wie die Schweizer werden!	373
8.18	Das Mehrheitswahlrecht	377
8.19	Österreich braucht den „Wirtschaftsjournalisten"	378

9. Yippie, wir verblöden! **396**

9.1	Die „Zins-Verschwörung"	398
9.2	Der „Jesus-Schmäh" oder das „Zinseszins-Paradoxon"	401
9.3	Klaussners Banken-Verschwörung	405
9.4	Silvio Gesell: Ohne Zinsen reich	414
9.5	Zinseszins-Effekt zwingt zum Wachstum	417
9.6	Hörmann: Neue Gesellschaft ohne Geld	419
9.7	Die Verschwörung der Ratingagenturen	421
9.8	Felbers „Neue Werte für die Wirtschaft – Eine Alternative zu Kommunismus und Kapitalismus"	424

Vorwort

Dass der Kapitalismus nicht mehr in unsere Zeit passe, meinte 2012 Klaus Schwab, Gründer des Weltwirtschaftsforums in Davos. Dass es ungerecht zuginge, glauben bereits 90% der Österreicher. Und in weiten Bereichen von Europas Mainstream sieht man die Notwendigkeit, „das System" grundsätzlich zu ändern oder es gleich komplett auszuwechseln.

> Was wirft man Kapitalismus oder Globalisierung
> im Detail denn vor?

- Dass die Armut weltweit – auch in Österreich – kontinuierlich ansteigt.
- Dass die Vermögen der Reichen stärker wachsen als die der Armen.
- Und die Kluft zwischen Arm und Reich damit gefährlich auseinandergeht.
- Dass der Kapitalismus unsere natürlichen Grundlagen zerstört.
- Dass „die Konzerne" immer größer werden – weil sie Menschen, Rohstoffe und Konsumenten ausbeuten.
- Dass die (Finanz-) Wirtschaft die Politik unkontrolliert steuern.
- Und dass „ein Prozent" 99% der restlichen Welt steuert.

Bis in die 1980er Jahre hätte man solche Vorwürfe mit ein paar Sätzen aus dem Betriebs- oder Volkswirtschaftsbuch vom Tisch gewischt und die Sache wäre erledigt gewesen. In etwa mit den Worten Josef Joffes, Co-Herausgeber der linksliberalen Wochenzeitung „Die Zeit"[1]. „Seien wir froh, dass es den Kapitalismus gibt. Die Ursache der Krise ist eine schlichte: Es gibt keine Blasen ohne billiges Geld, und das wurde in 20 Jahren aufgetürmt – von der Fed wie von den anderen Zentralbanken."

Tatsächlich hatte die staatliche US-Zentralbank („Fed.") ca. 14.000 Milliarden Dollar an Geld gedruckt und es auf Staatsgeheiß (etwa dem „Community Reinvestment Act") über den staatlich organisierten Immobiliensektor in die Taschen ihrer Bürger gepumpt. Das löste einen 20 Jahre währenden Wirtschaftsboom (auf Pump) aus. Amerikas Wähler hatten es ihren Politikern durch große Wahlerfolge gedankt. Pikanterweise haben auch Europas Wohlfahrtsstaaten eine ähnlich hohe Summe in die Taschen ihrer Bürger geschleust. Der Unterschied: Nicht die Bürger verschuldeten sich – nein, Europas Nationalstaaten nahmen das Geld selber auf und pumpten es über Sozialleistungen in die Taschen ihrer Wähler. 40 Jahre permanenter Wahlerfolge gaben auch ihnen recht.

Weil billiges Geld schon seit Menschengedenken aber nicht nur in Immobilien, sondern auch in jede Art der Spekulation fließt, blies die staatlich organisierte Geld-Flut weltweit nicht nur die Immobilien-, sondern auch die Aktien- und Rohstoffmärkte auf.

Mit den gestiegenen Aktienkursen stiegen aber auch die fiktiven Werte von Unternehmen („Aktiengesellschaften") und die von Immobilien. In den Mieter-Gesellschaften Österreichs und Deutschlands führte dies zwangsweise dazu, dass die Kluft zu den durch das Staatsgeld aufgeblasenen Finanz- und Immobilienvermögen zu den anderen Einkommen (leicht) anstieg.

Wer nun Banken als Bösewichte identifiziert und deshalb verstaatlichen will, braucht nicht mehr viel zu tun. Sie gehören bereits dem Staat. Josef Joffe: „Wie die blutenden Landesban-

---

[1] "Nieder mit dem ...", www.zeit.de, 4.5.2009

ken zeigen, ist der Staat im Geldgeschäft noch dümmer als selbst der gierigste Spekulant". Oder anders formuliert: 80% deutscher Bankenhilfen gehen an Staats- und Landesbanken. **Weil** sie staatlich waren.

Faktenlage klären – Kritik am Mainstream wagen

Erklärungen im Stile eines Joffe reichen in Europa heute aber längst nicht mehr aus. Sie sind „old school". Alleine schon deshalb, weil nur mehr eine verschwindende Minderheit Europas überhaupt Zugang zu (professionellem) Wirtschaftsunterricht hat. Und weil auch die Mehrheit, die heute öffentlich über Wirtschaft spricht, selber nie im Betriebswirtschaftslehre-Unterricht gesessen hat.

Damit muss dieses Buch als Erstes einmal die Datenlage klären und vieles richtigstellen, was im Alltagsstreit politischer Interessen auf dem Schlachtfeld der Wahrheit liegen bleiben musste. Danach versucht das Buch, die Kritik an Kapitalismus und Globalisierung derart aufzuarbeiten, dass populäre Gegenentwürfe einer kritischen Begutachtung unterzogen werden. Vor allem will das Buch für verschiedene Ausformungen gemeinwirtschaftlich orientierter Lebensentwürfe (den kritischen) ideologischen Überbau erstellen.

Um die Notwendigkeit der Radikalität bei gesellschaftlichen Veränderungen beurteilen zu können, sollen aber als Erstes die vorgebrachten Missstände einer objektiven Beurteilung unterzogen werden.

1. Die geschürte Abstiegsangst

Der gesellschaftliche Tenor heute ist eindeutig: Die Armut wächst, die Kluft wird größer und die Ungerechtigkeit steigt. Viele Gemeinwohl-Literaten führen die Notwendigkeit eines Systemwechsels gerade auf diese Annahmen zurück. Der Haken an der Sache: Der solcherart „veröffentlichten Meinung" stehen Tatsachen entgegen, die das diametral Entgegengesetzte aussagen. Sehr augenscheinlich wird das in Nachrichtensendungen des (staatlichen) österreichischen Rundfunks.

1.1 Wie aus guten Zahlen schlechte werden

ORF über EU-Armutsbericht:	„Die Armut steigt"
EU-Armutsbericht selbst:	„Die Armut sinkt"

„Dass die Schere zwischen Arm und Reich in Österreich immer weiter auseinandergeht, sieht man an den jüngsten Zahlen". Zumindest behauptete dies Eugen Freund in der ZIB 1 vom 16.12.2011.[2] Immer mehr Österreicher seien armutsgefährdet, zum ersten Mal sogar über eine Million, weiß man in der ZIB 1 zum gerade erschienenen Armutsbericht „EU-SILC 2010". Und der ins Studio eingeladene Präsident der Volkshilfe (SPÖ), Josef Weidenholzer bestätigte: „Vor 10 Jahren hätte es das noch nicht gegeben!"

Wer sich hingegen die Mühe macht und den 178 Seiten starken Armutsbericht selber in die Hand nimmt, traut seinen Augen nicht – steht da doch das glatte Gegenteil. Sowohl die Zahl der „Armutsgefährdeten" und der „manifest Armen" als auch die der „Working Poor" sinken – und das schon über viele Jahre

---

[2] ORF 2, 19:30, 16.12.2011

hinweg. Die berühmte Kluft zwischen Armen und Reichen (Österreichern) stagniert seit 40 Jahren auf niedrigem Niveau – in den letzten 10 Jahren schrumpfte sie sogar! Nachfolgend seien ORF-Aussagen die entsprechenden Passagen des Berichtes gegenübergestellt:

ORF: „Erstmals über 1 Million armutsgefährdet!"

EU-SILC 2010, Seite 38: „1 Million Armutsgefährdeter" gab es schon öfters. So waren es 2003 etwa 1.044.000, Tendenz sinkend. Weil die Bevölkerung aber wächst, sinkt der relative Anteil armutsgefährdeter Menschen seit 20 Jahren konstant (1993: 14%, 2010: 12%).[3]

Hatte Volkshilfe-Präsident Weidenholzer (SPÖ) im ORF angedeutet („Vor 10 Jahren hätte es das nicht gegeben"), dass vor allem durch Schwarz-Blau die Armut in Österreich angestiegen sei, zeichnet das EU-Papier auch hier ein anderes Bild: Die Anzahl der Menschen, die arbeiten und trotzdem armutsgefährdet sind, ging vor allem während der schwarz-

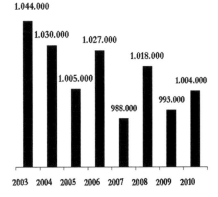

[3] Dass es von 2009 auf 2010 einen „errechneten Anstieg" von 11.000 Personen gegeben hat, wird im Bericht der „statistischen Schwankungsbreite" zugeschrieben (EU-SILC, S. 38/39).

blauen Koalition signifikant zurück. Der Grund: Mit der ÖVP-FPÖ-Steuerreform wurden 350.000 Kleinstverdiener von der Lohnsteuer befreit.

ORF: „Die Zahl der in Armut Lebenden steigt"

EU-SILC 2010, S. 22 + S. 120, wortwörtlich: „Die Armutsgefährdungsquote blieb seit 2004 nahezu unverändert bei rund 12-13%" der Gesamtbevölkerung. Ein Anstieg von Armutsgefährdung in Folge der Krise ist dabei auch in EU-SILC 2010 nicht erkennbar."

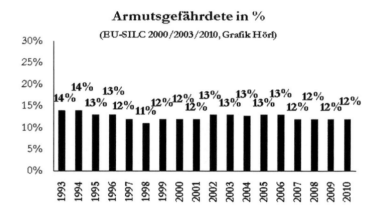

ORF: „Wird der Lebensstandard weiter sinken[4]?"

EU-SILC 2010, S. 165: „Die Einkommen stiegen seit 2004 um 18%". Und S. 6: „Der Anteil der ‚Working Poor' hat sich seit 2005 kontinuierlich verringert und liegt derzeit mit 4,9% weit

---

[4] So fragte sich der ORF im Internet zu diesem Thema

unter dem EU-27-Durchschnitt von 8,4%". Die wissenschaftliche Grundlage, die die Basis für die Suggestivfrage des ORF bildete, war aus dem EU-Armutsbericht nicht eindeutig erkennbar.

ORF: „Anzahl der Armen gestiegen!"

EU-SILC 2010, S. 23 + S.77: „Die Quote der manifest Deprivierten („Armen") nach EU-Berechnung ist von 6% (2008) auf 4% (2010) gesunken."

Christian Felber (Mitbegründer von „Attac Österreich") zitiert in seinen „aktuellen Daten zu Wirtschaft und Gesellschaft"[5] 2007 die Koordinatorin des „Canisibus", Elisabeth Drabek: „(…) Armut ist längst kein exklusives Randgruppenphänomen mehr". Die Gäste, so Felber weiter, kämen immer mehr aus mittleren Schichten der Gesellschaft. „In Oberösterreich hat sich die Zahl der SozialhilfeempfängerInnen um 75% erhöht. (…) Im Bezirk Hollabrunn gab es 2006 mit 506 einen Rekord bei Neuansuchen für Sozialhilfe[6]." Wenn Felber auf die 506 Sozialhilfeempfänger einer kleinen niederösterreichischen Landgemeinde in Hollabrunn hinweist, so erweckt er den Eindruck, als ob dies ein landesweites Phänomen wäre. Es ist ein Stilmittel Felbers, (willkürlich herausgepickte) Einzelergebnisse (meist links stehender Organisationen) so aneinanderzureihen, dass sie in ihrer Gesamtheit bedrohlich wirken und beim Leser Wut und Empörung schüren.

Die neutralen offiziellen Zahlen für ganz Niederösterreich, oder ganz Oberösterreich – oder für ganz Österreich – wissen (2007) ausschließlich von einem langfristigen Rückgang der Armut. Wenn man aber die offiziellen Armutsberichte nicht

---

[5] Oktober 2007
[6] „Aktuelle Daten zu Wirtschaft und Gesellschaft", Auf: www.christianfelber.at, 2.2.2012

selber gelesen hat – beziehungsweise der offiziellen Berichterstattung vertrauen muss – dann hat man ein echtes Informationsproblem. In einem Industrieland des 21. Jahrhunderts.

Statistisch arm (gemacht)

Und noch einmal Felber[7]: „Die Zahl der Working Poor ist in Österreich 2004 auf 57.000 angestiegen. Sie lebten unter der Armutsgrenze von 650 Euro/Monat." Auch diese Zahl findet sich im offiziellen EU-Armutsbericht (EU-SILC 2004 und 2005) nicht.

Im Gegenteil: Die Zahl der Working Poor war auch in den besagten Jahren weiter abgesunken – von 255.000 (2004) auf 249.000 (2005). Die nicht übereinstimmenden Werte zur später angeführten Grafik (in absoluten Zahlen) ergeben sich daraus, dass die „Statistik Austria" ab 2008 viele ihrer „alten" Zahlen rückwirkend neu berechnet hatte. Den Trend zu sinkenden Armutszahlen konnte sie aber nicht beeinträchtigen.

ZIB (ORF):	„Schere geht auseinander"
OECD/EU:	„Schere geht (bei Österreichern) zusammen"

Seit Jahren nehmen die Österreicher es als selbstverständlich hin, wenn im Mainstream das Auseinanderdriften der berühmten Kluft beschworen wird. Tatsächlich beweisen alle Studien für die Alpenrepublik geradezu das Gegenteil.

Die jährlich publizierte OECD-Studie „Growing Unequal[8]" kommt zum Schluss, dass sich Österreichs Gini-Koeffizient (Maßzahl für die Verteilung zwischen Arm und Reich) über 25 Jahre hinweg zwar um Nuancen leicht verschlechtert hat – und zwar von 0,236 (Mitte 80er) auf 0,261 (2010). Tatsächlich ist die

---

[7] Ebenda
[8] Deutsch: „Mehr Ungleichheit trotz Wachstum"

absolute „Veränderung" aber mit 0,025 Punkten (in Worten: Null-Komma-Null-Zwei-Fünf) über 25 Jahre hinweg so gering, dass es am Rande der statistischen Wahrnehmung liegt.

Berücksichtigt man allerdings die starke Zuwanderung ungelernter Arbeitskräfte aus dem Ausland ab den späten 1980ern und 1990ern, so hat sich die Kluft zwischen armen und reichen „Österreichern" sogar geschlossen. Laut EU-SILC 2010 beträgt die Wahrscheinlichkeit der Armutsgefährdung von Nicht-EU-Ausländern 31% bzw. bei eingebürgerten Zuwanderern 25%. Junge Türken sind zu 56% von Armut bedroht.

Bei Österreichern sind es gerade einmal 10%. Und selbst auf diese 10 Prozent Armuts-„Gefährdeter" gelangt man nur, wenn man vierköpfige Familien dazuzählt, und wenn diese „nur" 2.165 Euro netto monatlich zur Verfügung haben.

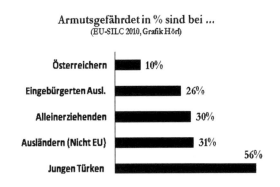

Österreich braucht Zuwanderung, das ist unbestritten; jede Generation halbiert sich mittlerweile fast. Aber es war die unkontrollierte Zuwanderung – ohne Selektion nach Ausbildung und Bedarf[9] – durch SPÖ-geführte Regierungen, die über 30 Jahre hinweg die Armut „importierte" und damit die Kluft zwischen Arm und Reich (leicht) auseinandergehen ließ. Prinzipiell ist das nicht einmal tragisch, geht es der überwiegenden Zahl der Zuwanderer hier

---

[9] …, wie dies in Australien oder Kanada üblich ist

doch ungleich besser als in ihren Heimatländern – und das nicht nur materiell. Wird die Zuwanderung aber missbraucht, um Österreichs (Wähler) in soziale Abstiegsangst zu versetzen und politisches Kleingeld zu verdienen, dann ist diese stark zu überdenken.
Was nie diskutiert wird: Hunderttausende Lehrlinge oder Studenten leben in einer persönlichen Situation, die offiziell als „armutsgefährdet" gilt, obwohl die Menschen ihre Lage deshalb nicht als aussichtslos erleben.[10]

1.2 „Manifest Arme": Schwuppdiwupp von 355.000 auf 511.000 nach oben korrigiert

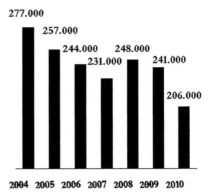

Der Prozentsatz „wirklich", also „manifest" Armer nach EU-Definition bewegt sich in Österreich im Jahrzehnteschnitt (!) zwischen 3-4% der Bevölkerung. 96% sind es also nicht.
Alleine von 2009 (396.000) auf 2010 (355.000) ging sie um 41.000 zurück! Vielleicht ist diese (erfreuliche) Tatsache im Land politisch nicht erwünscht[11], denn die Statistik Austria hat 2008 die objektiven und EU-weit einheitlichen Kriterien zur Berechnung „manifest Armer" spezi-

---

[10] www.goethe.de, November 2007
[11] Dabei hat noch jeder zweite manifest Arme in Gemeinden unter 10.000 Einwohnern ein eigenes Auto

ell für Österreich abgeändert. Seither errechnet sie eine weitere, „österreichische Variante" manifest Armer.

Die Mehrheit der Armutsgefährdeten verfügt heute ohnedies über Telefon, Fernseher oder Waschmaschine, und so strich man dieses Kriterium kurzerhand heraus – Soziologen der Uni Wien wie „Experten" der Armutskonferenz hatten dies empfohlen.[12] Stattdessen nahm man „typisch österreichische" Kriterien herein. So waren Österreicher, die nach EU-weiter Definition *nicht*-arm waren, nach „österreichischer" Definition ab 2008 plötzlich *schon* arm, wenn sie nicht mindestens einmal im Monat Freunde zum Essen einladen konnten. Oder wenn sie nicht problemlos unerwartete Ausgaben von 950 Euro (!) finanzieren konnten. Oder nicht jeden zweiten Tag Fleisch/Fisch aßen (So mancher fragt sich hier, ob er oder sie nicht auch plötzlich arm wäre).

Wie willkürlich die Verschärfung erfolgte, demonstriert die Tatsache, dass nicht nur 323.000 Armutsgefährdete es sich nicht leisten konnten, Freunde regelmäßig zum Essen einzuladen, sondern auch 591.000 Nicht-Armutsgefährdete.

Und eine einzige kleine Fußnote im 178 Seiten starken Konvolut verrät (auf Seite 85) mehr, als den Autoren vielleicht lieb ist: 2008 wurden statistische Verfahren geändert: „Durch diese methodischen Effekte könnte der Anstieg der Deprivation im Jahr 2008 eventuell verstärkt worden sein". Es könnte auch heißen: Man hat die Armen statistisch herbeigerechnet. Jedenfalls wurden auf die „Ver-Österreicherung" der Berechnungsmethode aus 355.000 Armen nach EU-Kriterien „über Nacht" 511.000 nach „österreichischen Kriterien". Und exakt diese eine Zahl hat sich der ZIB-Bericht von Ende 2011 herausgepickt.

Irgendwie entsteht manchmal der Eindruck, dass Organisationen wie die Armutskonferenz die Armut im Lande künstlich

---

[12] EU SILC 2010, S. 110

herbeirechnen, um die eigene Existenz zu rechtfertigen. Und es entsteht der Eindruck, dass soziale Institutionen wie etwa die „Tafel" von politischen Aktivisten instrumentalisiert werden, um die vermeintliche Verkommenheit des Systems zu demonstrieren.

Wem nützt die geschürte „soziale Abstiegsangst"?

Die „österreichische" Variante der Armenberechnung (siehe oben) wurde von der Statistik Austria 2008 eingeführt. Zufälligerweise war ihr damaliger Chef Konrad Pesendorfer (SPÖ) zur selben Zeit Berater von Werner Faymann (SPÖ). ZIB-Sprecher Eugen Freund war 1978 Pressesprecher unter Kreisky (SPÖ), der zitierte Sozialwissenschaftler Weidenholzer ist SPÖ-Nationalratsabgeordneter (und erhielt von Bundespräsident Heinz Fischer, ebenfalls SPÖ-Mitglied mit derzeit ruhender Mitgliedschaft, schon das Verdienstzeichen um die Republik).

ORF-Informationschef ist Fritz Dittlbacher (SPÖ), der von der Arbeiterzeitung (SPÖ) gekommen war. Geleitet wird der ORF von Alexander Wrabetz (SPÖ). ORF-Stiftungsrat Nikolaus Pelinka (SPÖ) hätte ihn als Büroleiter verstärken sollen. Engagierte ORF-Journalisten konnten dies mit enormer Kraftanstrengung im letzten Moment noch verhindern.

1.3 ORF: Mehrheit gegen Minderheit

„Hunderte Belagerer der Occupy-Bewegung wurden heute in New York von einem Großaufgebot der Polizei abgeführt", weiß Eugen Freund in der ZIB empört.[13] Nicht Hunderttausende – oder „wenigstens" Tausende. Nein, Hunderte. In einem

---

[13] ZIB 1, 18.3.2012

Land mit dreihundert Millionen (= 3 0 0 , 0 0 0 . 0 0 0) Menschen. In einer Stadt mit 8 Millionen (= 8.000.000) Einwohnern. 0,003 Prozent der Stadtbevölkerung. Für Eugen Freund Grund genug, um die Ziele der Kapitalismusgegner wieder (und wieder) öffentlich zu wiederholen.

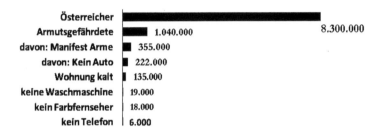

Die einseitige Berichterstattung – mit einer ebensolchen Auswahl von „Experten" – hat in Österreichs „veröffentlichter Meinung" Tradition. Das permanente Schüren von sozialen Abstiegsängsten als politisches Kampfmittel verfehlt seine Wirkung nie – schon Kreisky gewann die Wahl von 1970, als er die Schere zwischen Arm und Reich beklagte. Wenn man den Menschen nur oft genug sagt, dass es ungerecht in ihrem Lande zuginge und dass sich einige wenige Reiche auf Kosten einer Mehrheit bereicherten, dann glauben sie dies nach einer Zeit. Sie entwickeln Ängste und sie werden wütend. Damit werden sie leichter empfänglich für die entsprechenden Botschaften („SPÖ = Gerechte Partei"). Vor allem, wenn darin die Rettung aus der (selber herbeigeredeten) Ungerechtigkeit versprochen wird.

Das permanente Aufrechterhalten einer sozialen Bedrohungssituation erzeugt in der Gesellschaf aber ein beträchtliches und beträchtlich labiles Aggressionspotential. In Krisenzeiten kann dies schneller unkontrollierbar werden, als man das in Normalzeiten ins Kalkül zieht.

Dass das Trommelfeuer von Österreichs Medien-Mainstream aber Grenzen kennt, verdeutlicht eine Umfrage des Gewinnes unter Jugendlichen.[14] Nur 20 Prozent sehen die „soziale Ungerechtigkeit" als Hauptursache für die Armut. Nur 33% sind dafür, dass Geld von den Reichen zu den Armen umverteilt wird. Einige Jahre Medienkonsum später sehen die Zahlen naturgemäß dann anders aus.

Dabei gibt es viele und sehr gute ORF-Journalisten, die sich aufrecht und engagiert um Ausgewogenheit und Objektivität bemühen. Geht es aber hart auf hart – und das ist immer der Fall zu Wahlzeiten (in Österreich also fast immer) –, dann haben sie zu kuschen und die politisch gewollte Meinung öffentlich zu verbreiten. Wer sich nicht daran hält und den Führungsanspruch im Staate (und im ORF) anzweifelt, fliegt. Das weiß man nicht erst, seit ORF-Chef Wrabetz den politisch unzuverlässigen Elmar Oberhauser kurzerhand feuerte. Oder als die SPÖ (manche munkeln, gar Bundeskanzler Faymann direkt) den Chefredakteur der staatlichen Wiener Zeitung, Andreas Unterberger, absetzte. Er hatte dem Staatsblatt einen liberalen Kurs verpassen wollen.

Wenn es Österreich nicht schleunigst gelingt, seine Medien zu demokratisieren, wird die Wahrscheinlichkeit, dass sich die öffentlich aufgestachelte Wut (wieder) an Sündenböcken entlädt, weiter steigen.

---

[14] Gewinn, 1/12

1.4 Die Angst vor der Angst

Als Zeitungsleser kennt man die Zeitungsmeldung: Der Preisanstieg eines beliebigen Produktes wird als Spitzenmeldung lang und breit bejammert. Von der Preissenkung ein Jahr später liest man nicht. Und es wäre nicht Europa, wenn man die Ursache für die Preissteigerungen nicht bei Kapitalismus oder Spekulanten oder den nach dem Weltmonopol strebenden Großkonzernen suchen würde.

Wer das Experiment wagt und einmal ein paar Wochen keine Zeitung liest, den staatlichen Radiostationen entsagt und auch den ebensolchen Fernsehkanälen, der wird eine neue Lebenslust verspüren: Denn die Mehrheit aller Meldungen sind vom Duktus unserer (europäischen) Gesellschaft geprägt – dem der tausendfachen (aktualisierten) Wiederholung kollektiver Abstiegsängste.

„Endlich! Wir gehen unter!"

Menschen haben grundsätzlich mehr Lust an negativen als an positiven Meldungen, das ist entwicklungsgeschichtlich bedingt. So hatte in der Steinzeit ein rechtzeitig ausgelöster Alarm so manches Neandertaler-Dorf vor der Ausrottung durch fremde Stämme gerettet. Vor Tausenden von Jahren. Heute versetzt der Alarm aber nicht mehr einmal im Jahr die Menschen in Angst und Schrecken, sondern 250 Mal täglich.

Besonders bei Europäern steigert sich diese Angst vor der Angst zum regelrechten „Untergangskult". „Wovor müssen wir uns 2012 fürchten?", ätzt Zukunftsforscher Matthias Horx[15] und mutmaßt ironisch: „Vor Wohlstandsverlust, Inflation, Euro-Kalypse, kollabierenden Banken, Werteverfall (der ‚Klassiker'

---

[15] Presse, 31.12.2011

schon seit Jahrhunderten), vor Terrorismus, Killerviren, Burnout oder Kürzeln à la EHEC, ESM oder gar EFSF?"

Alles Fakten rund um einen wahren Kern. Mindestens genauso wahr ist aber auch: „200 Millionen Inder der Armut entkommen!", „China wird bald 25% seiner Energie aus erneuerbaren Quellen schöpfen!", „96% der Österreicher nicht von Armut betroffen!", „Immer weniger Menschen sterben in Kriegen!", „Europas Mordrate seit 1450 um 95% gesunken![16]", „China entwickelt Konzept, bis 2030 500 GW (=500 Kernkraftwerke) an Photovoltaik ans Netz zu bringen[17]!"

Alles wahr, doch für die Menschen uninteressant. Sie dringen nicht in die Redaktionen unserer Medienunternehmen vor. Woher kommt die Lust des Menschen an der Katastrophe?

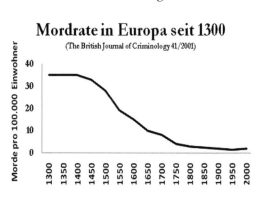

Der Statistiker Gerd Bosbach meint, es läge in der Natur des Menschen[18]: Unseren Vorvorfahren wäre es in der Brutalität der Steinzeit nicht um Feinheiten gegangen. Lieber ein Alarm zu viel als einer zu wenig. Was den Unterschied zu heute ausmacht? Früher blieb der Fehlalarm im kleinen Kreis der Sippe. In unserer digitalen Medienwelt wird er noch am selben Tag vieltausendfach in alle Himmelsrichtungen hinausgeschrien. Doch sind die Menschen

---

[16] "The Long-term Dynamics of European Homicide Rates", The British Journal of Criminology 41/2001, In: Wenn Ideen Sex haben, Matt Ridley, S, 119
[17] Neue Energie, 12/2011, S. 85
[18] Gerd Bosbach, „Lügen mit Zahlen"

dafür nicht gebaut. Sie deuten den medialen Druck an depressiven Meldungen als Untergang des jeweils bestehenden Systems – ja ihrer ganzen Art.

1.5 Was uns Angst macht

Wer sich ängstigen möchte, braucht prinzipiell einmal nur Medien zu konsumieren. Bei manchen Medien und ihren Playern ist der politische Gruselfaktor aber signifikant höher als bei anderen.

Die Angst vor der Kaufsucht

> **28 Prozent der Österreicher kaufsuchtgefährdet**
> 20 Prozent der Menschen in Österreich sind deutlich, acht Prozent stark kaufsuchtgefährdet
> (SN, 22.12.2011).

Was dramatisch klingt und – jährlich aktualisiert – als „neues Produkt" auf den „Angst-Markt" kommt, entpuppt sich beim Studium des Originalberichts als harmlos. Demnach ist die Kaufsucht ein Phänomen, das vor allem junge Frauen trifft. Im Alter zwischen 14 und 24 Jahren sind sogar 14,7% stark kaufsucht-„gefährdet"[19]. Das heißt aber noch lange nicht, dass sie das auch sind. Oder, ob sie überhaupt einmal kaufsüchtig werden. Bei gleichaltrigen Männern sind es gerade einmal 4%. Insgesamt betrifft die theoretische Gefahr 6,2% der Österreicher.

---

[19] Kaufsucht in Österreich – 2011, AK Wien

> **AK-Steiermark: Christbäume werden teurer**
> Wenn Dänen die Bäume ausgehen, frohlockt der heimische Bauer: Die Preise für Christbäume legen bei den Grazer Einkaufszentren leicht zu – und es gibt auch weniger Aktionsware.
> (Kleine Zeitung, 19.12.2009)

Beinahe jährlich schockiert uns obige Nachricht der österreichischen Arbeitnehmerorganisation „Arbeiterkammer". Die Botschaft: „Alles" wird jährlich immer teurer. Warum sollen heimische Bauern für ihre Agrar-Rohstoffe aber eigentlich keine fairen Preise bekommen? Auch die Preise für die Arbeitskraft von Arbeitnehmern ist ja teurer geworden – und zwar stärker als die für Christbäume.

Die Angst vor der „Zwei-Klassen-Medizin"

Beinahe täglich ängstigen wir uns (oder besser: ängstigt man uns) um das Gesundheitssystem. Und dass es für Arme weniger böte als für Reiche. Dabei ist Österreichs medizinische Versorgung hervorragend. Und vor allem subventioniert sie mit dem Geld der Reichen die Gesundheit der „Armen" (was ja auch in Ordnung ist).

> **Arbeiterkammer: Sind Selbstbehalte gerecht?**
> Anneliese Valko (Küchenhilfe):„Ich habe eine kranke Mutter zu Hause und streite schon lange wegen des Pflegegeldes. Dabei merke ich, dass die Armen immer mehr übrig bleiben. Es wird so werden, wie es früher einmal war: Arm und Reich – dazwischen wird es nichts geben. Besonders schlimm ist es sicher für Alleinerzieherinnen. Schon alleine, was eine Brille kostet, ist kaum zu bezahlen"
> (Arbeiterkammer.at, 24.10.2009)

So ist jemand, der nur halbtags arbeitet, mit seinen 1.000 Euro monatlich gleich (gut) versichert wie der Techniker, der für 5.000 Euro 60 Stunden schuftet. Selbst wer als Österreicher nie im Lande war oder (etwa als Augustin-Verkäufer) niemals in die Krankenversicherung einbezahlt hatte, bekommt die Hüftprothese für 11.500 Euro gratis aus dem Steuertopf.[20] Hausfrauen und Kinder sind „beitragsfrei" beim Mann mitversichert – selbst wenn dieser keine Steuern zahlt.

Die Armen würden also immer mehr übrig bleiben? Die Statistik lässt eher das Gegenteil erahnen. Das reichste Drittel Österreichs bezahlt 59% der Krankenkassenbeiträge, nimmt aber nur 25% in Form von Leistungen heraus. Das ärmste Drittel bezahlt nur 13% ein, erhält aber 43% aller Mittel. Niemand will das ändern – aber zu behaupten, im Gesundheitssystem drohe Ungerechtigkeit und Kälte, trifft nicht nur nicht zu. Es schürt grundlos die Ängste der Bevölkerung.

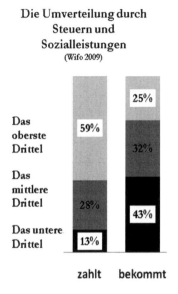

VKI: Dichtung und Wahrheit

In einer Umfrage bei Augenabteilungen hat der Verein für Konsumenteninformation (VKI) (der unter anderem von Arbeiterkammer und Gewerkschaftsbund betrieben wird) herausgefunden, dass Privatpatienten „normalen" vorgezogen würden. In einem aufsehenerregenden Leserbrief hatte daraufhin der Obmann der Österreichischen Augenprimarärzte, Prof. Dr. Michael Radda angemerkt, dass Teile der Untersuchung schlicht ge-

---

[20] Profil 44, 23.10.2009, S.17

fälscht worden waren: „In einem Fragebogen wurden aus 5% einfach 50% gemacht. Einem Arzt wurde unterstellt, dass er ein Privatspital betreibt und dort seine Patienten operiert. Auch diese Feststellung ist gelogen[21]". Und weiter: „Einer Abteilung in Oberösterreich wurde vorgeworfen, dass sie Privatpatienten mit Zusatzversicherung vorzieht. Auch diese Feststellung war frei erfunden, da die Wartezeit in dieser Abteilung sowieso nur 14 Tage beträgt."

Wen wundert es, dass Radda zum Ergebnis kam, dass die Untersuchung alles andere als seriös gewesen sei und die Ergebnisse im Vorhinein festgestanden hätten.

1.6 Die Bedarfsarmut

Die einzige Form der Armut, die in Österreich in den letzten 10 Jahren objektiv tatsächlich (enorm) zugenommen hat, ist die sogenannte Bedarfsarmut. Sie ist gerade dann am allergrößten oder am allerkleinsten – wenn (politischer) Bedarf danach ist. Geht es darum, weitere Mittel für NGO-Projekte in Österreich oder Afrika loszueisen, dann erklärt der linke Mainstream unser Land plötzlich als unglaublich reich. Will er weiteres Steuergeld für eigene „Sozial-Projekte" loseisen, dann ist das Land plötzlich unglaublich arm.

Caritas-Chef fordert Abkehr vom Überfluss
Umdenken. Alle reden vom Sparen. Das sei zu wenig, sagt Caritas-Chef Franz Küberl: „Wir brauchen eine Abkehr vom Überfluss."
(SN, 23.1.2012)

Bis zu einem Viertel des Brotes würden die Österreicher einfach wegschmeißen. Für den Caritas-Chef ein Zeichen, vom gesell-

---

[21] Presseaussendung APA 30.8.2011, ots.at, 1.1.2012

schaftlichen Überfluss abzurücken und das Leben bewusster und enthaltsamer zu leben.

Was Herr Küberl nicht erwähnt: Offensichtlich ist Brot – wie alle Lebensmittel – eben einfach zu billig geworden. Und unser Wohlstand damit (gefährlich?) hoch. Am Ende der Pressemitteilung muss Küberl dann zwar noch die Spendenbereitschaft der Österreicher loben, aber nur (?) 1 Million würde regelmäßig und substantiell spenden (bei 4 Mio. Bürgern). „Der Rest versteckt sich hinter dem Image, Spendenweltmeister zu sein."[22]

Mit diesem Schlusssatz errät man den eigentlichen Beweggrund dieser Caritas-Pressemeldung: (Noch) mehr Spendeneinnahmen! Und damit (noch) mehr Macht für Österreichs aufgeblasene Armutsindustrie.

Caritas: Deutlicher Anstieg der manifesten Armut in Österreich
Anlässlich der heutigen Präsentation der neuen Ergebnisse von EU-SILC ist Caritas-Präsident Franz Küberl entsetzt: „Der Lebensstandard der armutsgefährdeten Menschen ist noch einmal gesunken."
(www.caritas.at, 19.12.11)

---

[22] SN, 23.1.2012

Die Zunahme der manifesten Armut wäre deshalb so dramatisch, weil es um die täglichen Lebensbedingungen der Menschen ginge: „Manifest arm zu sein heißt konkret, dass sich Menschen nicht ordentlich ernähren können, ihre Wohnung nicht angemessen warm halten können oder auch notwendige Zahnarztbesuche aufschieben müssen."

Das Groteske bei der Sache: Der Bericht spricht vom (weiteren) Ansteigen der Zahl „manifest Armer". In Wahrheit sinkt deren Anzahl aber. Wie die der „Working Poor". Lebten im Jahr 2004 noch 277.000 Menschen in Armut, obwohl sie arbeiteten, waren es 2010 nur mehr 206.000. So wenige wie kaum irgendwann einmal in unserem Land. Und auch der Lebensstandard manifest Armer ist nicht gesunken, sondern weiter angestiegen. So besitzen fast alle Armen heute Waschmaschinen, Farbfernseher oder Telefon – vor 20 Jahren war das noch anders.

1.7 Wer profitiert von der geschürten Abstiegsangst?

Leider viel zu viele. Als Erstes sind es die Parteien und (teils selbst ernannten) Interessensvertretungen und NGO, die es als notwendig erachten, das Land in Angst und Schrecken versetzen zu müssen, um mit den eigenen „gerechten und fairen" Positionen als Retter und Erlöser dazustehen. Je ungerechter und unfairer dabei das menschliche Sein dargestellt wird, desto größer der Erfolg am Wahltag. Und der ist bekanntlich dann auch Zahltag, und so füllt die Angst- und ihre Armutsdividende klamme Parteikassen.

Mit Schwarz-Blau ins Jahrzehnt der Abstiegsangst

Natürlich profitierten vom politischen Druck letztendlich auch Arme (und vor allem Einwanderer). 1993 waren noch 14% der Bürger armutsgefährdet. Und sie waren damals wirklich arm, nur die wenigsten hatten Telefon oder Waschmaschine – heute sind es nur noch 12%. Und fast alle haben Handy, Waschmaschine oder Auto.

In den objektiv viel ärmeren 80er und 90er Jahren war die Armut nur eben kein Thema. Vielleicht war das so, weil die Sozialdemokratie damals schon seit Jahrzehnten ununterbrochen regiert hatte und es deshalb gar nicht mehr „sozialer" gegangen wäre. Und weil die Österreicher damals glaubten, dass die Sozialdemokratie auch noch weitere Jahrzehnte an der Macht bleiben würde.

Bis zum „Betriebsunfall" Silvester 1999/2000. Die von niemandem erwartete Ablöse eines „roten" Bundeskanzlers nach nur 30 Jahren an der Macht durch die Opposition war für die „Staatspartei" der politische Super-GAU. Die Möglichkeit, einmal nicht regieren zu können, war der genetischen Bausubstanz der Partei schlichtweg verloren gegangen. Vom Schock erholte man sich schneller als vorhergesagt. In kürzester Zeit nach der Jahreswende 2000 war ein medialer „Armutskult" geschaffen worden. Von nun an konnte die wirtschaftliche Entwicklung noch so gut aussehen, in der veröffentlichten Meinung kannte man nur mehr Niedergang und Depression.

Vielleicht überprüfen viele Journalisten beim Thema „Armut" nicht einmal die entsprechenden Rohdaten, den jeweils aktuellen EU-SILC-Bericht. Die Blauäugigkeit, mit der viele Medienleute über viele Jahre „getürkte" Armenzahlen weitergegeben haben, lässt die Forderung nach einer Wirtschaftsausbildung für Journalisten immer lauter werden (Siehe im Kapitel „Österreich braucht den Wirtschaftsjournalisten").

Und dann ist da noch Österreichs aufgeblasene Armutsindustrie. Sie ist der einzige Wirtschaftszweig, der vom (herbeigeredeten) Niedergang lebt. Dabei produziert sie weder neue Güter noch neue Dienstleistungen. Sie kann ausschließlich bestehende Werte (in Form von Steuergeld) verbrauchen. Jenes, das bei der Produktion (von neuen Gütern und Dienstleistungen) zuvor entstanden ist.

Unzählige Organisationen kämpfen heute um die vollen Fördertöpfe für Sozialprojekte. Je stärker die soziale Abstiegsangst geschürt wird, desto mehr Fördermittel lassen sich loseisen. Desto mehr neue Betätigungsfelder für die immer stärker anwachsende Berufsgruppe kann man begründen. Das erfordert immer mehr Steuern, was wiederum sinkende Realeinkommen zur Folge hat. Genau diese schreibt man groteskerweise aber nicht der eigenen „verbrauchenden" Sozialindustrie, sondern der „erwirtschaftenden" Marktwirtschaft zu.

Das Problem: Die Tausenden und Abertausenden Absolventen der aus dem Boden sprießenden Soziallehrgänge wurden ohne (professionelles) Wirtschaftsverständnis in die Welt hinaus entlassen. Hier braut sich eine politisch äußerst labile Schicht zusammen, die unsere Gesellschaft nachhaltig erschüttern wird.

„Caritas AG": Abstiegsangst und Kirchenmacht

Manch einer fragt sich, was Caritas und Diakonie dazu bewegt, ständig neue Flüchtlingsbetreuungen, Schulen, Krankenhäuser, Armen-Supermärkte, Pflege- und Pensionistenheime zu betreiben. Immerhin sinkt die Zahl der Gläubigen von Jahr zu Jahr. Zudem gibt es fast überall genügend private (oder öffentliche) Bewerber für die zu erbringenden Leistungen. Und nur ausnahmsweise gibt es überhaupt noch Ordensfrauen und Priester, die in den boomenden Wohlfahrtsorganisationen der großen Kirchen selber mitarbeiten könnten.

Weil es um Macht geht. Um Markt-Macht. Und um Umsätze. Der deutsche Journalist Axel Weipert kam zum Ergebnis: „Die sozialen Einrichtungen kirchlicher Trägerschaft (Caritas und Diakonie) werden in Deutschland zu mehr als 90% vom Staat finanziert und subventioniert. Kostenpunkt: gut 50 Mrd. Euro." Und trotzdem wären die arbeitsrechtlichen Bestimmungen laut Weipert geradezu skandalös: Weder Betriebsräte noch Streiks wären zugelassen.[23] Obwohl 40% der Deutschen weder der einen noch der anderen Kirche angehörten und nur mehr 4,4 Millionen Deutsche regelmäßig in die Kirche gingen (5,3% der Bevölkerung), würde der Apparat vom Steuergeld aller Deutschen mitbezahlt werden.

Gebt den Armen – Euer Kirchenvermögen!

„Eat the Rich", so tönt der Schlachtruf heute. „Der Obdachlose auf der Straße ist nur die Spitze des Eisbergs", mahnt Michael Landau von der Wiener Caritas. „Tatsächlich leben bereits rund 400.000 in akuter Armut, darunter viele Mindestpensionisten, Alleinerziehende oder Migranten." Das veranlasst den Kirchenmann, eine stärkere Besteuerung von Vermögen und Vermögenserträgen zu fordern. „Hier geht es um die konkrete Not konkreter Menschen, nicht um Ideologie."[24] Interessant.

Dabei ist die (mit Abstand) reichste Organisation des Landes nämlich die katholische Kirche selber. Über ihr eigenes Vermögen redet sie nicht öffentlich – das tun die Superreichen dieser Welt nun einmal nicht gern. Dass es die Kirche nicht eilig hat, all ihre Eigenjagden, Wälder, Berge, Landgüter, Zinshäuser, Stiftungen, Firmenanteile, Fabriken, Wohnungen, (die für Woh-

---

[23] „Leere Kirchen volle Kassen", Axel Weipert, Auf: www.dasdossier.de, 28.1.2012
[24] „Reiche-beute-gier-krisenkosten-aufruhr-bevoelkerung",
   auf: www.format.at, 10.4.2009

nungszwecke) vermieteten Immobilien und das Barvermögen aller ihrer Abteien, Stifte und Diözesen zusammenzuzählen, verwundert auch aus einem anderen Grund nicht.

Es würde die kirchliche Argumentation, die Armut würde steigen und es bräuchte daher sowohl einen stärkeren sozialen Zusammenhalt als auch generell neue Werte in einem anderen Licht erscheinen lassen. Es würde den kirchlichen Vorwurf, die Armut im Lande würde steigen und daher bräuchte es neue Werte und höhere Steuern für die Reichen, in einem anderen Licht erscheinen lassen. Warum verlangt gerade die mit Abstand reichste Organisation des Landes nach immer noch mehr Mitteln und Steuern von den (im Verhältnis zu ihr) viel weniger Wohlhabenden und viel weniger Steuerbegünstigten?

Die Wirtschaftsbetriebe des Stiftes Klosterneuburg (Weingüter, Wälder, Zinshäuser) beschäftigen 200 Mitarbeiter. Das Stift vergibt jährlich den „St. Leopold Friedenspreis". Motto 2010: „Den Armen eine Stimme geben."
Quelle: Wikipedia/Werckmeister

Alleine das Stift Klosterneuburg vermietet 700 Häuser und Wohnungen – der Umsatz damit: 25 Millionen Euro[25]. Der kirchliche Waldbesitz liegt bei etwa 121.400 Hektar, exklusive Forstbetriebe unter 500 Hektar. Insgesamt dürfte der Grundbesitz eine Viertelmillion Hektar übersteigen. Geschätzter Verkehrswert 1,8 Milliarden Euro. Dazu hält die katholische Kirche umfangreiche Firmenbeteiligungen. Etwa 85% an der Bank

---

[25] Der Standard, 6.2.2012

Schelhammer & Schattera – und diese wiederum hält 5,31% an den Casinos Austria.[26]

Dabei wird die Kirche jährlich noch zusätzlich mit 2 bis 3 Milliarden Euro Steuergeld subventioniert, glaubt man der „Initiative gegen Kirchenprivilegien". So würden etwa die Gehälter von Religionslehrern und die Betriebskosten von Privatschulen in der Höhe von 912 Millionen Euro jährlich vom Staat übernommen werden. Dafür versorgen Österreichs Religionslehrer junge Menschen dann mit neomarxistischen Filmen à la „Let's make money" und deuten die Verschwörung des Nordens und der Reichen gegen den (armen) Süden an.

Die Abzugsfähigkeit von Kirchenbeiträgen kostet den Steuerzahler 124 Millionen Euro, die (für die Kirche kostenfreien) Sendeminuten im ORF etwa 112 Millionen. Dabei hätten Organisationen wie die steirische Caritas nicht einmal das Spendengütesiegel (Das Spendengütesiegel überprüft die ordnungsgemäße Gebarung von Spendenorganisationen neutral und unabhängig.[27].

„Leere Kirchen – volle Kassen", titelte der Deutschlandfunk einmal[28]. Doch Geld und Macht alleine und die Angst der Menschen vor dem sozialen Abstieg werden die Schäfchen nicht in die Gotteshäuser zurücktreiben.

Gibt es also ausschließlich Profiteure bei Europas „AngstMania"? Nein. Auf der Strecke bleiben auch die Wahrheit und der soziale Frieden einer Gesellschaft. Und damit langfristig auch Sicherheit, Wohlstand und Demokratie.

---

[26] ebenda
[27] www.caritas-steiermark.at, 28.1.2012
[28] www.dradio.de, 28.7.2008

1.8 „Immer weniger besitzen immer mehr"

Die einzige Kennzahl, die in den letzten 10 Jahren tatsächlich ein Auseinandergehen zwischen Arm und Reich andeutete, ist die beim Immobilien- und Geldbesitz. „Die reichsten ‚10 Prozent' verfügen heute schon über 60% des Immobilienvermögens", weiß Markus Grabka vom Deutschen Institut für Wirtschaftsforschung (DIW).[29]

Grabkas Zahlen lügen nicht. Und doch sind sie nicht auf ein vermeintliches Ungerechtigkeitsproblem zurückzuführen. Sie sind das Resultat zweier breiter gesellschaftlicher Entwicklungen: Einerseits gehören Österreich und Deutschland weltweit zu den Ländern mit dem höchsten Anteil an Mietern in der Gesellschaft. Wertsteigerungen von Immobilien kommen so bei einer Mehrheit der Bevölkerung also nicht nur nicht an, sie verteuern langfristig die Mieten und verringern damit das Potenzial der Mieter-Mehrheit, Geldvermögen anzuhäufen. Andererseits hat das Drucken billigen Geldes (für die „kleinen Leute") über 20 Jahre lang sowohl in Europa als auch in Amerika die Finanz- und Immobilienwerte aufgebläht. Damit wuchsen die fiktiven Werte von Unternehmungen (so sie Aktiengesellschaften waren) auf dem Papier ebenso stark an wie die von Immobilien.

Waren Gewerkschaften an der Finanzkrise schuld?

Hätten US-Nationalbank und europäische Nationalstaaten ihr staatlich gedrucktes Geld nicht für künstlich niedrig gehaltene Zinsen von 1 oder 2% unter die Leute gebracht, sondern um 3 beziehungsweise 4%, dann hätten sich Millionen von Spekulationen (mit Aktien und Immobilien) auf Pump nicht ausgezahlt. Es macht nun einmal keinen Sinn, eine Anleihe mit 4% auf

---

[29] DIW Berlin, 4/2009, S. 54f.

Pump zu kaufen, wenn man dafür 4% Zinsen zu bezahlen hat. Es macht freilich Sinn, wenn es nur 1% kostet.

Tausende Milliarden Dollar und Euro an Schulden und Finanzkapital wären nicht entstanden. Und hätten in Folge weder Aktien- noch Immobilienwerte in die Höhe getrieben. Die Unterschiede zwischen Besitzenden und Nichtbesitzenden hätten sich nicht verändert.

Und Europas Gewerkschaften hätten die Straßen blockiert und den Kontinent mit Streiks überzogen. Allen voran der Deutsche Gewerkschaftsbund. Hatte der doch wie sein österreichisches Pendant über Jahre hinweg niedrigere Zinsen gefordert, um mit einer Verbilligung der Staatsverschuldung das Niveau der Sozialleistungen ausbauen zu können.

> **DGB-Appell an Bundesbank: Zinsen senken**
> Der Deutsche Gewerkschaftsbund (DGB) hat an die Deutsche Bundesbank appelliert, auf der Sitzung des Zentralbankrats am Donnerstag ihre Refinanzierungszinsen deutlich zu senken und damit ein Signal für eine neue Zinssenkungsrunde in Europa zu geben.
> (dgb.de, 4.2.1998)

Das Problem der immer aggressiveren Forderungen nach immer noch mehr staatlichen Sozialleistungen durch Europas starke Gewerkschaften lösten Europas Nationalstaaten seit den 1970er-Jahren mit immer höheren Kreditaufnahmen. In den USA hatte man die Verschuldung hingegen den privaten Haushalten selber überlassen.

Fazit: In beiden Kulturen wuchs in einem „Lebensstil auf Pump" die Geldmenge wesentlich schneller als das Gütervolumen – und das bedeutet nun einmal Inflation. Also Preisanstieg – bei Konsumgütern wie bei den Aktien der Konsumgüterhersteller selber. Mit den billigen Privatkrediten (USA) und den großzügigen Sozialleistungen (Europa) waren die Menschen nämlich nicht nur ins Shopping Center einkaufen gegangen (und hatten tatsächlich viele Jobs geschaffen) – sie hatten so nebenbei auch alle anderen Märkte angeheizt. Zu billiges Geld (in Österreich etwa auch aus „Schweizer Franken"-Krediten) fließt eben schon seit Menschengedenken immer auch in die Spekulation mit Immobilien – in der Neuzeit zusätzlich in die mit Aktien oder Anleihen. Nun die Aktien einfach abzuschaffen, wie das Christian Felber von Attac fordert, bekämpft nur das Symptom, aber nicht die Ursache.

Was können Immobilienbesitzer dafür, dass die Niedrigzinspolitik staatlicher Zentralbanken so viele Menschen Kredite aufnehmen ließ, um es am (immer stärker wachsenden) Immobilienmarkt auszugeben? Was kann der „reiche" Hausbesitzer dafür, dass sich dadurch der fiktive (!) Marktwert seines Häuschens von 200.000 auf 400.000 Euro verdoppelt hatte? Er hatte das Geld niemand weggenommen – zudem besteht sein neuer Reichtum nur am Papier.

Von der staatlich organisierten Geldflut kann in „Mieter-Gesellschaften" tatsächlich aber eben nur eine Minderheit profitieren: die der (Immobilien-)Eigentümer, der Unternehmer - und der wirtschaftlich Gebildeten.

„SPÖ-Gehaltsobergrenze von 500.000 Euro: 31 Österreicherinnen zittern"[30]

Die Öffentlichkeit sollte die Millionengagen einer immer reicher werdenden Oberschicht nicht mehr mitfinanzieren, meinte Bundeskanzler Faymann 2009. Die Gehälter von Angestellten sollten daher nur mehr bis zu einer Grenze von 500.000 Euro brutto jährlich für deren Firmen als Betriebsausgabe absetzbar sein. Viele Österreicher empfinden die inszenierte „Jagd auf Reiche" zwar nicht gerade als positiv, aber doch als gerechtfertigt – auch wenn es die soziale Stimmung weiter anheizt. Was

---

[30] Die Presse, 4.9.2009

sollten die Österreicher denn auch anderes glauben – nur ausnahmsweise hört man Kritisches.

So ließ die Tageszeitung „Die Presse" die Statistik Austria erheben, wie viele Österreicher denn von der „Reichen-Maßnahme" der SPÖ betroffen  wären. Die Antwort erstaunte selbst die Auftraggeber: Es waren nicht etwa „Zehntausende" Superreiche, nicht einmal ein paar Tausend – es waren 917.

Genau gesagt: 31 Frauen und 886 Männer. Interessant wäre die Frage, wie viele Manager staatlicher Banken und Betriebe mit einem Parteibuch der SPÖ sich unter ihnen befinden. In jedem Fall beträgt der Anteil der staatlich gesuchten Superkapitalisten an der Bevölkerung 0,02 Prozent. Nicht 2 Prozent – „Null- Komma – Null – Zwei Prozent".

Was heißt überhaupt, die Öffentlichkeit solle diese Gagen nicht mehr mitfinanzieren? Alleine die 10% der reichsten Österreicher erwirtschaften 58% des Lohnsteueraufkommens, sind von den meisten Sozialleistungen aber (zu Recht) ausgeschlossen. Hingegen erhalten 71% der österreichischen Haushalte mehr öffentliche Leistungen, als sie durch Steuern einbezahlt hatten[31], über 17% der Alpenländer leben – vollsubventioniert – sogar ausschließlich vom (Steuer-) Geld der Reichen.

> **Jagd auf die Reichen: Werner Faymann und Laura Rudas stellen die Weichen nach links**
> SPÖ schärft beim Parteitag ihr linkes Profil
> Österreichs Vermögende im Visier
> (Format, 14.11.2010)

Auch wenn aus den Diskriminierungswünschen letztendlich nichts geworden ist, die SPÖ hat ihr politisches Ziel erreicht. Einer halbinformierten Öffentlichkeit bleibt im Gedächtnis, dass es in Österreich eine von der normalen Bevölkerung abgehobene Reichenschicht gebe, die es sich auf Kosten der Allgemeinheit – insbesondere der kleinen Leute – gut gehen lasse. Und dass es eine gerechte und mutige Partei gebe, die sich mit dieser mächtigen Schicht anlegen würde.

Dass man die wirklich Reichen nicht unter Managern und Bankern ausmacht, sondern unter Sportlern, deren Managern und vielen Künstlern, findet in die scheinheilige Debatte – alleine schon aus Tradition – keinen Eingang.

Wo stecken Österreichs 917 Reiche?

Um Ihnen einen Vergleich zu geben, wie wenige Menschen – richtig gelesen: „Menschen" – die „Reichenjagd" der SPÖ eigentlich betrifft, sei folgender Vergleich gestattet: In Österreich gibt es knapp 4,2 Millionen Autos und ebenso viele Erwerbstätige und Arbeitslose (Deutschland: die Zahlen einfach mal 10). Würde man alle Superreichen (Angestellten mit über 500.000 Euro) in ihre Autos setzen, man brauchte für ganz Österreich nur zwei mittelgroße Parkplätze.

---

[31] „52%-der-jobs-bieten-nur-wenig-einkommen", www.ak-salzburg.at, 11.2.2010

Die 31 Autos mit den „gschtopften"[32] Millionärinnen fänden gemütlich auf dem Kundenparkplatz der BILLA-Supermarktfiliale im oberösterreichischen Ampflwang Platz, die 886 Autos mit den Männern könnte man in der Tiefgarage des Simmeringer Gasometers (Wien) unterbringen. Hätte man alle Reichen solcherart auf Parkplätzen separiert, wäre die Alpenrepublik automäßig „reichenfrei". Denn alle anderen Autos gehörten nun „normalen" Menschen – solchen wie „Du und Ich". Und nicht solchen „fremden Reichen", die „wir kleine Leute" zu finanzieren hätten.

---

[32] „Der Gestopfte" ist ein in Österreich übliches Schimpfwort für Reiche

2. „Nieder mit dem ...!"[33]

Seit es in Europa (offiziell) den Kapitalismus gibt, begleitet ihn die gleichnamige Kritik. Trotz einer wesentlich schlechteren Wohlstands- oder gar Gerechtigkeitsbilanz braucht sich der Sozialismus hingegen nicht zu rechtfertigen.

2.1 Das eiserne Gesetz der Kapitalismus-Kritik[34]

„Nieder mit dem Kapitalismus!", skandierten Österreichs „Audimarxisten" bei den Studentenprotesten 2009 in ihren Hörsälen. Und Münchens Kardinal Reinhard Marx betont die Kapitalismuskritik der katholischen Soziallehre.[35] „Das ist heute noch sinnloser als zu Marxens Zeiten", meint hingegen Josef Joffe, Mit-Herausgeber der linksliberalen Wochenzeitung „Die Zeit" und er formuliert das „eiserne Gesetz der Kapitalismuskritik":

- Je weniger einer von dem System versteht, desto lustvoller geißelt er es. Umgekehrt gilt:
- Je höher die Kenntnis, desto geringer die Lust, die Marktwirtschaft zu preisen. Welcher Ökonom und Banker hat in diesen Tagen den schrecklichen Vereinfachern widersprochen?

Das Problem ist, laut Joffe, „dass die Ökonomie keine Luftschlösser der Erlösung aufbaut, die erst zerbrechen und dann zum Kerker werden (wie im Realsozialismus)". Kein anderes System hätte so viele Segnungen erzeugt wie der Kapitalismus, der heute längst eine hochregulierte Marktwirtschaft mit etwa

---

[33] www.zeit.de, 30.12.2009 ff
[34] „Nieder mit dem Kapitalismus!", Josef Joffe, In: www.zeit.de, 1.4.2010
[35] „Die Muslime gehören jetzt zu uns", rp online, 26.1.2012

hälftigem Staatsanteil ist. Adam Smith und David Ricardo wären die besseren Menschenfreunde gewesen als Stalin und Che. Joffe sieht dies auch für den Manchester-Kapitalismus: „Von 1750 bis 1900 haben sich die Reallöhne in England mehr als verdreifacht. Der Ökonom Nicholas Crafts schätzte, dass die Einkommen der ärmsten 65% in England (nach jahrhundertelanger Stagnation) alleine von 1760 bis 1860 um über 70% gestiegen waren."

Tatsächlich muss man bei der Beurteilung eines Systems immer von seinen Voraussetzungen ausgehen. Das agrarisch geprägte England zu Beginn der Industrialisierung war hoffnungslos überbesiedelt. Erst der Kapitalismus hat den Unternehmer- und Erfindergeist Tausender Engländer geweckt und damit zur Industrialisierung geführt. Die Bedingungen in den Fabriken waren ohne Zweifel entsetzlich, auf dem Land waren sie aber viel entsetzlicher. Wie in jeder Industrialisierungsphase zogen auch die ersten Fabrikjobs die Verzweifelten des Umlandes in die Stadt (Manchester). Durch die Schnelligkeit und Heftigkeit des Umbruches kulminierten sich dadurch die Probleme in den heillos überforderten Städten.

Was wäre aber die Alternative für die Menschen im Manchester zur Mitte des 19. Jahrhunderts gewesen? Oder für die im Tokyo am Ende des 19. Jahrhunderts? 16 Stunden tägliche Knochenarbeit auf dem Land? Bei niedrigerem Lohn als in der Fabrik – wenn der Grundherr denn bezahlen konnte? Und auch nur fünf, sechs Monate im Jahr – den Rest als Tagelöhner hungernd in der Gosse? Erst der Kapitalismus hat Wohlstand „aus sich heraus" geschaffen. Die ersten Arbeiter in Manchester verdienten nur ein wenig mehr als auf dem Land – aber 12 Monate lang hindurch. Als Karl Marx seine düsteren Untergangsthesen gesponnen hatte, war das Schlimmste übrigens längst vorbei.

Für Joffe sind die „Exzesse des sozialistischen 20. Jahrhunderts" nichts im Vergleich zur Zivilisierung durch den Kapitalismus". Dass einer reich werden konnte, ohne zu rauben und zu morden, wäre für den „Zeit"-Herausgeber der erste Schritt in die Zivilisation gewesen. Michelangelo wäre ohne „Mehrwert" genauso unvorstellbar wie Venedig, die Met und Madonna. Sie alle haben die höchsten Leistungen für uns erbracht, um dabei primär sich selber zu entwickeln. Sich, und nicht eine größere höhere Sache.[36]

2.2 Die Ängste des Herrn Karl

Ziemlich sicher wäre Karl Marx heute Mitglied einer globalisierungskritischen Organisation. Sein Lebenslauf passt zu perfekt in das Profil: zuerst Gymnasium, dann Philosophie. Ein bisschen Jura. Seine Dissertation: „Differenz der demokritischen und epikureischen Naturphilosophie". Nie sah er eine Fabrik von innen, für ihn war das Glas stets „leer", der „Kleine Mann" nur Spielball fremder Interessen. Das Fach „Betriebswirtschaft" gab es damals nicht – und selbst heute steht es nur einer elitären Zahl von Bürgern offen.

Karl Marx, 1875
Quelle: Wikipedia/John Mayal

Zur Bedeutung von Karl Marx für die moderne Ökonomie bemerkt Gablers Wirtschaftslexikon heute trocken: „Neben dem Einfluss von Marx auf die Arbeiterbewegung und die rein sozialistische Literatur blieb seine Wirkung auf die Nationalökonomie gering".

---

[36] Ebenda

2.3 Karl Marx: viermal widerlegt

Der österreichische Ökonom von Weltformat, Joseph Alois Schumpeter, gilt als profunder Kritiker des Marx'schen Gesamtwerkes. Er charakterisierte die marxistische Wirtschaftstheorie anhand folgender vier Elemente[37]:

1. **Theorie des Klassenkampfes:**
   Zwischen Kapitalistenklasse und Arbeiterklasse besteht eine natürliche Feindschaft.

2. **Theorie der Ausbeutung:**
   Der Gewinn („Mehrwert") des Unternehmers ergibt sich aus der Ausbeutung der Arbeiter. Die permanente Ausbeutung macht die Kapitalisten dabei immer reicher.

3. **Gesetz des tendenziellen Falls der Profitrate:**
   Ein Teil des Mehrwertes wird in immer neue Produktionsmittel investiert, sodass bei gleichbleibenden Mehrwerten die Ertragsrate des Gesamtkapitals („Profitrate") abnimmt. Nur die größeren Kapitalisten können sich durch immer stärkeren Kapitaleinsatz behaupten. Es kommt zur Herausbildung von Monopolen („Monopolkapitalismus").

4. **Verelendungstheorie:**
   Der vermehrte Einsatz von Kapital führt dazu, dass Arbeiter durch Maschinen ersetzt werden. In der Folge sinkt die Lohnsumme. Dort, wo die Löhne der Arbeiter oberhalb ihres Existenzminimums liegen, kommt es zu Lohnsenkungen; dort, wo kein Spielraum für Lohnsenkungen mehr besteht, zu Arbeitslosigkeit. Im Ergebnis sinkt der Lebensstandard der Massen bis hin zu einer allgemeinen Verelendung. In ihrer Verzweiflung erhebt sich die Arbeiterklasse und enteignet die Kapitalistenklasse im Zuge einer Weltrevolution.

---

[37] Vgl. Kapitalismus, Sozialismus und Demokratie, Joseph Schumpeter

Zur „Theorie des Klassenkampfes":

Das alttestamentarische Missverständnis, dass der „Gewinn des einen den Verlust des anderen" bedeute, hat das Verhältnis zwischen Eigentümern und Arbeitern in diese Sackgasse geführt. Ein Betrieb, in dem eine Belegschaft ihren Arbeitgeber als Feind betrachtet, kann langfristig („nachhaltig") nicht erfolgreich sein. Das gilt auch umgekehrt.

Wie die „Prämisse des Nullsummenspiels" die Menschen seit dem Altertum zum Klassenhass zwingt – und noch dazu ohne Notwendigkeit – lesen Sie im gleichlautenden Kapitel.

Zur „Theorie der Ausbeutung":

Felber formuliert die Marx'sche Kritik am Kapitalismus in seiner „Gemeinwohl-Ökonomie": „Der Kern des Kapitalismus ist, dass sich die einen – KapitalbesitzerInnen, Mächtigeren – den Mehrwert der Arbeit von anderen – Ohnmächtigen, NichtbesitzerInnen von Kapital – legal aneignen."[38]

Die Richtigkeit der „Theorie der Ausbeutung" ist aber fundamental anzuzweifeln. Marx stellte (wie Felber) eine (zu) simple Rechnung an: Bringt der Verkauf eines Produktes dem Kapitalisten einen Marktpreis von 100, und hatte er dafür aber nur Kosten in Form der gekauften Arbeitszeit in Höhe von 50, dann erzeugt er dadurch einen „Mehrwert" von 50. Und um genau diesen betrügt der Kapitalist den Arbeiter nun.

Karl Marx im Kapital: „Der Tageswert der Arbeitskraft betrug 3 Shilling, weil in ihr selbst ein halber Arbeitstag vergegenständlicht ist, das heißt, weil die täglich zur Produktion der Arbeitskraft nötigen Lebensmittel einen halben Arbeitstag kosten. (…) Dass ein halber Arbeitstag nötig ist, um ihn während 24 Stunden am Leben zu erhalten, hindert den Arbeiter keineswegs,

---

[38] Christian Felber, Die Gemeinwohl-Ökonomie, S. 38

einen ganzen Tag zu arbeiten.[39]" Dutzende Seiten benötigte der (Philosoph als) Revolutionär, um die vermeintliche Ungerechtigkeit aufzudecken und zu beschreiben. Dabei stolpert er über Grundsätzliches: Etwa über den Wert der Arbeitskraft, den sogenannten „Reproduktionswert". Marx setzt den Wert der Arbeit unzutreffend mit der Zahl der Arbeitsstunden gleich, die benötigt wird, um den „Arbeiter großzuziehen, zu ernähren, zu kleiden und unterzubringen".

Tatsächlich bestimmt sich der Wert der Arbeitskraft seit Urzeiten aber nach ganz anderen Gesichtspunkten. Vor allem der Markt bestimmt den Preis: Die Leistungen (knapper) Spezialisten stehen hoch im Kurs, die wenig produktiver Arbeiter oder Handwerker eher nicht. Eine wichtige Rolle spielen auch der technische Fortschritt und die Innovationskraft einer Gesellschaft.

Für Marx gibt es in der Ökonomie eigentlich nur einen Produktionsfaktor, den der Arbeit. Und wieder Marx: „Wir wissen, dass jeder Wert einer Ware bestimmt ist durch das Quantum der in ihrem Gebrauchswert materialisierten Arbeit, durch die zu ihrer Produktion gesellschaftlich notwendige Arbeitszeit.[40]" Alle Kostenfaktoren einer Gesellschaft – wie Energie, Rohstoffe, Maschinen oder Patente – drückt Marx in Arbeitskraft-Einheiten aus. Eine (zu große) Vereinfachung, die in die moderne Ökonomie keinen Eingang gefunden hat. So bestimmt sich der Wert von geschmolzenem Silizium nicht an der Arbeitskraft, die in ihm steckt (zu 80% ist es ohnehin nur Energie), sondern an seiner physikalischen Bedeutung für die Photovoltaik. Und an der Tatsache, dass es Unternehmern gelungen ist, das Material zur Stromproduktion zu nutzen. Und der Tatsache, dass gestiegene Ölpreise Solarstrom attraktiv werden ließen.

---

[39] Das Kapital, Karl Marx, Kröners Taschenausgabe Band 64, S. 155
[40] Das Kapital, Karl Marx, Kröners Taschenausgabe Band 64, „Produktionsprozess als Wertbildungsprozess", S. 149

Auch der Ölpreis schwankt nicht, weil sich die entsprechende Arbeitskraft verteuert hätte, sondern, weil (arabische) Produzenten die Produktion künstlich verknappen. Oder weil die (politisch unkorrekte) Natur die Rohstoffe langsam zur Neige gehen lässt. Die Arbeiter in der Ölwirtschaft sind die am besten verdienenden in der Gesellschaft – und trotzdem beträgt der Anteil ihrer Arbeitskosten nur wenige Prozent vom Verkaufspreis am Weltmarkt.

Marxens einfache Rechnung, der zufolge alleine die Arbeitskraft den Wert eines Gutes bestimme, geht an der Wirklichkeit moderner Dienstleistungsgesellschaften ohnedies vorbei. Der Wert eines Steuerberaters bemisst sich nicht in seinem persönlichen Reproduktionswert (also dem Quantum an Lebensmitteln, um ihn am Leben zu erhalten), sondern an der Produktivität seiner Arbeit. So geht es Werbefachleuten, (Einzel-) Händlern, IT-Spezialisten und „Feng Shui"-Beratern.

Und überhaupt: Dass der „Mehrwert" alleine beim Kapitalisten verbleibe, kann getrost bezweifelt werden. Der Gewinnanteil der Wirtschaft beträgt nicht 50%, wie Marx es andeutete, sondern eher 5% (in der Industrie). Oder 2% im Handel. Aber so etwas lernt man im Gymnasium nicht – damals nicht wie heute.

Zum „Gesetz des tendenziellen Falls der Profitrate"

Den Mehrwert, den der Unternehmer laut Marx dem Arbeiter laufend stiehlt, investiert der Kapitalist in immer effizientere Produktionsmittel. Dadurch könnten immer weniger Firmen immer effizienter produzieren, bis irgendwann nur mehr einige wenige große überbleiben, die dann Mensch und Politik beherrschten – und die Arbeiter noch mehr ausbeuteten. „Die sinkende Profitrate (bei steigender Produktion, Anm.) (…) bedingt die Konzentration des Kapitals, da jetzt die Produktionsbedingungen die Anwendung von massenhaftem Kapital gebieten. Es bedingt ebenso dessen Konzentration, das heißt Verschlucken kleiner Kapitalisten durch die großen und die Entkapitalisierung der ersteren.[41]"

Zwar hatte Marx hier die Auswirkungen des Losgrößeneffektes erkannt, also der Tatsache, dass die Stückkosten bei gesteigerter Ausbringungsmenge sinken, doch zog er die falschen Schlüsse. So kam es in keiner westlichen Gesellschaft zur Herausbildung monopolkapitalistischer Strukturen.

Weil der Kapitalismus (entgegen der Marx'schen Verelendungstheorie) eben doch die Taschen seiner Bürger füllt. Wahrscheinlich gehörte Karl Marx zu den ersten Philosophen, die der (sich damals gerade eben im Aufbau befindlichen) bürgerlichen Mittelschicht (gleich wieder) das Schrumpfen prophezeite. Doch war es gerade deren materielles Erstarken, das die trägen Monarchen dieser Tage zu modernen Wirtschafts- und Kartellgesetzen zwang.

Weil Marx von der „Verschwörung" des Großkapitals so leidenschaftlich überzeugt war, übersah er, dass selbst die größten Firmen fallen können (General Motors, Chrysler, ...). Und dass die großen Firmen ihre kleinen Konkurrenten nicht nur nicht an die Wand drücken, sondern deren Wachstum gezielt fördern, indem sie diese neben sich ansiedeln und Vorleistungen von ihnen beziehen.

Tatsächlich werden auch Österreichs Firmen nicht größer, sondern immer kleiner. So wachsen in Österreich schon seit 40 Jahren Klein- und Kleinstbetriebe am stärksten. Alleine 2007 war ihre Zahl gegenüber 2001 um 20 Prozent weiter angestiegen[42]. Die Anzahl mittelgroßer Betriebe wuchs schon schwächer (+8 bis +15%), die der Großbetriebe stagnierte oder ging sogar zurück (-7,4%).

---

[41] Ebenda, „Innere Widersprüche des Gesetzes", S. 624
[42] „Leistungs- und Strukturstatistik 2002 bis 2007", Statistik Austria, Auf: http://sdb.statistik.at, 1.1.2012

Österreichs Betriebe werden immer kleiner (StatistikAustria 2004)

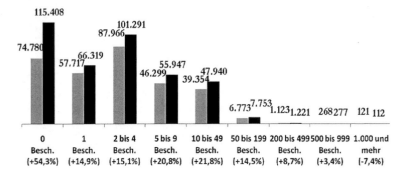

Die Verschwörung „mächtiger Kapitalisten mit der Politik" gibt es nur in Hollywood-Märchen. Entgegen landläufiger Meinung wird die Kontrollmacht des Staates (in diesem Falle: Gott sei Dank) hier größer, man sieht es an den jährlich steigenden Kartellstrafen durch die Wettbewerbskommission der Europäischen Kommission.

Natürlich versuchen Konzerne, via Lobbying ihre Interessen durchzusetzen, aber auch Europas starke Gewerkschaften tun dies. Und es stimmt: Auch Gewerkschaften zogen schon den Kürzeren, wenn es etwa um die Deregulierung des deutschen Arbeitsmarktes ging. Aber es geschah nicht, weil Konzerne dies im Hintergrund konspirativ betrieben hätten, sondern weil die Politik (nach 40 Jahren) eingesehen hatte, dass es zum Wohle der Gesellschaft war.

Natürlich gibt es genügend Schnittmengen und Überschneidungen zwischen Politik und Wirtschaft; in letzter Konsequenz entstanden Österreichs Korruptionsskandale aber nicht bei privaten, sondern bei staatlichen Firmen. Und sie resultierten (wie schon seit Jahrtausenden üblich) aus der Verquickung von Staat und Politik.

Zur „Verelendungstheorie"

Und wieder Marx: „Durch die Entwicklung der Produktivkraft (…) erfolgt die Abnahme der Menge von Arbeitskraft (Arbeiterzahl) (…), um ein gegebenes Kapital in Bewegung zu halten."[43] Der technische Fortschritt führt laut Marx also zur Verelendung der Arbeiter.

Kurz gefasst: Die Verelendungstheorie war ein Griff ins Nichts. Natürlich setzt die Mechanisierung vorerst immer Menschen frei. Durch die steigende Rationalisierung und den Wettbewerbsdruck verbilligen sich die Güter aber schnell und die Kaufkraft vieler Konsumenten steigt. Damit können sie neue Güter (und auch Dienstleistungen) kaufen – und schaffen damit neue Arbeit. So kommen die bei der einen Firma wegrationalisierten Menschen bei der anderen wieder in Brot und Arbeit. Eine Gesellschaft hat also mehr (und billigere) Güter und mehr Beschäftigung.

Österreichs Pferdekutscher beschuldigten im 19. Jahrhundert die aufkommende Dampfeisenbahn als Arbeitsplatzkiller. Und tatsächlich verloren Tausende Kutscher ihren Job. Doch gleichzeitig konnten Güter nun um 90 Prozent billiger befördert werden. Die Preise aller Güter sanken und Millionen Bürger konnten sich nun mehr und neue Güter leisten. Damit stieg die Beschäftigung um ein Vielfaches – und mit ihm der Lebensstandard. Sogar die Kutscher waren irgendwann einmal bei den neu entstandenen Fabriken untergekommen.

Dabei hat sich alleine die Kaufkraft englischer Bauarbeiter seit dem erstmaligen Erscheinen von Karl Marx' „Kapital" (1867) real verachtfacht:

---

[43] Ebenda, S. 625

„From 1800 to 2004, hourly real wages grew thirteen fold, gaining 1.3% per year", so Gregory Clark von der University of California.[44]

Um die Entwicklung englischer Reallöhne abzubilden, wurden für seine Studie 46.000 Löhne und 110.000 Haus- und Mietpreise über einen Zeitraum von 700 Jahren analysiert. Die Wohlstandssteigerung durch Komfort, Technik, Sicherheit und die Verdoppelung der Lebenserwartung noch nicht einmal mit eingerechnet. Das Ergebnis lässt – zumindest auf den ersten Blick – nicht auf eine Verelendung der Massen ab der Mitte des 19. Jahrhunderts schließen.

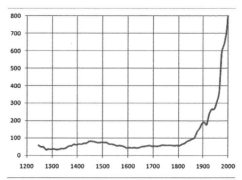

Entwicklung realer Bauarbeiterlöhne in England von 1209-2004. Index: 1867 =100
Quelle: The Condition of the Working-Class in England, 1209-2004, Gregory Clark

Lebenserwartung steigt und steigt
Um weitere rund vier Monate ist die Lebenserwartung allein 2011 gestiegen – auf durchschnittlich 78 Jahre für Männer und 83,5 Jahre für Frauen.
(Salzburger Nachrichten, 28.2.2012)

In Österreich hatte die „Knechtschaft des Kapitals" die Lebenserwartung innerhalb von nur 150 Jahren von 34 Jahren auf über 80 Jahre fast verdreifacht. Und sie steigt unaufhörlich weiter. Mussten 1885 noch 66 Stunden in der Woche gearbeitet werden, ermöglichte eine effizientere Produktion bereits 1920 die

---

[44] "The Condition of the Working-Class in England, 1209-2004", Department of Economics, University of California, Gregory Clark, 2005

Absenkung der Wochenarbeitszeit auf 48 Stunden. Heute sind es in Österreich zwischen 38,5 und 40 Stunden.

Natürlich wäre die Absenkung der Wochenarbeitszeit langsamer gegangen, hätten ausschließlich die Arbeitgeber das Tempo vorgegeben. Das liegt aber in der Natur der Sache. Auch Konsumenten würden ihre Rechnungen am liebsten später (oder gar nicht) bezahlen, wenn dies nur möglich wäre. Mit dem Wohlstand war auch hier das politische Selbstvertrauen der Mittel- und Arbeitnehmerschicht mitgewachsen.

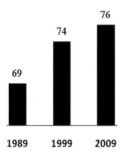

1989 war die Lebenserwartung in der marxistischen DDR um einige Jahre geringer als in der kapitalistischen BRD. Nach nur 10 Jahren Kapitalismus hatte man 2009 zum Westen aufgeschlossen. Und auch wenn man das gerne immer wieder übersieht: In den vergangenen 50 Jahren ist der Anteil der extrem armen Bevölkerung weltweit von 40 auf 15 Prozent gesunken.[45]

Bayer als Arbeitgeber: 8.380 EUR Bonus für jeden Mitarbeiter
Der Berliner Tagesspiegel berichtet, dass die Mitarbeiter der Bayer AG einen Rekordbonus ausgezahlt bekommen. Der Chemie-Konzern aus Leverkusen zahlt seinen rund 35.800 Beschäftigten in Deutschland eine Prämie von jeweils 8.380 EUR für ihre Leistungen im vergangenen Jahr.
(Companize.de, 6.3.2012)

In den letzten Jahren ist es modern geworden, große erfolgsstiftende Firmen wieder klein machen zu wollen. Hätten sie ihre Profite doch – ganz im Marx'schen Sinne – nur durch die Ausbeutung ihrer Mitarbeiter gemacht. Dabei sind es gerade Kon-

---

[45] „Fuer-Gates-steht-Zukunft-der-Menschheit-auf-dem-Spiel", Die Welt, 26.1.2012

zerne, bei denen Europas Mitarbeiter gerne rackern. Weil sie vom Effizienzvorsprung der Massenproduktion auch persönlich profitieren. Neben einem um bis 50% höheren Grundgehalt als bei der handwerklich strukturierten Konkurrenz gibt es gerne Jahresprämien. 8.380 Euro bekam jeder Arbeiter bei Bayer 2012 zusätzlich zu seinem Gehalt für das erfolgreiche Jahr 2011. 8.251 Prämie waren es bei Audi, 7.600 Euro bei Porsche und immerhin noch 6.200 Euro bei BASF.[46]

2.4 Die Angst vor dem Monopolkapitalismus

„Seit Marx hätten wir es wissen sollen: Das Kapital strebt stets zum Monopol!", weiß Christian Felber von Attac Österreich.[47] Damit bringt Felber die marxistische Wirtschaftsinterpretation, die Angst vor dem Monopol-Kapitalismus, auf den Punkt.

Dabei hat die „echte Welt" Marxens Urangst längst der Lächerlichkeit preisgegeben. Wäre Marxens Angst vor dem Monopolkapitalismus berechtigt gewesen, dann dürfte es heute, immerhin 129 Jahre nach seinem Tod, schon lange nur mehr eine einzige Riesen-Weltfirma geben[48].

Propaganda auf Rathaus in Halle/Saale (DDR), 1950
Quelle: Bundesarchiv, Bild 183-S92994 / Paalzow, Günther / CC-BY-SA

---

[46] „Prächtige Prämien", Berliner Tagesspiegel, 4.3.2012
[47] Christian Felber, in: 50 Vorschläge für eine gerechtere Welt, S. 322

Von den Firmen, die es zu Zeiten Karl Marx' gegeben hatte (und die sich längst zu Monsterfirmen hätten entwickeln sollen), wird heute wahrscheinlich keine einzige mehr existieren. Geschweige denn, dass eine von ihnen die Weltherrschaft an sich gerissen hätte.

Felber: „Konzerne diktieren immer stärker Preise!"

Wie viele Ängste Marxens hat sich also auch die vor dem Monopolkapitalismus als unbegründet dargestellt. Wahrscheinlich hatten vielerlei Entwicklungen dies verhindert. Der wichtigste Grund war schlicht die Wohlstandsexplosion durch den Kapitalismus, wie sie für Marx (und seine Jünger später) gänzlich unvorstellbar war (ist). Und wie sie von Globalisierungsgegnern deshalb kunstvoll weggerechnet werden muss.

Christian Felber: „Das wettbewerbliche System schafft (...) Personen und Unternehmen mit enormer und weiter wachsender Machtfülle, (...) unter anderem haben sie eine Wettbewerbskontrolle auf globaler Ebene verhindert."[49] Felber erweckt damit den Eindruck, dass die Konzerne immer unkontrollierter wachsen würden, mit ihnen die Anzahl der Kartelle und damit der Schaden für die Konsumenten. Tatsächlich wachsen auch Konzerne nicht in den Himmel – ganz im Gegenteil: Nur ausnahmsweise können sie ihre Spitzenposition über 30 Jahre hinweg halten (siehe Kapitel „Steigt die Macht der Großkonzerne?").

Dass Kartelle eine Erfindung der Neuzeit, im Besonderen die des Kapitalismus wären, ist ohnehin eine Schimäre. Es gibt sie, seit es Menschen gibt. Nur haben sich in der Renaissance Salz-

---

[48] Spätestens jetzt werden die „Von der Verschwörung dunkler Mächte Überzeugten" leise zischen, dass es diese Überfirma ohnedies schon lange gäbe. Entweder tischt man nun Schauermärchen auf, welcher Konzern wen bestochen oder gleich hätte verschwinden lassen oder man deutet zornig an, welcher Präsident oder Firmenchef der Ausführungsgehilfe der „wirklich Mächtigen" wäre.

[49] Neue Werte für die Wirtschaft, Christian Felber, S.31

und Waffenlieferanten abgesprochen, im Mittelalter die Viehhändler eines Ortes gegenüber Kleinbauern und später die einen Fürsten gegen einen anderen. Heute ist ihr ökonomischer Umfang – entsprechend der Explosion des Welt-Volkseinkommens – nur eben entsprechend größer. Die Tatsache, dass sich Menschen gesetzeswidrig Vermögensvorteile verschaffen, ist so alt wie die Existenz der Menschen selbst.

„Nur fünf Konzerne teilen sich 90 Prozent des Weltgetreidemarktes auf. Die Marktmacht des Agrobusiness bestimmt die Preise auf dem Weltmarkt, obwohl dort nur 10 Prozent gehandelt werden", so der Szenewirt des Salzburger „Triangels", Franz Gensbichler, empört.[50]

Da macht sich also jemand hinterhältig den Preis zum Schaden von uns allen aus? Das macht wütend – muss es aber nicht. Weil 90% des Weltgetreides eben ohnehin nur lokal gehandelt werden und überhaupt nur 10% auf den Weltmarkt gelangen. Und weil Wettbewerb auch dann funktioniert, wenn selbst nur noch zwei Player auf dem Markt sind. Das beweisen die „lausigen" Renditen von Österreichs zwei dominierenden Lebensmittelkonzernen, Spar und Billa. Dass Europas Sündenböcke – Konzerne und Spekulanten – 2008 an den Preissteigerungen von Lebensmitteln schuld waren, ist – vorsichtig formuliert – unbewiesen. Gleich vier Studien, die der Europäischen Kommission, des IWF, der OECD und selbst der Deutschen Welthungerhilfe kamen zum entgegengesetzten Schluss: Zu etwa 40% war es die steigende Nachfrage aus Asien, zu etwa 40% waren es die Biotreibstoffe der ersten Generation (aus staatlichen Programmen), und nur zu etwa 15% war es die Spekulation.[51] Und selbst die Spekulanten hatten ihr Geld vom Staat (und dessen Notenbanken) „geschenkt" bekommen – doch dazu später.

---

[50] Echo 09/2009, S. 76
[51] Die Finanzkrise und die Gier der kleinen Leute, Michael Hörl, S. 324

Felber: „Solartechnik von Finanzmärkten unterfinanziert"

Während Chemie-, Erdöl- oder Gentechnik-Konzerne keinerlei Probleme beim Zugang zu Fremdkapital haben, sind lebenswichtige Zukunftstechnologien, wie zum Beispiel Solarenergie oder Biolandbau, chronisch unterausgestattet[52], klagt Felber den Kapitalismus an. Tatsächlich erfreuen sich aber gerade Firmen aus dem Sektor der erneuerbaren Energien von Anbeginn an eines historisch einzigartigen Booms.

> **Nachhaltige Fonds: Zahl steigt, Vermögen und Performance auch**
> Nachhaltige Rentenfonds legten im 1. Halbjahr 2009 im Schnitt um 2,57 Prozent zu. (...) Beliebt sind vor allem Erneuerbare-Energien-Fonds: Ihr Vermögen kletterte im ersten Halbjahr um 58 Prozent auf 4,1 Milliarden Euro.
> (Dasinvestment.com, 6.8.2009)

Für die Käufer von Photovoltaik-Anlagen hat die Finanzwirtschaft eine Fülle von Kreditprodukten erfunden. So weiß man im Solaranlagen-Portal[53]: „Auch ohne Eigenkapital kann eine Photovoltaikanlage finanziert werden. Umweltbank, SWK Bank, GLS Bank, DKB und KfW bieten eine PV Finanzierung als klassisches Zinszahlungsdarlehen an. Bausparkassen finanzieren eine PV Anlage über Sofortbaugeld mit anschließendem Bausparvertrag. Ohne Grundschuld ist eine Photovoltaik Finanzierung nur in begrenztem Rahmen möglich."

An kleine Solaranlagenhersteller floss Fremdkapital in Form von Krediten, an größere in Form von Anleihen („Renten").

---

[52] Quelle: 50 Vorschläge für eine gerechtere Welt, Christian Felber, S. 24
[53] www.solaranlagen-portal.de, Solaranlagen – Anlaufstellen und Konditionen

> **Solar Millennium Anleihe vollständig platziert**
> Die Unternehmensanleihe der Solar Millennium AG (Erlangen) ist erfolgreich platziert. Mehrere Tausend Anlegerinnen und Anleger haben innerhalb weniger Wochen nach Vertriebsstart das Emissionsvolumen von 50 Millionen Euro vollständig gezeichnet. Der Erlös der Anleihe soll vor allem für die geplanten solarthermischen Kraftwerke in den USA verwendet werden.
> (Solarportal24.de, 16.11.2010)

Kreditklemme für Solar-Firmen? Keine Spur. Auch nicht bei Eigenkapital. Stichwort Aktienbörse.

Die überwiegende Anzahl deutscher Solarfirmen ging aus Garagenfirmen hervor und erlangte erst durch ihre Börsengänge eine nennenswerte Größe. Zu bekannten Firmen avancierten dabei Q-Cells, Ersol, Solon, Solarworld (Aktien und Anleihen), oder Centrotherm. 133.000 Arbeitsplätze hat alleine Deutschlands Solarbranche bisher geschaffen.[54] Wer andeutet, die Finanzmärkte hätten die Solartechnik ignoriert, hat (zumindest) den Solarboom verschlafen.

> **IPO[55] von Solarzellenhersteller ErSol 50-fach überzeichnet**
> Mit der ostdeutschen ErSol AG startet heute, Freitag, ein Unternehmen aus der boomenden Solarwirtschaft an der Börse in Frankfurt. Der Hersteller von Sollarzellen ist bei den Anlegern auf großes Interesse gestoßen. Die Aktien werden zu 42 Euro und damit am oberen Ende der ursprünglichen Preisspanne von 36 bis 42 Euro ausgegeben. Die Aktienemission sei rund 50-fach überzeichnet gewesen, teilte das Unternehmen mit.
> (Boerse-Express.com, 30.9.2005)

Bei der ganzen Sache fällt auch etwas anderes auf: Die weltweit ersten Solartechnik-„Start-Ups" entstanden im sonnenarmen Norden unseres Kontinentes. Vor allem in Berlin betraten Hunderte Tüftler technisches Solar-Neuland. Und sie experimentierten mit Photovoltaik, als von staatlichen Förderpro-

---

[54] Neue Energie 02/2012, S. 53
[55] IPO steht für "Initial Public Offering", dem erstmaligen Börsengang einer Firma

grammen noch keine Rede war. Und es fällt weiter auf, dass sich in Griechenland oder Portugal selbst heute noch kein einziger Solar-Erfinder gefunden hat – bei doppelt so hoher Sonneneinstrahlung wie in Deutschland und nicht ausgeschöpfter EU-Fördertöpfe.

Es ist der Optimismus des Kapitals, der in den (geschäftlichen) Optimismus junger Menschen investiert. Hat eine Kultur aber die Tüftler nicht, braucht es auch kein Kapital. Damit entsteht aber auch kein neues.

Ohne die Börsen könnte Deutschland seine Energiewende nicht schaffen. Alleine 2010 waren doppelt so viele Solaranlagen ans Netz gegangen wie noch ein Jahr zuvor. Insgesamt 7.400 Megawatt – so viel wie drei Atomkraftwerke an Strom produzieren".[56]

Ähnlich stürmisch erfolgte auch die Entwicklung der Zukunftstechnologie „Windkraft". Das internationale Finanzkapital pushte nicht nur die dänische Vestas AG vom Hinterhofschrauber zum Weltmarktführer. Selbst im Umweltschutz-Entwicklungsland Amerika drehen sich heute Tausende Windmühlen, insgesamt schon

---

[56] Zeit Online, 21.3.2011

46.000 MW! Europäische Aktiengesellschaften (die es vor 15 Jahren noch gar nicht gab) produzieren in den USA vor Ort. Und selbst der US-Gigant „General Electric" produziert heute Windräder – in Deutschland.

Nicht einmal die Finanzmärkte von Entwicklungsländern wie Marokko, Ägypten oder Indien kennen eine Unterfinanzierung von Zukunftstechnologien: Die weltweite Nummer Zwei der Windkraftanlagenerzeuger, die indische Firma Suzlon aus Pune, hatte sich durch mehrere Börsengänge in Neu-Delhi und London von einer kleinen Werkstatt zum Multimilliarden-Konzern entwickelt – in nur 15 Jahren.

P.S.: Und auch ökologischer Landbau ist nicht unterfinanziert. Er ist eher sogar überfinanziert. Und überhaupt lebt er vom sparsamen denn vom massiven Maschineneinsatz. Sonst wäre er nicht ökologisch. Eigentlich logisch.

Die Bio-Umsätze in der EU wachsen:
Deutschland ist nach wie vor der größte Bio-Markt in Europa, doch auch in einigen Nachbarländern steigen die Umsätze mit Bio-Produkten

Der Umsatz am europäischen Bio-Markt ist 2009 insgesamt um knapp 5% weiter auf 18,4 Mrd. Euro gewachsen. Während Franzosen, Schweden und Belgier zwischen 15 und 19% mehr Geld für Bio-Produkte ausgegeben haben, (...) gaben die US-Amerikaner 17,78 Mrd. Euro (24,8 Mrd. $) für Bio-Lebensmittel aus, das waren immer noch 5,1% mehr als im Jahr davor.
(Agrarheute.com, 6.3.2011)

Dabei erlebte der ökologische Landbau mit seinen Zehntausenden kleinen Akteuren einen unerhörten Boom. Auf der ganzen Welt expandieren Anbauflächen und Umsätze. Und die Industrie dazu. Täglich sprießen neue Firmen aus dem (deutschen) Boden, sie bauen Biogasanlagen, fertigen Ökoplastik und überziehen das Land mit Öko-Labels oder Biosortimenten.

Gottseidank wissen nur die wenigsten von ihnen, wie gefährlich unterversorgt sie durch das internationale Finanzkapital sind.

2.5 Felber: „Konzerne kontrollieren Märkte!"

Globalisierungskritiker unterstellen Konzernen immer wieder gerne, die Welt (-Märkte) kontrollieren zu wollen. Mit nur wenigen Mausklicks lassen sich viele Vorwürfe schnell entkräften.

Glaubte man dem „Attacierer" Felber, dann würden zwanzig Braukonzerne drei Viertel des Biermarktes kontrollieren, und gar nur mehr zwei chinesische Firmen 98% des Marktes für Container.[57] Selbst wenn es wirklich nur noch zwei chinesische Konzerne gäbe, die den Bau von Containern kontrollierten, auf den weltweiten Verfall der Containerpreise hätte dies bislang keine Auswirkungen gehabt. Im Gegenteil: Es war der Markteintritt chinesischer Fabriken zu Beginn der 1990er Jahre, der die Käufer von Containern jubilieren ließ.

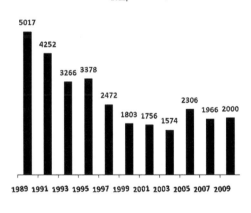

Entwicklung Herstellerkosten von 20-Fuß Containern, Preisbereinigt nach US CPI (2009)
(US Dept. of labour statistics 2012, Containerisation International 2011)

---

[57] Neue Werte für die Wirtschaft, Christian Felber, S. 32

Langer Rede kurzer Sinn: Seit Ende der 1980er bröckeln die Containerpreise. Im Jahr 2003 wurden sogar historische Tiefststände erreicht. Kaufkraftbereinigt waren die Herstellerpreise von 1989 bis 2003 um fast 70 Prozent gefallen. Dass ein vermeintliches China-Container-Kartell weltweit die Preise diktieren würde, ist leicht behauptet – aber falsch.

Günstige Container durch Androhung von Fabrikschließungen vereitelt
(Cheap Containers Thwarted By Threat Of factory Closure)
Weil die Preise und Bestellungen für Schiffscontainer weiter sinken und viele Hersteller auf Halde produzieren, sind chinesische Fabriken gezwungen, Fabriken zu schließen.
(Bullmans.co.uk, 7.11.2011)

Tatsächlich mussten im Land der Aufgehenden Sonne zahlreiche Fabriken wegen des internationalen Preisverfalls sogar ihre Pforten schließen. Dabei sanken auf der einen Seite die Herstellerpreise für Container, gleichzeitig stieg aber deren Qualität.

Und selbst wenn es eine Verschwörung von Containergiganten tatsächlich gäbe – sie hätte keinen realen Einfluss auf den Weltmarktpreis. Container lassen sich technisch einfach zusammenschweißen. Würden die Preise für chinesische Container eines Tages steigen, ohne dass steigende Rohstoffpreise dahintersteckten, würde das unzählige „hungrige" Unternehmer aus Vietnam, Kambodscha oder vielleicht Indien auf den Plan rufen. In nur vier Wochen könnten sie schon beginnen, die ersten Eisenplatten aneinanderzuschweißen. Die neue billigere Konkurrenz würde die Weltmarktpreise wieder korrigieren und Chinas Platzhirsche müssten sich entweder nach anderen Betätigungsfeldern umsehen oder die Preise senken.

„Zwanzig Brauereikonzerne kontrollieren drei Viertel des Biermarktes!", fürchtet Felber den Drang der Brauereiwirtschaft zum Monopol. Auf dem Papier tun sie das vielleicht sogar. Tatsächlich hat die Preisschlacht der Konzerne aber dazu geführt, dass für die Konsumenten Flaschenbier aus dem Supermarktregal real noch nie so günstig war wie heute.

Nach Marx'scher Lehre geht der Wettbewerb auf Kosten der Arbeiter, in diesem Falle auf Kosten der Brauereiarbeiter. Tut er

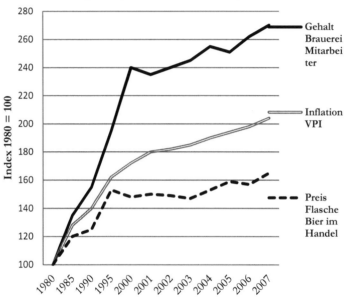

"Die Bierkonzerne beherrschen den Markt!"
(VPI 1980, Verband der Brauereien 2007)

aber nicht. Die Gehälter der Brauereimitarbeiter haben sich in den vergangenen 20 Jahren real glatt verdoppelt.

Die Brauereien haben mehr verdient, weil sie zu Konzernen gewachsen waren und jetzt Größeneffekte erzielen – und diese Preisvorteile mussten sie (wiederum wegen des Wettbewerbes) an die Konsumenten weitergeben.

„Die Konzerne vernichten unsere Vielfalt!", so Felber wütend. Weltweit würden Sortimente immer austauschbarer. Auf der einen Seite hat der Abbau von Handelsgrenzen zwar in Österreich unleugbar zur Unternehmenskonzentration geführt –

doch hat es neben dem Sinken von Ladenpreisen auch Hunderte neuer Biermarken in Österreichs Läden gebracht. So kann man heute im Supermarkt wie selbstverständlich Biersorten aus Mexiko, Belgien oder Norddeutschland kaufen. Noch nie wurden in Österreich mehr Biersorten angeboten als heutzutage.

Und trotzdem vernichteten die Konzerne nicht Österreichs Braukultur: Durch den Fortschritt der Brautechnik sind die Preise für Brauereikleinanlagen in den Keller gefallen. Und so bieten immer mehr Gasthäuser in ihren Biergärten heute selbst gebrauten Gerstensaft an. Damit blüht Österreichs Bierkultur in ungeahnter Pracht nun wieder auf.

Die Widersprüche scheinen weniger dem Kapitalismus als dessen Kritikern innezuwohnen: Geißelt Felber auf der einen Seite die Vernichtung von Produkt-Vielfalt durch den Kapitalismus, schimpft er an anderer Stelle über eine zu hohe Produkt-Vielfalt bei ebendiesem. So sieht Felber[58] keinen Sinn, wenn in Supermärkten so viele Joghurtsorten angeboten werden würden. Und eine Limonade wie Red Bull wäre „ein sinnloses Produkt". Irgendwann kann man sich des Eindrucks nicht erwehren, dass Produkte nur dann sozial, ökologisch und demokratisch gerecht sind, wenn sie Herrn Felber gefallen.

EU: Immer mehr Kartelle werden aufgedeckt

Wer sich heute über Österreichs Skandale echauffiert, braucht nicht erst in die Vergangenheit zu blicken. Österreichs Planwirtschaft der 70er und 80er Jahre war eine Aneinanderreihung von Skandalen, Bestechungen und Korruption. Abgehalfterte Politiker versorgte man in der Staatsindustrie; diese wiederum manipulierte mit ihren Subventionsmilliarden Österreichs Märkte

---

[58] Christian Felber, Neue Werte für die Wirtschaft, S.111 f.

und produzierte monopolistisch (und mit Verlust), was Kreiskys Kommandozentrale befahl.

Noch Anfang der 90er Jahre hatte die Alpenrepublik den Aufbau von Kartellen durch eigene Gesetze sogar noch protegiert.

Bis in die 1980er hatten sich die Handwerker einer Stadt generell nicht viel gedacht, wenn sie ihre Angebote für die öffentlichen Aufträge ihrer Stadt absprachen. So konnte jeder von ihnen einmal zum Zug gekommen. Das entsprechende Unrechtsbewusstsein war hierzulande bis zum EU-Beitritt – vorsichtig formuliert – eher schwach ausgeprägt.

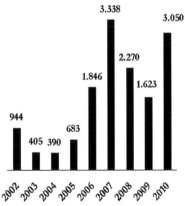

Heute hat das EU-Kartellrecht schon US-amerikanische Strenge erreicht. Und das ist zu begrüßen. Immer höher fallen seine Strafen aus. Kaum ein Konzern, der nicht schon bluten musste, selbst Intel knöpfte man schon eine Milliarde Euro ab.

Geradezu lustvoll legen sich sowohl die EU-Kartellbehörde (mit der gestrengen EU-Kommissarin Neelie Kroes an ihrer Spitze) als auch die nationalen Kartellbehörden mit den großen Playern an.

Im März 2011 verhängte das deutsche Bundeskartellamt über Dr. Oetker, Kraft und Unilever eine Geldstrafe von 38 Millionen Euro für Absprachen bei Süßwaren, Speiseeis, Pizzas und Waschmitteln. 2009 nahm man den Kaffeekonzernen Tchibo,

Melitta und Dallmayr 160 Millionen ab, und Ende 2011 knöpfte man den US-Multis Chiquita und Pacific Fruit 8,9 Millionen ab.[59] Selbst vor Europas mächtigen Staatskonzernen (wie der Gaz de France) machte man nicht Halt: Im Juli 2009 verhängte die EU-Wettbewerbsbehörde gegen die Energiekonzerne E.ON und Gaz de France jeweils ein Bußgeld von 553 Millionen Euro wegen illegaler Absprachen auf Kosten der Gasverbraucher in Deutschland und Frankreich.

Seit 2011 gilt EU-weit eine Kronzeugenregelung, die noch weitere Skandale ans Tageslicht bringen wird. Wäre Österreich nicht bei der Europäischen Union, es gäbe noch den Schlendrian aus alten Tagen. Und in- und offizielle Kartelle würden uns die Kaufkraft rauben.

EU-Kartellstrafen auf Rekordkurs:
Die EU-Kommission hat im vergangenen Jahr Bußgelder für Kartellverstöße in Höhe von insgesamt 3,05 Mrd. Euro verhängt.
Laut Berechnung der internationalen Anwaltssozietät Freshfields Bruckhaus Deringer ist dies die zweithöchste jemals in einem einzelnen Jahr erreichte Summe. (..) Die EU-Kommission verdankt ihre jüngsten Erfolge bei Kartellverfahren vor allem der Möglichkeit, Bußgelder für kooperierende Unternehmen zu verringern. Außerdem würden die Kartellbehörden weltweit intensiver zusammenarbeiten.
(Platow.de 7.1.2011)

„Erfolgreich ist (im Kapitalismus, Anm.), wer ein Monopol, ein Kartell oder einen Trust bilden kann"[60], zitiert Felber den Kasseler Professor für Wirtschaftsrecht, Bernhard Nagel. Und rückt die „Kapitalisten" in die Nähe illegaler Handlungen. Dabei ist es gerade der Ordo-Liberalismus, der den Wettbewerb streng kontrolliert, damit er einer Gesellschaft den maximalen Nutzen bringt. Ein Kartell zu bilden ist gesetzeswidrig. Und es ist mit

---

[59] Die Presse, 29.2.2012
[60] Neue Werte für die Wirtschaft, Christian Felber, S. 85

Sicherheit nicht das Ziel einer marktwirtschaftlichen Wirtschaftsverfassung, auch wenn das von Felber so angedeutet wird.

Beobachtung Eins: Je kapitalistischer die Wirtschaftsverfassung eines Landes ist, desto stärker ist sein Kartellrecht ausgeprägt (siehe USA). Beobachtung Zwei: Mit dem Abbau von Regulierungen und Grenzen konnten in Europa effiziente Konzerne heranwachsen – die sich nun aber einer noch stärker gewachsenen EU-Wettbewerbsbehörde gegenübersehen.

Wie man an den verhängten Kartellstrafen ablesen kann, hat Europas Kapitalismus über die Jahre also zu einer erfolgreicheren demokratischen Kontrolle geführt und nicht zum Gegenteil.

Prinzipiell kann man die Urangst der Menschen, die Mächtigen würden sich gegen sie verbünden, natürlich nicht vom Tische wischen. Es ist ja auch eine urmenschliche Taktik, sich durch Absprachen Vorteile zu erzielen. Denken Sie nur an den Ehebrecher, dem der Freund für die Zeit der Untreue ein Alibi verschafft. Und doch kann man nicht behaupten, alle Männer wären für solche Konstruktionen anfällig (oder dass erst der Kapitalismus die Männer zum Fremdgehen verführt hätte).

Es sind letztendlich aber immer die Menschen, die Handlungen setzen, ob als Chef einer Firma oder als Ehemann zu Hause. Und es ist die Gesellschaft, die wenigstens Ersteres immer stärker ahndet.

Mit seinem Vorwurf, die Kapitalisten würden sich schon bei der erstbesten Gelegenheit mit anderen „Brüdern im Geiste" heimlich zu Monopolen verbünden, diskreditiert Felber das verhasste System bewusst. Gleichzeitig lehnt er das Instrument der Konkurrenz entscheiden ab. Obwohl vor allem dessen Funktionieren Absprachen verhindern würde. Der Wettbewerb wäre doch nur von Kapitalisten (die sich dazu entsprechend verschworen haben mussten) künstlich erfunden worden, um Löhne und Rohstoffpreise unter Druck zu setzen.

Dabei genügen für einen funktionierenden Wettbewerb im Endeffekt schon zwei große Firmen, die einander konkurrieren. So schafft in Österreich keiner der beiden dominierenden Handelskonzerne SPAR und BILLA eine Umsatzrendite von mehr als 1,5%. In Amerika oder Frankreich sind die Margen doppelt so hoch.

2.6 Der Monopol-Sozialismus

Die größten Monopole gab und gibt es weltweit aber nicht im Kapitalismus (oder was davon übrig geblieben ist), sondern im Sozialismus. Dort, im Kommunismus, saßen Politiker und „Apparatschniks" länderübergreifend zusammen und rechneten sich am runden Tisch in Moskau aus, welche Monopolfirma welche Güter an wen zu welchem Preis zu liefern hätte.

Absolutes Monopol im COMECON

Im zentral organisierten Güter-Verteilungssystem des COMECON wollte man im Kommunismus durch eine übernationale Steuerung eine faire und gerechte Verteilung von Rohstoffen und Gütern erreichen.

Den Wettbewerb wollte man – zum Wohl der Konsumenten und der Produzenten – ausschalten. Die Preise sollten nicht von einem „kalten Markt" diktiert werden, sondern von einer Art Weltregierung, dem COMECON („Rat für gegenseitige Wirtschaftshilfe", RGW), der die Preise aller Güter für

Briefmarke der DDR anlässlich des 25jährigen Bestehens des COMECONs (RGW), 1974
Quelle: Wikipedia

die „ganze Welt" von Experten ausdiskutieren und dann festlegen wollte.

So geschah es auch: Im Kommunismus wurden die Preise für alle Güter am Verhandlungstisch politisch festgelegt und sie ergaben sich nicht mehr durch das freie Spiel der Kräfte (ist die Nachfrage nach Gut x stärker, steigt dessen Preis – Firmen nutzen dies durch vermehrte Produktion aus – die Güter werden damit mehr, und letztendlich billiger und moderner).

Aus Wettbewerbern sollten „Bruderländer" werden – denn theoretisch war der Druck gefallen, seine nationale Marktmacht auszunutzen. Eine neue „Weltwährung", der Transferrubel, sollte den wettbewerbsfreien internationalen Handel erleichtern.

Um Losgrößeneffekte wie im Kapitalismus zu erzielen, ohne aber gleichzeitig dessen „unmenschlichen" Wettbewerb und „Gewinnsucht" mit zu importieren, erteilten die kommunistischen Politikern jeweils den größten Betrieben eines Landes ein absolutes Monopol für den gesamten Wirtschaftsraum. So wurden die Omnibusse der RGW-Staaten bei Ikarus in Ungarn gebaut, große Traktoren, schwere Dieselloks (z. B. die DR-Baureihe 130) und Flugzeuge in der UdSSR. Fischverarbeitungsschiffe kamen aus der DDR, die Straßenbahnwagen von ČKD Tatra. So musste die Deutsche Reichsbahn (der DDR) ab 1976 ihre mittelschweren Diesellokomotiven (der Baureihe 119) aus Rumänien importieren. Dabei erfuhr man die Nachteile des Systems: Die Verarbeitung der rumänischen Loks war derart lausig, dass fallweise 50% der eingesetzten Triebfahrzeuge nicht einsatzbereit waren.

Warum hätten sich die Rumänen denn auch bemühen sollen? Ein von der Politik garantiertes Preis- und Gebietsmonopol hatte fixe Verkaufspreise garantiert – egal, ob man sich anstrengte oder nicht. Und der supranationale „Welt-Preisrat" hatte garantiert, dass man für die Transferrubel, die die rumänischen Lok-Bauer für ihre (eigentlich wertlosen) Loks als Verkaufserlös bekamen, viele DDR-Mark oder Rubel eintauschen konnte. Damit konnte man (verhältnismäßig) gute Maschinen aus der DDR und billige Rohstoffe aus der Sowjetunion ankaufen.

Bald waren kommunistische Produkte technologisch derart ins Hintertreffen geraten, dass sie außerhalb des RGW nur mehr in Afrika als Bruderhilfe verschenkt werden konnten. Weil die Rohstoffpreise durch „warmherzige" Sozialisten und nicht durch „kaltherzige" Märkte festgelegt worden waren, waren sie so niedrig, dass die Osteuropäer Energie und Rohstoffe in unerhörtem Ausmaße verschwendeten. Der zügellose Raubbau an der Natur suchte seinesgleichen in der neueren Geschichte. „Die Erzeugung von Rohstoffen und Energie", so errechnete der sowjetische Nationalökonom Bogomolow, „kostet dreimal, bei Kohle und Elektroenergie mitunter bis zu achtmal so viel Kapital wie die dafür (aus den Bruderländern) erhaltenen Maschinen".[61]

Das Grundübel: Es waren Politologen oder Soziologen, die die Preise ausgehandelt hatten. Aber keine Betriebswirte oder Techniker. Schon gar nicht solche aus betroffenen Betrieben. So musste man „osteuropäischen Genossen die Sowjetunion-Kohle aus dem Donez-Becken zum (politisch ausverhandelten) Dumpingpreis frei russische Westgrenze liefern. Für den Eigenbedarf in Russlands Ruhrgebiet am Donez aber musste dafür Kohle aus dem 3.500 Kilometer entfernten Kusnezk-Becken teuer herbeigeholt werden.[62] Ein gewinnorientierter Manager hätte diesen Irrwitz nicht einmal angedacht.

Im Kapitalismus tut Verschwendung weh, weil ein Individuum die Konsequenzen seines Verhaltens direkt spürt. Verschwenden Menschen Benzin, so bleibt ihnen weniger Geld für andere Dinge. Im Kommunismus galt der Bezug bestimmter Güter und Rohstoffe als Menschenrecht, sein Recht darauf war

---

[61] Der Spiegel 35/1966; S. 111
[62] Ebenda

sakrosankt. Und weil Politiker und nicht Kostenrechner die Preise festlegten, wurden sie immer zu niedrig festgelegt. Ging einer Fabrik wegen der zu niedrigen Verkaufspreise das Geld einmal aus und war auch Moskau gerade einmal nicht flüssig, um Verluste abzudecken, wurde einfach nichts mehr produziert. Dann gab es die billigen Güter und Rohstoffe nur auf dem Papier.

Die sowjetische Organisation, die das „neue Leben" ohne Profit, Zinsen, Währungen und Wettbewerb organisieren sollte, war das „Staatskomitee für die Wirtschaftsplanung der Sowjetunion", Gosplan. Es erarbeitete die Fünfjahrespläne, die die Güter nach den oben beschriebenen Vorgaben verteilen sollten. Ihr akribisches Bestreben, Preise und Mengen abseits von Wettbewerb und Markt „gerecht" zu planen, führte zur totalen Zentralisierung der Wirtschaft und nahm den Betriebsleitern vor Ort jegliche Initiative und Einflussmöglichkeit. Die Verbürokratisierung hatte die Ineffizienz und Ressourcenverschwendung zur Folge, die zu Engpässen bei der Versorgung mit Konsumgütern führte.

Gleb Maximilianowitsch Krschischanowski, 1904. Er war der erste Vorsitzende von Gosplan, 1921-1923.
Quelle: Wikipedia

Mit im Boot bei Gosplan war die „Internationale Bank für Wirtschaftliche Zusammenarbeit". Sie sollte nationale Währungen überwinden und einen Güterverkehr ohne Zins und Profitstreben ermöglichen. Dazu koordinierte sie die Transferrubel-Flüsse. Letztendlich befreite sie den Menschen aber nicht von der Knechtschaft des akkumulierten Kapitals, sondern von individuellen Freiheiten, Wohlstand und einer angemessenen Lebenserwartung.

2.7 Marxismus in der Praxis

Die Volkswirtschaftslehre (VWL) sieht die Wirtschaft eines Landes wie aus der Vogelperspektive. Sie versucht, die Zusammenhänge zu verstehen, unter denen Produktion und Wohlstand entstehen. Doch gibt es für Volkswirte erst dann etwas zu beobachten, wenn Menschen sich selbstständig gemacht haben und etwas produzieren. In diesen „Niederungen" hingegen arbeitet der Betriebswirt. Er hat den Erfolg nur *eines* Betriebes im Auge – und am besten den *seines* Betriebes.

„Laurens Bar": Marxismus vs. Kapitalismus

Marxisten (Sozialisten wie Kommunisten) haben ein fundamentales Problem mit (Privat-)Unternehmertum, weil sie der Meinung sind, der „Mehrwehrt" entstünde durch die Ausbeutung von Mitarbeitern – weil der Gewinn dem Arbeiter vorenthalten würde. Nachfolgendes Beispiel soll Licht ins Dunkle bringen: Nehmen wir an, die junge Lauren Schober will sich mit einer kleinen Bar in Leipzig selbstständig machen. Seit sie ein Kind ist, hat sie die Vision einer modern gestylten Bar vor Augen.

Es gibt eine Kennzahl in Handwerk und Gastronomie, nach der eine Person ungefähr zwischen 50.000 und 60.000 Euro Jahresumsatz „produzieren" kann. Nehmen wir an, Lauren hätte im ersten Jahr also Drinks für 57.600 Euro brutto (inkl. 20% USt.) an den Mann und an die Frau gebracht. Netto wäre ihr Jahresumsatz also bei 48.000 Euro gelegen, pro Monat also bei 4.000. Davon sind die Kosten für Getränke (Wareneinsatz) von 1.000 Euro (25% am Umsatz) abzuziehen, dann noch Miete und Betriebskosten von jeweils 1.000 Euro. Bleiben 1.000 Euro als Gewinn über. Netto sind das 750 Euro[63], immerhin bekommt

---

[63] Sozialversicherung für Unternehmer 25%

sie noch ein Trinkgeld von 1.000 Euro. Dafür arbeitet sie 80 Stunden.

Nehmen wir an, Laurens Lokal hätte sich so gut entwickelt, dass sie nicht mehr zurechtkäme und immer mehr Gäste abweisen müsste: Zeit, ihren ersten Mitarbeiter einzustellen, Tim Maier.

Gemeinsam verdoppeln sie nun den Umsatz des Lokals. Lauren wird entlastet und arbeitet fortan nur noch 70 Stunden in der Woche, Tim macht 40. Statt 4.000 Euro monatlich setzen sie nun also 8.000 Euro um. Von den zusätzlichen 4.000 Euro Umsatz (durch Tim) gehen 1.000 Euro (25%) wieder an die Getränkelieferanten. Barkeeper Tims Bruttolohn liegt bei 1.400 Euro brutto, inklusive Lohnnebenkosten kostet er Lauren allerdings 2.000 Euro. Tim bleiben von den 1.400 brutto ungefähr 1.000 Euro netto. Mit einem Trinkgeld von 1.000 Euro kommt er also auf 2.000 Euro netto.

Für Miete und Betriebskosten („Sonstiges") geht nun nichts mehr weg, sie wurden schon von „Laurens Erlösen" bezahlt und so verdient Lauren an Tims Arbeitskraft 1.000 Euro. Macht insgesamt also 2.000 Euro Gewinn für sie, ein sattes Plus von 100%.

	Lauren arbeitet alleine	Das „bringt" Tim
Netto-Monatsumsatz	4.000	+ 4.000
- Wareneinsatz (25%)	- 1.000	- 1.000
- Miete	- 1.000	
- Lohnkosten		- 2.000
- Sonstiges	- 1.000	
= GEWINN Lauren **alleine**	= 1.000	
+ Gewinn mit Tim		+ 1.000
= GEWINN mit Tim	=2.000 brutto	

Was verdienen beide stündlich netto? (1 Mo=4 Wo)		
Nach ESt./LSt., netto	1.400	1.000
Trinkgeld	1.000	1.000
= Summe netto	**2.400**	**2.000**
Wochenstunden	70	40
Stundenlohn netto	**€ 8,57**	**€ 12,50**

Für Marxisten verhält sich Lauren nun wie ein Kapitalist. Hat sie sich doch den Mehrwert (von 1.000 Euro), den ja Tim – und nicht sie erarbeitet hat – selber angeeignet. Da nützt es auch nichts, dass Tims Stundenlohn letztendlich um fast 46% höher ist als der von Lauren. 12,50 Euro verdient er netto statt Lauren mit ihren 8,57!

Lauren sind von ihrem 2.000 Euro Bruttogewinn nach Einkommenssteuer und Sozialversicherung netto nämlich nur mehr 1.400 Euro geblieben, Tim von seinen 1.400 immerhin noch 1.000. Beide können mit 1.000 Euro Trinkgeld rechnen. Weil

Lauren aber so viele Stunden mehr arbeitet, ist ihr Stundenlohn entsprechend geringer.

Bei „Gewinnen" kennt Christian Felber kein Pardon. Selbst Österreichs Sozialdemokratie wirft er vor, „dass sie das Gewinnstreben an sich nicht in Frage stellt", sondern nur die Verteilung nach der großen Akkumulation thematisiere. Selbst Bischof Schönborn hat „der ehemaligen Todsünde Gewinnschon längst das Kleid einer christlichen Tugend umgehängt".[64]

„Ein Unternehmen – eine juristische Person – gilt als erfolgreich", so Felber weiter, „wenn es Gewinne macht. (…) Kaum einer fragt, um welchen Preis und auf wessen Kosten. (…)

Lauren darf mit Tim keinen Gewinn machen	Lauren stellt Bar ein	Tim ist arbeits- beits-
Netto-Monatsumsatz	0	0
-Wareneinsatz (25%)	0	0
-Miete	0	0
-Lohnkosten	0	0
-Sonstiges	0	0
= GEWINN	0	0

Die Knechtschaft im Kapitalismus liegt darin, dass wir den Lebenserfolg mit wirtschaftlichem Erfolg gleichsetzen."[65] Menschen dürfen kein Geld mit anderen Menschen verdienen, so das marxistische Grundgebot. Würde man Lauren Schober aber die Perspektive versagen, „kapitalistische" 2.400 Euro zu verdienen, sie würde ihre Bar erst gar nicht gründen. Viel eher würde sie sich einen Job als Angestellte suchen. Für weniger Arbeitsstunden, 14 Monatsgehälter (statt 12), ein geringeres Risiko, geregelte Arbeitszeiten, bezahlten Urlaub, eine höhere Sicherheit – und alles das bei einem besseren Stundenlohn.

---

[64] Neue Werte für die Wirtschaft, Christian Felber, S. 60
[65] Ebenda, S. 61

Tims Job hätte sich damit allerdings in Luft aufgelöst. Würde sich niemand mehr selbstständig machen dürfen, gäbe es über kurz oder lang keine (neuen) Jobs mehr. Weder für Tim noch für Lauren. Es würde weniger produziert werden, die Zentralbanken würden nicht nur kein Geld mehr drucken – sie würden sogar existierendes aus dem Geldkreislauf abziehen und vernichten (es gibt ja nun weniger Waren).

Eine geringere volkswirtschaftliche Nachfrage hätte ein Sinken der Mieten zur Folge, Lieferanten würden weniger verkaufen und müssten Mitarbeiter freisetzen. Ein Land würde verarmen. Der Staat hätte weniger Steuereinnahmen und müsste die Steuern erhöhen bzw. seine Leistungen kürzen.

Der Verelendungsprozess einer Volkswirtschaft begänne.

2.8 Was stört Felber am Gewinn?

„Die Reduktion des Erfolgsbegriffes auf Geldgewinn ist ein Feldzug gegen die Freiheit, weil alle anderen Bedeutungen von Erfolg unterbelichtet und diskriminiert werden; persönliches Wachstum, Erkenntnis und Einsicht, gelingende Beziehungen, globale Kooperation, ökologische Verbundenheit ..."[66]

Felber hat da etwas grundlegend missverstanden. Nur weil jemand als Unternehmer oder als ehrgeiziger Mitarbeiter hart arbeitet – (auch) von der Aussicht auf Gewinnzuwachs getrieben – ist er privat noch lange kein Monster. Ganz im Gegenteil: Warum soll Lauren Schober in ihrer erfolgreichen Firma nicht „innerlich wachsen"? Vielleicht kann sich das manch einer persönlich nicht vorstellen – aber Arbeit kann einem Menschen auch „aus sich heraus" Freude bereiten.

Warum sollten „Kapitalisten" wie Lauren schlechtere Beziehungen führen als weniger Ehrgeizige? Natürlich arbeitet Lau-

---

[66] Ebenda, S. 61

ren Schober viel und hat einige Jahre tatsächlich weniger Zeit für die Partnerschaftspflege. Wenn die Firma aber einmal gut läuft – meist so nach fünf oder zehn Jahren – kann sich der „Kapitalist" aber etwas zurücknehmen und weniger arbeiten. Was ihre Partnersuche tatsächlich erschweren könnte, ist bloß die Tatsache, dass sie als Jungunternehmerin zu einer überdurchschnittlich reifen und selbstbewussten Frau mit großem Horizont herangewachsen ist. Das lässt so manchen Mann den potentiellen Bewerberstatus verlieren.

Warum sollte jemand, der weniger (hart) arbeitet und sich stattdessen den unterschiedlichsten Freizeitvergnügen wie etwa Mountainbiken, Gasthaussitzen oder Fischefischen gewidmet hatte, mehr „Erkenntnis und Einsicht" haben?

Und zu Tim: Weil er einen guten Job hat und er aus Freude an der Arbeit – und natürlich mit der Aussicht auf gutes Trinkgeld – erfolgreich ist, hat er nun Geld, um es internationalen Organisationen zu spenden. Vielleicht einem Kinderdorf in Weißrussland. Immerhin könnte er sich nun auch eine Reise dorthin leisten.

2.9 Als es noch keinen Kapitalismus gab

Laut Felber leben wir „in ethischen Parallelwelten: In den Familien- und Freundschaftsbeziehungen gelten (…) ganz andere Werte als im beruflichen Alltag, in der Wirtschaft: Zusammenhalten, Wärme, Geborgenheit, Fürsorge, Teilen. Das ist unverträglich, denn die Werte sind die Basis der Lebensführung, und die können nicht mal so, mal so sein. Das ist gelebte Schizophrenie. Warum zwingen wir uns zu dieser permanenten Spaltung? Sollten wir uns nicht um Integration bemühen und diejenigen Werte, mit denen wir uns wohl fühlen, in allen Bereichen leben?[67]

Genau hier liegt Felbers Missverständnis. Bipolares Verhalten wohnt dem Menschen, ja den Lebewesen, inne. So öffnet sich der Mensch dem eigenen Partner und tut es dem Fremden gegenüber nicht. Er kümmert sich darum, dass der eigene Sohn den Ausbildungsplatz kriegt, er tut es aber für den flüchtigen Bekannten nicht. Er putzt die eigenen Fenster und es kümmern ihn die schmutzigen des Nachbarn nicht. Er gibt den Auftrag der hübschen Verkäuferin und nicht ihrem männlichen Konkurrenten.

Erwachsen werden heißt zu lernen, dass Menschen unterschiedliche Dinge unterschiedlich behandeln. Und das ist nicht einmal ungerecht. Selbst der Gleichheitsgrundsatz des österreichischen Staatsgrundgesetzes verpflichtet den Staat, „Gleiches gleich und Ungleiches ungleich" zu behandeln.[68] Der Mensch hat diese Verhaltensweise nicht gelernt, sie ist ihm angeboren. Felber ist hingegen der Meinung, dass man die Menschen in einer Art 300jähriger Gehirnwäsche in „einem Massenerziehungsprogramm mit Bienenfabeln, Nobelpreisen und Forbes-Listen" zu Egoismus, Konkurrenzbereitschaft und Kosten-Nutzen-Kalkül umerzogen habe.[69] Die grenzenlose Gier hätte erst mühsam antrainiert werden müssen, genauso wie man es eben nun mit der grenzenlosen Solidarität tun müsse.

Felber verklärt die Zeit „vor" dem Einzug des Kapitalismus vor 300 Jahren nicht nur, er zeichnet ein Geschichtsbild, das der Realität völlig entrückt scheint. Denn die Zeiten waren vor 300 Jahren nicht besser und solidarischer, sondern gieriger und blutrünstiger. Und Felber wieder: „Seit 300 Jahren gilt: Konkurriere deinen Nächsten und nütze nur dir selbst". Doch es waren die

---

[67] 50 Vorschläge für eine gerechtere Welt, Christian Felber, S. 320
[68] In Art. 7 des Bundes-Verfassungsgesetzes (B-VG) und Art. 2 des Staatsgrundsatz von 1867 verankert
[69] Ebenda, S. 318f

meisten Fürsten „vor" der Umerziehung zu Kapitalisten vor 300 Jahren, die sich als wahre Kleptokraten gezeigt hatten. Sie nahmen und sie stahlen, was sie nur bekommen konnten. Kaiser Commodus (161-192) bezahlte seine ausschweifenden Gelage aus der Staatskasse. In der Arena schlachtete er die Sklaven höchstpersönlich ab. Roms Bürgerschaft, die zu Tausenden an den blutrünstigen Gladiatoren-Kämpfen des Commodus teilnahm, war sicherlich nicht solidarischer oder empathischer, als es Roms Bürgerschaft heute ist.

Die Weltgeschichte ist voll von Plünderungen, Bürgerkriegen und Pogromen. Wer im Alten Testament liest, braucht fürwahr starke Nerven. Ungezählte Fürsten kannten stets nur eines: Macht, Gier, Habgier – und das Blut der Feinde. Und nicht erst seit dem Jahre 1712 (als der Kapitalismus unseren Kontinent angeblich zu verderben begann). Diebstahl, Habsucht und Betrug begleiten den Menschen, seit es Menschen gibt – niemand musste ihn (in einem weltweiten Komplott?) dazu erziehen. Welche Notwendigkeit hätte sonst bestanden, das Neue Testament zu schreiben?

In Wahrheit war die Welt bis vor 300 Jahren viel mehr aus den Angeln als heute. Die Mordraten sanken erst ab 1700 so richtig stark, von 1700 bis heute um 75%. Erst das langsame Durchsetzen kapitalistischer Produktionsweisen hat so viel Wohlstand geschaffen, dass sich eine Bürgerwelt (und „Bürgerinitiativen-Welt") es sich „leisten" konnte, das „Böse im Menschen" zu zähmen – freilich immer wieder von heftigen Rückschlägen begleitet.

Neid – Gier – Geiz – Faulheit

Tatsächlich hat die alttestamentarische „Angst vor dem Gewinn" Europa heute zum international stärksten Standort für Produkte wie Futterncid und Reichenhass werden lassen. In keiner Gegend dieser Welt ist es derart problematisch, sich durch harte Arbeit und persönliches Engagement vom Durchschnitt abzuheben. Wer etwa ein Mietshaus mit 10 Wohnungen baut, das nach 30 Jahren abbezahlt ist und seinen Erbauer damit für ungezählte 60-Stundenwochen mit einem nun höheren Einkommen entschädigt, ist nicht tüchtig, ehrgeizig oder mutig – sondern Mietenwucherer, Renten-Kapitalist und Immobilienspekulant.

Wer es sich – so wie Fernsehmoderatoren, Fußballtrainer oder große Unternehmer, leisten kann – lebt in Florida oder Kalifornien. Nicht wenige Unternehmensberater raten erfolgreichen Menschen dringend ab, sich für den Ruhesitz ein schönes Haus im eigenen Ort zu bauen. Besser sei es, das Geld etwa in Spanien zu investieren und zu Hause davon nichts zu erzählen.

In Frankreichs „Staatssozialismus" hat das Reichen-Bashing lange Tradition. Präsidentschaftskandidat François Hollande von der „Parti Socialiste" (PS) will 2012 Einkommen von über 500.000 Euro Brutto mit 75% besteuern. Bloß 15.000 Franzosen wären davon betroffen, die Einnahmen mit 150 Millionen geradezu vernachlässigbar.[70] Die politische Botschaft ist jedoch eindeutig: „Wer viel hat, hat dies nicht verdient, sondern der Gesellschaft gestohlen. Deshalb ist es gerade deren moralischer Auftrag, es sich auf diese Weise wieder zurückzuholen".

Eine russische Volksweisheit versinnbildlicht die hässliche Seite Europas: Ein Engel kommt auf die Erde und stellt einem Bauern einen Wunsch frei. Allerdings würde der Engel seinem Nachbarn das Doppelte geben. Da antwortet der Bauer: „Hacke mir ein Auge aus!"

Für Europas Mainstream ist es unmoralisch, wenn die Gewinnsteigerung des „Kapitalisten" 50 Geldeinheiten beträgt, die Gehaltsteigerung seiner Mitarbeiter aber bloß 10. Auch wenn sich durch die Initiative des Unternehmers die Einkommen aller 100

---

[70] Die Presse, 29.2.2012

Mitarbeiter um jeweils (nur) 10 verbesserten. Die Gesellschaft wurde um 1.050 reicher (100x10 plus 50). Doch beträgt der Gewinnzuwachs des Unternehmers das Fünffache seiner Mitarbeiter und so verzichtet Europa lieber auf solch ein Geschäft – und auf den damit verbundenen Wohlstandszuwachs seiner Gesellschaft.

Dass der „Kapitalist" sein ganzes Leben auf die Produktion ausrichtet, sein persönliches Kapital dort investiert und damit mit der materiellen Zukunft seiner Familien haftet, dass es seine Initiative war, die für Jobs und Wohlstand sorgte (die bzw. den es ohne ihn so nicht gegeben hätte), wird von der Gesellschaft nur in Sonntagsreden anerkannt. Tatsächlich zählt das in dem Moment nichts mehr, wo der „G'schtopfte"[71] mit seinem schönen Auto gesehen wird.

Am besten sollten (Jung-) Unternehmer generell auf jeden materiellen Wohlstandszuwachs, der aus ihrer Firma herrührt, verzichten – aus moralischen Gründen. Das fordern oft gerade diejenigen, die für sich und ihre eigene Arbeitsleistung den Gebührenzähler schon ab der 1. Minute ticken lassen – und ab 16 Uhr dann gar nicht mehr. Die mit 14 Stunden-Arbeitstagen für andere gut leben können, für sich selber aber schon mit einem Bruchteil davon auszukommen glauben. Und sich trotzdem am Gehalt des wirtschaftlich Aktiveren messen.

Die Großzügigkeit der anderen fordern in unserer scheinheiligen Gesellschaft meistens die, die etwa bei Handwerkern um jeden Preis und unter großem Zorne feilschen – immerhin habe ihnen der Unternehmer seinen Gewinnaufschlag ja vorenthalten, also eigentlich gestohlen. Gerne jammert man über die Knausrigkeit von Arbeitgebern und Konzernen – und fährt selber doch ungezählte Meilen für ein paar gesparte Cents beim Kauf von Milch oder Benzin.

---

[71] Der „Gestopfte" ist ein in Österreich übliches Schimpfwort für Reiche

Seit Jahren träumt Europa davon, Amerika beim Wohlstand einzuholen – und fällt doch immer nur weiter zurück. Sah der „Lissabon-Prozess 2000" noch das Jahr 2010 als Einhol-Termin vor, soll die neue Initiative „Europa 2020" das Kunststück nun 10 Jahren später schaffen. Zur Vorsicht tüftelt man in der EU schon einmal an einer Neuberechnung des Bruttoinlandsproduktes. Künftig sollten auch nichtmaterielle Werte wie „Glück" und „Umweltqualität" Eingang halten – als ob ein Betrieb seine Gewerkschafter mit dem guten Betriebsklima zufriedenstellen könnte ... Ohne etwas an der Einstellung der europäischen Gesellschaft zu ändern, wird man die transatlantische Konkurrenz aber auch in 100 Jahren noch nicht eingeholt haben.

Europas Schulsystem muss schnell und radikal umgebaut werden. Europa braucht einen neuen Wirtschaftsunterricht, und zwar für alle. Und er soll von echten Wirtschaftsakademikern vorgetragen werden, und nicht von Juristen oder Geographen. Und es braucht neue Wirtschaftsbücher. Solche, die Unternehmer nicht als Feindbild, sondern als Wohlstandsmotor sehen. Nur dann kann es gelingen, Europas Stimmungsbild von Depression auf Zukunftsglauben umzupolen.

2.10 Eine „andere" DDR ist möglich

Nehmen wir einmal hypothetisch an, Deutschland würde 2016 von einer rot-rot-grünen Piratenregierung gelenkt werden. Und nehmen wir an, Piraten und „Linke" könnte sich mit Teilen der „Grünen" mit Plänen für einen gesellschaftlichen Totalumbau durchsetzen; es käme zur Wende rückwärts. Gemeinwohlorientierte Unternehmensformen würde man steuerlich begünstigen und subventionieren, gewinnorientierte Firmen würde man enteignen, durch hohe Steuern entweder ins Ausland oder zur Aufgabe drängen.

„Eine andere Bar ist möglich"

Nehmen wir an, nach der „Wende II" würden sich die SoziologInnen Cindy und Mandy, die Theaterwissenschaftler Maiko und Raiko sowie der Sozialarbeiter Haiko zu einem „alternativen Sozialprojekt" zusammenschließen. Es sollte eine „andere" Bar gegründet werden – eine ohne Konkurrenzdruck und ohne Gewinnerzielungsabsicht.

„Die andere Bar"	
Netto-Monatsumsatz	3.000
- Wareneinsatz (50%)	- 2.000
- Miete	- 100
- Lohnkosten(5,5x2.000)	- 11.000
- Sonstiges	- 1.000
= VERLUST	**- 11.100**

Staatliche Zuschüsse hatten das Projekt mit einem gestützten Kredit ermöglicht.
Von 16 Stunden Schuften (wie bei der „kapitalistisch" wirtschaftenden Lauren) ist hier keine Rede mehr. Fixe Arbeitszeiten, fixer Lohn – dafür ohne Trinkgeld. Immerhin sollen die Mitarbeiter sich nicht zu freundlichem Verhalten gezwungen fühlen, wenn ihnen nicht danach ist – nur des Geldes wegen.

Globalisierungsgegner wie ein Christian Felber von Attac hätten der „DDR II"-Führung zur 20 Stunden-Woche bei vollem Lohnausgleich geraten. Die Arbeitslosigkeit würde dadurch sogar noch sinken, frohlockten Globalisierungskritiker und Gewerkschaftsvertreter unisono. Was vorerst ja auch stimmen würde: Lauren und Tim arbeiteten 40 und 70 Stunden, insgesamt also 110. Für diese Leistung braucht es im „Neuen Deutschland" aber jetzt fünf ganze und einen „halben" Beschäftigten. Macht allerdings Lohnkosten von 11.000 Euro.

Weil eine „solidarisch" wirtschaftende Bar aber nicht Getränke bei ausländischen Großkonzernen (mit 40 Stunden-Wochen) bestellt, sondern bei gemeinnützig orientierten Genossenschaften (mit 20 Stunden-Wochen), verdoppeln sich die Warenkosten. Gleichzeitig sinken die Umsätze, weil die verbeamteten Mitarbeiter immer launischer gegenüber Gästen werden. Haiko kommt oft Tage lang nicht zur Arbeit, das bestehende Personal ist überfordert und verliert Gäste.

Weil in einer großen Sozialisierungskampagne beträchtliches Immobilienvermögen in den Besitz des Staates gelangt ist, können die Geschäftsräumlichkeiten um nur 100 Euro Miete an die Kooperative überlassen werden. Der laufende Verlust wird vom Staat abgedeckt.

Im Endeffekt gibt es solche Projekte heute im Westen eigentlich schon zu Hunderten – wie man den Subventionsberichten der Länder entnehmen kann. Solange es in einer Ökonomie noch Firmen gibt, die Gewinne produzieren und Steuern bezahlen, kann eine auf Subventionen basierende Parallel-Ökonomie bestehen. Die gemeinwohlorientierten Ökonomien des Kommunismus glichen die Verluste zehntausender Firmen durch den Verkauf von Rohstoffen aus. Im Endeffekt hatten viele gemeinwohl-orientierten Projekte für die Abschaffung der „vermeintlichen Ausbeutung des Menschen" mit der „realen Ausbeutung der Natur" bezahlt.

Café Rosa: Antikapitalistischer Versuch gescheitert
450.000 Euro wurden in das Café Rosa der ÖH Wien bisher investiert – Oppositionsfraktionen bekommen keine Einsicht in die Finanzen und gehen von einer Pleite aus
(Der Standard, 7.3.2012)

Ohne die (staatlich angeordneten) Pflichtbeiträge ihrer studentischen Zwangsmitglieder hätte die „andere Bar" der österreichischen Hochschülerschaft (ÖH) in einer Pleite geendet. Über 86.000 Euro an Verlusten wären schon nach kurzer Zeit aufgelaufen. In der „antikapitalistischen, antiklerikalen, progressiven, emanzipatorischen, antiheteronormativen" Bar wollte man eben auch auf den Konsumzwang verzichten. Neben dem Verzicht auf ökonomischem Basiswissen oder Hausverstand eine weitere Schwachstelle.

Nun sucht man einen neuen Pächter. Allerdings keinen kapitalistischen.

2.11 „Kapitalismus, Sozialismus und Demokratie"

1942 verfasste der Sozialdemokrat und Ökonom Joseph Schumpeter ein bemerkenswertes Werk: „Kapitalismus, Sozialismus und Demokratie". In diesem lobt er die Wohlstand stiftende Funktion des Kapitalismus und kritisiert das Versagen der marxistischen Lehre in allen Bereichen scharf.

Es sei aber gerade der Wohlstand, den der Kapitalismus in breite Bevölkerungsschichten hineingetragen habe, der aber das Aufkommen neuer („geisteswissenschaftlicher") Bildungsangebote ermögliche. Diese „Experten" würden aufgrund wirtschaftlicher Inkompetenz beruflich und wirtschaftlich versagen. Und würden aus Frust über ihr eigenes Versagen „die Menschen mit Hetzreden und revolutionären Gedanken aufwiegeln". Letztendlich würden sie sogar den Kapitalismus zu Fall bringen. Aber nicht durch eine Weltrevolution, wie Marx dies prophezeit hatte, sondern auf „sanftem Weg".

Laut Schumpeter ist die kapitalistische Produktionsmaschine „eine Maschine der Massenproduktion und damit die einer Produktion für die Massen". Das Wesen des Kapitalismus bestünde nicht darin, „Luxusgüter für einige Privilegierte einzuführen, sondern die Massen mit Gütern zu versorgen, die einst Luxusgüter gewesen sind. Denn nur durch eine Massenproduktion könnten die Unternehmer ihren Profit maximieren".

Es sei der allgemeine Wohlstand, den der Kapitalismus geschaffen habe, der darüber hinaus die Einführung einer umfassenden Sozialgesetzgebung überhaupt erst finanzierbar gemacht habe. Nach Schumpeter ist der Kapitalismus also nicht nur in der Lage, einen insgesamt steigenden Wohlstand zu erzeugen, sondern auch eine gerechtere Verteilung des allgemeinen Wohlstandes erst zu ermöglichen. So seien nicht nur Autos, Flugzeuge und Fernsehapparate „Produkte der kapitalistischen Profitwirtschaft", sondern auch modern ausgestattete und leistungsfähige Krankenhäuser für alle Schichten der Bevölkerung.

Die Produktion neuartiger Waren, die Anwendung neuer Produktionsmethoden, die Erschließung neuer Beschaffungsmärkte oder Absatzgebiete, die Neuorganisation einer bestehenden Unternehmung, all das ist nach Schumpeters Theorie verantwortlich für die oben beschriebenen Erfolge des Kapitalismus. Als Unternehmer solche Dinge zu betreiben, „verlangt besondere Fähigkeiten, die nur ein kleiner Teil der Bevölkerung besitzt, weil die Anforderungen weit über alle Routineaufgaben hinausgehen und weil derartige Neuerungen stets nur gegen innerbetrieblichen und gesellschaftlichen Widerstand durchzusetzen sind. Die Rolle des kapitalistischen Unternehmers ist vergleichbar mit der Rolle eines antiken Feldherrn, eine Form individueller Führerschaft, die auf Grund persönlicher Kraft und persönlicher Verantwortlichkeit nach Erfolg strebte".

In unserer wirtschaftsfernen Gesellschaft vergleichen sich viele Bürger mit Top-Managern, Unternehmern oder Erfindern – aber nur gehalts-, nicht leistungsmäßig. Und man neidet einer handverlesenen Anzahl von Menschen, wenn sie über eine Million Euro verdienen. Dabei neidet man es nicht denen, die mit Autorennen oder Fußballspielen das Zehnfache davon verdient haben.

Dennoch geht Schumpeter davon aus, dass der Kapitalismus trotz seiner großen Erfolge, die in keinem sozialistischen System möglich gewesen wären, eines Tages – ausgerechnet vom Sozialismus – abgelöst werden wird.

Der „Club der roten Richter"

250 Jahre Gymnasium haben ihre Wirkung nicht verfehlt. Wie keine andere Gesellschaft dieser Welt hängt die deutsche dem Irrglauben des Nullsummenspieles an. Wer Gewinne erzeugt, hat dies auf Kosten anderer getan. Damit ist er ein Dieb. Und weil vor allem die Wirtschaft Gewinne schreibt, ist alles, was mit Wirtschaft zusammenhängt, verbrecherisch und schlecht.

Die Ausbildung zum Germanisten ist an manchen Universitäten über weite Strecken mit marxistischen und kommunistischen Ideen verwoben. Dieses geht weit über die literarische Bedeutung von Brecht, Böll oder Borchert hinaus. Das „Kommunistische Manifest" ist fixer Teil des gymnasialen Lehrplanes und wird auch gerne unterrichtet – sein literarischer Wert geht aber gegen Null.

„Als Kleiner hast du keine Chance, du musst dich organisieren!", so impft es Hermann Scheer vor dem Hintergrund von Brechts Dreigroschenoper in „Let's make money!" seinen Zusehern ein.[72] Und das sind meistens Schüler. Hunderttausende junger Europäer konfrontiert man jährlich mit dem „Neuen Schulungsfilm". Unter Anleitung von Jean Ziegler deckt der „Neue Schulungsfilm" das Verbrecherische am Kapitalismus auf – aus neomarxistischer Sicht.

Analog zur Erziehung im Deutsch-, Philosophie- oder Religionsunterricht übernimmt für die Erwachsenen der „Club der Roten Richter" die entsprechende Sozialisierung. Mit Akribie und Hartnäckigkeit spürt die „mediale Wortkontrolle" Redewendungen im „Volkskörper" auf, die sich von Wirtschaft oder gar Gewinnen nicht ausreichend distanziert hätten und gibt sie

---

[72] Die Finanzkrise und die Gier der kleinen Leute, Michael Hörl

einmal jährlich als „Unwörter des Jahres" der „medialen Steinigung" preis.

Unwort des Jahres	Warum? ☹☹☹	Gutwort des Jahres	Warum Gutwort? ☺☺☺
Ich-AG 2002	„Reduzierung von Individuen auf sprachliches Börsenniveau"	Ich-AG 2012	Im Zuge der Hartz IV-Reformen versuchte man, mit der „Ich-AG" Langzeitarbeitslose wieder in den Arbeitsprozess zu integrieren. So groß, kompetent und stark wie eine AG sollten sie als neue Selbstständige werden. 10.000enden gelang als „Ich-AG" der Sprung aus der Armut.
Humankapital 2004	„Degradiert Menschen zu nur noch ökonomisch interessanten Größen"	Humankapital 2012	„Kapital" bedeutet „Geld" und damit Wohlstand, und der ist vielen Menschen wichtig. Das Wichtigste einer Firma sind aber nicht Maschinen, sondern Menschen. Deren Kreativität, Beharrlichkeit und Fleiß stellen das wichtigste Asset („Kapital") einer Firma dar.
Notleidende Banken 2008	„Das Verhältnis von Ursachen und Folgen der Weltwirtschaftskrise wird rundweg auf den Kopf gestellt."	Notleidende Banken 2012	Für ihre „Kleinen Leute" hatten US-Politiker die staatlichen Geldschleusen geöffnet. Staatliche Wertpapiere wie Mortgage Backed Securities hatten vor allem Europas Staats- und Landesbanken an der Nase herumgeführt. Nachdem die Pleite von „Lehman Brothers" eine weltweite Krise ausgelöst hatte, borgte man heimischen Instituten erfolgreich Geld. Damit rettete man Wohlstand und Spareinlagen von Millionen Menschen.

Die Suche nach dem Unwort erinnert an die fanatische Suche nach der Unreinheit im Körper. Es riecht nach Schauprozess und der moralischen Steuerung eines Landes durch eine weltentrückte „Professorenkaste". Deutschland hat sich das nicht verdient. Neben Pessimismus und moralgestrengem Sittenwächtertum gibt es in dem Lande nördlich der Alpen auch Lebensfreude, Stolz und Optimismus. Es gibt so viele Deutsche, die gern und hart anpacken können und stolz auf ihre Leistung sind. Und mit Zuversicht in ihre Zukunft gehen.

Ihnen zu Ehren sollte das „Gutwort des Jahres" erfunden werden. Zufälligerweise lautet es meist so wie das seiner negativen Konkurrenz. In den ersten beiden Spalten die betreffenden „Unwörter" des Jahres und die offizielle Begründung dazu. Danach die positive Alternative.

Kapitalismus und Demokratie

Und wieder Joffe: „Der fabelhafte Reichtum der modernen Welt lässt sich vom Kapitalismus ebenso wenig trennen wie die Demokratie. Arme Gesellschaften sind selten demokratisch, und reiche sind selten autoritär"[73] [74]Und reich machte bisher nur der Kapitalismus. Für einen Christian Felber sind große Firmen (Konzerne) kratisch, weil sie nicht siert, also verstaatlicht, sind. Doch sind es gerade die ßen Kapitalgesellschaften, die billige Konsumgüter in Massenfertigung herstellen können und so die Massenkauf-

Koenigsegg CCX. 45 Mitarbeiter fertigen Autos mit bis zu 1.115 PS.
Quelle: Wikipedia/Trubble

---

[73] Ebenda
[74] Ausgenommen sind etwa Länder wie Russland oder Saudi Arabien, in denen Bodenschätze Staatseigentum sind.

kraft stärken. Der Kapitalismus lebt von der Kaufkraft der Massen, (vor allem) für sie stellt er seine billigen Konsumgüter her. Eine vom Handwerk geprägte Gesellschaft kann nur wenige Autos – dafür umso teurere – herstellen. Nur Fürsten konnten sich diese früher leisten.

Die großindustriell produzierende Volkswagen AG lebt gut, wenn möglichst viele Menschen sich ihre 20.000 Euro teuren Golfs leisten können. Die schwedische Koenigsegg-Manufaktur arbeitet über weite Strecken wie ein Handwerksbetrieb – und verkauft den CCX für 1 Million Dollar – an Fürsten, Könige und Prominente.

Wenn man unter Demokratie versteht, dass alle Menschen gleichberechtigt in „ihrer" Firma mitreden können und diese gleichberechtigt besitzen, dann sind kapitalistische Konzerne tatsächlich weniger demokratisch als Mechaniker-Kooperativen in der DDR. Vielleicht produzieren Erstgenannte aber gerade deshalb effizienter als Zweitgenannte. Und versorgen die Menschen damit auch besser – und gerechter?

Selbst im real existierenden Sozialismus hatte man schon bald entdeckt, dass eine effiziente Produktion im „streng marxistischen Sinne" nicht möglich war, wenn „zu viele Leute mit- und dreinredeten" – noch dazu, wenn deren Schicksal nicht direkt vom Gedeih der Firma abhing. Keine Fabrik dieser Welt von gewisser Größe konnte/kann ohne Hierarchien erfolgreich produzieren. Und keine Fabrik, die ausschließlich auf das (überschaubare) Kapital ihrer Mitarbeiter angewiesen war (und nicht etwa auf staatliche Subventionen zugreifen konnte), produzierte erfolgreich auf dem Stand der Technik.

Für viele Menschen ist der Zugang zu günstigen Konsumgütern und Dienstleistungen aber auch ein Teil von Demokratie. In der DDR mussten Menschen 12 Jahre auf die Zuteilung eines

Autos warten[75], Sozialismus-Zweifler 112. Ein Farbfernsehgerät kostete zwischen 3.500 und 6.900 Mark.[76] Der Kapitalismus einer BRD hingegen hatte niemanden von vorneherein ausgeschlossen, selbst für den Ärmsten war individuelle Mobilität in irgendeiner Form noch möglich.

570.000 Menschen waren in der DDR „freiwillig" Mitglied in einer landwirtschaftlichen Genossenschaft, immerhin 157.000 in einer für Handwerker. Theoretisch besaßen sie also ihre Produktionsmittel selbst. Und trotzdem war das real erlebte Unglück der Menschen größer als im Westen, war die DDR Weltmeister bei Selbstmorden und Alkoholismus. Obwohl die DDR bei 8,76 Millionen Erwerbstätigen 9 Millionen Gewerkschaftsmitglieder zählte, war die Macht westlicher Gewerkschaften real bedeutend größer.

In Westdeutschland waren nur 38 Prozent der Bürger organisiert, 2,7 Millionen in der IG Metall. Für Arbeiter wie für Eigentümer war das Hauptmotiv eines Unternehmens die Schaffung materieller Werte – nicht mehr, aber auch nicht weniger. Wohnen, Leben und Kultur waren privat organisiert. „Wir müssen die Menschen wieder politisieren!", hingegen Felber; bloß leben, um zu leben und zu konsumieren, sei ihm zu wenig. Auch im marxistischen Ostdeutschland war Wirtschaften „mehr". Es sollte ein Teil der realen Lebenswelt von Bürgern werden. Arbeit, Privatleben und Kommune sollten alles eines werden. Der Kommunismus war davon ausgegangen, dass der vom Joch des Kapitals befreite Mensch plötzlich sozial und kulturell erblühen würde und dass er seine neu gewonnenen Energien in die Gemeinschaft mit anderen Menschen investieren wollte. Tatsächlich mieden aber viele Bürger die unzähligen Sozial- und Kulturprojekte ihrer „Volks-Demokratien" und flüchteten in die eigenen vier Wände oder einen Schrebergarten. Dort war man

---

[75] „Kein Arbeiter- und Bauernstaat", www.linksruck.de, 3.1.2012
[76] Katja Neller: DDR-Nostalgie: Dimensionen der Orientierungen der Ostdeutschen gegenüber der ehemaligen DDR, 2006, S. 43

vor den öffentlichen Parolen gegen Monopolkapitalismus und eigennutzorientierte Spekulanten sicher. Man igelte sich ein und flüchtete sich in eine kleinbürgerliche spießige Scheinrealität. Im Schrebergarten erblühten die Buchskugeln, im tapetenverkleisterten Wohnzimmer derweil der Sozialismus-Biedermeier.

England hatte mit seiner kapitalistischen Industrialisierung als erstes Land seine verarmte Bevölkerung menschenwürdig versorgen können. Als Engels das „Kapital" veröffentlicht hatte, war das Schlimmste schon vorbei. Und die ersten strengsten „Anti-Trust"-Gesetze zur Verhinderung von Kartellen gab es weltweit in den kapitalistischen USA. Ohne das deutsche Wirtschaftswunder in den 1950iger Jahren hätte es keine Demokratisierung der Bundesrepublik gegeben. Und ohne die Freiheit des Kapitalismus würden es nicht mittellose Studienabbrecher schaffen, aus dem Nichts heraus Konzerne wie Microsoft, Facebook und Ebay aufzubauen.

Wenn „Kleine" alle Chancen haben, dann gehört das ebenso zur Demokratie. Michael Miersch hat einmal gemeint[77]: „Die freie Wahl der Waren weckt Gelüste, auch anderes frei wählen zu dürfen." Wenn freie Unternehmer für sich und ihre Gesellschaft Wohlstand erzeugen, führt dies über kurz oder lang immer zur Demokratie. Denn stolze Bürger, die nicht mehr auf dem armen Lande hungern müssen, sondern zum ersten Mal etwas besitzen dürfen, lassen sich über kurz oder lang nicht mehr von moralisierenden Gesellschaftslenkern gängeln. Der Beginn des Kapitalismus durch die Globalisierung ist der Anfang vom Ende sozialistischer Diktaturen und ihrer Armut. Die Tage der Regime in China und Vietnam sind damit gezählt.

---

[77] Ebenda

2.12 Die „Totale-Gemeinwohl-Basis-Volks-Demokratie"

Dass Kapitalismus das Gegenteil von Demokratie bedeute, weiß man bei „Linken" und Attac. „Gewinnstreben und Eigennutz führen zur Ausschaltung der Demokratie", so Christian Felber.[78] Felber deutet in seinen Werken immer wieder an, dass Europas Bevölkerung (laut Felber vor 300 Jahren?) bewusst zu eigennützigem, kapitalistischem Verhalten umerzogen wurde. Denkt man den Vorwurf weiter, so impliziert dies, dass wir heute alle das Opfer einer gigantischen Verschwörung mächtiger Kapitalisten seien. Deren geheime Parallelregierung (von Banken, Konzernen, Spekulanten und korrupten Politikern?) habe die Menschen zu einem kapitalistischen Lebensstil indoktriniert.

In Europa genügt üblicherweise schon die Andeutung einer Verschwörung, um die Menschen zu empören – ohne dabei den „Aufdecker" mit peinlichen Fragen nach Beweisen zu belästigen. Außerdem ist die reine Andeutung von Verschwörungen von großem Vorteil für die Phantasie – es bleibt dem „Aufgeklärten" (und der aktuellen Mode) überlassen, wer sich denn da gegen „ihn, die 99%" verschworen hat.

„Wenn wir die Gesetze und Institutionen der Wirtschaftspolitik, (…), der Schulen und Parteiprogramme so umpolen, dass sie die gewünschten reifen und sozialen Charaktereigenschaften des Menschen fördern, dann wird sich (…) das reale Verhalten der Menschen an das neue Menschenbild anpassen", so Felber. Was einst zum Eigennutz (v)erzogen wurde, müsse sich doch leicht wieder zurückerziehen lassen, dachten sich auch Osteuropas Kommunisten in den 1920er (dann später wieder in den 1950er) Jahren. Dazu schufen sie unzählige Organisationen, deren Bezeichnungen man großzügig mit Begriffen wie „Volks-…", „Demokratie-…" und „International" zu schmücken wusste.

---

[78] Die Gemeinwohl-Ökonomie, Christian Felber, S. 22

Weil sie helfen sollten, die Gesellschaft zu uneigennützigem Verhalten umzuerziehen – und eben das zum ureigensten Ziel des Volkes erklärt worden war – fand man solche Bezeichnungen als passend.

Wer ein Volk umerziehen will, kann dies nicht demokratisch tun, selbst wenn man sich tausendmal „demokratisch" nennt. Und es kann auch nicht dezentral und basisdemokratisch erfolgen – auch wenn es zu Beginn versprochen wurde. Immerhin muss man die ureigensten Instinkte des Menschen, sich zuerst um sich und seine Familie zu kümmern – und dann erst um andere – mit Gewalt abtrainieren. Bei anhaltenden Misserfolgen sah man sich in vielen solcher Gesellschaftsexperimente im Laufe der Zeit gezwungen, die Dosis der Gewalt zu erhöhen, um die Eigennutzorientierung seiner Bürger dann eben zu brechen.

Die zentralistische Planwirtschaft des Marxismus-Leninismus mit ihren Umerziehungslagern, Genossenschaften und Staatsapparaten musste geradezu „zentral" und „planwirtschaftlich" werden. Anders hätte man nicht alle Bereiche des „sündigen", weil eigennutzorientierten Menschen kontrollieren können. Dass das größte „Totale-Volks-Kontroll-System" der Welt in 80 Jahren die Mentalität seiner Bevölkerung dennoch nicht auf Gemeinnutz umzupolen vermochte – und außer moralisch und ökonomisch kaputten Gesellschaften nichts hinterlassen hatte – sollte uns zu denken geben.

Der demokratische Gemeinwohlkonvent

Wenn Felber das vom Kapitalismus verdorbene Volk und seine Wirtschaft zu gemeinnützigem Verhalten „zurück"-erziehen will, dann soll dies sein „Gemeinwohl-Konvent" als neue basisdemokratische Instanz lenken. So sollte sein Konvent Investitionen in spritfressende Geländeautos (SUV's) gleich einmal verbieten, demokratisch natürlich. Felber hält nichts von Massentierhaltung – sein Gemeinwohlkonvent würde daher auch die verbieten. Genauso sollten Ausschüttungen an Firmenfremde künftig (demokratisch?) verboten werden. Die wirtschaftswissenschaftliche Erkenntnis, dass dies eine moderne Wirtschaft auf das Niveau einer marokkanischen Handwerker-Gesellschaft zurückwerfen würde, dürfte auf Felbers Gemeinwohlkonvent nicht viele Anhänger finden.

Felbers „Demokratischer Gemeinwohlkonvent" sperrt (demokratisch?) Börsen und Finanzplätze zu.[79] Bestehende Investmentfonds (und Lebensversicherungsgelder) werden zwangsweise (demokratisch?) aufgelöst und Tausende Milliarden fremder Spargelder werden entweder (demokratisch-) zwangsweise auf Felbers „Demokratische Bank" einbezahlt, oder sie finden sich in profitlosen Gemeinwohl-Genossenschaften wieder. Die Rechtsform der Aktiengesellschaft wird (demokratisch?) verboten und damit auch große, international konkurrenzfähige Firmen mit gut bezahlten Jobs. Unter dem Punkt „Unternehmensanleihen" findet man den Hinweis, dass Unternehmen künftig über die „Demokratische Bank" direkt und einfach zu Krediten kommen würden (war das für gute Geschäftsideen denn bisher anders?) – für wenig bis gar keine Zinsen (gut, das wäre neu). BürgerInnen würden sich über die „Demokratische Bank" freiwillig und ohne Zinsprofit an jungen Unternehmen beteiligen. Dem Zweifler sei erlaubt, die Frage in den Raum zu stellen, warum sich an den Bürger-Windparks Norddeutschlands private Bürger erst dann beteiligen, wenn ihnen mindestens 8% Rendite garantiert werden.

Weil eine ärmliche Handwerkergesellschaft die Überschüsse aber nicht produzieren würde, die Felbers „Demokratische Bank" einfach und direkt an Unternehmen verleihen will, liegt der Verdacht nahe, dass diese Mittel vom eingezogenen Geld der Millionen Sparer kommen würde. Generell will Felber in der Anfangsphase seiner „post-kapitalistischen Gesellschaft ohne

---

[79] Die Gemeinwohl-Demokratie, Christian Felber, S. 51

Profit" vor allem vom eingezogenen Vermögen der Reichen leben. Man fühlt sich an die DDR erinnert: Die „volksdemokratischen Banken" der DDR produzierten mit ihren gemeinwirtschaftlich orientierten Projekten entweder Flops oder Milliardenverluste. Ohne die jährlichen Milliardenüberweisungen aus der (kapitalistischen) BRD hätten sie nicht existieren können.

Und wieder einmal musste der Kapitalismus den Sozialismus finanzieren.

Enteignen, verbieten, abschaffen – aber demokratisch

Geht es nach Felber, sollen Großbetriebe und Banken verstaatlicht werden. Damit nähme man aber Hunderttausenden von (Aktien-)Besitzern (demokratisch?) deren Eigentum weg, um es dem „Souverän" – also dem Volk (dem man es zuvor genommen hat?) – zu geben. So etwas nennt man Enteignung und kam bisher nur in kommunistischen Volksdemokratien vor. Ein subtileres Instrument wird da wohl die Gemeinwohlbilanz werden. Wer sich deren hochmoralischen und strengen (demokratischen?) Vorgaben fügt, der wird positiv diskriminiert, wer abweicht, negativ.

Mit Gemeinwohlpunkten soll die Wirtschaft „sanft" gezwungen werden, Vorprodukte nur mehr aus „fairem" Handel zu beziehen (sind Produkte „fair", wenn sie die Konsumenten-Endpreise um 50 Prozent verteuern?). Die Wirtschaft soll 50% Frauen anstellen (auch wenn sich für die Position eines Maschinenbauers nur Soziologinnen oder Theaterwissenschaftlerinnen melden?). So kassiert der Kapitalist 100 Gemeinwohlpunkte, wenn er die Firma seinen Mitarbeitern schenkt, aber nur 25, wenn er auf „mediale" Werbung verzichtet.

Der Handel mit Staatsanleihen soll (demokratisch?) verboten werden, deren Verzinsung soll „demokratisch" festgelegt werden. Weil „demokratisch" in der Praxis (kommunistischer Staaten) stets „niedriger als der Marktwert" hieß, würden die nun schlechter verzinsten Unternehmensanleihen stark an Wert verlieren, die Sparguthaben bei der „Demokratischen Bank" würden wenig bis gar keine Zinsen mehr abwerfen. Nach den Zwangsüberweisungen auf „demokratische Banken" eine weitere (demokratische?) Zwangsmaßnahme gegen Sparer. Investmentbanken sollen (demokratisch?) verboten werden, natürlich auch Börsengänge oder Unternehmenskäufe. Warum denn auch, Wachstum hat als gesellschaftliches Ziel dann ohnehin abgedankt: Nicht mehr nach Gehaltserhöhung würden Felbers umerzogene Menschen eines Tages schielen, sondern nach „wirklichen Werten". Solche mit sozialem, ökologischem oder kulturellem Hintergrund.

Harry White (links) und John Maynard Keynes, die Erfinder von Bretton Woods, 1946
Quelle: Wikipedia/IMF

Um letztendlich die ganze Welt (zurück-) zu steuern, soll eine Weltwährung, der Globo, eingeführt werden. Alle Währungen wären dann zwangsweise fix an diesen gebunden, die „Demokratische Bank" würde alle Währungen zu einem einheitlichen Kurs tauschen. Dass schon die Bindung des Pfundes nur an den Ecu 1992 spektakulär gescheitert war, oder dass die Bindung des argentinischen Peso an den US-Dollar 2001 das Land in die Pleite getrieben hatte, oder dass es die fixen Wechselkurse von Bretton Woods waren, die das Traumgebilde 1973 spektakulär zusammenbrechen ließen, kümmert den „Wirtschaftsautodidakten" (Selbstdefinition) Felber nicht. Felber träumt vom Globo –

und vergisst, dass die Eurokrise durch eben eine solche (europaweite) Weltwährung erst entstanden ist.

Eine Welt-Clearingbank wie Felbers „Demokratische Bank" würde sofort zusammenbrechen. Sie könnte nicht einmal dann funktionieren, wenn eine Weltrevolution den Kapitalismus in allen 192 Ländern dieser Welt in eine Gemeinwohl-Ökonomie verwandelt hätte. Die (geplante) Weltwährung des Kommunismus, der Transferrubel, konnte die Mentalitätsunterschiede von Russen oder Rumänen nur durch den größten Rohstoffraubbau der Geschichte ausgleichen. Und so viele Ressourcen, wie man für Felbers Globo brauchte, gibt es auf zehn Globen nicht.

Felbers „Neue ökonomische Politik"?

Immer wieder erinnern manche Thesen Felbers an Lenins „Neue ökonomische Politik" von 1921: Großbetriebe und Banken waren gleich nach der Revolution von 1917 verstaatlicht worden. Weil die Versorgungslage dadurch schlechter und nicht besser wurde (1920 betrug die Industrieproduktion nur noch ein Achtel des Standes von 1913), begründete Lenin seine „Neue ökonomische Politik". Fortan ließ man das „Kleine Privateigentum" ebenso zu wie marktähnliche Tauschformen – und die Produktion stieg wieder (zaghaft) an. Zusätzlich propagierte man neue gemeinnutzorientierte Wirtschaftsfor-

Nikolai Bucharin. 1925 forderte er für Bauern das Recht, Produkte mit Gewinn verkaufen zu dürfen.
Quelle: Wikipedia

men wie Landwirtschafts- und Handwerkergenossenschaften. Staatliche Begünstigungen (wie Kredite) und eine allgegenwärtige Staatspropaganda sollten die Menschen davon überzeugen, ihr Privatvermögen und ihre Arbeitskraft dort freiwillig einzubringen: Zu Tausenden strömten Politologen und Funktionäre aufs Land, um die Bevölkerung zum Beitritt in die gemeinnutzorientierte Genossenschaft zu überreden.

Wie Lenin will auch Felber mit nicht-gewinnorientierten Pionierbetrieben immer mehr „Besitzende" für seinen („Dritten") Weg begeistern. „Nach spätestens 10 Jahren wird das kapitalistische System kippen", so hofft Felber.[80] Betriebe, die sich seinem Transformationsprozess widersetzten („nicht flexibel anpassten"), würden letztendlich einer schöpferischen Zerstörung anheimfallen". Wie Lenin wirbt auch Felber für seine basisdemokratischen Wirtschaftsformen: „Wer in die Genossenschaft eintritt, kommt nicht nur in den Genuss einer Arbeitsstelle, sondern wird auch KapitalmiteigentümerIn. Das Erpressungspotential der ArbeitgeberInnen gegenüber Heerscharen von zur Erwerbsarbeit Gezwungenen verschwindet".[81]

Um die Transformation in eine egalitäre Gesellschaft zu beschleunigen, teilte die sozialistische Propaganda die Gesellschaft willkürlich in einige wenige Reiche („Kulaken", Großbauern) und viele Arme (Kleinbauern und Handwerker) – wobei man die Bevölkerung „informierte", dass die erste Gruppe auf Kosten der zweiten leben würde. „Faktisch beträgt der Anteil solcher Kulaken an der Landbevölkerung nur einige Prozent, aber die Propaganda macht aus ihnen eine gewaltige Zahl ‚kleinbürgerlicher', ‚rückschrittlicher' Elemente, die die Errungenschaften der Revolution gefährden", weiß man bei der Russland-Bauernhilfe.[82] Selbst Bauern mit nur wenigen Kühen wurden von der Propaganda so willkürlich zu „Reichen", und in einem Klima von Hass und Neid de facto für „vogelfrei" erklärt. Interessanterweise unterteilt auch Felber in Groß- und Kleinbauern. Großbauern steht er dabei kritisch gegenüber – hätten sie doch Markt und Gewinn den Vorrang vor Ökologie und Gesundheit

---

[80] Neue Werte für die Wirtschaft, Christian Felber, S. 319
[81] Neue Werte für die Wirtschaft, Christian Felber, S. 304
[82] „Die neue ökonomische Politik", Auf: www.bauernhilfe-russland.de, 12.4.2012

eingeräumt. Für private Kleinbäuerinnen hegt er dagegen Sympathien. Er würde sie auch nicht *sofort* vergesellschaften. Über kurz oder lang würden sie sich ohnehin freiwillig zu Kooperativen und Genossenschaften zusammenschließen, so Christian Felber hoffnungsfroh.

Die Volksverhetzung war bei Lenin nicht von Erfolg gekrönt, die Menschen blieben lieber arm, als der Genossenschaft ins „volksdemokratische Paradies" zu folgen. Als Lenin 1924 starb, da folgte aber Stalin. Und der wollte seine Bevölkerung nicht mehr trickreich und mit List zum Gemeinnutz-Leben umziehen, er setzte den Umbau der Gesellschaft mit Brachialgewalt durch. Wer nicht in die neuen „non-profit"-Produktionsformen wollte, kam ins Umerziehungslager oder wurde gleich erschossen. In Hungersnöten („Holodomor") starben 5 Millionen Menschen, das Land verelendete komplett. 20 Millionen Russen überlebten Stalin nicht – es kamen unter ihm mehr um als unter Hitler. All die „pseudodemokratischen" Instanzen Lenins zur Erbauung der neuen Gesellschaft waren nicht imstande gewesen, einen Menschenschlächter wie Stalin aufzuhalten.

Insgesamt verwendet Felber den Begriff „Demokratie" derart inflationär, dass man den Eindruck gewinnt, dass alles, was die Welt-Umerziehungspläne Felbers unterstützt, „demokratisch" ist, und alles andere aber nicht. Alleine schon, weil Felber keine echten Ausstiegsszenarien diskutiert, ist der von ihm verwendete Demokratiebegriff jedoch mit größter Vorsicht zu genießen.

Basisdemokratie heute

Wer selbst Europas „Kapitalismus light" als undemokratisch und unterdrückerisch wahrnimmt, verschließt sich der Realität. Zwar steht es um die (medien-) politische Demokratie tatsächlich nicht besonders gut, doch war die Demokratie für Konsumenten oder die im Alltagsleben in der Geschichte der Menschheit nie stärker und selbstverständlicher:

- Noch nie war Konsum basisdemokratischer: Steht man vor dem Regal, kann man via Handy die Preise alternativer Anbieter vergleichen oder gleich digital und direkt kaufen.
- Noch nie war Informationsbeschaffung demokratischer: Im Internet vergleichen Seiten nicht nur die Preise von Gütern, sondern publizieren auch deren Bewertungen durch unabhängige Verbraucher. Dazu kann man noch Zahlungs- und Lieferbedingungen vergleichen und dem Produzenten direkt Fragen stellen – und alles öffentlich und ohne Mauscheln.
- Noch nie waren Preise demokratischer: Wer eine Reise bucht, kann sich via Google Maps nicht nur um das (und in dem) Hotel umsehen, sondern sich auf den verlinkten Buchungsplattformen gleich basisdemokratisch über die besten Angebote informieren.
- Noch nie wurden Firmen demokratischer kontrolliert – via Internet. Als Nestlé für einen Müsliriegel Palmöl verwendete, das von einer Plantage kam, die den Lebensraum von Orang-Utans beschnitt, brach ein digitaler Entrüstungssturm über den Konzern. Das Öl verschwand aus dem Produkt.
- Noch nie war Wissen demokratischer: Die Erkenntnisse öffentlicher Spitzenforschung werden in Fachmagazinen so detailliert veröffentlicht wie noch nie zuvor. Nie zuvor gab es einen derart starken internationalen Austausch von Studenten, Fachkräften oder gar Firmen. Selbst ehemals marxistische Armenhäuser wie Indien oder China konnten in nur wenigen Jahrzehnten zur technologischen Weltspitze aufschließen. Wenn aber die Studenten afrikanischer Entwicklungsländer[83] (der Autor erlebte dies per-

---

[83] Westliche Staaten wie etwa Österreich oder Deutschland finanzieren sehr großzügige Programme, um Studenten aus der „Dritten Welt" bei uns studieren zu lassen.

sönlich im Wiener Caritas-Studentenheim) hier in Europa nicht Maschinenbau, Chemie und Informatik, sondern Publizistik, Politik und Theaterwissenschaften studieren, ist das nur bedingt die Schuld des Westens.

- Noch nie war die Macht der Großen kleiner: Im Gegensatz zu den 1950ern und 1960ern kann heute kein Kraftwerk, keine Hochspannungsleitung, kein Tunnel oder irgendein anderes Bauvorhaben durchgeführt werden, ohne sich sofort (medienstarken) Bürgerinitiativen gegenüberzusehen. Dass es in Österreich noch an direktdemokratischen Instrumenten wie in der Schweiz mangelt, ist der Angst der Staatsparteien geschuldet, das „unmündige Volk" könnte dann politisch unkorrekte Sachen fordern.

Für wen nur demokratisch ist, wenn alle Menschen gleich viel besitzen und bei allen Dingen von Staat und Gesellschaft gleich viel mitreden dürfen, für den ist das freilich alles nichts. Die Gesellschaftssysteme, die den Menschen aber eben dies versprochen hatten, haben letztendlich ausnahmslos alle das Gegenteil erreicht.

2.13 Manchesterkapitalismus: Einmal anders betrachtet

Die Stadt Manchester wird in Europas Unterricht als Sinnbild für einen hemmungslosen Kapitalismus gebrandmarkt.
Ihre Bevölkerung hatte sich von 1750 bis 1830 verzehnfacht – von 17.000 auf 180.000 Einwohner – und wurde zu einem planlos wuchernden Moloch aus Fabriken und Elendshütten. Doch die ungezählten Landarbeitermassen haben sich gewiss nicht in dieses Inferno gedrängt, weil es ihnen dort schlechter ging als in ihren Heimatorten, sondern besser. Die Einkommen der Fabrikarbeiter waren ausnahmslos höher als die der vorangegange-

nen Agrar-Generationen.⁸⁴ Der Londoner Wirtschaftshistoriker T.S. Ashton hatte es einmal trefflich formuliert: „Auch mit dem besten Willen der Welt hätte der Übergang vom Acker und von Bauernkaten zu Fabriken und Städten nicht sanft sein können".

„Die Bevölkerung Mitteleuropas hatte sich vom 15. Jahrhundert bis zum Jahr 1800 von 28 Millionen Köpfen auf rund 60 Millionen mehr als verdoppelt. Besonders dramatisch war die Entwicklung in England verlaufen. Alleine von 1770 und 1831 war die Bevölkerung von 8,5 Millionen auf 16 Millionen explodiert. Weil es kaum Wirtschaftswachstum gab, waren die Reallöhne permanent gesunken – vom Faktor 100 (1450) auf 50 im Jahr 1800. War schon der mittelalterliche Lebensstandard mehr als kärglich gewesen, so bedeutete diese Halbierung eine Hölle aus Armut und Elend."⁸⁵

Slum in Glasgow, 1871
Quelle: Wikipedia

Die Menschen hatten vor dem Kapitalismus genauso schlimm (und eigentlich noch schlimmer) gelebt; in überfüllten Kammern, feuchtkalten Schuppen und zugigen Ställen auf dem Land. Aber sie lebten „dezentral" über das Land verstreut. Das und die soziale Kontrolle enger Dörfer taten ihr Übriges, damit die Not nicht sichtbar war.

Nun erweckt(e) der Kapitalismus aber immer die Hoffnung der Armen auf dem Lande und setzt(e) „von heute auf morgen" eine Landflucht in Gang. Die Städte waren (sind) auf die Millionenzuwanderer nicht vorbereitet und so mussten die ersten zwei

---

⁸⁴ Ebenda
⁸⁵"Markt oder Tod – Was Globalisierung wirklich bedeutet", Roland Baader, Auf: „www.schweizerzeit.ch, 30.6.2006

bis drei Generationen in unvorstellbaren hygienischen und sanitären Verhältnissen vegetieren. Durch die hohe Nachfrage nach Wohnraum waren aber die Mietpreise gestiegen, und die hohen Preise hatten wiederum eine enorme Bautätigkeit nach sich gezogen. Stichwort: Wiens „Gründerzeithäuser" und Arbeitersiedlungen. Positiv betrachtet: Nur im Kapitalismus war die Schaffung von so viel Wohnraum in so kurzer Zeit möglich gewesen … und hat dabei selber wieder neue Jobs geschaffen.

2.14 Europas Gemeinwirtschaft exportiert seine Zukunft

Seit Beginn der 1990iger ist vor allem Deutschland von einer massiven Auswanderungswelle betroffen. Am Höhepunkt 2008 verließen 175.000 Deutsche ihre Heimat – so viel wie Saarbrücken Einwohner hat. Jeder vierte Deutsche spielt mit dem Gedanken, es ebenso zu tun.

Seit Mitte des 19. Jahrhunderts verließen die Mutigsten (und Verzweifelten) ihr Land. Mit dem demokratiepolitischen Rückschlag am Wiener Kongress von 1815/16 war die Macht der europäischen Monarchie für weitere Jahrzehnte einzementiert

Der deutsche Exodus seit 1991
(Statistisches Bundesamt 2012)

worden. Das Heilige Römische Reich Deutscher Nation (zu dem auch Österreich gehörte) war schon 1806 durch Napoleon untergegangen. Nun sollte auch das Nachfolgegebilde weiterhin – bis zur Einigung durch Preußen 1871 – aus drei Dutzend rückständigen Fürstentümern und einem Dutzend „freien" Städten bestehen. Ein jedes mit seinen eigenen Zöllen, Gewichtseinheiten, Währungen, Zeitzonen und Beamten.

Während in der „k. u. k. Monarchie" das Offizierspatent den höchsten Status garantierte, waren es derweil in England unternehmerischer Erfolg und bürgerlicher Aufstieg. Wer die Strapazen der Amerikaüberfahrt überstand, dem boten sich im Gegensatz zu „Old Europe" atemberaubende Aufstiegsmöglichkeiten. 1880 stammte jeder dritte New Yorker aus Deutschland oder Österreich.

In Europa war die Kreditvergabe bis Mitte des 19. Jahrhunderts auf Adelige beschränkt, etwa 5% der Bevölkerung. Nehmen wir an, in einer Bevölkerung befänden sich 10% an unternehmerischen Talenten, nennen wir sie „α-Tierchen". Durch die Fokussierung auf nur 5% der Bevölkerung war die Chance für eine Gesellschaft auf wirtschaftlichen Aufschwung damit aber rein rechnerisch auf 0,5% (!) seiner Bevölkerung beschränkt (10% von 5% an Adeligen).

Wär' Löb Strauss doch nur zu Haus' geblieben

Die Familie des Hausierers Löb Strauss wanderte 1847 vom bayerischen Buttenheim nach San Francisco aus und nannte sich fortan Levi Strauss. Gleich nach der Ankunft sperrte man das erste Geschäft auf und verkaufte Goldschürfern Bekleidung und allerlei. Als das Unternehmertalent Strauss, der nicht einmal Schneider war, bemerkte, dass Goldschürfer immerzu über ihre leicht verschleißenden Hosen klagten, experimentierte er solange mit Materialien, bis er auf den widerstandsfähigen Denim-Stoff stieß. Der aus Riga eingewanderte Jacob Davis wiederum hatte die Idee, Hosennähte mit den Nieten eines Pferdegeschirres zu verstärken. Gemeinsam gründeten die beiden 1853 die Firma „Levi Strauß und Company". Nach 10 Jahren benötigte man schon 535 Angestellte. Levi Strauss hatte als bettelarmer Auswanderer nichts gehabt außer dem „Willen, es zu schaffen".

In Europa hatte man auf sein Talent verzichtet, in Amerika verhalf es ihm zu ungeahnter Größe. Levi Strauss starb 1902 auf seinem Anwesen in San Francisco als reicher Mann. Das „Abfallprodukt" seines unternehmerischen Erfolges waren Tausende neuer Jobs.

Der Föderalismus ging, der Wohlstand kam

Erst die Zollunion von 1834 und die deutsche Einigung 1866 (ohne Österreich) setzten der lähmenden Kleinstaaterei ein Ende. „Die Gier der Kleinen Fürsten", der Föderalismus, er verschwand – und mit ihm auch die merkantilistische Agrargesellschaft. Nun konnte man ohne Grenzen Eisenbahnlinien quer durchs Land bauen, und plötzlich war da auch eine starke und international handelbare Währung. Durch den großen Absatzmarkt rentierten sich industrielle Produktionsweisen. Die Industrie erblühte und gab Millionen Armen Arbeit.

Zum ersten Mal kam Wirtschaftswachstum „unten" an, entsprechend sanken die Auswandererzahlen gegen Ende des 19. Jahrhunderts. Um 1900 war Deutschland nach den USA plötzlich selber zum weltweit zweitgrößten Einwanderungsland (vor allem aus Osteuropa) geworden.

„Verabschieden sich die Richtigen?"

Auch heute gehen eher die besser Qualifizierten, die Leistungswilligen und Risikobereiten. Diese Talente fehlen der Wissenschaft als Ideenlieferanten und Lehrende, sie fehlen den Unternehmen als Fachkräfte, sie fehlen dem Staat als Steuerzahler, dem Standort als Gründer. Und sie fehlen der Gesellschaft als Vorbilder. Wer wegen des materiellen Wohlstandes das Land verlässt, um den wäre es nicht schade, las ich auf einer linken Website. Tatsächlich stehen an der Spitze der acht wichtigsten Zielländer mit der Schweiz, den USA, Großbritannien, Spanien, Kanada und Polen sechs „kapitalistische" Länder, in denen die soziale Absicherung teils dramatisch geringer ist als in Deutschland. Gravierend etwa der Unterschied zur Schweiz: Die Eidgenossen arbeiten etwa 20% mehr an Stunden als die Deutschen, sie haben statt sechs Wochen nur vier Wochen Urlaub. Und dennoch zeigten sich in einer Umfrage 96% der deutschen Einwanderer in der Schweiz als sehr zufrieden mit ihrem neuen Zuhause.

Vertreibt der Wohlfahrtsstaat seine Kinder?

Es sind vor allem die Leistungsträger, die dem Kontinent den Rücken kehren. Jeder sechste deutsche Maschinenbauer verlässt Deutschland auf Nimmerwiedersehen. Neben dem Karrieremotiv stehen aber auch fiskalische Gründe wie hohe Steuern oder Abgaben im Vordergrund, so eine Prognos-Studie, die dazu 1.400 im Ausland lebende Deutsche befragte.

Warum die Leistungsträger auswandern
Die Zahl der Auswanderer steigt und steigt. Besonders die Leistungsstarken kehren der Heimat den Rücken. Eine exklusive Studie zeigt, warum so viele Deutsche ihr Glück in der Ferne suchen.
(Wirtschaftswoche, 25.6.2008)

Die Studie belegt: „Je höher das Einkommen der Befragten, desto wichtiger wird für sie das Auswandermotiv wegen der hohen Steuerlast". Damit gehen Mitteleuropa erhebliche Steuereinnahmen verlustig.

In Internet-Foren diskutieren Auswanderer ihre Gründe. „Ein Informatiker/Ingenieur kann als Einsteiger in der Schweiz schnell mal 50–60.000 Euro brutto verdienen, dank weniger Abzüge bleiben dann als Einsteiger schon 3.000 Euro netto im Monat als Berufsanfänger. Davon kann man hier lange nachts träumen. Zwar liegt das Schweizer Preisniveau in etwa 30% über unserem, aber das Nettoeinkommensniveau bei Fachkräften liegt teilweise 60-70% über dem deutschen, so dass man dann unterm Strich mehr übrig hat[86]", weiß ein Schweiz-Auswanderer. Was Globalisierungskritiker als „unsolidarisches Verhalten mit den Schwächsten der Gesellschaft" interpretieren, offenbart schonungslos die Grenzen europäischer Wohlfahrtsstaaten in einer zunehmend grenzenlosen Welt.

Und es lässt erahnen, dass es noch etwas ganz anderes ist, das die Menschen in die Ferne fliehen lässt. Es sind Werte. Aber nicht solche, wie sie der linke Mainstream – von der Caritas abwärts – predigt, es ist der Freiheitswille von Individuen. Der Drang nach Freiheit, viel zu arbeiten und damit besser zu leben. Die Freiheit, als Techniker oder Kaufmann sein Steuergeld nicht in die „Black Box" eines anonymen Staates zu werfen. Und mit immer noch mehr Steuergeld immer noch mehr (subventionierte) Sozialprojekte mit immer noch mehr Sozialarbeitern zu finanzieren.

---

[86] „Wirtschaftsinformatiker", auf www.uni-protokolle.de/foren, 3.5.2008

Österreicher spenden 54 Euro im Jahr, Deutsche 67 Euro, Schweizer 121 Euro.[87] Ein Engländer gibt 205 Euro für gute Zwecke, ein Amerikaner weit über 600 Euro aus. Das können Amerikaner, weil ihnen eine geringere Steuerlast ein höheres Nettoeinkommen ermöglicht. So können sie selbst (also autonom und selbstbestimmt) entscheiden, wen sie unterstützen wollen – und müssen es nicht der Politik überlassen.

**Lockruf des Geldes:
Warum die Leistungsträger auswandern..."**
(Wirtschaftswoche/Prognos 2008)

Jack R fallen „sofort vier gute Gründe ein, um auszuwandern: Die hohe Unternehmensbesteuerung, die mich persönlich trifft, das bessere Wetter, die bessere Politik. Und ich würde keine Verantwortung mehr für die Gesellschaft übernehmen – warum sollte ich auch? (...) Warum soll ich ständig Mama spielen, wo die anderen doch alt genug sind?"[88]

---

[87] Die Presse, 6.12.2011
[88] www.talkteria.de/forum, 8.8.2007

Soziale Kälte in Amerika

Wer in den USA, der Schweiz oder Kanada krankenversichert ist, der ist hervorragend krankenversichert – er muss sich nur selber um eine ebensolche kümmern. In Europa wäre die Diskussion spätestens hier zu Ende – aus Gründen der „Political Correctness". Von nun an dürfte man nur mehr diskutieren, wie viele Millionen Menschen doch durch den Rost gefallen wären und hungern müssten – in Kanada oder in den USA!

Auswanderer verweigern sich solcherart Zensur – und wandern dorthin aus, wo es keine Denkverbote gibt. „Warum lässt es sich in vielen Ländern deutlich leichter und entspannter leben als in Deutschland? Warum sind die Deutschen immer so schlecht drauf? Warum sind sie immer so gereizt und missmutig?"[89], fragt ein Student im Internet zum Thema „Auswandern".

Ebenso „politisch unkorrekt" ist es in Europa, beim Thema USA nicht über die vermutete Oberflächlichkeit zu schimpfen. Eine Florida-Auswanderin erzählt im Internet über die Herzlichkeit, die ihr bei der Ankunft in Amerika widerfahren ist: „So kamen wir dann an, in einem mehr oder weniger leeren Haus, das unser neues Zuhause werden sollte, wir kannten niemanden, und hatten Tausende von Fragen. Unsere Möbel waren irgendwo im Container auf dem Atlantik. Und dann hatten wir unser erstes einschneidendes Erlebnis, was so ziemlich alle Zweifel, die wir hatten, verschwinden ließ. Wir bekamen eine Einladung von unseren neuen Nachbarn zu einer „Welcome to the Neighborhood Party!" Und die war wunderschön. Am nächsten Tag (nach der Party) kam eine sehr nette Nachbarin zu mir, die die Kinder und mich ins Auto lud und mir zeigte, wo man am besten einkauft, wo der nächste Markt ist und mir die Schulen/Kindergärten in der Nachbarschaft zeigte. Am übernächs-

---

[89] „Struppi66", Auf: www.talkteria.de/forum, 8.8.2007

ten Tag kam ein anderer Nachbar, der meinen Mann und mich mitnahm und uns den Direktoren von den Schulen vorstellte (dieser Mann war Lehrer), eine Nachbarin hat während dieser Zeit auf die Kinder aufgepasst. Und so überschlugen sich die Ereignisse. Ach ja, wir bekamen auch Klappstühle und Luftmatratzen von einem Nachbarn, nachdem wir dankend die Einladung abgelehnt haben, doch in seinem Gästezimmer zu leben, bis unsere Möbel ankämen. Alles andere ging wie von selbst, die Kinder kamen in Kindergarten und Schule. (…) Ich habe heute eine Immobilienmaklerfirma. (…) Während unseres letzten Urlaubs in Florida haben wir uns ein schönes Haus an einem Kanal mit Zugang zum Meer in North Fort Myers gekauft – und zwar in einer typischen amerikanischen Nachbarschaft."[90]

2.15 Arm in Österreich

Nach den Forderungen von Piraten, Attac, KPD[91] und Linken nach einem bedingungslosen Grundeinkommen hört man die Forderung von Österreichs Grünen nach einer Mindestpension … und wundert sich – existiert diese doch schon längst[92]!

Selbst Österreicher, die nie in Österreich gelebt oder etwa Jahrzehnte im Gefängnis verbracht hatten und weder da noch dort in irgendeine Pensionskasse einbezahlt hatten, gehen im Land der Frühpension nicht leer aus. Zwar bekommen sie keine offizielle Pension, dafür aber eine Ausgleichszulage – in derselben Höhe. 14 Mal, wie sich versteht. In Wien garantiert dies der §5 (1) des Wiener Mindestsicherungsgesetz (WMG). Einzige Leistungsvoraussetzung: Die Erreichung des 65. Lebensjahr (bei

---

[90] www.auswandererforum.de, 4.12.2011
[91] Berliner Manifest der KPD von 1992
[92] ORF: 26.12.2010

Männern) bzw. das 60. Lebensjahr (bei Frauen)[93]. 2012 beträgt die Mindestpension 814,82 Euro.

Frau Jelineks kleine Rente

Nehmen wir an, Frau Jelinek wäre durch die Welt gezogen und hätte ihr Leben genossen (was an sich ja auch erstrebenswert ist). Sie lebte von Gelegenheitsarbeit („schwarz") oder ihren Partnern. Mit Ende 50 kam sie in ihre Heimatstadt Wien, um hier von nun an von 814,82 Euro Ausgleichszulage zu leben.

Die 814,82 Euro stellen aber nur das Kerneinkommen dar, denn die „Bezieherinnen einer Ausgleichszulage sind zum einen von vielen anderen Gebühren befreit, zum anderen bekommen sie noch zusätzlich Leistungen".

Hol dir den Heizkostenzuschuss
46.000 BezieherInnen einer Mindestsicherung und 11.000 PensionistInnen mit Mietbeihilfe wird der Heizkostenzuschuss automatisch überwiesen. Aber auch andere Menschen mit niedrigem Einkommen können einen Heizkostenzuschuss erhalten
(http://wien.gruene.at, 11.1.2011)

Nachfolgend soll errechnet werden, was Frau Jelinek so alles aus dem Füllhorn österreichischer Steuergelder zusteht. Frau Jelinek wohnt in einer städtischen Gemeindewohnung, deren Miete um 150 Euro billiger ist als am freien Markt. Im Jahr 2010 wurden in Wien an 57.628 Personen durchschnittlich 132 Euro Mietbeihilfe monatlich überwiesen, wir nehmen für Frau Jelinek die Hälfte an.[94]

Für die Vorteilscard der ÖBB (Halber Preis für Bahnfahrten) bezahlt Frau Jelinek ebenso wenig wie für Arzt-, für Kranken

---

[93] „Dauerleistung Antrag", www.wien.gv.at, 14.2.2012
[94] „Ludwig: Neuregelung bei der Auszahlung der Wohnbeihilfe bringt deutliche Kosteneinsparungen", www.wien.gv.at, 2.5.2011, abgerufen 14.2.2012

hausbesuche, Medikamente oder selbst die Gebühr für die e-Card[95]. Für sie fallen auch keine Tagesgebühren für Krankenhaus oder Kuraufenthalte an. Hüftprothesen sind da selbstverständlich inklusive – genauso wie die Taxirechnung zur Behandlung.

Im Kampf für „ihre" Pensionisten hat die Arbeiterkammer Salzburg sogar noch eine Lücke aufgedeckt: Die kostenfreie Vorteilscard für Ausgleichszulagenbezieher gibt es erst ab dem Erreichen des offiziellen Pensionsalters von 60/65. Die meisten Österreicher gingen (dank der Arbeiterkammer-Politik) aber schon viel früher „in Pension". Aus der Sicht der AK-Salzburg ist es nicht nachvollziehbar, dass gerade

Mindestsicherung	814,82
Monatssechstel (weil 14 Mal ausbe-	135,80
Vorteil subventionierte Gemeinde-	+ 150,00
Mietbeihilfe (§ 9 WMG) 132 Euro	+ 66,00
Gratis Vorteilscard ÖBB (Normal 100 Euro, Pensionisten 26,90)	+ 26,90
Heizkostenzuschuss 100 Euro p.a.	+ 8,33
Rezeptgebühr 2 Mal monatlich	+ 10,40
Wert Medikamente, monatlich	+ 40,00
1 Arzttermin pro Monat	+ 100,00
Kulturpass	+ 40,00
Mobilpass Wiener Linien	+ 34,30
Vergünstigter Einkauf Sozialläden	+ 50,00
Hundesteuerermäßigung	+ 36,00
GIS-Rundfunkgebührenbefreiung	+ 21,96
Grundentgelt gratis und 25 Euro	+ 15,98
Gratis Grundgebühr A1-Handy	+ 14,90
Netto-Kaufkraft	1.565,39

diese Personengruppen mit z.T. extrem niedrigen Monatseinkommen von diesen Begünstigungen ausgeschlossen sind".[96]

---

[95] Auf der sogenannten e-Card werden in Österreich die Krankenleistungen aller Sozialversicherten abgerechnet.
[96] „Seniorenermäßigung: Altersgrenze herabsetzen", AK Salzburg, 26.6.2007, www.ak-salzburg.at, abgerufen 13.2.2012

Die erlassene Rezeptgebühr macht bei zwei Medikamenten monatlich 10,40 Euro aus, auch den (Fach-) Arztbesuch trägt die Sozialversicherung – wir nehmen im Monat ein bis zwei an, macht 100 Euro. Den Wert gesponserter Medikamente setzen wir vorsichtig mit 40 Euro an.

„Sozial benachteiligte Menschen", so findet die „Österreichische Armutskonferenz", „haben ebenfalls ein Recht auf Kunst und Kultur". Deshalb lassen sich „Wien Kultur", Arbeiterkammer Wien, OBV-Versicherung („Wiener Städtische"), „Der Standard", Falter und „Wien live" nicht lumpen und bieten allen „sozial Benachteiligten" den sogenannten „Kulturpass" gratis an.[97] Dieser Zauberschlüssel öffnet alle Tore zur Kulturhochburg Europas. Man kann in (viele) Kinos gratis gehen, kann in Theateraufführungen oder in die Oper, kann (unzählige) Museen besuchen oder sich in Kabarettvorstellungen amüsieren. Man kann gratis Sehenswürdigkeiten bewundern wie das Schloss Schönbrunn, oder zu den „Nestroy Festspielen" nach Schwechat fahren. Frau Jelinek liebt das Kino, das Theater und die Oper, wir setzen den monatlichen Wert auf 40 Euro an.

Frau Jelinek geht zwar gerne aus, dorthin aber nur ungern auch zu Fuß. Muss sie auch nicht. Wie 100.000 andere Wiener erhält sie automatisch den sogenannten Mobilpass. Neben Vergünstigungen für Freibäder und Ähnliches gibt es alle Fahrscheine zum halben Preis. Und die Monatskarte für die Verkehrsbetriebe statt für 49,50 Euro für 15,20. Ergibt einen Preisvorteil von 34,30 Euro. Von der Festnetz-Grundgebühr ist Frau Jelinek ohnedies befreit, von der Fernseh- und Rundfunkgebühr (GIS) sowieso. Weiter hat sie A1-Handy zum Sozial-Tarif ohne monatliche Grundgebühr. Eine Stunde gratis Telefonieren inklusive. Weil Frau Jelineks günstig mit den Öffis fährt, klappert sie gerne Sozialsupermärkte ab, 50 Euro lassen sich da schon im

---

[97] www.hungeraufkunstundkultur.at, 13.2.2012

Monat sparen. Dabei bleibt auch genügend für ihren Dackel über, die Hundegebühr halbiert sich für sie von 72 Euro auf 36.

Insgesamt verfügt Frau Jelinek über eine monatliche Kaufkraft in der Höhe von 1.565,39 Euro netto. Nicht mitgerechnet wurden Krankenhaus- oder Kuraufenthalte beziehungsweise Operationen wie ein neues Hüftgelenk, weil diese in den fünfstelligen Euro-Bereich gehen, sich aber schlecht auf einen Monat einer individuellen Person herunterbrechen lassen. Nicht eingerechnet auch nicht Erlöse aus Straßenzeitungen, die einige hundert Euro extra in die Kassen spülen können.

2.16 Die Kälte des Neo-Liberalismus

Die Reichen würden sich an den Lasten des Staates immer weniger beteiligen, hört man im linken Mainstream – so oft wie ungeprüft. In Wahrheit ist die Rechnung eine andere. Von 8,2 Millionen Alpenländlern gehen 3,9 Millionen einer Erwerbsarbeit nach. 4,3 Millionen – wie Kinder, Hausfrauen oder Pensionisten – also nicht. Von den 3,9 Millionen Erwerbstätigen erhalten 2 Millionen in Form von Sozialleistungen mehr zurück, als sie vorher über die Lohn- und Einkommensteuern einbezahlt hatten.[98]

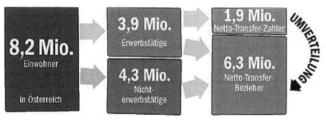

---

[98] „Wohlstand, Armut & Umverteilung in Österreich: Fakten und Mythen", Auf: www.wko.at, 21.12.2009, abgerufen am 4.1.2012

Verbleiben nur noch 1,9 Millionen Österreicher, die mehr in den Sozialstaat einbezahlen, als sie herausbekommen. Und die mit ihren Steuern außer sich selber auch noch 6,3 Millionen andere erhalten müssen! Somit erhält ein Wohlhabender der Oberschicht vier seiner Landsleute. Ab wann man sich zum Zahl-Adel zählen darf, bezifferte Bernhard Felderer vom IHS mit einem Jahreseinkommen von 40.000 Euro brutto. Also ab monatlich 2.857 Euro.[99]

Österreich: Wenn alle 3.000 netto kriegen

„Viele müssen schauen, wie sie mit 1.000 Euro ihre Familie über die Runden bringen können", so klagt der Mainstream die Gesellschaft an.[100] Dass ein kleines Lohneinkommen zwar vordergründig zu bedauern ist, in Österreich aber trotzdem zu beträchtlichem Wohlstand führen kann, dokumentiert die viel beachtete Studie der „Joanneum Research Forschungsgesellschaft"[101] aus dem Jahre 2009. Dabei betrachtete man die Situation dreier idealtypischer Grazer Familien mit jeweils zwei Kindern.

---

[99] IV/Wifo, In: Presse, 1.4.2010, S. 1
[100] SN, 14.4.2012, S. 1
[101] Presse, 17.10.2009

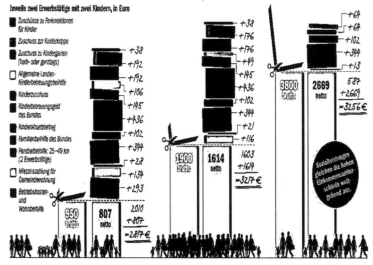

Verglichen wurden drei Familien mit jeweils zwei Kindern. In der einen, nennen wir sie Familie A, geht nur die Mutter arbeiten, als Buchhalterin halbtags in einem Hotel – für 950 Euro brutto. Der Lebensgefährte passt derweil auf die beiden Kinder auf. In der Familie B geht auch nur einer arbeiten, allerdings „Full time". Etwa der Mann als Koch – er nennt das Doppelte von Frau A sein eigen: 1.900 Euro. Der Dritte ist Hotelmanager und verdient wiederum das Doppelte von B, also 3.800 Euro. Allerdings bei 60 Stunden in der Woche.

Das Endergebnis ist in jedem Falle interessant. Alle drei Familien kommen auf eine ähnlich hohe Kaufkraft.

Der Hoteldirektor verdient mit 3.800 Euro offiziell zwar das Doppelte seines Angestellten mit 1.900 Euro und sogar das Vierfache seiner Halbtagskraft. Netto hat der Manager aber mit 3.256 Euro nur um ganze 39 Euro mehr im Monat zur Verfügung als der Angestellte B. Und mit seinen 60 Wochenstunden nur um 439 Euro mehr als seine 20-Stundenkraft. Das Geheimnis seines Misserfolgs: Je mehr man sich in Österreich anstrengt, desto weniger wird einem vom Staat geschenkt. Mit jedem Euro, den man aus eigener Anstrengung erwirtschaftet, streicht der Staat einen geschenkten.

Paradox die Situation des Hotelmanagers: Die Stimmung seines Landes ist dermaßen aufgeheizt, dass seine Nachbarn der Meinung sind, er würde als Manager Millionen verdienen. Dabei hat er nicht viel mehr als seine Halbtagskraft. Auf die Arbeitsstunde gerechnet gerademal die Hälfte. Wie dem auch sei, als Beleg für „Soziale Polarisierung und Angst" – wie Christian Felber das Produkt des Kapitalismus ausmacht – kann Österreichs Sozialpolitik nur schwerlich dienen[102].

---

[102] Gemeinwohl-Ökonomie, Christian Felber, S. 21

3. Konzerne: All- oder Ohnmacht?

Für den Mainstream sind sie prinzipiell ein Gräuel. In deutschen Medien schimpft man auf Konzerne so selbstverständlich wie auf drei Wochen Regenwetter. Dabei argumentiert man oft mit Zahlen oder Fakten, die einseitig oder ungerecht zustande gekommen sind.

3.1 Dichtung und Wahrheit

Als Christian Felber von Attac im Jahr 2008 an unserer Schule mit Kapitalismus und Globalisierung abrechnete, ließ das verwendete Zahlenmaterial so manchen Zweifel über dessen Güte aufkommen[103]. Hier nur drei seiner Vorwürfe:

- Wegen Kapitalismus und Globalisierung gebe es weltweit kein Wirtschaftswachstum mehr
- (Wütend in den Raum geworfen:): „Österreichs Manager verdienen das 1.000fache ihrer Mitarbeiter!"
- Die Armut steige weltweit und sei bereits „an jeder Ecke unseres Landes zu sehen"

Keiner der Vorwürfe fand sich in offiziellem und originärem Zahlenmaterial so wieder. Den Vorwurf, Kapitalismus und Globalisierung hätten das weltweite Wirtschaftswachstum abgebremst, untermauerte er mit einer Statistik, in der die Wachstumsraten jedes Jahrzehntes – beginnend von den 50ern bis zu den 90ern – stetig sanken. Doch waren die Zuwächse in den 50ern und 60ern nur deshalb höher als heute, weil sie sich auf das niedrige Nachkriegsniveau bezogen. Für die 90er Jahre gab

---

[103] Siehe: Die Finanzkrise und die Gier der kleinen Leute, Michael Hörl

der Attac-ierer gar nur mehr einen Durchschnitt von 1,1 Prozent an. Für die fetten 2000er Jahre war gleich gar nichts angeführt. Je liberalisierter die Weltwirtschaft geworden sei, desto langsamer sei sie gewachsen.

Die echten Zahlen waren während der Pause innerhalb von zwei Minuten (im Internet) aufgetrieben und einer (staunenden) Zuhörerschaft präsentiert.

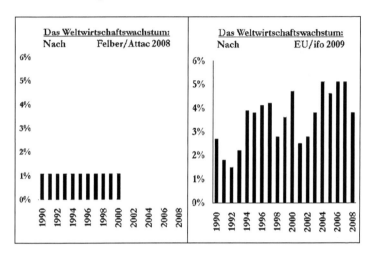

In Wahrheit ist es gerade umgekehrt: Seit sich China von der Gemeinwirtschaft entfernt und dem Kapitalismus zugewendet hat (1979), wächst es mit etwa 9% im Jahr. In Indien war dies erst 1991 so weit, die Wachstumstaten betragen seitdem 7 Prozent pro Jahr – 200 Millionen Inder konnten der Armut schon entfliehen. Christian Felbers große Sorge um die vermeintlich wachsende Armut im eigenen Land verkehrt sich ins Gegenteil um, wenn man den EU-Armutsbericht „EU-SILC" selber liest – und sich nicht etwa auf fremde Interpretationen verlässt (siehe zu Beginn des Buches).

Genauso an den Haaren herbeigezogen ist Felbers Vorwurf, die Manager verdienten das 1.000fache (in anderen Versionen: das 700fache) ihrer Mitarbeiter.

Das Wirtschaftsmagazin GEWINN ermittelt regelmäßig die Durchschnittsgehälter der in Österreich bezahlten Gehälter.[104] Das Ergebnis: Die Top-Ebene verdient in Österreich (grob gesagt) etwa 160.000 Euro brutto, die unterste Ebene (Textil- und Lebensmitteleinzelhändler) etwa 20.000 Euro im Jahr. Damit verdient die oberste Managementebene Österreichs (wahrscheinlich ein paar Dutzend Menschen) nicht das 1.000fache, sondern das Achtfache ihrer schlechtbezahltesten Mitarbeiter.

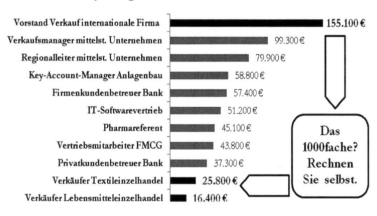

Seit Jahren werden die Bürger mit den unterschiedlichsten Schauerzahlen („DER Manager verdient DAS x-fache von DEM") konfrontiert. Dabei verdient „der" Manager – etwa ein „Key Account"-Manager[105] – mit 58.800 Euro gerade einmal das Dreifache seines am geringsten bezahlten Mitarbeiters. Weil

---

[104] „So viel verdienen Verkäufer", GEWINN, 12/2008
[105] „Key Accounter" = Großkundenverkäufer

Kleinverdiener längst von der Lohnsteuer befreit wurden, ist es netto wahrscheinlich gerade einmal das Doppelte. Dass auch Druck, Arbeitszeiten und Kündigungsrisiko doppelt so hoch sind, sei hier nur am Rand erwähnt.

DIE Manager, die so „unanständig" viel Geld verdienen, sind entweder in Staatsbetrieben angestellt oder es sind Unternehmer, die sich nicht selten um die Politik winden (oder umgekehrt). Oder es sind Fußballtrainer, Schifahrer oder Pop-Stars. Wahrscheinlich kann man ihre Anzahl an zwei Händen abzählen. Die paar Hundert Reichen demonstrativ in ein Verhältnis zu 4 Millionen Österreichern zu setzen, kann nur extreme Verhältniszahlen hervorbringen.

Wenn man bewusst solche Resultate errechnen will, könnte man ebenso die Arbeitsspeicher von den paar Großrechnern unseres Landes mit den Millionen PC „Kleiner Leute" vergleichen. Oder die schreckliche Ungleichverteilung der Dreitausender-Gipfel innerhalb der neun Bundesländer.

Oberösterreich diskriminiert 3000er Gipfel!"
Das Verhältnis von Dreitausendern in Tirol beträgt das 640fache von denen in Oberösterreich[106]! Burgenland hat gleich gar keinen!
(Die Gemeinwohl-Falle, 15.4.2012)

Das Motiv, mit dem man Europäer mit diesen Statistiken zu Wutbürgern aufstachelt, ist ein rein politisches. Wenn die Menschen zornig sind und das Gefühl haben, sie seien schwach und blieben auf der Strecke, weil sich eine kleine Clique auf ihre Kosten bereichere, dann neigen sie dazu, bei Wahlen vermeintlich „gerechte" Parteien zu wählen. Solche, die sich „stark", „gerecht" und „fair" für ihre „kleinen" (und schwachen) Bürger einsetzen. Die Verdienst-Tabellen sind im politischen Geschäft wettbewerbsverzerrend. Interessant wäre es zu sehen, wie die Menschen wählen würden, wenn man sie nicht mit entspre-

---

[106] „Golfreisen Tirol", Auf: www.1golf.eu, 15.4.2012

chenden Angst- und Wutzahlen permanent künstlich „klein" halten würde.

Als Nokia sein Bochumer Werk schloss

Nicht nur Felber beklagte sich 2008 über den Nokia-Konzern, als der sein deutsches Werk nach Rumänien verlagerte. Für staatliche Subventionen musste Nokia ein Werk in Deutschland bauen und mindestens fünf Jahre bleiben.

> **Massenentlassungen in Bochum**
> **Gewerkschaft wirft Nokia blanke Profitgier vor**
> „Ungeheuerlich", „K.O.-Schlag", „Sauerei": Die geplante Schließung des Nokia-Werks in Bochum erregt Arbeitnehmer und Gewerkschaften. Wütend ist auch die CDU – sie erwägt, von Nokia 60 Millionen Euro Fördergelder zurückzufordern.
> (Spiegel.de, 15.1.2008)

Dabei wollte Nokia nie nach Deutschland gehen. Für die Herstellung einfacher Handys waren die deutschen Arbeitskosten zu hoch. Aber es war die Politik, die vor den Wahlen mit neuen Jobs glänzen wollte. Und es waren die Steuergelder der Bürger, mit denen Politiker den Betrieb nach Bochum lockten und das Werk (kurzfristig) rentabel machten.

Dass ja Gewinne erwirtschaftet worden wären, stimmte. Allerdings viel zu wenig, um die hohen laufenden Investitionen hereinzuspielen, die solch ein „High Tech"-Betrieb mit sich bringt. Letztendlich schimpfte ein ganzes Land über die Gier eines großen Konzerns. Zu Unrecht.

Denn die Menschen, die Konzerne führen, handeln nicht anders als die, die deren Produkte kaufen. Stellen Sie sich vor, ein deutscher Konsument – vielleicht sogar aus Bochum – wollte beim Kauf eines neuen Mobiltelefons unter zwei Anbietern auswählen. Das eine käme von Nokia (Deutschland) und kostete 100 Euro, das andere wäre ebenfalls ein Markenprodukt und kostete nur 80 Euro – allerdings käme es aus Südkorea. Für welches würde er sich entscheiden? Wahrscheinlich für das günstigere. Dass der Konsument seine Euros damit aber ins Ausland schickt, ist für ihn moralisch unbedenklich, geht es doch um sein eigenes Geld. Dass ein Konzern das gleiche macht, weil auch er sich Geld sparen möchte, soll hingegen höchst verwerflich sein.

Dabei handeln beide klug und kalkulierbar. Je einfacher Dinge zu produzieren sind, desto kostengünstiger können diese eben im Ausland produziert werden. Das gesparte Geld steigert die heimische Kaufkraft für hochtechnische Produkte – „Made in Germany". Es ist die internationale Arbeitsteilung, die über den Freihandel den Wohlstand aller Beteiligten hebt. David Ricardos hatte dies bereits im 18. Jahrhundert wissenschaftlich nachgewiesen. Dass es auch in Deutschland oder Österreich funktioniert, beweisen die letzten 40 Jahre an Exporterfolgen, Beschäftigungserfolgen und Österreichs Erfolgen in der Armutsbekämpfung.

David Ricardo (1772–1823); Erforscher des Freihandels
Quelle: Wikipedia

3.2 Warum entstehen Konzerne?

Der Marxismus hat dafür eine einfache Erklärung: Weil die kapitalistische Massenproduktion günstigere Herstellungspreise ermöglicht, sich dabei das Kapital immer stärker konzentrieren kann, bis nur mehr einige wenige das Land beziehungsweise die Welt beherrschen. Weil die Konzernmacht dann absolut sei, könne man Lieferanten und Arbeitnehmer noch stärker auspressen und auf deren Kosten noch stärker wachsen.

Beginnen wir einmal bei dem, was unumstritten ist: der Effekt der Massenproduktion. Je größer die ausgestoßene Menge ist (das sogenannte „Produktionslos"), desto stärker sinken die Kosten pro Stück. Produzieren aber immer mehr Firmen mehr, steigt die Macht der Konsumenten und die Preise müssen sinken – weil die Konsumenten jetzt die Firmen gegeneinander ausspielen können. Die Güter werden billiger, die Kaufkraft wächst. Was man dabei noch gar nicht berücksichtigt hat: Die Produkte werden „so nebenbei" auch immer moderner.

Dass der Wettbewerb nicht auf Kosten der Mitarbeiter ausgetragen wird, dafür sorgt prinzipiell der Markt. Und die Gewerkschaft, die die kleine Macht vieler „Kleiner Leute" zu einer großen bündelt. Am deutlichsten ist das in deutschen Medien zu beobachten: Hier gilt die Gewerkschaft als moralische Autorität und nicht als Interessensvertretung, die mit harten Bandagen arbeitet. Der Unternehmer allerdings trägt den Nimbus des „gierigen Kapitalisten" in sich, der Produkte nur um des Profites willen schafft. Dass Arbeitnehmer nur um des Profites willen arbeiten gehen, verschließt sich der medialen Logik.

Am schwierigsten ist es immer zu Beginn einer Industrialisierungswelle. Meist dauert es zwei Generationen, bis all die hungrigen Tagelöhner vom Lande in die Städte (und ihre Betriebe) abgesaugt worden sind. Dann steigt die Verhandlungsmacht der Arbeitnehmer rasant – auch ohne Gewerkschaften.

Konzerne verteilen ihr Risiko global

Leben heißt wachsen. Und so wollen auch Firmen wachsen. Leben bedeutet aber auch, nicht ewig wachsen zu können. Und so sterben auch Firmen (solange mehr neue nachkommen als alte vergehen, ist dies kein Problem). Könnte man aber nicht nur den eigenen Niedergang hinauszögern, sondern gleich das tägliche Lebensrisiko reduzieren, dann täten dies alle Lebewesen. Aus diesem Grund wollen die Lebewesen „Firmen" immer größer werden.

Konzerne, die über Ländergrenzen hinweg wachsen, wollen ihr unternehmerisches Risiko auf mehrere Märkte, Länder oder Kontinente verteilen, um ihre eigene Stabilität zu erhöhen, nach dem Motto: „Irgendwo geht immer irgendwas". Von der erhöhten Stabilität profitieren auch die Mitarbeiter, Lieferanten und Kapitalgeber. Die Zulieferer milliardenschwerer Kraftwerke wissen etwa, dass man als Lieferant für RWE immer zu seinem Geld kommt. Das hat ganz entscheidende Auswirkungen auf die Lieferkonditionen für das nächste Kraftwerk. Die Kapitaleffizienz einer Gesellschaft steigt, ohne dass jemand etwas verliert – eine Volkswirtschaft wird reicher.

Je größer Firmen sind, desto mehr Kapital sammelt sich auch in deren Forschungsbudgets – und damit stellen gefloppte Investments (etwa in der Erforschung neuer Medikamente) für Großfirmen keine existentielle Bedrohung dar.

Deutschlands größter Stromkonzern RWE kaufte für 4,3 Milliarden Euro den englischen Stromkonzern „innogy".[107] Die Essener beteiligten sich am Windkraftanlagenerzeuger „Quiet Revolution Ltd." Und sie stiegen milliardenschwer in offshore-Windparks ein.[108] Sie kauften Wasserwerke in England und den USA (die mittlerweile wieder verkauft wurden). Warum gerade

---

[107] www.wikipedia.de, 1.1.2010
[108] www.wikipedia.de, 1.1.2010

diese Firmen, fragt man sich? „Stammtischwissenschaftler" erklärten sich den Umstand damit, dass sich das Kapital nun einmal immer um des Kapitals willen vermehren wolle. Wirtschaftswissenschaftler hingegen hatten herausgefunden, dass die Entwicklung der Geschäftsfelder Windpark, Wasser und Turbinenbau nur schwach miteinander korrelieren. Will heißen: Ein allfälliger technischer Rückstand im Windturbinenbau hat keinen negativen Einfluss auf die Subventionspolitik für Windstrom. Und schon gar keinen auf den Wasserverbrauch in England oder Amerika.

Oder anders formuliert: Wird die Subvention deutscher Windparks verringert, dann läuft wenigstens der Windturbinenbau in England. Durchläuft die ganze Welt eine Krise, dann gehen wenigstens die Wasserwerke – denn am Trinken von Wasser wird man auch in schweren Zeiten nicht sparen.

RWE und Siemens bauen größten Windpark der Welt
Die beiden Energiekonzerne haben ehrgeizige Pläne: Bis 2014 wollen sie vor der walisischen Küste einen Riesen-Windpark errichten. Kostenpunkt: rund zwei Milliarden Euro.
(Die Zeit, 4.6.2010)

Zahlen, die gar ein Drittel aller globalen Fusionen als gescheitert berechnen, sind mit Vorsicht zu genießen. Denn der Kauf bzw. die Gründung einer neuen Firma muss nicht sofort auch höhere Gewinne heißen – meistens bedeutet es sogar eine große Belastung. Der Wert liegt vielmehr in der langfristigen Stabilisierung des Gesamtbetriebes.

Allerdings muss man zugeben: Es ist natürlich einfacher, das Werden von Konzernen mit der Weltverschwörung des Kapitals zu erklären.

3.3 Warum produzieren Konzerne effizient?

Vor allem, weil sie so viel produzieren. Je größer nämlich die produzierte Menge ist – das so genannte Produktionslos –, desto stärker fallen die fixen Produktionskosten pro Stück. Man bezeichnet dieses Phänomen deshalb als Fixkosten-Degressionseffekt. Oder als Losgrößeneffekt (oder auch Skaleneffekt; auf Englisch Economies of Scale).

Wie entsteht der Losgrößeneffekt der Industrie?

Grundsätzlich beginnt das schon bei so simplen Dingen wie der Verwendung größerer Maschinen. Ein doppelter Rohrdurchmesser kostet nur doppelt so viel Material (+100%), hat aber den vierfachen Querschnitt und damit auch die vierfache Kapazität (+300%).

Losgrößeneffekt beim Frisör

Kunden	100	200	500
Fixkosten	2.000 €	2.000 €	2.000 €
Fixkosten je Kunde	**20 €**	**10 €**	**4 €**
Variable Kosten	1 €	1 €	1 €
Selbstkosten	**21 €**	**11 €**	**5 €**

Hat ein Frisör fixe Kosten von 2.000 Euro monatlich (Pacht: 1.000 Euro, für private Zwecke 1.000 Euro), dann muss er bei 100 Kunden bei jedem Haarschnitt 20 Euro für seine Fixkosten in den Verkaufspreis hineinkalkulieren (2.000 Fixkosten : 100 Kunden). Bei 200 Kunden sind es aber nur mehr 10 Euro Fixkosten pro Kunde, bei 500 Kunden gar nur mehr 4 Euro.

Nehmen wir an, bei jedem Haarschnitt fielen Kosten für Energie und „Chemikalien" in Höhe von einem Euro an (solche Kosten, die nur dann anfallen, wenn produziert wird, nennt man variable Kosten), dann hätte der Frisör im schlechtesten Fall für 21 Euro Selbstkosten, im besten Fall aber nur fünf. Ohne, dass er jemanden ausgebeutet oder schlechteres Material verwendet hätte.

Ganz im Gegenteil: Je mehr Umsatz und auch Gewinn erwirtschaftet werden, desto höher fallen in der Regel auch die Durchschnittslöhne aus. Ausnahmen bilden manchmal einfachste Dienstleistungen in Gastronomie und Handel, in denen die Fluktuation hoch ist.

Einen wichtigen Beitrag liefert auch das Phänomen der Arbeitsteilung. Komplexe Produktionsabläufe werden in einfache, leicht zu wiederholende Tätigkeiten zerlegt. 1905 wurde jeder „Mercedes Simplex" noch von Handwerkern in wochenlanger Kleinarbeit gefertigt. Das Auto für 20.000 Reichsmark konnten sich nur die Allerreichsten leisten. Der Tüftler Henry Ford hatte sich die industrielle Fließbandfertigung für seine Autoproduktion von den Schlachthöfen Chicagos abgeschaut. Jeder Arbeiter verrichtete am Fließband immer nur dieselben Handgriffe, in dem er z. B. stets die gleichen 12 Schrauben am vorbei„fließenden" Auto festzog. Sein „Model T" konnte dadurch um sensationell günstige 850 Dollar (1908) angeboten werden. Später sank der Preis auf nur noch 300 Dollar[109]. Drei Monatsgehälter eines Ford-Arbeiters.

Fließbandarbeit bei Ford 1913
Quelle: Wikipedia

---

[109] „Pioniere des Automobils", www.br-online.de, 2.1.2010

Damit ist die industrielle Massenfertigung unter hohem Kapitaleinsatz auch demokratischer als das Handwerk. Denn nur moderne Fertigungsweisen versorgen die Bevölkerung mit günstigen und hochwertigen Gütern. Fords Arbeiter waren die am besten verdienenden des ganzen Landes. Die Handwerker bei Mercedes hingegen mussten sich glücklich schätzen, wenn sie überleben konnten. Das ineffiziente Handwerk schaffte nicht genügend Werte, um bessere Löhne zu ermöglichen.

Wenn ein Ulrich Thielemann vom „Institut für menschliche Marktwirtschaft" im Deutschlandfunk die Wirtschaftskrise marxistisch interpretiert[110]: „Das Kapital dient nicht der Realwirtschaft, sondern es übt Druck aus auf die Realwirtschaft!", dann trifft das bei Moderator Breker zwar auf Zustimmung („Ja, das Kapital bändigen …") – es ist wirtschaftswissenschaftlich aber falsch. Denn ohne Kapital gibt es gar keine Massenproduktion und ohne diese keinen echten Lebensstandard.

Die Massenproduktion ist auch der Grund, warum Branchen wie der Einzelhandel oder der Tourismus so niedrige Löhne zahlen (können). Köche sind Handwerker – genauso wie Rezeptionisten oder Verkäufer. Jedes Schnitzel muss von Hand paniert und serviert werden (wie von Mercedes-Arbeitern anno 1905 ein Auto händisch zusammengeschraubt werden musste), jedes Bier muss von Hand gezapft und serviert werden. Es wäre höchst ungewöhnlich, wenn der Kellner aus Automatisierungsbemühungen den vom WC kommenden Gast bitten würde, doch gleich die drei Schnitzel für Tisch sieben mitzunehmen.

Weil im Handwerk keine Maschinen eingesetzt werden können, schafft der Handwerker maximal 60.000-70.000 Euro Umsatz im Jahr, der Personalaufwand pro Mitarbeiter liegt bei etwa 28.000 dementsprechend niedrig. Ein BASF-Mitarbeiter schaffte 2011 hingegen den zehnfachen Handwerker-Umsatz - 661.000

---

[110] www.d-radio.de, 5.4.2012

Euro. Pro *einem* Mitarbeiter. Dafür liegt der Personalaufwand aber auch bei über 77.000 Euro je Mitarbeiter – fast dreimal so hoch wie beim Handwerksbetrieb.[111]

Größere Verkaufsmengen sind auch leichter planbar, meistens gibt es auch weniger Auftragsspitzen. Wenn in einer kleinen Küchentischlerei gerade einmal Flaute am Küchenmarkt herrscht, hat die Belegschaft sehr schnell ein Beschäftigungsproblem. In einer Großtischlerei hingegen können die Mitarbeiter aus der Küchenabteilung für 2 Wochen drüben in der Büromöbelabteilung aushelfen, Auslastungsspitzen werden geglättet, ohne dass es jemandem weh tut.

Wenn in einem Hotel gerade an der Bar wenig zu tun ist, kann man Leute vielleicht ins Restaurant abziehen. Oder man braucht sie in der Hotelhalle. Oder im Wellness-Bereich. Damit wird Leerlauf vermieden. Läuft hingegen eine kleine Pension schlecht, sind die Mitarbeiter zur Untätigkeit gezwungen. Das drückt auf Stimmung und Gewinn. Darum können größere Hotels auch mehr bezahlen.

Und letztendlich macht erst die Massenproduktion den Einsatz großer Maschinen wie Wind-, Wasser- oder Dampfkraftwerken durch Versorgungsbetriebe rentabel. Nun gibt es Großabnehmer, die die großen Anlagen auslasten können. Ein Industriebetrieb nimmt gerne einmal so viel Strom ab wie 10.000 Haushalte. Nur muss man bei ihm nicht 10.000 Mal den Strom zuleiten und 10.000 Zähler ablesen, abrechnen und kontrollieren. Die große Losmenge garantiert einen niedrigen Preis für die einzelne Kilowattstunde. Und der kommt indirekt den 10.000 Haushalten zugute.

---

[111] „Geschäftsbericht BASF 2011", www.basf.de, 5.4.2012

3.4 Je größer die Firmen, desto höher die Löhne

Christian Felber möchte die Konzern-Allmacht brechen – die Menschen sollten künftig in Kleinbetrieben arbeiten. Es dürfe zwar (unter gewissen Einschränkungen) Privatbetriebe geben, Gewinne machen sei aber dezidiert verboten („Private Unternehmen: ja, gewinnorientierte Unternehmen: nein").[112]

Felbers (indirekter) Vorwurf, Konzerne wüchsen nur durch die Ausbeutung von Mitarbeitern und Zulieferern, ist (wirtschafts-) wissenschaftlich nicht haltbar.

Fast überall (auf dieser Welt) können Konzerne bessere Löhne als die kleinstrukturiertere Konkurrenz bezahlen. Denn je größer Firmen sind, desto stärker können sie Losgrößeneffekte nutzen. Laut GEWINN-Magazin verdienen Österreichs Verkäufer in Kleinbetrieben durchschnittlich 55.000 Euro brutto im Jahr, im Familienbetrieb 70.000 Euro, im Konzern aber schon 80.000 Euro.[113] Das sind 45% mehr als im Kleinbetrieb.

Dabei hat der Große aber dem Kleinen nichts weggenommen. Dort, wo sich Konzerne niederlassen, siedeln sich stets unzählige kleine und mittlere Firmen an.

---

[112] Neue Werte für die Wirtschaft, Christian Felber, S. 275
[113] „So viel verdienen Verkäufer", www.gewinn.com, 15.12.2008, abgerufen 2.1.2010

Die Höhe der Firmenrentabilität beeinflusst seit vielen Jahrzehnten schon Europas Kollektivverträge. Der Hotel-Kollektivvertrag von Rheinland-Pfalz sieht vor, dass ein und derselbe Portier im Kleinbetrieb mindestens 1.595 Euro zu bekommen hat, im mittleren Betrieb aber schon 2.074 Euro (+30%).

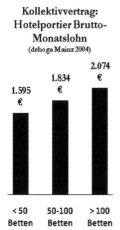

Kleinbetriebe produzieren so unwirtschaftlich, dass ihr Eigenkapital in vielen Branchen negativ ist. Sie haben also mehr Schulden als Vermögen, stehen also permanent am Rande des Konkurses.

Große Firmen zahlen Steuern

Die großen Hotels seien eben nur auf Kosten der kleinen so groß, bringt mancher es auf eine (zu einfache) Formel. Dabei ist es für kleine Pensionen geradezu überlebenswichtig, wenn große Leitbetriebe entstehen. Die bringen über ihre Marketingabteilungen Gästeschichten in den Ort, die einzelne Kleinbetriebe nie ansprechen könnten. Und erst bei einer Mindestanzahl von Gästen zahlen sich öffentliche (und private) Investitionen in die Infrastruktur des Ortes aus (Schwimmbäder, Festivals, Arztpraxen). Damit können auch Kleinbetriebe mehr Leistungen anbieten und zu höheren Preisen verkaufen. Exemplarisch für die Wirtschaft sei hier die Eigenkapitalausstattung österreichischer Hotels beschrieben.

Bei Kleinbetrieben bis zu 300.000 Euro Umsatz ist rentables Wirtschaften ohnehin unmöglich. Der Betrieb ist dann hoffnungslos überschuldet, sein Eigenkapital mit -4,42% sogar negativ (das heißt, einem Vermögen von 100 stehen Schulden von 104,42 gegenüber). Hier gibt es nur Löhne auf Sozialhilfeniveau, und wenn verdient wird, dann oft „schwarz".

Erst ab einer Mindestgröße von 2 bis 4 Millionen Euro Umsatz kann ein positiver Betrag für den Wohlstand eines Landes geleistet werden. Von Einkommensteuer- oder Lohnsteuerleistungen an den Staat ist bei einem negativen Eigenkapital nicht zu denken.

Eigenkapitalquoten österreichischer Hotelbetriebe in % nach Umsatzklassen in Mio. €
(KMU-Forschung, wko 2005, Hörl 2012)

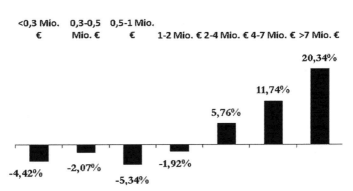

Eine Strukturbereinigung muss nicht notwendigerweise zu erhöhter Arbeitslosigkeit führen. Wenn durch größere Betriebe günstiger angeboten werden kann, kann dies zu einer Ausweitung des Marktes führen – zu Deutsch: Die Konsumenten können sich mehr Urlaub leisten.

Wenn manch einer vom Europa des „Handwerks statt der Industrie" träumt, dann erinnert das ein wenig an die verklärte „Waldheimat" eines Peter Roseggers. Und an das Bildungssystem dieser Zeit. Die überwiegende Mehrheit der Ein-Mann-Handwerksbetriebe bezahlt heute gar keine Steuern. Entweder, weil der Gewinn so gering ist (beziehungsweise der Verlust so groß) oder weil die Steuerehrlichkeit kleiner Betriebe ökonomisch sinnvoll nicht nachprüfbar ist. In Deutschland werden Kleinbetriebe statistisch deshalb auch nur alle 41 Jahre von der Finanz geprüft.

Wenn Kleinbetriebe Jobs schaffen, dann sind es (mit Ausnahme der Freien Berufe) meistens niedrig bezahlte Jobs. So

Gewinn und Umsatz in der Hotellerie sind abhängig von der Größe (ÖHT 2009)		
	3***	4****/ 5*****
Betten	60	100
Umsatz in Mio. Euro	643.000 €	1.647.000 €
Auslastung	58%	65%
Umsatz je MA	59.500 €	67.000 €
Personalaufwand/MA	**17.860 €**	**22.100 €**
Jahresgewinn in €	12.860 €	16.470 €

hat die Hotellerie im Bundesland Oberösterreich ein fast existentielles Mitarbeiterproblem, weil seine (als Handwerk organisierten) Tourismusbetriebe nur Bruchteile der in diesem Bundesland sehr stark vertretenen Industrie bezahlen können.

Industrie und Demokratie

Für Christian Felber bedeutet Kapitalismus gleichzeitig die Abwesenheit von Demokratie. Die meisten Menschen dieser Welt sehen das (meist unbewusst) eher umgekehrt – selbst wenn sie den antikapitalistischen Stammtischthesen vordergründig zustimmen.

Der Kapitalismus strebt grundsätzlich nach der Massenproduktion. Er braucht die großen Produktionsmengen, um zu niedrigen Kosten verkaufen zu können. Dabei sinken die Gewinnmargen der Kapitalisten in den einstelligen Prozentbereich. Die dadurch günstigeren Produkte ermöglichen größere Adressaten-Kreise für die Produkte und somit eine größere Produktionsmenge. Genau diese schiere Menge günstiger Produkte ist es, aus der sich der große Gewinn für die Konzerne ergibt. Und für den Staat. Denn die 10% der reichsten Österreicher erwirtschaften 58% der Lohn- und Einkommensteuer. Das allerreichste eine Prozent erwirtschaftet 20%. Ähnlich ist es bei den Kapitalgesellschaften. Je mehr Industrie ein Land hat, desto billiger und moderner wird eine Bevölkerung versorgt. Desto höhere Löhne werden bezahlt, desto mehr Lohn-, Einkommen- und Kapitalertragssteuer werden abgeliefert. Desto mehr finanziellen Spielraum hat ein Staat, diejenigen zu unterstützen, die nicht so talentiert oder motiviert sind oder deren persönliche Leidensgeschichte eine geregelte Arbeit nicht zulässt.

In den 1910er Jahren konnte sich bald jeder US-Arbeiter ein Auto für kecke 300 Dollar leisten. Der Bauernsohn Henry Ford machte damit bereits 1916 sagenhafte 60 Millionen Dollar Gewinn – und hätte sich damit zur Lieblingszielscheibe von Globalisierungsgegnern gemacht. Der Firmensitz seiner Fabrik, Detroit, war dank üppiger Steuerzahlungen schon bald aufgeblüht. Fords Arbeiter zählten zu den am besten verdienenden im Land, ein kleines Häuschen mit einem Auto davor war der „American Dream", den ihnen die monotone Fließbandarbeit ermöglichte. Zur gleichen Zeit zeugte in Europa der Besitz bloß eines Fahrrads schon von gewissem Wohlstand. Die in Handarbeit gefertigten Mercedes-Karossen für schlappe 20.000 Reichsmark konnten sich nur die Superreichen leisten. Vom Kapitalismus profitieren die kleinen Leute, nicht (wie in Handwerker-Gesellschaften) die alten Fürsten.

3.5 Der Monopolkapitalismus Chicagoer Fleischfabriken

Er machte Apple weiß, Sony schlicht und entwarf Taschen für Louis Vuitton. Designer Hartmut Esslinger weiß: „Es gibt Irrungen im Kapitalismus, aber es gibt keine Alternativen zum

Kapitalismus. Kapitalismus heißt ja nicht, habgierig und neidisch, sondern ein ehrlicher Kaufmann zu sein".[114] Da wo Menschen leben und arbeiten, da gibt es nicht nur Licht, sondern auch Schatten. Und so gibt es natürlich auch in der Wirtschaft Irrgänger, die ihr Ziel eines hohen Gewinnes mit krimineller anstatt mit kreativer Energie zu erreichen versuchen. Aber diese Menschen gab es und wird es immer geben.

Im Boom der neuen Produktionsmethoden waren Chicagoer Schlachthöfe im 19. Jahrhundert wie Pilze aus dem Boden geschossen. Die fünf größten Produzenten Chicagos gründeten ein Preiskartell („National Packing Corporation") und übten Druck auf Konkurrenten, Abnehmer und selbst auf die Frachtraten der Eisenbahnanbieter aus.

Die ersten Fleischkonzerne waren es auch, die ihre Arbeiter unter unvorstellbaren sozialen Bedingungen an den „Disassembly Lines" schuften ließen. Aber es musste erst zu Fleischskandalen kommen, bevor sich etwas änderte.

> **Die „Disassembly Line"**
>
> Mit der so genannten „Disassembly Line", an der die Tiere zerlegt werden, lassen sich unglaubliche Rationalisierungsgewinne erzielen. Gegen Ende des 19. Jahrhunderts brauchte ein Landschlachter mit seinem Gehilfen 8 Stunden, um das getötete Tier zu zerlegen und zu verarbeiten. Für das Pfund kalkulierte er 3 Dollar an Kosten. In den Fleischbetrieben von Chicago dauerte der gleiche Prozess 15 Minuten. Kosten: 42 Cent.
>
> (Quelle: GeoEpoche, Die industrielle Revolution, S. 156)

Der Journalist Upton Sinclair hatte sich in einen Schlachthof eingeschlichen, um „undercover" von den zugigen Arbeiterquartieren, den verrauchten Kneipen, den unhygienischen Be-

---

[114] Die Presse, 3.1.2010, S.18

dingungen und der Schufterei bei Minusgraden zu erfahren. In die großen Fleischwölfe war auch verdorbenes Fleisch gelangt. Sein Werk „Der Dschungel" schockierte Amerika 1906. Die Regierung Theodore Roosevelts handelte sofort und erließ noch im selben Jahr die ersten Verbraucherschutzgesetze der USA (und weltweit): Den „Pure Food and Drug Act" und den „Meat Inspection Act".[115] In weiterer Folge zerschlug man bis zum Ausbruch des ersten Weltkrieges die meisten der 44 unter Roosevelt zuvor identifizierten Kartelle. Die stürmische Entwicklung des Kapitalismus hatte dem Land die weltweit ersten und die weltweit (auch heute noch) strengsten „Antimonopol-Gesetze" beschert.

Warum ließ man die Fabrikanten wüten?

Wenn ein Land am Beginn seiner Industrialisierung steht, dann wohnen die meisten Menschen auf dem Land. Und bei ihnen wohnt die blanke Armut. Man sieht sie aber nicht so stark wie später in der Stadt mit ihren hastig errichteten Elendsquartieren. Außerdem ist die soziale Kontrolle auf dem Dorfe hoch und die Armut dezentral.

Wenn die Politik beim Rollen der ersten Industrialisierungswelle aber erst einmal bemerkt, dass vor allem große kapitalistische Betriebe die vielen Armen von der Straße wegbringen, beziehungsweise Arbeiter erstmals Steuern in die Stadt hereinbringen (die Löhne in Chicagos Schlachthöfen waren mit 20 Dollar fast doppelt so hoch wie die städtische Wohlfahrt), dann drückt die Politik (der Mensch?) bei sozialen und ökologischen Defiziten manchmal (leider) ein Auge zu. So war es in Manchester Mitte des 19. Jahrhunderts und so ist es nicht anders im Süd- und Ostasien des 21. Jahrhunderts.

---

[115] GEOEPOCHE, Die industrielle Revolution, S. 162

Chicago war seinerzeit die am schnellsten wachsende Stadt der Welt. Ein täglich wachsendes Angebot an ungelernten Einwanderern war bereit, zu beinahe jedem Preis zu arbeiten. Dabei verdienten die Arbeiter sogar noch etwas mehr als die armen Handwerker auf dem Land. Aber doch weniger, als es die harten Arbeitsbedingungen erfordert hätten.

So hart das klingt, aber die volkswirtschaftlichen Vorteile hatten zu diesem Zeitpunkt die moralischen wahrscheinlich überwogen. Durch die Effizienz und Billigkeit der Produktion kamen Zehntausende Menschen schnell in Arbeit und von der Straße weg. Die Firmen warfen Gewinne ab, auf die das boomende Chicago mit seinen vielen Einwanderern dringend angewiesen war.

China befindet sich heute in einer ähnlichen Situation wie Chicago damals: Es muss schnell wachsen, um seine im

Arbeiter reinigt Rinderhälften in Schlachthaus, Chicago 1909
Quelle: Wikipedia

Sozialismus verelendete Bevölkerung in die Wohlstandsgesellschaft zu retten. Und seine Kommunistische Partei hofft, dadurch die eigene Macht (inklusive vieler Pfründe) zu retten. Wahrscheinlich haben Politiker in dieser Phase der Industrialisierung Angst, überzogene Lohnerhöhungen oder Sozialgesetzgebungen könnten die Aufholjagd nur unnötig abbremsen.

Die radikale Verbilligung von Fleisch ließ die Kaufkraft amerikanischer Haushalte schnell ansteigen. Und es war auch die amerikanische Regierung, die als Kriegsherr (z. B. im Spanisch-Amerikanischen Krieg 1898) von einer effizienten und kostengünstigen Produktion profitierte. Und bei guten Einkaufspreisen fragen Käufer selten nach, auch nicht der Staat.

Es hat Jahrzehnte gedauert, bis die Wirtschaft Chicagos alle Arbeiter aufgesaugt hatte. Dann stieg deren Verhandlungsmacht aber fast sprunghaft an und mit ihr das Gehaltsniveau. Der allgemein gestiegene Wohlstand förderte nun die Betrachtung auch nicht-ökonomischer Aspekte.

Der spätere Pulitzerpreisträger Upton Sinclair hatte einen Skandal ausgelöst, der schließlich zu strengen Hygiene- und Arbeitsschutzgesetzen führte. Dieser vordergründige Widerspruch ist kapitalismusinhärent. Es braucht das kapitalistische Wachstum, um so viel Wohlstand zu erzeugen, dass Menschen auch Energie für soziale oder außerökonomische Aspekte haben, um (unter Umständen) letztendlich sogar die weitere Expansion kapitalistischer Organisationen zu beschränken.

Kreisky und das Schikartell

1890 ist das erste Kartell-Gesetz der USA erlassen worden. Bis dahin waren die Wohlfahrtseffekte von Kartellen volkswirtschaftlich umstritten, manche Ökonomen meinten, organisierte Kartelle würden den Wohlstand einer Gesellschaft mehren. Und selbst in der zweiten Hälfte des 20. Jahrhunderts waren es sozialistische Regierungen wie zum Beispiel die Österreichs (unter Bruno Kreisky), die Kartelle staatlich organisierten. Vom Schikartell über das Milch-, Hefe- sogar bis zum Zitronensäurekartell zählte man unter Kreisky bis zu 17 solcher legaler (!) Vereinigungen.

Das „Skikartell" wurde 1979 als „vertikale Preis- und Vertriebsbindung" staatlich begründet, 1992 lief es aus. Kreisky hatte geglaubt, dass künstlich hochgehaltene Schipreise notwendig seien, um dem internationalen Nachfragerückgang durch den Bedeutungsrückgang des Schisportes entgegenzuwirken. Österreichische Schier kosteten in Österreich fortan um ein gutes Drittel mehr als in Deutschland. Geholfen hat alles nichts, die Schi-Industrie schlitterte in den 1990ern in eine scharfe Krise. Erst die technologischen Entwicklungen wie Coque-Schis,

Inline-Skates oder Snowboards brachten die Branche wieder nach vorne. Alle drei Erfindungen kamen aus dem Ausland – ganz ohne den dortigen Wettbewerbsschutz durch staatliche Kartelle. Wahrscheinlich war dieser sogar der Grund dafür, dass die Innovationen im Ausland stattgefunden hatten.

3.6 Sozialismus: Leben mit dem Diebstahl

Auch wenn es nach der populistischen Aufarbeitung der Finanzkrisen anders scheinen mag, aber im täglichen Leben kapitalistischer Firmen spielt Kriminalität keine besonders große Rolle. Zumindest im Gegensatz zur gemeinnutzorientierten Fabrik sozialistischer Prägung.

Sozialistische Betriebe durften ihre Produktion nicht an dem ausrichten, was den größten Profit versprach, sondern an dem, was betriebsfremde Personen ausgehandelt hatten. Weil das System aufgrund seiner Ineffizienz viel zu wenig Güter produzierte, wurden zu wenig Mitarbeiter benötigt. Arbeitslose durfte es im Sozialismus aus politischen Gründen aber nicht geben und so saßen in ostdeutschen Fabrikhallen 1,4 Millionen Menschen ohne effektive Betätigung herum – und produzierten nichts.[116]

2011 war in den neuen Bundesländern eine Million Menschen als arbeitslos gemeldet, interessanterweise um 400.000 weniger als zu DDR-Zeiten. In der DDR bekamen alle Menschen so ziemlich den gleichen Grundlohn. Zu überdurchschnittlichen Leistungen wollte man Forscher und Betriebsleiter mit gemeinsam verbrachten Ostsee-Urlauben motivieren. Wer gerne krankfeierte oder gerne bei der Arbeit bummelte, konnte nur mit dem Ausbleiben von Vergünstigungen motiviert werden. Nur wer gar nicht wollte, den warf man nach dem § 249 des „Asozialengesetzes" bis zu 2 Jahre ins Gefängnis.

---

[116] www.trend.infopartisan.net, 8.1.2010

Die Laisser-faire-Stimmung und die Unfähigkeit, Arbeitsunwillige zum Mitarbeiten zu bewegen, führten zu geringer Produktionsqualität, die oftmaliges und unrentables Nacharbeiten nach sich zog.[117] In polnischen Umfragen aus den 1970er Jahren klagten Leiter wie Arbeiter „über zunehmende Disziplinlosigkeit, Arbeitsbummelei und das Nichtbefolgen von Anweisungen[118]". Aus Frust über leere Regale betrachteten hungrige Arbeiter in Polen, der Sowjetunion oder in Rumänien ihre Betriebe als „öffentliches Selbstbedienungs-Warenlager. Es wurde täglich gestohlen und es wurde so viel gestohlen, dass manchmal die Bänder tageweise stillstehen mussten, nur um auf Ersatzmaterial zu warten. Wer konnte, stahl Waren, um sie gleich wieder gegen andere gestohlene Waren zu tauschen. Zum Marktwert, wie sich versteht. Oder man bestach einen Kellner, der einen dann an der langen Schlange zu einem freien Restaurant-Sitzplatz vorbeiwinkte. Oder man motivierte mit veruntreuten Bananen den Beamten, noch vor dem Winter neue Fenster (aus dem staatlichen Monopol-Betrieb) zugeteilt zu bekommen.

> **„Die sieben Weltwunder der DDR" (Volksmund)**
>
> 1. Obwohl keiner arbeitslos ist, hat die Hälfte nichts zu tun.
> 2. Obwohl die Hälfte nichts zu tun hat, fehlen Arbeitskräfte.
> 3. Obwohl Arbeitskräfte fehlen, erfüllen und übererfüllen wir die Pläne.
> 4. Obwohl wir die Pläne erfüllen, gibt es in den Läden nichts zu kaufen.
> 5. Obwohl es in den Läden nichts zu kaufen gibt, haben die Leute fast alles.
> 6. Obwohl die Leute fast alles haben, meckert die Hälfte.
> 7. Obwohl die Hälfte meckert, wählen 99,9% die Kandidaten der Nationalen Front (DDR-Organ, das die Kandidaten für Wahlen aussuchte, Anm.).

---

[117] Die DDR im Rückblick: Politik, Wirtschaft, Gesellschaft, Kultur von Helga Schultz, Hans-Jürgen Wagener, S. 237 ff
[118] Ebenda, S. 238

Nur eine 44-Stunden-Woche sicherte das Überleben der organisierten Mangelwirtschaft. Was in den staatlichen HO-Läden der DDR immer da war, das waren hoch subventionierte Semmeln, Kartoffeln und zwei unterschiedliche Wurstsorten – wenn auch lieblos gestapelt. Manchmal gab es Zitronen, dann waren aber Berge von Zitronen da. Manchmal kamen Äpfel, dann waren gleich Berge da. Sonst gab es weder Zitronen noch Äpfel. Weltweit Spitzenpositionen nahm die DDR bloß in den Bereichen Alkoholmissbrauch und Suizid ein.[119]

Wenn frustrierte Arbeiter nach einem 9-Stunden-Werktag in tristen Betonhallen vor den Nachrichten saßen, vernahmen sie die Jubelmeldungen der Politik, wie viele Güter nun denn schon wieder produziert worden seien. Interessanterweise beschäftigt sich Europas „Neue Linke" mit den vermeintlichen „Inneren Widersprüchen des Kapitalismus".

Wer beschäftigt sich aber mit den offensichtlicheren Widersprüchen des Sozialismus?

Diebstahl von Gemeinwohl-Eigentum

Wo die DDR keinen Spaß verstand: Beim Diebstahl von Gütern, die im Eigentum aller standen. Die eigentlich einem jeden gehörten, sie erinnern an Christian Felbers Allmende-Güter.[120] Dass Menschen etwas stahlen, das ihnen offiziell ohnedies (gemeinschaftlich mit anderen) gehörte, war den Konstrukteuren eines neuen Deutschlands völlig unverständlich. Wollte der Kommunismus die Menschen vom Stress des Eigentums doch eigentlich befreien.

---

[119] www.trend.infopartisan.net, 4.1.2010
[120] Die mittelalterliche „Allmende" war ein Stück Weide, das dem Dorf als Ganzes gehörte. In der sozialistischen Literatur steht der Begriff für genossenschaftlich organisierte (experimentelle) Produktionskooperativen.

Viele Menschen hatten sich im Kommunismus zwar mit dessen Zielen solidarisiert (kein Wunder: Medien, Schule und Kultur waren gesteuert), fühlten sich aber persönlich nicht daran gebunden. Auch wenn kommunistische Denker das Leben in Bescheidenheit propagier(t)en (an das sie sich selbst nicht immer gebunden fühlten), so glaubten sich doch viele Bürger um einen gewissen Wohlstand betrogen. Betriebseigentum, das offiziell „für das Gemeinwohl", geschaffen wurde, sollte so manchen Langfinger für sein armseliges Leben entschädigen.

So verabschiedete das Politbüro der SED 1952 das „Gesetz zum Schutz des Volkseigentums und anderen gesellschaftlichen Eigentums", VESchG. Bei „Diebstahl, Unterschlagung oder sonstigem Beiseiteschaffen von staatlichem und genossenschaftlichem Eigentum oder von Eigentum gesellschaftlicher Organisationen" drohten Zuchthausstrafen bis zu 25 Jahren. Selbst bei Bagatellvergehen wurde die Mindeststrafe von einem Jahr Zuchthaus schon angewendet.[121] Der Gesetzestext wurde Arbeitern sogar in die Lohntüten gesteckt.

1981 legte Generalstaatsanwalt Ernst Melsheimer einmal seine „Erfolgsstatistik" vor: In nur einem halben Jahr waren 3.572 Menschen (unter DDR-Justizminister Max Fechner) in die Strafanstalten verbracht worden. 22.264 Menschen wurden wegen „Diebstahl sozialistischen Eigentums" verurteilt, immerhin 5.607 wegen „Betrugs/Untreue zum Nachteil sozialistischen Eigentums".[122]

---

[121] Zitiert nach Falco Werkentin: *Politische Strafjustiz in der Ära Ulbricht*, Ch. Links, 1997, S. 68
[122] Fischer Weltalmanach 1984, S. 540

3.7 Wissenschaftlich nachgemessen: Steigt die Macht der Großkonzerne?

Karl Marx war zutiefst davon überzeugt, dass der Kapitalismus nur eine Handvoll industrieller Monopol-Konglomerate überlassen würde, die einer verarmten Weltbevölkerung das letzte Hemd abpressen würden. Die globalisierungskritischen Bewegungen haben Karl Marx' Vorwürfe heute zum zentralen Bestandteil ihres neuen Denkens gemacht.

Wer ist größer: Konzerne oder Nationalstaaten?

Grundsätzlich wirft man den Konzernen (seit 150 Jahren) die Ballung wirtschaftlicher und politischer Macht vor. Um das Bedrohungsszenario durch Konzerne zu illustrieren, vergleicht man gerne deren Umsätze mit den Bruttoinlandsprodukten von Nationalstaaten. So würden in einer gemischten Liste von Konzernen und Ländern 51 Konzerne und nur 49 Länder liegen. Doch ist diese Betrachtungsweise wissenschaftlich mehr als unkorrekt. Man kann das Volkseinkommen (BIP) nicht einfach mit dem Umsatz einer Firma vergleichen. In das BIP geht ja immer nur die Wertschöpfung jeder Produktionsstufe ein, also die Verkäufe minus die Wareneinkäufe. Es ist nicht die Summe aller Verkäufe, also aller Umsätze.

Ein Beispiel: Ein Bauer liefert Milch an seine Molkerei, diese wiederum die Butter an eine Pizza-Fabrik. Die Pizzafabrik liefert schließlich an den Einzelhandel und der verkauft die einzelne Pizza an den Konsumenten. Wollte man das BIP ermitteln, indem man alle diese Umsätze einfach zusammenzählte, dann hätte man die Milch viermal gezählt. Deshalb addiert man nur die Wertschöpfung, die jede Wirtschaftsstufe dem Produkt hinzufügt, indem man vom Umsatz jeweils die Vorleistungen (=Wareneinsatz) abzieht.

Wollte man nun den Umsatz eines Ölkonzernes mit dem Bruttoinlandsprodukt eines Landes vergleichen, müsste man auch hier vom Konzernumsatz vorher die Vorleistungen abziehen. Die Hälfte des Umsatzes besteht alleine im Ankauf von Öl und Vorprodukten. Noch dazu ist der Bezug des Öls für viele Jahrzehnte vertraglich fix an ein bestimmtes Förderland gebunden, der wirtschaftliche Spielraum ohnehin gering.

Konzern	Umsatz in Mrd. Dollar	Wertschöpfung in %	Wertschöpfung in $
General Motors	184.632	22,80%	42.096
Royal Dutch/Shell	149.146	24,30%	36.242
British Petroleum	148.062	22,60%	33.462

Paul De Grauwe von der belgischen Universität hat sich die Mühe gemacht und auf Basis von Jahresabschlüssen die Vorleistungen von Konzernen herausgerechnet. Das Resultat ist erstaunlich. Nur ein knappes Viertel wird an Wertschöpfung im Land und vom Konzern erzeugt. Der Rest sind Zulieferleistungen. Im Jahr 2000 wäre General Motors mit 184 Milliarden Dollar Umsatz noch weltweit am 23. Platz gewesen, gleich hinter Österreich. Zieht man von den 184 Milliarden aber die zugekauften Vorprodukte ab, so ist er mit einer Wertschöpfung von 42 Milliarden Dollar nur mehr auf Platz 46 – vor Nigeria. Royal Dutch/Shell sinkt bei wissenschaftlicher Betrachtung von Platz 28 (vor Saudi-Arabien) auf Platz 62 ab, BP auf Platz 63. Das ist nur mehr knapp vor Rumänien.[123] Und das braucht niemandem mehr Angst einzujagen.

---

[123] „How big are the multinational Companies?", Paul De Grauwe, University of Leuven and Belgian Senate, 2002

Wachsen Konzerne ins Unermessliche?

Die 500 größten Konzerne kontrollierten 1994 ein Viertel des Welt-BIPs, 2005 war es schon mehr als ein Drittel", so Felber Angst einflößend[124]. Was der Globalisierungskritiker nicht sagt (oder weiß?): Es sind niemals dieselben (oder aus denselben Ländern) an der Spitze.

In Europa gilt es als unbestritten, dass Konzerne unkontrolliert größer würden und aufgrund ihrer schieren Macht die Politik, wenn nicht gleich die ganze Welt beherrschten. Betrachtet man sie aber über die Jahrzehnte, so sind manche Konzerne zwar gewachsen, manche allerdings verschwunden. An den drei US-Autokonzernen sieht man es gut: General Motors musste sich (nach dem Konkurs) verkleinern, Chrysler wurde von Fiat übernommen. Und Ford ist schlicht und einfach langsamer gewachsen als die Weltwirtschaft. In nur 40 Jahren sind alle drei US-Konzerne aus den Top 15 rausgeflogen.

Beobachtet man den Zeitraum von nur 40 Jahren, dann ist eines klar: Die Angst vor der Welt-Herrschaft des Kapitals ist unbegründet. Von den 15 größten Firmen im Jahr 1970 kamen fast alle aus den USA. Nur 20 Jahre später, 1990, waren von den 15 besten aus dem Jahre 1970 schon nur mehr 9 übergeblieben. Weitere 15 Jahre später, 2005, gar nur mehr 5. Und im Jahr 2010 waren von fünfzehn Mega-Konzernen aus dem Jahr 1970 noch ganze drei im Jahr 2010 übergeblieben. Wer die „Fortune 500"-Listen der letzten Jahre unter die Lupe genommen hat, der ahnt, woher die Konzerne der nächsten 20 Jahre kommen werden: Aus China. Und auch Chinas Konzerne werden nicht ewig tonangebend sein. In 40 Jahren werden sie vielleicht von indischen eingeholt worden sein.

---

[124] Neue Werte für die Wirtschaft, Christian Felber, S. 32

Viele multinationale Konzerne sind also nicht unkontrolliert größer – sondern im Gegenteil – kleiner geworden. Oder sie verschwanden ganz vom Kurszettel. Der US-Rüstungs- und Stahlkonzern LTV ist zum Beispiel so ein Fall. 1970 hätte er Marxisten noch das Fürchten gelehrt, vereinte er doch alle Produktionsstufen der „Old Economy" – von der Stahlgewinnung über die Elektronik bis zum Bau von Jagdbombern (A7 Corsair). Doch das Warten hat sich ausgezahlt. Im Jahr 2000 war die Firma pleite.

Die 15 weltgrößten Konzerne waren von 1970 bis 2010 ...

(Fortune 1995-2010, cnn.com 1990, Fischer Almanach 1984, Hörl 2012)

1970	1990	2005	2010
GM	GM	Wal-Mart	Wal-Mart
Exxon Mobil	Ford	BP	Shell
Ford	Exxon Mobil	Exxon Mobil	Exxon Mobil
General Electr.	IBM	Shell	BP
IBM	General Electr.	GM	Toyota
Chrysler	Mobil	DaimlerChrysler	Japan Post
Mobil	Altria Group	Toyota	Sinopec
Texaco	Chrysler	Ford	State Grid
ITT	DuPont	General Electr.	AXA
Gulf Oil	ChevronTexaco	Total	China Petroleum
AT&T	Amoco	ChevronTexaco	Chevron
US Steel	Shell	ConocoPhillips	ING Group
ChevronTexaco	Procter&Gamble	Axa	General Electr.
LTV	Boeing	Allianz	Total
DuPont	Occidental	Volkswagen	Bank of America

ITT wurde 1920 auf Puerto Rico gegründet, als zwei Zuckermakler, die Brüder Sosthenes und Hernand Behn, im Rahmen ihrer Tätigkeit statt unrentabler Außenstände die Puerto Rico Telephone Company erhielten. Der Konzern gehörte bald zu den größten Telefongesellschaften der Erde. Ende der 1970er Jahre lief es in manchen Bereichen nicht mehr so gut. Bis 1995 wurden Unternehmensteile entweder abgespalten oder verkauft. Heute gibt es ITT so gar nicht mehr.

Der AT&T-Konzern betrieb das US-amerikanische Fernsprechnetz. Unglücklicherweise nur bis 1984. In diesem Jahr wurde der Konzern vom US-Kartellamt in 9 kleine Firmen zerschlagen.

US Steel beschäftigte im Zweiten Weltkrieg 340.000 Menschen. 1970 war es noch das zwölftgrößte Unternehmen der Welt. Mit dem Erstarken der japanischen Konkurrenz in den 1980er Jahren begann sein Niedergang. Heute hat sich der Konzern aber auf vergleichsweise niedrigem Niveau stabilisiert.

Gulf Oil war einst der siebtgrößte Ölkonzern der USA, mit den 1960ern begann der schleichende Niedergang. 1984 wurde er mit Chevron fusioniert.

General Motors, über Jahrzehnte hinweg weltgrößter Konzern und Flaggschiff der US-Industrie, musste sich 2008 unter Chapter XI (US-Gläubigerschutz für insolvenzgefährdete Betriebe) verstecken, wurde dann vom Staat gerettet und backt nach seinem Neustart heute bedeutend kleinere Brötchen.

Die Liste ließe sich beliebig fortsetzen. 1867 erschien Karl Marxens erster Band des „Kapitals". Wer den Kurszettel der Londoner Börse aus diesem Jahre studiert, wird wahrscheinlich keine einzige Firma davon mehr heute kennen. Geschweige denn, dass sich daraus weltumspannende Monopol-Konglomerate gebildet hätten. Damit können die Konzerne von damals heute also weder Wirtschaft, Politik oder Menschen kontrollieren. Und das ist auch gut so.

3.8 Wenn Börsengiganten verschwinden

Wer nun moniert, dass vor allem besonders börsennotierte Konzerne kleinere vom Markt verdrängten, möge die Marktkapitalisierung von anno dazumal mit der von heute vergleichen. Die „Marktkapitalisierung" errechnet sich aus der Anzahl ausgegebener Aktien multipliziert mit deren aktuellem Börsenwert. Somit spiegelt die Kapitalisierung den momentanen Börsenwert einer Firma wider.

Konzernen mit einer hohen Kapitalisierung (also vielen Aktien bei hohen Aktienkursen) traut die Börse (also der Markt, also die Spezialisten in den Investmentfonds) besonders starkes Wachstum zu. Wenn wir aber die Stars aus dem Jahre 1980 betrachten und sie mit denen aus dem Jahre 2010 vergleichen, zeigt sich schnell: Einen garantierten Platz auf dem Siegerpodest gibt es im Leben nun einmal nicht, auch nicht für die Größten dieser Welt.

Die dauernde Veränderung an der Spitze der größten Konzerne verdeutlicht sowohl die Entwicklungsstufen als auch die Moden der jeweiligen Wirtschaft. Die 1980er

Heutiger Rang der TOP 15-Konzerne des Jahres 1980 bei Börsenkapitalisierung[125]

	1982	2010
IBM	1.	16.
Exxon Mobil	2.	1.
Schlumberger	3.	45.
Chevron	4.	21.
BP	5.	36.
General Electric	6.	19.
General Motors	7.	129.
Royal Dutch Shell	8.	12.
Eastman Kodak	9.	>500.
Halliburton	10.	229.
Conoco Phillips	11.	58.
Union Pacific	12.	165.
3M	13.	111.
Toyota	14.	28.
Merck & Co.	15.	44.

---

[125] Quellen: Bloomberg Datastream, DWS, Goldman Sachs; Stand 1.12.2010, Auf: wwwfocam.de, 10.3.2012

waren von Öl- und Maschinenkonzernen (etwa Autos) dominiert, etwa die Hälfte von ihnen förderte den Schmierstoff der „Old Economy". In den 1980er Jahren lösten japanische Konzerne US-amerikanische ab – im Jahre 1990 stammten bereits acht Unternehmen aus dem Land der aufgehenden Sonne. Plötzlich waren 1990 auch fünf Bankkonzerne unter den Top 15, und alle fünf kamen aus Japan.

Die Angst der Amerikaner, dass „die Japaner" in den 90ern Amerika aufkaufen würden, war groß. Und unberechtigt. All die schönen japanischen Autos, die vor laufender Kamera demoliert wurden (teils mit Vorschlaghämmern „Made in Japan"), waren dem Kleingeist umsonst geopfert worden. Oder erinnern Sie sich noch an die „Industrial Bank of Japan"? Oder die „Fuji Bank", die „Sakura Bank", die „Sumitomo Mitsui Financial" und die „Dai-Ichi Kangyo Bank"? Die fünf ehemaligen Top-Konzerne notieren heute unter „ferner liefen".

Und weitere zehn Jahre später? Im Jahr 2000 sind alle japanischen Banken von der „Siegerliste" verschwunden. Dafür ist eine US-amerikanische unter die „Top 15" gestoßen, die Citigroup. Und bereits vier chinesische Konzerne haben es geschafft. Und einige US-Investmentfonds. Doch auch vor den „mächtigen" Investmentfonds muss keiner Angst haben. Sie besitzen ja nur die Anteile anderer Firmen – und gehören (über die veranlagten US-Lebensversicherungen) den Menschen selber. Zumindest denen aus Amerika.

Insgesamt kommen nur mehr 40% der Top-Konzerne aus Amerika, und der Trend geht unaufhörlich weiter Richtung Schwellenländer. Nach neomarxistischer Lehre sollten aber gerade die Schwellenländer durch die Verschwörung des (nördlichen) Kapitals am Boden niedergehalten werden. Doch die aufstrebenden Nationen Süd- und Ostasiens oder Lateinamerikas kümmern sich nicht um den ihnen prognostizierten Niedergang – sie wachsen mit teils 10 Prozent im Jahr der Nordhalbkugel auf und davon. Ob das den Pessimisten (des Nordens) passt oder nicht.

„Wir" sind die größten Weltkonzerne

Tatsächlich verfügen die großen Investmentfonds der USA über eine bestimmte Macht – jedes Jahr müssen Unsummen neuer Gelder angelegt werden. Die Fondmanager können mit dem Geld aber nicht einfach tun und lassen, was sie wollen. Ihr Verhalten wird durch Arbeitsverträge, Lebensversicherungsverträge und zahlreiche US-Gesetze bestimmt.

> **Forbes: The 147 Companies That Run The World? They're You. We have met the enemy, as Walt Kelly once wrote in the comic strip Pogo, and he is us.**
> The enormous size of these companies is simply a reflection of the way most people invest in the public markets, through mutual funds, money funds and other vehicles. Disturbing? Nah. Simply a reflection of the way most people invest in the markets.
> (Forbes.com, 24.10.2011)

Dass nur eine kleine Schicht reicher Amerikaner unvorstellbare Kapitalien besäße, stimmt nicht. Laut „Investment Company Institutes" (ICI) hielten Amerikaner (zum Stichtag August 2011) Fonds im Wert von 11,6 Billionen Dollar. Auf ihren Pensionskonten („U.S. retirement accounts") befanden sich 18,2 Billionen Dollar.[126] Und weiter:[127]

- 51,6 million U.S. households own mutual funds; they are held by 90,2 million individuals.
- 44% of U.S. households are fund investors.
- As of the most recent report from the ICI, funds own 27% of U.S. stocks, 33% of municipal debt securities and 11% of all U.S. government securities.

---

[126] www.forbes.com, 24.10.2011
[127] ebendort

- The median size of U.S. investment in mutual funds is 100.000 Dollar, the median number of funds owned is four.

Die Börse gehört also nicht einer kleinen Minderheit mächtiger Kapitalisten, sondern einer breiten Mittelschicht, die mittels Lebensversicherungen für das College ihrer Kinder spart, für das neue Haus oder den eigenen Lebensabend. Damit ist die Mittelschicht mit 27% direkt an Amerikas Börsenkonzernen beteiligt, und sie finanziert 33% aller Gemeindeschulden und 11% der Staatsschulden.

Selbst Großkonzerne werden kleiner

Nicht einmal wenn man die stärksten US-amerikanischen Konzerne betrachtet und ihren Umsatz in ein Verhältnis zum Welt-Bruttoinlandsprodukt setzt, lassen sich bedrohliche Tendenzen erkennen.

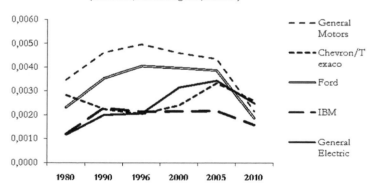

Selbst innovative Firmen wie General Electric schaffen es nicht, über die Dauer von (nur) 30 Jahren stärker zu wachsen als das Welt-Volkseinkommen. Mit dem Aufstieg Asiens und der Explosion asiatischer Volkseinkommen entstehen zahlreiche neue asiatische Firmen und Konzerne, die die „alten" westlichen Konzerne, relativ gesehen, kleiner werden lassen. Und im Gegensatz zur landläufigen Meinung konnten US-amerikanische Konzerne die neue Konkurrenz aus Südostasien nicht niederhalten. Vielleicht wollten die das ja auch gar nicht?

Analysiert man chinesische Konzerne wie etwa Foxconn, der als weltgrößter Computerkonzern mit 1,2 Millionen Angestellten iPhone, PlayStation oder Xbox produziert, dann wird etwas deutlich: Der Aufstieg Südostasiens ist nicht den Konzernen des Westens geschuldet, sondern der Tüchtigkeit von Millionen taiwanesischen, chinesischen oder thailändischen Unternehmern und ihren fleißigen Angestellten. Sie selber bauen ihr Land auf. Und dafür verdienen sie größten Respekt.

„Geography is history. Distances don't matter anymore"

Bleibt bei armen Ländern der ökonomische Erfolg aus, wird gerne auf das mangelnde Kapital hingewiesen. Doch ist der wichtigste Produktionsfaktor nicht Kapital, sondern Erfinder- oder Unternehmergeist.

Wir leben in guten Zeiten. Noch nie war der technische Fortschritt so demokratisch wie heute. Die Globalisierung bietet heute unbeschränkte Möglichkeiten, mit potentiellen Kunden via Internet in Kontakt zu kommen. Die Kosten, ein Internet-Unternehmen zu gründen, sind im Extremfall 100 Dollar für einen alten PC. Der argentinische Programmierer muss nie in den Räumlichkeiten seines deutschen Kunden gewesen sein, und verdient doch gutes Geld. Das Unternehmertum ist nicht mehr lokal gebunden.

Um als Programmierer 100.000 Dollar zu verdienen, mussten talentierte Inder in den 1980ern ins kalifornische Silicon Valley übersiedeln. 40% der Programmierer stammen heute noch aus Indien, das Silicon Valley hat die höchste Dichte an 7er BMWs weltweit. Heute zieht es viele Ingenieure wieder zurück in ihre alte Heimat.

Die Buchhaltung der AUA wird in Indien gemacht, dafür können Piloten Spitzengehälter von über 10.000 Euro und drei Jahresgehälter Abfertigung bezahlt werden. Wählt ein Amerikaner heute eine „0-800"-Hotline für ganz schnelle Hilfe, hebt eine freundliche Dame ab – in Indien. „The call center employees earn 3.000 to 5.000 Dollar a year, in a nation where the per capita income is less than 500 Dollar. The perks include free private transport to and from work plus the sheer heaven of an air-conditioned workplace", so der US-Fernsehsender CBS in „60 Minutes" über den indischen „Call Center"-Boom[128]. US-Telefonisten bekämen bis zu 4.000 Dollar monatlich – und seien in den Nachtstunden oft übermüdet[129] Aufgrund der Zeitverschiebung ist es in Indien aber Tag, wenn man in den USA zur Ruhe geht.

2010 fehlten bereits 500.000 Fachkräfte in Indiens Informationstechnologie-Sektor, so Indiens „National Association of Software and Service Companies (NASSCOM)".[130] Junge IT-Kräfte müssen heute nicht mehr emigrieren, sie finden zu Hause adäquate Jobs. Und vielen ist selbst die Arbeit im Call Center längst schon „zu gering".

Facebook-Gründer im Geldrausch
Er ist 23, Studienabbrecher – und bekommt jetzt 240 Millionen Dollar von Microsoft aufs Konto. Mark Zuckerberg, Gründer des Internet-Portals Facebook, hat für diese Summe lächerliche 1,6 Prozent seines Unternehmens verkauft. Ein Deal zum Staunen.
(Spiegel.de, 8.1.2010

Die Floskel „Es ist schon alles erfunden worden" hat noch nie gestimmt. In den letzten Jahren noch viel weniger. Technikbe-

---

[128] „60 Minuites", www.cbsnews.com, 11.2.2009
[129] ebendort
[130] www.time.com, 16.10.2007

geisterte Gesellschaften wie die deutsche, chinesische oder die japanische haben es aber bedeutend leichter.

Die Welt schwimmt heute geradezu in Geld. Finanz- und Eurokrisen ließen die staatlichen Zentralbanken die größte (relative und absolute) Geldmenge der gesamten Menschheitsgeschichte drucken. Gibt es irgendwo ein renditeversprechendes Projekt, strömt das Finanzkapital per Mausklick schon dorthin. Grenzenlos.

Wird eine Idee einmal als gut befunden – Stichwort Solartechnik – dann steigen auf dem Firmen-Firmament eintausend neue Sterne auf. Und (fast) so viele gehen

SHARE
in the
ALLGEMEINE
ÖSTERREICHISCHE BODEN-CREDIT-ANSTALT
of a nominal value of
FIFTY 50 SCHILLINGS

warranting to the holder thereof all such rights as accrue to any holder of one share in the said Allgemeine Österreichische Boden-Credit-Anstalt according to the statutes of the company.

VIENNA, May 1926   Allgemeine Österreichische Boden-Credit-Anstalt.

Österreichische Aktie aus dem Jahre 1926. Auf der Suche nach Eigenkapital mussten viele Firmen an die Pariser oder Londoner Börse ausweichen.
Quelle: Eigenes Bild

wieder unter. Aber eben nur „fast". Aus den besten entwickeln sich Konzerne wie die Solarworld eines Frank Asbeck. Im Jahr 2010 produzierten 3.354 Mitarbeiter Werte von 1,3 Milliarden Euro.[131] Dank Asbeck und seiner Solarworld gibt es nun jährlich neue Produkte im Wert von über einer Milliarde Euro, es gibt entsprechend mehr Geldscheine, es gibt mehr Jobs und Steuern fürs Gemeinwesen, die es sonst nicht gegeben hätte. Niemand musste ausgebeutet werden, aber viele arbeitslose Ostdeutsche hatten ihren ersten echten Job.

---

[131] „Konzernzwischenbericht 2011", www.solarworld.de, 20.2.2012

Mitgehangen – mitgefangen

Die Urangst vieler Europäer vor der Macht der Großen ist oft unbegründet. Der US-amerikanische Energiegigant „Enron" bezeichnete sich gerne als „The World's Greatest Company" („Die großartigste Firma der Welt"). Bis der Energiekonzern 2001 aufgrund fortgesetzter Bilanzfälschungen einen der größten US-Unternehmensskandale verursachte. Über Nacht verschwand Enron vom Kurszettel.

Noch berühmter war die spektakuläre Pleite des US-Festnetzanbieters WorldCom. Als das Festnetzgeschäft immer weiter wegbrach und es dem Management nicht gelungen war, alternative Geschäftsfelder zu entwickeln, sah man in Bilanzfälschungen den letzten Ausweg. Der Schaden: 30 Milliarden Dollar. Kriminelle Menschen an „kleinen" Stellen richten „kleine" Schäden an, solche an großen Stellen „große".

Der chinesische Sanlu-Konzern, wegen dessen mit Melamin vergiftetem Milchpulver zehntausende Säuglinge schwer erkrankt waren, musste 2009 Konkurs anmelden. Ursprünglich wollten die kommunistischen Behörden den Skandal wie früher vertuschen. Der allgemein gestiegene Wohlstand hat viele Betroffene aber so mutig gemacht, dass sie ihrem Zorn in der Öffentlichkeit freien Lauf ließen.

Das General Motors Building in Detroit war von 1923 bis 1996 die Konzernzentrale. Mit 402.000 m² Fläche war es 1923 eines der weltgrößten Gebäude.
Quelle: Wikipedia/Hist. American Buildgs. Survey

Wenn Märkte schrumpfen und eine Firma darauf nicht reagieren kann, dann hat sie ihre gesellschaftliche Existenzberechtigung verloren. „Was gut ist für General Motors, ist gut für Amerika", hieß es früher. 77 Jahre lang war GM der größte

Automobilkonzern der Welt, 2009 ging er in Konkurs. Eine in sich verkrustete Konzernkultur hatte sich 20 Jahre lang dem technischen Fortschritt verschlossen. Ähnlich Opel. Von Jahr zu Jahr gefielen die Autos immer weniger. Nur die Qualität gefiel noch weniger – Stichwort „Rost". So etwas bereinigt der Markt von selbst. Der kalte Markt? Die Menschen. Produkte, von denen sich Menschen nur einen geringen Nutzen erwarten, werden nicht (mehr) gekauft. Damit geht die Firma pleite. Volkswirtschaftlich ist das nicht so schlimm, wenn es gleichzeitig andere Unternehmer schaffen, die Bedürfnisse der Kunden eher zu treffen. Und wenn diese dann die Jobs der erfolglosen aufsaugen.

Natürlich sind die Leidtragenden vorerst alle Mitarbeiter. Sie waren mit ihren guten Jobs aber auch lange Profiteure ihrer Firmen. Das ist leider die negative Seite von großen Organisationen, denn es gilt: „Mitgehangen – mitgefangen". Die Mutter General Motors hat Opel mit Geldspritzen gerettet – vor 10 Jahren war es umgekehrt gewesen: Da hatten die Opel-Gewinne die General Motors-Bilanz gerettet. Seit Kurzem treffen Design und Qualität bei Opel wieder Kundenwünsche, im Konzert mit GM könnte der Turn-Around gelingen.

Die Liste der Konzerne, die in den letzten Jahren den Bach hinuntergegangen sind, ließe sich noch beliebig lange fortsetzen. Viele Konzerne sind einfach zu groß geworden, um noch die Übersicht bewahren zu können. So spaltete sich der US-Konzern General Electric in den 70ern mit seinen 300.000 Mitarbeitern freiwillig selber in mehrere Sparten auf. Und trotzdem soll es kleine freche Firmen geben, die der französischen Tochter des Technik-Giganten gebrauchte Maschine abkaufen, um sie dann seiner italienischen Tochter weiterzuverkaufen. Mit Gewinn. Und noch dazu volkswirtschaftlich gerechtfertigt. Offensichtlich kann die Maschine im italienischen Werk produktiver eingesetzt werden als im französischen.

Viele Europäer ängstigen sich vor der Größe von Konzernen. Beweist man deren Endlichkeit, beklagen sie die kriminelle Energie, die an deren Auf- beziehungsweise deren Abstieg beteiligt gewesen sei. Den Schluss zu ziehen, in einer auf Gemeinwohl ausgelegten Staats- und Genossenschaftswirtschaft gäbe es solche Skandale nicht, weil man ja die Gewinnsucht abgeschafft habe, ist blauäugig. Nicht alle Fehler passieren aus Gewinnsucht. Oft ist es auch die Geltungssucht einzelner Menschen – oder einfach nur Schlamperei und Inkompetenz. Tatsächlich haben jedoch auf Profitlosigkeit ausgerichtete Betriebe in der Vergangenheit weniger Talente an die richtigen Stellen ihrer Organisationen gebracht als andere.

Weil die Errichtung profitlos arbeitender Unternehmensformen auf großer Ebene meist Zensur und staatliche Medienkonzentration bedingen, dringt deren unzählbares Staatsversagen nicht an die Öffentlichkeit. So machten die (gelenkten Medien der) DDR für den Dauermangel ihrer Volkswirtschaft Spekulanten, Imperialismus und das internationale Kapital verantwortlich.

3.9 Wenn 1 Mensch 2 Milliarden verdient

„Leistungsträger verdienen heute bis zu zwei Milliarden Dollar im Jahr. Das ist das 195.000fache des Mindestlohnes. Der Markt ist großzügig mit den einen – und sehr knausrig mit den anderen. Der Markt gibt das her. In Berlin verdienen BäckereifachverkäuferInnen und FloristInnen weniger als 1.000 Euro brutto im Monat, (…) und ausländische Spül- und ausländische Küchenhilfen in zahlreichen Bundesländern weniger als 500 Euro brutto im Monat. Für die volle Arbeitszeit, wohlgemerkt", klagt Christian Felber von Attac verbittert.[132]

---

[132] Neue Werte für die Wirtschaft, Christian Felber, S. 142

Gehaltstabelle Küchenhilfen Deutschland (inkl. Teilzeitstellen) (www.gehaltsvergleich.com, 2012)				
	brutto min.	brutto max.	Durchschnitt	Angebote
Baden-Württemberg	700 €	3.000 €	1.351 €	32
Bayern	400 €	1.750 €	1.215 €	44
Berlin	600 €	1.600 €	1.031 €	11
Brandenburg	1.000 €	1.400 €	1.176 €	5
Bremen	1.190 €	1.300 €	1.223 €	4
Hamburg	1.000 €	1.440 €	1.169 €	9
Hessen	800 €	1.900 €	1.237 €	19
Mecklenburg-Vorp.	450 €	1.500 €	908 €	6
Niedersachsen	320 €	1.800 €	1.041 €	20
Nordrhein-Westfalen	289 €	2.350 €	1.123 €	52
Rheinland-Pfalz	800 €	1.700 €	1.243 €	13
Saarland	1.500 €	1.500 €	1.500 €	1
Sachsen	1.200 €	1.200 €	1.200 €	1
Sachsen-Anhalt	500 €	1.260 €	823 €	6
Schleswig-Holstein	700 €	1.800 €	1.172 €	13
Thüringen	526 €	1.200 €	825 €	3

Wie viele Leistungsträger es genau sind, die 2 Milliarden Dollar im Jahr verdienen, lässt Felber unbeantwortet. Etwa Hunderttausende? Oder doch nur einige Tausend? Wie viele Deutsche waren darunter? Wahrscheinlich keiner. Wahrscheinlich auch kein Schweizer oder Österreicher. Wahrscheinlich ist es überhaupt nur ein einziger Amerikaner. Aber einer in wie vielen Jahren? Wenn Felber solche Informationsfragmente in einem Absatz aneinanderfügt, dann entsteht der Eindruck, als kämen „Zwei-Milliarden-Dollar-Reiche" in einer Marktwirtschaft (wie der deutschen?) doch des Öfteren vor.

Die Argumentationslinie ist typisch für Europas „Neue Linke": Einzelbeispiele aus Zeitungsartikeln oder Radiomeldungen dienen als „wissenschaftliche" Grundlage, um die Schlechtigkeit

„des Systems" zu demonstrieren. Sachlich aufbereitet, sieht die Sache meist sehr schnell anders aus.

Wenn Felber ausführt, in Berlin würden Handwerker nur 1.000 Euro verdienen, dann könnte man meinen, die „Zwei-Milliarden-Dollar-Reichen" (wo immer die auch immer wären) hätten ihr Geld deshalb, weil BäckereifachverkäuferInnen und „Berliner 500 Euro-Spüler" dafür so wenig verdienten. Dabei verdienen Spüler in Deutschland lauf Kollektivvertrag 1.220 Euro brutto minimum – ohne Unterschied, ob sie In- oder Ausländer sind.[133] In Städten liegen die Bezüge meist über Kollektiv – bei etwa 1.500 Euro (wie auch in Österreich). Ein Gehaltsvergleich kommt unter 239 Angeboten im schlechtesten Fall (Sachsen-Anhalt) auf einen Bruttolohn von 500 Euro – allerdings für eine Teilzeitstelle. In Berlin bekommen Spüler immerhin 1.031 Euro – auch hier sind Halbtagsstellen darunter.

Felber: "Ausländische Spüler verdienen in Deutschland...
(Felber 2008, dehoga 2005, www.geahltsvergleiche.com 2012)

bei Vollzeit, laut Felber	500 €
bei Vollzeit, mindestens laut...	1.220 €
bei Voll-u. Teilzeit, durchschnittlich...	1.140 €

Christian Felber hat sich mit dem Spüler bewusst einen der am schlechtesten bezahlten Jobs herausgepickt. Ein Hotel-Kassenmitarbeiter in Rheinland-Pfalz bekam laut Kollektivlohn schon 2004 (!) aber mindestens 2.073 Euro brutto, ein ausgelernter Koch 1.595 Euro und „Hotelhandwerker" wie etwa Physiotherapeuten 1.917 Euro. Ein Oberkellner geht mit mindestens 2.315 Euro nach Hause und selbst „normale" Kellner freuen sich über 1.595 Euro brutto. Natürlich kommt bei den Letzt-

---

[133] „Kollektivvertrag Hotel- und Gaststättengewerbe" gültig ab 2004, Dehoga Mainz, 18.2.2012

genannten immer noch das Trinkgeld dazu. Bei 700 Euro Trinkgeld monatlich (in Wiener Caféhäusern sind es auch bis zu 2.000 Euro) kommt ein Oberkellner auf ein rechnerisches Bruttogehalt von 3.700 Euro, der „normale" immerhin noch von 2.800 Euro.[134] Egal, ob In- oder Ausländer.

Der von Felber erzeugte Eindruck, einige bekämen in der Marktwirtschaft 2 Milliarden Dollar, während der Rest von 500 Euro darben müsse, kann bei einer seriösen Betrachtung nicht unterstützt werden. Die Methode, die „Ungerechtigkeit des Marktes" zu beweisen, indem man den (wahrscheinlich) historischen Einzelfall eines Zweimilliarden-Dollar-Empfängers (von einem entfernten Kontinent) herauspickt und ihn in Beziehung ausgesuchter Niedriglohnbezieher setzt (deren angeführte Fälle ohnehin von zweifelhafter Güte sind), entbehrt jeder wissenschaftlichen Betrachtungsweise. Es entspricht eher dem Niveau von Stammtischen, Kaffeekränzchen oder Nachmittagsbierrunden frustrierter Soziologen.

Um das dumpfe Gefühl zu erzeugen, die Marktwirtschaft sei ungerecht, weil sie den Reichtum einiger weniger fördere und beim Elend vieler wegsehe, taugt Felbers Vergleich sehr wohl. Genauso gut könnte man übrigens auch die Ungerechtigkeit des Wohlfahrtsstaates „beweisen", indem man einen Taxifahrer aus San Francisco, der von 1983 bis 2007 als Taxifahrer keine Steuern bezahlt hat, öffentlich vorführt und wütend ausruft: „Seht her, so ungerecht ist Europas Wohlfahrtsstaat!"

---

[134] www.dehoga-mainz.de, 18.2.2012

4. Die Gemeinwirtschaft in Indien

Beim Stichwort Indien erinnern sich viele an „Let's make money". Für den globalisierungskritischen Film holte sich Regisseur Wagenhofer den Soziologen Jean Ziegler an Bord. So begleitet der Film Mirko Kovats, (Ex-) Chef des „A-Tec"-Konzerns, zur neuen Fabrik vor Ort in Indien. Die Kapazität sollte vervierfacht werden. Ein Schweißer würde 200 Euro monatlich verdienen, ein Ingenieur 2.500 Euro! Bei stark steigender Tendenz. Wo ist das Problem, fragte sich mancher und wollte die Arbeiter am liebsten beglückwünschen. Als Tagelöhner hatten sie bei Knochenjobs und 16 Stundentagen noch von 20 Dollar vegetieren müssen. Die Kamera gibt die Antwort, sie schwenkt hinüber zu den Slums von Madras. Man sieht Müllberge und stinkende Kloaken. Ein Drittel der Einwohner lebe unter solchen Bedingungen. Wer jetzt immer noch kein Problem erkennt, dem erklären es Jean Ziegler und Erwin Wagenhofer: Globalisierung und Kapitalismus seien an der Armut Indiens schuld und an den geringen Gehältern (von nur 2.500 Euro?)

Da hatten beide wohl im Wirtschaftsunterricht gefehlt: Es war der Marxismus Nehrus und Indira Gandhis, der es den Indern bis zur Wende 1991 untersagte, private Firmen zu gründen oder gar etwas zu produzieren. Millionen junger Inder konnten von keiner Industrialisierungswelle aufgefangen werden und landeten stattdessen in den Slums von Kalkutta – Stichwort Mutter Theresa. Eine Gesellschaft war aus ideologischen Gründen kollektiv verdammt worden, von 20 Dollar-Jobs zu leben. Und nun kommen (fremdländische!) Investoren und schaffen ungezählte Jobs! Und sie zahlen das Zehn- und Zwanzigfache als Indiens Gemeinwirtschaft zuvor? Das ist empörend! Zumindest in den Augen Zieglers.

Nach 40 Jahren Stagnation in Armut haben mit der Abkehr Indiens vom Marxismus 1991 bereits 200 Millionen Inder aus der Armut gefunden. Ohne dass ein einziger von ihnen ärmer werden musste. Doch der Reihe nach.

4.1 Indiens „Dritter Weg"

Fährt man mit dem Auto durch Deutschland, Japan oder Südkorea, sieht man fast in jedem Ort Fabriken. Nicht in Indien. Über 3.500 Jahre war der Subkontinent ununterbrochen diktatorisch beherrscht worden. Von Aryas, Hunnen, Arabern, Mongolen, Sultanen und Maharadschas, von den Portugiesen und den Engländern. Über 3.500 Jahre hatte ein menschenfeindliches Kastensystem jeden technischen Wissensaufbau unterbunden – und damit jedes Wirtschafswachstum. Liebesheiraten gibt es selbst heute kaum. Wer zur falschen Kaste zählt, bekommt weder Kredit noch Saatgut und darf keine Firma gründen. Wer Frau ist, darf prinzipiell nichts.

All dies hatte das Selbstverständnis der Inder dahingehend geprägt, dass man künftig frei von jeder Herrschaft sein wollte – seien es Firmen, Männer oder fremde Mächte. Und so viele Freiheiten versprach zur Zeit der Staatsgründung 1947 nur der Sozialismus.

Weder Profit noch Wettbewerb[135]

So beeindruckend sein gewaltfreier Kampf um die Unabhängigkeit von England war, so hoffnungslos verträumt war Indiens Gründervater Mahatma Gandhi ökonomisch. Von einer Welt ohne Maschinen, Autos oder Lärm träumte er. Die Gewänder sollten sich Indiens Bürger selber weben, die Schuhe im Kreise der Familie basteln. Mahatma Gandhi schien die Reinkarnation von Peter Roseggers Waldbauernbub zu sein.

---

[135] Vgl. „Indien : Wirtschaftsreformen seit 1991, Dirk Matter, auf: Friedrich Ebert Stiftung www.fes.de, 10.1.2011

Weil Gandhi 1947 bereits 78 Jahre alt war, wurde Jawaharlal Nehru Indiens erster Premier. Der glühende Marxist wollte seinem „neuen" Sozialismus demokratische Elemente beifügen. Einen „Dritten Weg" zwischen Kommunismus und Kapitalismus wollte man finden. Privates Unternehmertum war untersagt, man war der Ansicht, dass der Privatbesitz jemand anderen um selbigen berauben würde.

Bis 1956 hatte man den Großteil der ohnehin kaum vorhandenen Industrie verstaatlicht. Mit dem „Dritten Weg" sollte die Menschlichkeit in die Betriebe Einzug halten, die Politik sollte von nun an die Wirtschaft lenken – und nicht mehr umgekehrt. Mitarbeiter

Adenauer (l.) und Bankier Abs beim Staatsbesuch von Jawaharlal Nehru 1956.
Quelle: Wikipedia/Deutsche Bank AG, Kultur und Gesellschaft Historisches Institut, Frankfurt

konnten fortan nicht mehr entlassen werden. Außerdem wollte man die Arbeitslosigkeit verringern, indem man 800 Branchen (!) – vom Handwerk bis zur Landwirtschaft – verbot, in Maschinen zu investieren.[136] Dass „Made in India" zum Synonym für schlechte Qualität wurde, sah man als Preis für sein Experiment. Nicht der Markt, den man als kalt erachtete, sondern Sozialwissenschaftler im fernen Delhi, planten, was und wie Betriebe produzieren sollten. Doch die einzigen Faktoren, die zuverlässig wuchsen, waren Arbeitslosigkeit, Hunger und Inflation.[137] Das Land vegetierte auf dem Niveau der Sahelzone.

---

[136] Vgl. „Indien: Wirtschaftsreformen seit 1991", Dirk Matter
[137] Alleine von 1960-1967 um 60%! Vgl. dazu Standort Indien , Johannes Wamser

Indira Gandhis Gemeinwirtschaft[138]

Als 1966 Nehrus Tochter Indira Gandhi an die Macht kam, wurde alles noch viel schlimmer. Weil man den Welthandel als Instrument kapitalistischer Ausbeutung sah, schuf man ein Zollsystem, das Im- und Exporte bald zum Erliegen brachte. Ausländisches Kapital lehnte man ab, es sei denn, es war (als Entwicklungshilfe) geschenkt. Die Güter, die im Land benötigt wurden, wollte man von nun an selbst herstellen. Vom Welt-„Markt" wollte man unabhängig werden („Self Reliance"). Produzieren wollte man in Betrieben, deren Triebfeder nicht das Eigen-, sondern das Gemeinwohl war.

Man war der irrigen Meinung, man würde heimische Firmen begünstigen, indem man deren Markt vor internationaler Konkurrenz durch Importzölle schützte. Tatsächlich wurde aber immer weniger in Forschung und Entwicklung investiert.[139] Und es war Indiens Angst vor der Entwicklung eines Monopol-Kapitalismus, die den Staat zuerst (im Rahmen von Fünf-Jahresplänen) in die Produktion privater Firmen eingreifen ließ. Um ihnen bei Überschreiten einer bestimmten Größe (oder bei politischem Missfallen) von einem Tag auf den anderen dann jede Hilfe zu entziehen. Damit sollte das Wachsen privater Kleinfirmen zu monopolkapitalistischer Dominanz begrenzt werden. Doch begrenzte man damit auch Jobwachstum und Wohlstand.

Weil die Verluste indischer Staatsfabriken die Erträge aus dem künstlich kleingehaltenen Privatsektor verschlangen, belegte man (Maschinen-)Importe mit Zöllen von bis zu 400%, standen Maschinen ohnedies im Ruf, Arbeitsplätze zu vernichten. Bald waren Importzölle Indiens Haupteinnahmequelle. Diese flossen dann als Subventionen in Indiens defizitäre Gemeinwohl-Wirtschaft. Ein „Perpetuum mobile" der Armutsmaximierung.

---

[138] Vgl. „Indien : Wirtschaftsreformen seit 1991", Friedrich Ebert Stiftung, 2000
[139] Die industrielle Entwicklung Indiens nach 1985, Katrin Jansen, Uni Würzburg, 2003

Hungersnöte wie in China konnte man verhindern, weil man „blockfrei" war und Hilfe nicht nur von der Sowjetunion nehmen konnte. Gerne prahlte Indien mit seinem „menschlichen Marxismus" und war doch nie verlegen, von Kapitalisten Geldgeschenke in Milliardenhöhe anzunehmen. Alleine die Nachkriegswirtschaft der im Vergleich zu Indien winzigen BRD erzeugte so viel Wohlstand, dass sie noch großzügig Entwicklungshilfe für Indiens Sozialismus leisten konnte.

1991: Wandel mit der Wende

Indiens Aufstieg begann mit einem Anstieg. Dem der Ölpreise 1991 als Folge des 1. Golfkrieges. Millionen Gastarbeiter wurden über Nacht nach Indien heimgeschickt. Die Sowjetunion war als Geber mittlerweile ausgefallen und man hatte nur noch Devisen für 2 Wochen, um Erdöl anzukaufen … Es kam zu Neuwahlen und innerhalb von sechs Wochen wurde die Wirtschaft radikal liberalisiert.

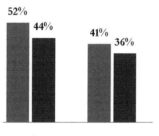

Die meisten Preise wurden freigegeben, was sofort zu starken Preisanstiegen führte. Ausländer durften plötzlich Firmen gründen und Produkte ohne Gängelung verkaufen. Staatliche Monopole fielen. Ausgenommen waren nur Eisenbahnen, Rüstung und Atom.

Indiens wirtschaftlich Aktive ließen sich nicht lange bitten: Quasi über Nacht entstanden Millionen neuer Kleinbetriebe. Indiens Tüchtigen versprachen die hohen Preise plötzlich hohe Profite, wenn es ihnen gelänge, marktfähige Güter zu produzieren. Internationale Konzerne investierten Milliarden in Indiens vorsintflutlichen Maschinenpark. Natürlich war es ihnen dabei vordringlich um die 5 Prozent Gewinn am Umsatz gegangen, doch schufen sie als „Nebenprodukt" Güter im Wert von 95. Indiens Zentralbank „druckte Geldscheine für 100" und brachte sie über Beamtengehälter in Umlauf. Plötzlich gab es Güter, Menschen fanden Jobs und sie erhielten Löhne, für die niemandem etwas weggenommen werden musste.

Monsanto ist nicht schuld

Das BIP-Wachstum komme bei den Menschen doch nicht an, bloß Konzerne würden vom Boom profitieren, so der Tenor vieler Globalisierungsängstiger. Tatsächlich zahlen ausländische Firmen sogar mehr als indische – und trotzdem ist das oft nicht viel. Für den Hungernden sind 60 Dollar aber ein Fortschritt – wenn er auf dem Feld zuvor nur 20 bekommen hat. Auf Europa übertragen hieße das: Stellen Sie sich vor, ein Österreicher lebte von 1.000 Euro Arbeitslosengeld, da scheint der 3.000 Euro-Job eines Konzerns als faires Angebot.

Über 4 Jahrzehnte hinweg stagnierten Indiens Einkommen bei 200 bis 300 Dollar jährlich.

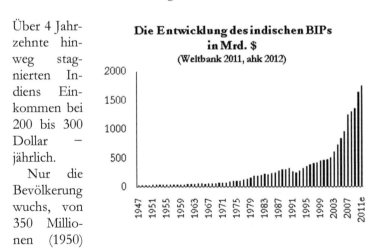

Die Entwicklung des indischen BIPs in Mrd. $
(Weltbank 2011, ahk 2012)

Nur die Bevölkerung wuchs, von 350 Millionen (1950) auf 878 Millionen (1991). Weil man das Entstehen von (profitorientierten) Betrieben diskriminiert hatte, mussten die Menschen auf dem Land verbleiben und immer mehr Bauern hatten sich immer weniger Ackerflächen aufzuteilen. Mittlerweile lebten viele von Landstreifen in der Größenordnung von 3.000 m² – also auf „etwas größeren Bauparzellen". Als letzte Rettung sah man oft Hybrid-Saatgut, das Ertragssteigerungen von 100% ermöglicht. Wenn es allerdings nicht regnet oder sich Schädlinge an dessen Ernte laben, ist der Landwirt trotzdem pleite. Dann haben aber nicht Konzerne wie Monsanto Schuld. Es ist der „Dritte Weg", der die Industrialisierung Indiens verhinderte und seine Kleinbauern zum Bleiben auf dem Lande gezwungen hatte.

Im Unterschied zu Europa kam Indiens Aufschwung aber nicht vom Handwerk, sondern vom tertiären Sektor. Millionen Inder waren aus der Not heraus nach England oder in die USA ausgewandert. Nun kamen sie zurück. Im IT-Mekka Bangalore werden heute 100 Milliarden Dollar umgesetzt. Wer heute in den USA eine 0-800 Nummer wählt, dem antwortet eine Stimme mit indischem Akzent. Selbst US-Senatoren lassen ihre Reden in Südasien schreiben. Das Wirtschaftswachstum von jährlich an die 9 Prozent spiegelt sich auch in Indiens Nettolöhnen wider (+10,8%), bei ausländischen Konzernen in Indien verdient man allerdings noch mehr (+14%).

4.2 Attac: Patentschutz oder Fortschritt

„Wissen ist nicht Eigentum wie jedes andere. Es ist ein öffentliches Gut. Wenn es zugänglich bleibt, ist das die beste Voraussetzung für Innovation", weiß Christian Felber von Attac. Erfinder und Erfinderinnen wollten mit Ideen eigentlich gar kein Geld verdienen. Menschen seien grundsätzlich kreative Wesen und würden aus purer Lust und Freude forschen – ganz ohne ökonomische Interessen.[140]

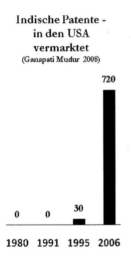

Bis 1991 wollte man aus eben diesen Gründen Patente und Erfindungen in Indien nicht schützen. Als Folge blieben viele Firmen Indien fern. Sie hatten Millionen in die Forschung nach modernen Produkten gesteckt und sich die Ergebnisse durch Patente schützen lassen. Damit wollten sie sicherstellen, dass sie die hohen Forschungskosten später wieder herein-verdienen konnten. Die Fremden forschten also nicht, und auch Inder konnten es nicht riskieren. Hätten sie ihr weniges Geld in die Entwicklung eines Produktes gesteckt: Zum Schluss hätte es dann doch ein anderer umgesetzt.

Die Geschichte hat Christian Felbers Gemeinwohl-Modell 1991 abgewählt. Seit ein moderner Patentschutz indischen Forschern die Früchte (=Profite) ihrer Arbeit sichert, entwickelten sich indische Firmen – aus dem Nichts heraus – zu Weltmarktführern im Anlagenbau, bei Software oder in der Biotechnolo-

---

[140] Neue Werte für die Wirtschaft, Christian Felber, S. 113

gie. In nur 15 Jahren hat die Aussicht auf Profit Indien zur größten pharmazeutischen Fabrik der südlichen Hemisphäre gemacht. Ausländische Firmen kaufen heute indische Patente, und nicht wie früher umgekehrt.

Eine US-Firma erwarb kürzlich ein indisches Softwarepatent zur „Eliminierung des Rauschens in digitalen Daten". Kalifornische und türkische Obstbauern verwenden indische Entkernungsgeräte für Granatäpfel – ein indischer Uniabbrecher hatte es erfunden. Hatten indische Firmen 1995 erst 30 eigene Patente in den USA angemeldet, waren es 2006 schon 720. Immer mehr Konzerne (wie Cisco, Intel, GE, IBM oder Sun[141]) bauen Forschungen in Indien auf, um vom Erfindungs„reich"tum dort zu profitieren.

Globalisierungsängstiger stellen sich jetzt Fragen:

„Wo habt Ihr uneigennützig denkenden Erfinder Euch denn nur in all den 44 tollen Jahren versteckt?" – „Und warum habt Ihr damals nichts erfunden?" – „Aber nicht mal irgendwas? Eine einzige Erfindung, das hätte doch wohl drin sein müssen?!" – „Das war nicht ganz in Ordnung von Euch. Mit solch einer Einstellung wird man den ‚Dritten Weg' nie finden!"

Im Jahr 2009 hatte – erstmals seit dem Zweiten Weltkrieg – keine US-Firma, sondern die chinesische Huawei weltweit die meisten Patente angemeldet. Offensichtlich konnte auch in

---

[141] Patentboom Indien, auf: www.heise.de 11.3. 2010

China die Aussicht auf Profit größere Energien mobilisieren als die Aussicht auf Mehrung des Gemeinwohls.

Wie gut, dass es mehr Millionäre gibt

„Wie ungerecht die Globalisierung ist, beweist die zunehmende Anzahl indischer Millionäre!", wissen Globalisierungskritiker; ihr Geld hätten sie den Armen kalt gestohlen. „Je mehr Menschen in den Mittelstand aufsteigen, desto mehr Millionäre gibt es auch", stellt hingegen Gregor Erasim von Capgemini nüchtern fest.[142]

Atmajyoti & Jayashekhor mit ihrem tollen Anhänger

Nehmen wir an, zwei mutige und tüchtige „α-Tiere", die Brüder Atmajyoti und Jayashekhar Advan, hätten einen billigen und zuverlässigen Anhänger für die Landwirtschaft entwickelt. Den wollen sie nun in Serienproduktion fertigen. Nehmen wir ferner an, sie hätten alle Hürden übersprungen und könnten die ersten Anhänger nun über den Fabrikhof schieben.

Mit einem Schlag entstünden 250 neue Jobs. 250 Menschen, die mit einem Schlag von 20 Dollar-Tagelöhnern in die 80 Dollar-Mittelschicht katapultiert würden. Dazu kämen 45 Abteilungsleiter wie Manager und Techniker mit 200 Dollar auf ihrem Lohnzettel. Und drei Direktoren mit 1.000 Dollar. Den beiden Eigentümern würden 25.000 Dollar an Gewinn verbleiben. Das

---

[142] Gewinn 12/09, S. 25

25fache ihrer Arbeiter. Für Soziologen zutiefst ungerecht, weil die Kluft zwischen Arbeitern und Unternehmern damit beträchtlich wäre.

Allerdings gäbe es ohne die beiden Groß-Verdiener auch nicht die anderen 298 kleinen oder mittleren. Und auch keine schönen Anhänger. In Höhe ihres ersten Jahresumsatzes hätte die staatliche „Bank of India" Geldnoten gedruckt und über Staatsaufträge in Umlauf gebracht. Nun hätte ein Land mehr Geld, mehr Güter und 300 neue Jobs gehabt. Vielen ginge es besser, und niemandem schlechter.

Irgendwann würden die tüchtigen Unternehmer ihre Firma in eine Aktiengesellschaft umwandeln und an die Börse in Kalkutta gehen, um sich neues Eigenkapital (in Form von Aktien) zu holen. Man könnte expandieren, die Belegschaft würde vielleicht auf 5.000 Menschen anwachsen. Würde der Aktienkurs eines Tages steigen, wären die beiden auf dem Papier vielleicht sogar Millionäre. Zwei neue, die es in den Kreis der 84.000 alten schaffen konnten.[143] Dabei besitzen sie die Millionen nicht in bar, sondern nur in der virtuellen Form im Wert ihrer Aktien. Sie haben die Million niemandem weggenommen, 4.998 Familien konnten dank ihnen sogar von Feld-Jobbern zu Lohn-Empfängern aufsteigen.

Felber: Ohne Gewinn für eine bessere Welt

Felbers Vision – „Private Unternehmen: ja – solche mit Gewinnabsicht: nein" – hat in Indien versagt. Geht es nach Felber, dann sollte „die gesetzliche Schaffung von gewinnorientierten Unternehmensformen (als Ausdruck egoistischen Eigennutzstrebens) als Fehler erkannt und zurückgenommen werden".[144] „Wer einen Beitrag zum öffentlichen Wohl leisten möchte, ist gerne eingeladen, ein neues Unternehmen zu gründen". Es

---

[143] ebenda
[144] Neue Werte für die Wirtschaft, Christian Felber, S. 275ff

müsste sich am Gemeinwohl orientieren, dürfte damit auch keinen Profit machen, aber „in jedem Fall hätten wir dadurch erfolgreichere Unternehmen und eine glücklichere Gesellschaft". Das erfolgreichste Unternehmen wäre laut Felber jenes, „das den größten Beitrag zum Gemeinwohl leistet. Es erhält (‚zwar keinen Gewinn, aber', Anm.) die größte soziale Anerkennung[145].

Wie man an Indiens gescheitertem „Dritten Weg" erkennen kann, hat die Aussicht auf soziale Anerkennung aber weder zu Erfindungen noch zu Unternehmensgründungen geführt. Im Gegenteil: Erst mit der Legalisierung, sich durch den eigenen Unternehmenserfolg auch selber ökonomisch zu bereichern, setzte bei Millionen Menschen (von einem Tag auf den anderen) die ökonomische Aktivität ein.

Wer permanent von profitlosem Unternehmertum träumt, der möge ökonomisch erfolgreiche Firmen vorweisen (von wenigstens einigen Dutzend Mitarbeitern), die nicht von staatlichen Zuschüssen oder Monopolen leben, in denen die Eigentümer nicht mehr als das durchschnittliche Mitarbeitergehalt bekommen und in denen Dividenden oder Gewinnausschüttungen weder an sich noch Firmenfremde gehen. Wo sind die Firmen, die irgendwann an Mitarbeiter verschenkt werden – und die trotzdem wachsen? Dann wäre nach 150 Jahren der zahllosen Experimente endlich ein Präzedenzfall geschaffen und man müsste nicht immer über Traumgebilde reden.

---

[145] Neue Werte für die Wirtschaft, Christian Felber, S. 278

4.3 Die „Prämisse vom Nullsummenspiel"

Traditionell graut es Linken vor den Mächtigen (es sei denn, sie sind es selber) und deren großen Reichtum. Die Kluft von Arm und Reich beweist für sie die Ungerechtigkeit des herrschenden Systems.

Sag mir, wo die Millionäre sind!

„Die Millionäre werden immer schneller reicher", wusste in einem Artikel über die „Verelendung in der kapitalistischen Gesellschaft" schon Wladimir Iljitsch Lenin 1912.[146] Traditionell folgt dieser Feststellung dann ein entsprechender Landes-Beweis: „Die vier größten Millionäre Preußens hatten 1907 ein Vermögen von 149 Millionen Mark, aber schon 1908 eines von 481 Millionen!"

Jean Ziegler versteht sich als „Kommunist in Marx'schem Sinne". Lenin hätte die urkommunistischen Ideen eines Karl Marx eigentlich verraten („Marx, wir brauchen dich!", Jean Ziegler, 1992.[147]) Doch geht es um die Reichen, schlägt Ziegler in die gleiche Kerbe: „Im Jahr 2003 belief sich die Zahl der Dollarmillionäre in allen Ländern auf 7,7 Millionen Personen. Um 8% mehr als im Jahr davor!"[148]

Und auch bei Felber findet man die gleiche Wut: „Die Zahl der globalen Milliardäre stieg 2006 laut Forbes-Magazin gegenüber 2005 um 23% von 768 auf 946. Noch stärker stieg ihr Vermögen – von 2,6 auf 3,5 Billionen US-Dollar. Das ist ein Zuwachs um 35%. Solch ein inflationäres Wachstum ist nur möglich, wenn anderen umso weniger bleibt".

In ungewollter Offenheit formuliert Felber mit diesem letzten Satz den Grundirrtum, dem der Sozialismus unterliegt. Und als

---

[146] „Die Verelendung in der kapitalistischen Gesellschaft", Lenin, in: Prawda, 30.11.1912
[147] Marx, wir brauchen dich!, Jean Ziegler, 1992
[148] Das Imperium der Schande, Jean Ziegler, S. 35

„Beweis" der eigenen Unkenntnis zitiert Felber noch den Kommunisten Brecht: „Und der Arme sagte bleich: Wär ich nicht arm, wärst du nicht reich".[149]

Wenn Marxisten irren:
Der Glaube ans Nullsummenspiel

> **Welches Prinzip liegt der Wahrnehmung zugrunde, dass wir im Rückblick nur Fortschritt sehen und in der Zukunft nichts als Niedergang erwarten?**
> Thomas Babington Macaulay (Review of Southey`s Collouies on Society)[150]

„Die einen werden reicher, indem sie andere ärmer machen", so Christian Felber.[151] Dieser größte Irrtum der Antike verwurzelte sich über die jüdisch-christliche Kultur tief ins europäische Selbstverständnis. Lediglich der angelsächsische (und Schweizer) Raum konnte dem „Diktat der Wut" entrinnen. Es besagt: „Die Summe aller Dinge auf der Welt ist immer Eins".[152] Hat einer von irgendetwas mehr, muss im Gegenzug dafür ein anderer wohl etwas weniger haben.

Über 3.000 Jahre war diese Erkenntnis auch richtig – es gab schlicht und einfach kein Wirtschaftswachstum.[153] Keine neuen Erfindungen, Verfahren oder Techniken. Jedes Jahr fingen die Menschen wieder „bei null" an. Nach Tausenden Jahren der Stagnation und Depression hatte es eine (antike) Gesellschaft verinnerlicht, dass man nur reicher werden konnte, wenn man jemand anderem etwas dafür vorher weggenommen hatte, wenn man es stahl oder jemanden betrog.

---

[149] Aktuelle Daten zu Wirtschaft und Gesellschaft, Christian Felber, Oktober 2007
[150] In: Wenn Ideen Sex haben, Matt Ridley, S. 21
[151] Aktuelle Daten zu Wirtschaft und Gesellschaft, Christian Felber, Oktober 2007
[152] Die Summe ist „Eins" – bei statistischer Betrachtung. Beim Gewinn-Zuwachs ist sie „Null", weil des einen Gewinn immer den Verlust des anderen bedeutet – der Zuwachs ist in Summe also „Null".
[153] Die Finanzkrise und die Gier der kleinen Leute, Michael Hörl, S. 54ff.

Da die Erträge pro Hektar über Tausende Jahre hinweg stagniert hatten, konnte der Bauer seinen Gewinn nur dadurch mehren, dass er eine Furche vom Nachbar-Acker auf die eigene Seite pflügte. Was ein Kaufmann mehr haben wollte, musste er durch Betrug dem ande-

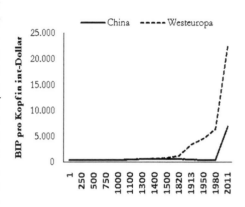

ren nehmen. Und die Zinsen, die der Geldwechsler nahm, lasteten schwer auf den Schultern des Schuldners, da der das Geld ja nicht produktiv in einem Unternehmen investieren (und kaum wieder herein-verdienen) konnte.

Diese unmenschliche und brutale Zeit hat die modernen Gesellschaften und Religionen dieser Zeit tief geprägt –Judentum und Christentum. „Eher käme ein Kamel durch ein Nadelöhr als ein Reicher in den Himmel", mahnte schon Jesus Christus ein. Vor 2.000 Jahren einleuchtend: Da es kein Wachstum gab, musste der Reiche sein Geld ja jemand anderem gestohlen haben. Und so einen wollte man nicht in einer netten Gemeinschaft wie der im Himmel haben.

Reich durch Wirtschaftswachstum

Mit Beginn der Industrialisierung verlor der Grundsatz aber plötzlich seine Grundlage. Plötzlich wuchs die Wirtschaft „ganz aus sich heraus", ohne dass ein anderer deshalb weniger hatte.

Nehmen wir an, ein junger Nigerianer würde in Lagos eine Schokolade-Manufaktur gründen. In großen Pfannen schmilzt er Schokolade, in selbst gefertigten Formen bringt er sie zur Abkühlung und verpackt sie von Hand. Mit einem Arbeiter würde er im ersten Jahr 100.000 Naira Umsatz machen. Die nigerianische Zentralbank bemerkt, dass im betreffenden Bezirk nun Güter im Wert von 100.000 Naira (=Umsätze) neu hinzugekommen sind und druckt Geldscheine in ebensolcher Höhe. Über Beamte wie Lehrer, Krankenschwestern oder Polizei (und Staatsaufträge) bringt sie die frisch gedruckten Banknoten in Umlauf.

Eine Gesellschaft hat nun ein Mehr an Gütern („Schokolade"), ein Mehr an Geld („Löhne", „Gewinne") und niemand hätte deshalb weniger. Ganz im Gegenteil: Rohstofflieferanten hätten neue Aufträge, ihr Rohstoff hat jetzt erst einen Wert. Eventuell könnten die Rohstofflieferanten bei weiter steigenden Bestellungen sogar Preiserhöhungen durchsetzen.

Bekäme der geschäftstüchtige Afrikaner nach fünf Jahren 5 Millionen als Kaufpreis für seine mittlerweile 10 Mitarbeiter zählende Firma angeboten, dann wäre er zwar plötzlich Multimillionär, er hätte aber niemandem etwas weggenommen. Im Gegenteil: Er hätte 10 arbeitslosen Tagelöhnern Arbeit gegeben, seiner Stadt und seinem Land zu Steuereinnahmen und Kakao-Bauern zu höherem Einkommen verholfen. Und er hätte das BIP seines Landes gesteigert. Nur schade, dass es „produzierende" Unternehmertypen zwar in Asien, nicht aber in Afrika gibt. Doch dazu später.

Geldschöpfung heute

Geldschöpfung passiert heute nur noch zu einem geringen Ausmaß auf diese Weise. Tatsächlich sind die Fürsten Europas (und Asiens) mit dem Instrument des Gelddruckens (beziehungsweise des Münzprägens) verantwortungslos umgegangen. Statt die Früchte ihrer Bürger in Form frischer Geldnoten in die staatliche Infrastruktur zu investieren, baute man stattdessen Flotten und Paläste.

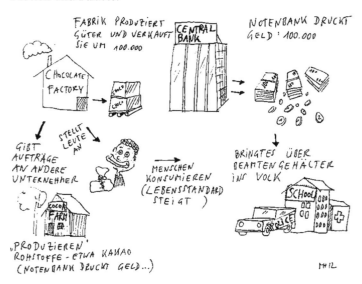

Je demokratischer Europa geworden ist, desto stärker konnte man die Fürsten von den Geldpressen verdrängen. Es ist kein Zufall, dass die Vorläufer der ersten Notenbanken im (früher demokratischen) Norden Europas gegründet wurden: 1609 war dies die Amsterdamer Wechselbank, 1656 die Stockholms Banco und 1694 die Bank of England.

So musste etwa die Stockholm Banco die Gewinne aus dem Druck von Banknoten brüderlich mit der Stadt Stockholm und dem Königreich Schweden teilen. In England war es (30 Jahre später) ähnlich, aus dem Erlös des Banknotendruckes musste die Zentralbank dem Staat günstige Darlehen (ab 1742 zinsfrei) gewähren, das konnte der Staat dann investieren.[154] Ein Parlament wachte über die Verwendung des Geldes.

Heute braucht man nur mehr etwa 5% des Geldes in „ausgedruckter" Form, der Rest ist Buchgeld. Es existiert also nur in digitaler Form und wird von Konto zu Konto gebucht. Damit erzeugt die National- (oder Zentral-)Bank eines Landes Buchgeld per Mausklick und verborgt es für den sogenannten Leitzins an die „normalen" Banken. Auf den Leitzins der Europäischen Zentralbank EZB von aktuell 1% schlagen Geschäftsbanken z. B. 1,5% an Spanne drauf und „verkaufen" solch einen Kredit also um 2,5% an einen Häuslebauer.

Hörmann: „Die Banken erfinden Geld aus Luft"

Franz Hörmann ist Professor an der Wiener Wirtschaftsuni und sorgte mit seinem Buch „Das Ende des Geldes" für Aufsehen. Nach Hörmann könnten die Banken nach Belieben Geld drucken (und würden sich dadurch auf Kosten der Bürger bereichern). Doch bemerkt die Nationalbank, dass sie zu viel Geld gedruckt und verteilt hat als Güter tatsächlich produziert worden waren, (weil die Geschäftsbanken zu viel Kredite vergeben hatten), dann braucht sie nur den Leitzinses anzuheben. Das heißt, die Zentralbank druckt jetzt zwar immer noch (per Mausklick) Geld, verkauft es aber nicht mehr um 1%, sondern um 1,25% an die „normalen Banken. Diese wiederum schlagen ihre 1,5 Prozent Spanne drauf (von der sie die Mitarbeiter bezahlen, die Gebäude, Werbung, ...) und „verkaufen" den Kredit nunmehr stattdessen um 2,75 %. Weil Kredite nun teurer geworden

---

[154] The Bank of England, Richard Roberts, David Kynaston:, S. 5 f.

sind, verschulden sich weniger Menschen und Firmen und es gelangt weniger Geld in Umlauf. Die Nationalbank erhöht den Leitzins nun so lange, bis die Kreditnachfrage in Einklang mit dem Zuwachs an Gütern und Dienstleistungen ist.

Zentralbank und US-Finanzkrise

Die US-Finanzkrise wurde ausgelöst, weil die US-Politik die staatliche Zentralbank der USA (die Federal Reserve Bank, „FED") angewiesen hatte, über 15 Jahre hinweg die Zinsen für staatliches Geld bewusst (zu?) niedrig zu halten. Damit wurden viel zu viele Kredite abgerufen, das Land wurde mit billigem (Staats-)Geld geflutet. Die Geldmenge stieg doppelt und dreimal so stark wie die Produktion von Gütern. Ab 2006 veröffentlichte der Staat erstmals in der US-Geschichte nicht mehr, wie viel Geld gedruckt worden war.

Gleichzeitig zwang die Politik das US-Bankensystem mit dem Community Reinvestment Act (von 1977, Verschärfungen ab 1992), Kredite an Millionen eigentlich kreditunwürdiger Menschen zu vergeben. Mit den immer billiger werdenden Krediten stieg die Privatverschuldung der US-Bürger auf zuvor nicht gekannte Rekordstände. Die Wirtschaft boomte. Auf Pump. Das viele billige Geld floss aber nicht nur (wie ursprünglich geplant) in Shopping Center und neue Häuser, sondern auch zu Spekulationszwecken auf allerlei andere Märkte. Dort erzeugte es zahlreiche Preisanstiege (etwa bei Aktien, Rohstoffen, etc.).

Wenn Notenbanken tricksen

Ein Beispiel soll die verantwortungsvolle Politik der EZB im Gegensatz zur FED herausstreichen.[155] Wenn die Wirtschaft eines Landes im abgelaufenen Jahr 1 Milliarde mehr an Gütern

---

[155] Eigene Tabelle, 2012

und Dienstleistungen erzeugt hat, dann brauchen die Menschen auch entsprechend mehr Geld, um diese kaufen zu können. Bei Europas EZB wäre die Rechnung einfach: Bei einer Milliarde mehr Güter bringt man einfach eine Milliarde mehr an Geld unter die Leute. In Amerika hätte man in dieser Situation die (Staats-) Zinsen gesenkt und die Menschen damit ermuntert, sich zu verschulden und auf Pump zu leben. Die Geldmenge wäre also um zwei Milliarden angestiegen.

Die Menschen hätten die regierende Partei gewählt, weil sie theoretisch reicher geworden wären (praktisch stand dem neuen Vermögen nun ein neuer Kredit in ebensolcher Höhe entgegen). Weil es aber nur 1 Milliarde mehr Güter gibt, treiben die 2 Milliarden neuen Geldes die Preise in die Höhe. Denken Sie nur an ein Elektrogeschäft: Es hat gerade 10 neue „Flat Screen"-Fernseher hereinbekommen, tatsächlich wollen aber 20 Leute einen solchen kaufen (dank der nun günstigerer Kreditkartenzinsen). Der Kaufmann will – wie alle Menschen – seine Ressourcen optimal nutzen, und das sind nun einmal die 10 Fernseher auf Lager, und hebt die Preise an. Damit steigt die Inflation. Für Linke unverständlich, für sie ist der Kaufmann bloß ein Spekulant. Und seine Profitgier hat die Preise für die kleinen Leute hochgetrieben.

Außerdem verbilligen die niedrigen Zinsen auch die Schuldenaufnahme des Staates, er könnte selber auch mehr (billige) Kredite aufnehmen und die Sozialleistungen erhöhen (Ähnliches empfahl Felber 2006: „Zinsen runter!"). In diesem Fall würde die Regierung ebenfalls wiedergewählt werden. Der unangenehme Nebeneffekt von „zu billigem Geld": Es strömt in die Spekulation. Dadurch steigen die Preise von Gütern, Immobilien, Aktien oder Rohstoffen.

[Fabrik]	Wirtschaft erzeugt + 1 Milliarde Güter	Normales Wirtschaftswachstum
[National Bank]	Notenbank erzeugt + 1 Milliarde Geld	Normale Zinsen Preisstabilität
[Fabrik]	Wirtschaft erzeugt + 1 Milliarde Güter	**Hohes** Wirtschaftswachstum
[National Bank]	Notenbank erzeugt + 2 Milliarde Geld	**Niedrige** Zinsen **Hohe** Inflation
[Fabrik]	Wirtschaft erzeugt + 1 Milliarde Güter	Wirtschaftswachstum **wird gebremst**
[National Bank]	Notenbank erzeugt + 0,5 Milliarden Geld	**Zinsanstieg Deflation**

Den gegenteiligen Effekt erzielte man, wenn die Wirtschaft zwar um 1 Milliarde angewachsen wäre, die Notenbank aber nur eine halbe Milliarde Geld gedruckt hätte. Dazu müsste man nur die Zinsen für Staatsgeld so stark anheben, dass die dadurch verteuerten Kredite für Bürger und Unternehmer uninteressant geworden wären. Die Nachfrage nach Gütern sänke, ebenso die Inflation. Nun müsste der Elektrohändler große Rabatte auf seine Fernseher geben, damit diese auch gekauft werden würden. Die Preise sänken – Deflation!

Das teure Geld wäre bei den nun hohen Zinsen auch härter verdient, es wäre zum Spekulieren zu schade. Außerdem hätte die sinkende Nachfrage auch ein Sinken der Unternehmensgewinne zur Folge, und sinkende Kurse würden zusätzliches Kapital von den Märkten vertreiben. Die hohen Zinsen würden sich auch auf die Anleiherenditen niederschlagen, die Staaten müssten höhere Zinsen auf ihre Staatsschulden zahlen. Es bliebe weniger Geld für Sozialleistungen über, die Bürger wären unzufrieden und wählten die Regierung ab.

Zugebenermaßen ist die Erklärung, Banken und Finanzkapitalismus hätte sich gegen „uns 99%" verschworen, einfacher und schneller zu verstehen. Dafür aber auch weniger treffsicher.

Millionen-Vermögen fiktiv, nicht im Safe

Wer heute reich ist, hat etwas erzeugt und ein Tausendfaches seines persönlichen Wohlstandes an gesellschaftlichem Wohlstand produziert – in Form von Umsätzen (also Gütern), Löhnen, Gewinnen, Steuern, Sozialversicherungsbeiträgen und Aufträgen für Rohstoff- und Sublieferanten.

Die Millionen und Milliarden, auf denen „die Reichen" (so wie der indische Milliardär Mittal) sitzen sollen, sind ja nicht in barem Geld vorhanden, sondern nur fiktiv – in Form ihrer Unternehmenswerte. Vielleicht ist ein Unternehmer auf dem Papier Multi-Millionär und wird vom Mainstream deshalb angefeindet, doch hat er Geldprobleme wie andere auch. Seine Millionen liegen nämlich nicht im Keller-Safe – er sieht sie erst, wenn er die Firma verkaufen würde. Oder Anteile an ihr – wie etwa Aktien.

Wie es vor Kurzem Dietrich Mateschitz gemacht hat, als er 70 Millionen Euro der (medizinischen) Paracelsus-Universität in Salzburg schenkte. Wäre Mateschitz nicht erfolgreich gewesen, das Geld wäre nicht entstanden (und von der EZB gedruckt worden) – es hätte nicht gespendet werden können. Wütend hatte Christian Felber dem Red Bull-Chef (und Arbeitgeber Tausender Menschen) den Besitz von 4 Milliarden Euro vorgeworfen. Dabei sind die 4 Milliarden bloß der von Experten geschätzte Wert der Firma. Schätzen „Experten" diesen einmal höher ein, wird Mateschitz „reicher", schätzen sie ihn ein andermal niedriger ein, dann wird er „ärmer". Und stets nur theoretisch.

> **Um ein Drittel weniger Milliardäre**
> Die globale Wirtschaftskrise hat auch unter den Superreichen ihre Opfer gefordert. Die Zahl der Milliardäre weltweit sank seit dem vergangenen Jahr um ein Drittel auf 793. Ihr Gesamtvermögen schrumpfte fast um die Hälfte auf 2,4 Billionen Dollar (1,8 Bio. Euro), berichtete das US-Wirtschaftsmagazin „Forbes" in seiner Ausgabe vom Donnerstag.
> (ORF.at, 4.2.2012)

Unternehmer wie Larry Page oder Bill Gates, deren Aktien an Börsen notieren, „besitzen" bei Börsenaufschwüngen plötzlich um unendlich viel mehr, bei Abschwüngen brechen ihre Vermögen spektakulär ein. Aber eben nur auf dem Papier. Real haben sie immer gleich viel.

Wie die Märkte „ungezügelt" wurden?

Warum gerade in den letzten 20 Jahren die fiktiven Firmenwerte (und damit die Anzahl der Reichen) stark gestiegen sind, ist schnell erklärt. Die (staatliche) US-Notenbank druckt seit den 1990er-Jahren bewusst viel mehr Geld als nötig (wurden etwa 5% mehr Güter produziert, erhöhte sie die Geldmenge nicht um 5%, sondern um 10%). Die unkontrolliert gedruckten Geldfluten verteilte man an die „Mittelschicht". Man brauchte nur die Zinsen künstlich niedrig zu halten (aktuell 0%!), und schon hob ein Großteil der Bevölkerung ihren Lebendstandard auf Kredit an.

Die „Bereicherung" eines Volkes durch seinen Staat und dessen Geldgeschenke hat seine Politiker zwar regelmäßig Wahlen gewinnen lassen, aber auch die Preise (etwa für Aktien) angeheizt. Auf diese Weise pushte das Geld, das für die „Kleinen

Leute" gedacht wurde, nun indirekt die fiktiven Vermögen der „Großen".

Für „betriebswirtschaftlich Uninformierte" sieht es nun so aus, als wären die Märkte aus den Fugen geraten. Und darum solle man diese stärker staatlich regulieren. Doch wurde die Geldflut von staatlichen Banken gedruckt – auf Geheiß von Staats-Politikern. Berühmte „toxische Wertpapiere" wie die Mortgage Backed Securities wurden von staatlichen oder staatsnahen Rückversicherern (wie Freddy Mac) emittiert – und etwa in Deutschland oder Österreich – vor allem vom staatlichen Finanzsektor gekauft. In Deutschland werden 80% der Bankenkosten, die der „Sonderfonds für Finanzmarktstabilisierung" SOFFIN tragen muss, von Staats- oder Landesbanken verursacht.[156]

Dass vor allem Deutschlands Staatsbanken für die Finanzkrise verantwortlich zeichneten, ist „der Preis für eine schlechte Kontrolle und jahrelange Tolerierung untauglicher Geschäftsmodelle durch die Politik. Das zeigt einmal mehr: Der Staat ist nicht der bessere Unternehmer"[157], so Christoph Kaserer, der als Professor für Finanzmanagement und Kapitalmärkte an der Fakultät für Wirtschaftswissenschaften der Technischen Universität München tätig ist. In Deutschland sei der Staatsanteil im Bankensektor traditionell überdurchschnittlich groß. Die Bankenrettungsmaßnahmen haben zu einer weiteren Erhöhung des staatlichen Anteils geführt.

Ohne die künstlich niedrigen Zinsen auf Staatsgeld (um den Lebensstandard „Kleiner Wähler" zu subventionieren), hätte es weder Finanz- noch Spekulationsblasen gegeben. Wenn Kredite statt 2% nämlich 5% pro Jahr an Zinsen kosten, ergeben Investitionen in Veranlagungsobjekte (wie Immobilien, Aktien, Rohstoffe, …), wenn sie 5% Rendite bringen, keinen Sinn.

---

[156] Finanzexperte Christoph Kaserer, Neue Soziale Marktwirtschaft (INSM)
[157] www.pressemitteilungen-online.de, 29.7.2011, 14.2.2012

Interessanterweise waren es vor allem Europas Gewerkschaften (und Felber selber, 2006: „Zinsen runter!"), die über Jahre hinweg eine Senkung der europäischen Zinsen gefordert hatten, damit Europas Staaten (noch) leichter ihre Schulden(sucht) refinanzieren konnten. Es waren aber gerade diese Irrungen, die nicht nur die USA, sondern Europa mit seinem fachlich schlecht ausgebildeten und übergroß aufgeblähten Staatsbankensektor in die Finanzkrise stürzte. So hat die vom linken Mainstream Europas geforderte Niedrigzinspolitik mit starker Geldmengenausweitung indirekt zum Aufblasen fiktiver Firmen- und Vermögenswerte geführt. Wenn etwas zu zügeln ist, dann ist es nicht der Markt – sondern Staat und Politik.

Nachdem Staat(sbanken) und Politik den Karren in den Dreck gefahren haben, müssen nun Wirtschaftsexperten wie Italiens Ministerpräsident Mario Monti ran. Weil die etwas von Wirtschaft verstehen, werden sie von der Politik neidvoll als „Technokraten" tituliert. Sie müssen nun die Reformen umsetzen, für die Sozialpolitiker in 40 Jahren zu feig gewesen war.

Nicht vor der Ohnmacht der Politik gegenüber den Märkten muss sich der Bürger fürchten, sondern vor der Rückkehr „wirtschaftsferner" Politiker, die weder irgendwann in der Privatwirtschaft gearbeitet haben noch irgendwelche professionellen Wirtschafts- oder gar Bankenkenntnisse besitzen. Und deren ökonomische Kenntnisse sich auf das Verteilen von gepumptem Geld beziehungsweise dem Abheben von ebensolchen für private Zwecke beschränkt.

Woher haben Österreichs Reiche ihren Reichtum[158]?

Nr	Vermögen Mrd. €	Name	Woher stammt das Vermögen?
1	24,5	Fam. Piëch & Porsche	*„Produktion": „Distribution"* von Autos, 20.000 Jobs geschaffen. 24,5 Mrd. Euro ist geschätzter Firmenwert
2	5,5	Flick, Erben	ausländisches *Finanzvermögen* in Stiftungen *(„SPÖ-Stiftungen")*
3	3,9	Mateschitz, Dietrich	*„Produktion":* (Red-Bull), Umsatz 3,8 Mrd.. 3,9 Mrd. sind fiktive Schätzung des Markenwertes (European Brand Institute)
4	3,6	Liechtenstein, Erbprinz Alois + Familie	Wert der liechtensteinischen LGT-Bank (100 Mrd. Franken verwaltetes Vermögen). Viele Firmen in Österreich. Zahlreiche Stiftungen *(„SPÖ-Stiftungen")*.
5	3,5	Graf, Johann	*„Produktion":* (Novomatic AG) von Glücksspielautomaten, 17.000 Jobs geschaffen – davon 2.700 in Österreich
6	3,0	Wlaschek, Karl, Familie	*„Produktion":* Verkaufserlös 1996 des Einzelhandelskonzern Billa an die REWE. 25.000 Jobs geschaffen (1996).
7	2,7	Horten, Heidi	Witwe v. H. Horten, *„Produktion"* („Handel"), Finanzvermögen *(„SPÖ-Stiftungen")*
8	2,7	Spar, 10 Familien	*„Produktion":* Geschätzter Firmenwert des 1970 geschaffenen Handelskonzernes, 74.000 Jobs geschaffen
9	2,2	Swarovski, Familien	*„Produktion":* 28.000 Jobs geschaffen, geschätzter Unternehmenswert

---

[158] Trend, www.oe24.at, 2009

| 10 | 1,9 | Kahane, Familie | *„Produktion"*: Firma Jungbunzlauer (Chemie), Gutmann-Bank („Die Bank der Reichen – Ex-Aufsichtsrat Lacina) |
| 11 | 1,8 | Stronach, Frank | *„Produktion"*: Magna International (Autozulieferer), 112.000 Jobs geschaffen, davon über 10.000 in Österreich |

Gerne betonen Globalisierungskritiker, wie ungerecht sich die Vermögen der Reichen (ohne Arbeit) immer weiter vermehren und vererben würden. In Wahrheit stammen die meisten Vermögen aus Produktion und Handel – und es waren sie, die als begehrtes „Abfallprodukt" Europas Jobs geschaffen haben.

Seit sich südostasiatische Länder vom Sozialismus befreien konnten, ist es dort keine Schande mehr, durch Produktion zu Reichtum zu gelangen. In Afrika hingegen gibt es keinen Kapitalismus. Im Gegensatz zu Asien sind seine Bewohner wohl eher zu sehr gemeinwohl- denn profitorientiert. So gibt es auf dem gesamten afrikanischen Kontinent de facto niemanden, der etwas in größerem Ausmaß produziert. Es gibt keine afrikanischen Fabriken oder gar Patente. Wenn eine Gesellschaft aber beinahe schon „aus Prinzip nicht produziert", dann braucht sie auch keine Nationalbank, um Geld zu drucken. Dann hat sie keine Güter, keine Geldscheine – und alle bleiben arm. Dann gibt es zwar auch keine Millionäre, aber auch keinen Wohlstand oder Demokratie.

Zwar hat die Kärntner Milliardärin Heidi Horten ihre Milliarden nicht selbst verdient – aber ihr Mann hat es getan. Er hatte eine Gesetzeslücke ausnutzen können (die mittlerweile gestopft wurde), um die 1,2 Milliarden DM Veräußerungserlös nicht zu versteuern. Doch hätte jeder andere Steuerpflichtige eine solche Lücke genauso für sich genutzt.

Aber es war erst das österreichische Stiftungsrecht, das die Hortens von Düsseldorf nach Österreich übersiedeln ließ. Und es war der Sozialdemokrat Ferdinand Lacina (SPÖ), der unter

Bundeskanzler Franz Vranitzky (SPÖ) Österreichs Stiftungsrecht mit bisher ungekannten Steuerprivilegien eingeführt hatte, um genau diese großen Vermögen nach Österreich hereinzuholen. Heute ist es ausgerechnet dessen Partei, die (beim Stiftungsrecht und) bei den großen Vermögen im Lande – die sie selbst ins Land geholt hatte – eine dramatische Schieflage sieht.
Wer viel hat, hat viel bewegt. Und hätte er/sie es nicht bewegt, dann hätte es keiner getan – und ein Ort/eine Stadt/ein Land wäre arm geblieben.

Viele Hoteliers beginnen ihre Unternehmerlaufbahn mit einem großen Kredit, mit dem sie ihren Hotelbau finanzieren. Mit einem Leben mit Dauerstress und 80 Stunden-Wochen, und mit einem Jahres-Bruttogewinn von 16.470 Euro[159] (=1.372 Euro monatlich) hängt die Motivation oft am Verkauf der Immobilie am Ende einer Unternehmerlaufbahn. Ist sie nach 35 Jahren abbezahlt, dann gehen vom Verkaufserlös noch 50% an Vater Staat – bei der Angestellten-Abfertigung sind es bloß 6%, selbst wenn der Betrag höher als beim Unternehmer ist.

Wenn Gewinn, Wachstum oder persönliches Vermögen in einer Gesellschaft als verabscheuenswürdig geächtet sind, werden Europas junge „α-Tiere" künftig lieber bei einem „Staats-Projekt" anheuern oder gleich auswandern. Bei meinem ersten USA-Aufenthalt beobachtete ich, wie ein Student mit einem Uralt-Corolla an der Zapfsäule mit dem jungen Fahrer einer großen Limousine ins Gespräch gekommen war („Hey, I like your car!"). Der Kulturschock traf mich hart – in Österreich hätte man sich mit einem offensichtlichen Dieb (als nichts anderes betrachten Europäer ja die Reichen) nie und nimmer unterhalten. Manch einer hätte bloß mit den Zähnen geknirscht: „Du fetter Kapitalist!"

---

[159] Durchschnitt aller österreichischen 4**** und 5*****-Betriebe, österreichische Tourismusbank, 2008

Fragen sich Europäer denn nie, warum es so etwas wie „Google", „Amazon", „Microsoft" oder „Ebay" nie in Europa gibt (und niemals geben wird)? Auch wenn Europas Mainstream sein „europäisches Modell" der Neidgesellschaft regelmäßig in den höchsten Tönen lobt, wird es nach Überwinden der Finanzkrise wieder Amerika sein, das international die Themenführerschaft an sich reißen wird.

Europa: Auf der Suche nach den Armen

In weniger als 300 Jahren hat sich unser Leben komplett auf den Kopf gestellt. Produzierten zu Zeiten Adam Smith's englische Stecknadel-Handwerker noch 20 Stecknadeln pro Kopf und Tag, waren es durch die kapitalistische Arbeitsteilung bald schon 4.800 Nadeln täglich. Ein Wohlfahrtsanstieg um 23.900 Prozent. Und das ist alles nichts gegen den industriellen Einsatz von Maschinen: Eine Stecknadel-Anlage produziert heute 100.000 Nadeln – täglich! Gegenüber dem 18. Jahrhundert ein Produktionsplus von einer halben Million (=499.900) Prozent. Oder, über einen Zeitraum von 250 Jahre verteilt, ein Plus von jährlich 5,4%.

Stecknadeln sind heute fast gratis, die Arbeiter an der Maschine führen heute ein Leben in Sicherheit und Wohlstand, wie es die Fabrikbesitzer von anno dazumal sich nicht einmal erträumen konnten – Stichwort: Lebenserwartung, Technik, Freizeit. Und niemandem wurde etwas weggenommen ...

In den Köpfen vieler Menschen leben wir aber immer noch wie zu Zeiten Jesu. Europas Schulsystem hat das Phänomen des Wirtschaftswachstums seiner Jugend in 50 Jahren nicht zu erklären vermocht und so glauben Europäer, wenn sie einen Reichen sehen, dass dafür nun jemand anderer ärmer werden musste. Weil Europas Wohlstand aber unaufhörlich steigt, müssten – nach alttestamentarischem (später: „kommunistischem") Verständnis – im Gegenzug nun unvorstellbare Massen in Elend versunken sein.

Weil man die nicht finden kann (weil es sie nämlich nicht gibt), spricht man irritiert von „verdeckter" oder gar „versteckter" Armut. Und weil auch diese Menschen schon seit Jahrzehnten immer weniger werden (mit Ausnahme junger Einwanderer), vermutet man, dass die Massen Afrikas und Asiens so arg verarmen mussten, damit das Gleichgewicht des Welt-Wohlstandes (wegen der reichen Europäer) wieder eins wäre.

Doch Asiens große Volkswirtschaften sind mittlerweile ebenso auf Wachstumskurs. Waren sie in den 1980ern noch bedeutend ärmer als etwa Westafrika, produzieren sie heute zehnmal mehr. Doch auch der Aufstieg Asiens hat Afrika nicht ärmer werden lassen. Im Gegenteil: Weil etwa Vietnams Kleinunternehmer heute so viele Güter produzieren, Vietnams Zentralbank deshalb auch so viele neue Geldscheine drucken konnte, wachsen Vietnams Löhne, Wohlstand und Gewinne jährlich um über 8%. So können sich immer mehr Vietnamesen Schokolade leisten – mit Kakao aus Westafrika.

Und kein Westafrikaner musste ärmer werden, damit Vietnamesen reicher werden konnten.

4.4 Felber: „Kapitalismus verhindert Innovationen in der Energiewirtschaft"

„Die dringend benötigten Innovationen zur Lösung unserer Abhängigkeit von fossilen Energieträgern finden auf kapitalistischen Märkten einfach nicht statt", so Christian Felber. Der kapitalistische Wettbewerb „versperrt den Weg zu modernen Energieformen!"[160] Der Kapitalismus würde sogar zur Auslöschung „wahrer" Innovation führen und die Welt in eine neue

---

[160] Christian Felber, Neue Werte für die Wirtschaft, S.111

Feudalherrschaft führen. In dieselbe Kerbe schlägt auch Jean Ziegler: „Der Kapitalimus führt zu einem neuen Feudalsystem, in dem transnationale Konzerne die Laboratorien und Forschungszentren der Welt kontrollieren und damit die materielle Entwicklung der conditio humana" steuern."[161]

Sieht man auf die neuere Wirtschaftsgeschichte der Energieerzeugung, so zeigt sich, dass Innovationen oft von einzelnen Erfindern oder kleinen Familienunternehmen kommen. Die Konzerne hatten die Kleinen in ihrer Forschungstätigkeit nicht nur nicht einge- und beschränkt – ganz im Gegenteil –, aus vielen einzelnen selbstständigen Erfindern wuchsen durch das Kapital der Börsen Konzerne mit Hunderten Forschern heran (Siemens, General Electric).

Und natürlich kommen viele Patente auch direkt von Konzernen. Manche Experimente (wie etwa Offshore-Windanlagen auf hoher See) erfordern nun einmal hohe Investitionen. In der Windenergie-Branche kommen sie von Konzernen wie Vestas oder Enercon. Aber auch die hatten vor 20 Jahren klein angefangen. Und ihr Motiv war der Profit.

Gibt es eine Verschwörung westlicher Konzerne?

Eine solche deutet Jean Ziegler – vorsichtig formuliert – an, wenn er meint: „Jede transkontinentale kapitalistische Gesellschaft organisiert nicht nur ihr Propagandaministerium, sondern auch ihre eigenen Spionage- und Gegenspionagedienste. Sie infiltrieren nicht nur die Hauptquartiere konkurrierender Kosmokraten (Schimpfwort für „Manager"), sondern auch die verschiedenen nationalen Regierungen". Die „neuen geldgierigen imperialistischen Despoten" würden „so neue Märkte erobern

---

[161] Jean Ziegler, Das Imperium der Schande, S. 213

und Übernahmen vorbereiten". Der Tenor: Der Norden lässt den Süden erst gar nicht hochkommen.[162]

Den Vorwürfen stehen allerdings gewichtige Tatsachen entgegen: Die innovativste Solar- und Windkraftindustrie entstand nicht bei übermächtigen Westkonzernen, sondern bei Tausenden kleinen (deutschen oder dänischen) Firmen (und ihren ehrgeizigen Eigentümern). Und innovative Firmen gibt es in Indien erst seit der Rückkehr zur profitorientierten Wettbewerbswirtschaft. Zum Beispiel Suzlon.

1995 gründete Tulsi Tanti im indischen Pune (Bundesstaat Maharashtra) eine Windkraftanlagen-Produktion. Er hatte sich über die dauernden Stromausfälle geärgert, die seiner kleinen Textilfabrik zu schaffen machten. Gemeinsam mit seinen drei Brüdern hatte er in Deutschland eine Windkraftanlage bestellt. Als die Maschine endlich in Pune angelangt war, war die Fabrik aber schon pleite. Man begutachtete das Windrad und befand, dass deren Konstruktion technisch nicht so schwierig wäre und baute selber eine Anlage. Die Firma Suzlon war geboren.

Tulsi R. Tanti, Eigentümer und Chairman von Suzlon.
Quelle: www.suzlon.com

Weder hatte man eine entsprechende Ausbildung, noch konnte man über die hochfinanzierten „Labors transkontinentaler kapitalistischer Gesellschaften" verfügen – doch technisches Geschick und unternehmerischer Ehrgeiz führten (wie schon zu Urzeiten) zum Erfolg. Heute ist Suzlon mit 3,8 Mrd. Dollar Umsatz der fünftgrößte Windkraftanlagen-Hersteller weltweit und hat global 13.000 Jobs geschaffen. Suzlon exportiert seine High-Tech-Turbinen nach Amerika und fertigt in den USA vor

---

[162] Ebenda

Ort. Die Forschungsabteilung blieb allerdings in Pune. Kein West-Konzern hatte Tulsi Tanti sabotiert oder ihn mit „Geheimdiensten ausspioniert", um ihn zu übernehmen oder niederzuhalten.

Windpark in Minnesota(USA) mit indischen Suzlon-Turbinen.
Quelle: Suzlon

Ganz im Gegenteil. Suzlon selber übernahm Wettbewerber wie die deutsche REpower und schnappte ihn dabei dem französischen Atom-Konzern Areva in einer dramatischen Übernahmeschlacht vor der Nase weg. Suzlons REpower konnte 2012 sogar den weltgrößten Windkraftkonzern, Vestas aus Dänemark, ausbooten: Statt Vestas werden sich künftig REpower-Turbinen im Wind des Offshore-Windpark „Gode Wind 1" drehen.[163]

Wettbewerb um Neue Energien

Der freie Markt garantiert Tüftlern wie Tulsi Tanti den Erfolg. Heute ist Tanti mit fast 6 Mrd. Dollar Vermögen der achtreichste Inder.[164] Allerdings besitzt er das Geld nicht bar, es ist der fiktive Verkaufswert seiner Firmenanteile (Aktienkurs).

Deutschlands Energiewende kann vom Staat zwar initiiert beziehungsweise beschleunigt werden, die eigentlichen Innovationen entstehen aber an der Basis – in gewinnorientierten Betrieben. Den Vorwurf Felbers, dass der Wettbewerb profitorientierter Firmen bisher nicht zu Innovationen im Energiebereich geführt habe, relativiert nachfolgende Aufstellung:

---

[163] "REpower replaces Vestas as Gode Wind 1 turbine supplier", www.rechargenews.com, 12.3.2012
[164] Focus Money-Online, Mit Windkraft zum Milliardär, 2.5.2007

Innovation (Patente)	Hersteller (Auswahl)	Besitzform Motivation
Wasserkraft-Turbine	Werner von Siemens – „Siemens AG" (1866, D)	Privat/Gewinn
Windkraft Anlage	Charles Brush (1888, USA), „Brush Electric Co.", später General Electric. Viele Patente: Vestas AG	Privat/Gewinn
Großwasser-kraftwerk	Niagara-Fälle (1896, USA), Turbinen von Westinghouse Co. Mit Tesla-Patenten	Privat/Gewinn
Erdwärme-kraftwerk	Piero Conti in Larderello, (1913, I), heute 700 MW!	Privat/Gewinn
Holzvergaser-Kessel/Auto	Georges Imbert (1922, F), gleichnamige Firma	Privat/Gewinn
Elsbett-Motor	Junkers-Flugzeugwerke (1937,D), heute mit Bio-Öl	Privat/Gewinn
Gas-Turbine	Adolf Meyer – BBC (1937, CH)	Privat/Gewinn
Biogasanlage	Bauer Barthalot für Kostenersparnis (1948, D), Patent + Serienbau: Nordenskjöld GmbH (1999, D)	Privat/Kosten ersp./Gewinn
Solarzelle	Bell Laboratories (1954, USA), später AT&T Co.	Privat/Gewinn
Offshore-Windturbine	Ulrich Hütter (1958 D) auf Ölplattform Golf v. M.	Privat/Gewinn
Parabolspiegel-Anlagen	Bomin Solar (1970, D)	Privat/Gewinn
Pellets	Erfinder US-Industrie Mitte 1970er	Privat/Gewinn
Pelletsofen	Erfinder Jerry Witfield (1983, USA), gleichn. Firma	Privat/Gewinn
Solar-Anlage Stirling-Motor	McDonnell Douglas mit Kockums (1984, USA)	Privat/Gewinn
Elektro-Serienauto	Martin Eberhard - Firma „Tesla Co.", (2003, USA)	Privat/Gewinn
Gezeitenströ-mungskraftwerk	SeaGen, Turbine von „Marine Current Turbines" (10% Siemens AG) (2008, IRL)	Privat/Gewinn
Schwimmende Windturbine	StatoilHydro (N) mit Siemens 2,3 MW-Turb. (2009)	Privat/Gewinn
Wellenkraftwerk	In Mutriku (2011,SP) Voith Siemens Hydro AG.	Privat/Gewinn

In den gemeinwirtschaftlich organisierten Volkswirtschaften des ehemaligen Ostblocks hatte man den kapitalistischen Wettbewerb zur Steuerung von Innovationen (in alternative) Energieformen durch feste Preise ersetzt. Nicht die Stärke der Nachfrage bestimmte den Preis und damit die Produktpalette der Betriebe, sondern das „demokratische" Verhandlungsergebnis von Politikern, die grenzübergreifend festlegten, was die Fabriken ihrer Länder für deren Produkte erhalten sollten.

Dabei hatte man aber vergessen, dass man nur verteilen konnte, was vorher produziert worden war. Und weil Osteuropas Gesellschaften ohne den Profit-Anreiz kaum Erfindungen oder Produkte hervorgebracht, Unternehmensfremde aber genau deren Verteilung schon beschlossen hatten, war man zum berühmten Frisieren von Plan-Daten gezwungen gewesen. Offizielle Statistiken beeindruckten damals den Westen mit einem hohem BIP/Kopf – während es den realen „Köpfen" an Essen oder Heizöl mangelte. Auch kapitalistische Unternehmen planen. Allerdings belohnen sie die Innovationen in ihren Firmen materiell. So können sie ihre Pläne am Ende des Tages auch erfüllen.

5. Die Gemeinwirtschaft in China

Viele halten die Diskussion um „neue Werte" für eine „andere Wirtschaft" – eine, die das Gemeinwohl über das des Einzelnen stellt – für neu und revolutionär. Doch war dies alles schon einmal da. Es ist bloß dem jämmerlichen Zustand von Europas Schulsystem geschuldet, dass junge Menschen heute nichts über die (Wirtschafts-) Geschichte Chinas oder Indiens wissen. War doch gerade China weltweit *das* Labor für neue Gesellschaftsformen – ohne Herrschaft und Profit.

5.1 Leben mit dem Kaiser

2.133 Jahre herrschten Chinas Kaiser über das Land der Mitte. Trotz seiner politischen Brutalität produzierte es um das Jahr 1000 60% aller Güter dieser Erde. Massengüter fertigte man schon damals in Fabriken, und in Hochöfen schmolz man 114.000 Tonnen Stahl – eine Menge, die England erst im Jahr 1795 erreichen sollte.[165] Es gab Kredite, Schecks und Wechsel und für Chinas Bauern Hochleistungssaatgut, Dünger, Pestizide. Ab dem Jahr 1024 bezahlte man mit Banknoten in Farbe (in Europa erstmals 1661).

Was außerhalb des Reichs passierte, interessierte China nicht, war man doch das reichste Land der Erde. Nur in Kanton (Guangzhou) erlaubte man „Barbaren", Chinas Boden zu betreten – um für viel Geld Tee und Seide einzutauschen. Die immer extremere Isolation erstickte aber irgendwann jeden Fortschritt, ab dem 13. Jahrhundert tauchte man in einen Dornröschenschlaf – und verpasste die industrielle Revolution. Gegen Dampf-Kriegsschiffe und Maschinengewehre waren Bogenschützen aber chancenlos: 1910 annektierte Japan ungeniert das (chinesi-

---

[165] GEO Epoche 35, Die Welt im Jahr 1000

sche) Korea, 1931 besetzte es weite Teile Chinas und verwüstete es. Chinas letzter Kaiser war 1908 gestorben. In zahlreichen Bürgerkriegen blieb Maos „Rote Armee" letztendlich (1949) siegreich, Widersacher Chiang Kaishek musste mit 2 Millionen seiner Guomindang auf die öde Insel Formosa flüchten, wo er 1950 eine Diktatur begründete.

5.2 Chinas zwei Systeme

Auf Formosa, mittlerweile in Taiwan umbenannt, regierte Chiang Kaishek politisch autoritär, ökonomisch aber liberal. Bald gab es kaum mehr ein Low-Tech-Produkt, an dem man sich nicht versucht hätte. In armseligen Baracken, umgeben von Sumpfgebieten, schufteten unzählige kleine Familienunternehmen rund um die Uhr. Ihre einzigen „Assets": Ehrgeiz, Fleiß und billige Arbeitskraft. Angesichts der tristen Ausgangslage hatten Gewerkschaften damals einen schweren Stand.

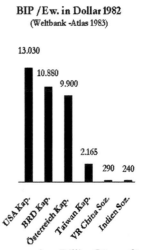

Taiwan nutzte den Freihandel, indem es seine Billig-Güter für harte Dollar in den Westen verkaufte. Bald produzierte der kapitalistische Zwergenstaat pro Kopf siebenmal so viele Güter wie sein sozialistischer Bruder. Seine Arbeiter waren nach Hongkong die wohlhabendsten Südostasiens. „Die Höhe des Einkommens sagt aber nichts über dessen Verteilung aus", werfen Globalisierungskritiker nun ein. Stimmt. Es hat bis in die 1980er aber doch eine Mehrheit von Taiwanesen so wohlhabend gemacht, dass man sich von der Ein-Parteien-Herrschaft nicht mehr gängeln lassen wollte. Nach politischen Wirren erkämpfte man 1983 erste Oppositionsparteien, 1986 gab es freie Wahlen.

Auf dem Festland fuhr man exakt das gegenteilige Programm. Großgrundbesitzer wurden enteignet, ihr Land an Kleinbauern verteilt und die Kommunistische Partei Chinas baute einen Machtapparat auf, um das größte Experiment der Welt zu wagen: Die Umerziehung eines Riesenvolkes zu profitlosem Verhalten.

5.3 Vom Staatskapitalismus zum Kommunismus

Über eine Million Grundbesitzer wurden in Volksprozessen verurteilt und offiziell als „Kapitalisten" erschossen, weitere 4 Millionen starben durch Mord und Folter durch das aufgestachelte Volk. „Als Maos 25jähriger Sohn Mao Anying Zeuge eines solchen Volksprozesses wurde, brach er in Weinkrämpfen zusammen."[166]

Tianjin war 1949 die erste von Kommunisten verwaltete Stadt. Gleich zu Beginn verschlechterte sich aber die Situation, wuchs die Kluft zwischen Arm und Reich. Unternehmern war es nämlich verboten worden, Menschen zu entlassen. Zudem hatten Kommunisten die Arbeiter gegen Unternehmer und Manager aufgehetzt, die Firmen stoppten im Streikchaos die Produktion. Da schickte Mao im April 1949 seinen Kampfgefährten Liu Shaoqi nach Tianjin, um die Unternehmer dort zu beruhigen. Das Entlassungsverbot wurde aufgehoben, im Gegenzug sollten Firmen lediglich „unvernünftig hohe" Gewinne in die lokale Wirtschaft investieren. Liu wollte sich durch einen „Staatskapitalismus" das Wachstumspotential privater Firmen zunutze machen und nur einen „schrankenlosen Kapitalismus" verhindern.[167] Zwar waren Großbetriebe gleich zu Beginn verstaatlicht

---

[166] GEO Epoche 51, Das China des Mao Zedongs, S. 79
[167] GEO Epoche 51, Das China des Mao Zedongs, S. 85 ff.

worden, kleine private Firmen wollte man aber mit Tricks und Überredung überzeugen, sich der Partei anzuschließen.

Man war der Meinung, dass Staatsfirmen, die ohne Profiterzielungsabsicht geführt werden, durch ihren spektakulären Erfolg die privaten Unternehmer nach und nach auf natürliche Weise verdrängen würden. Oder dass sich die Kleinkapitalisten den erfolgreicheren, weil profitlos wirtschaftenden Genossenschaften irgendwann freiwillig anschlössen. Es kam, was kommen musste: Vom Aufschwung konnten vor allem Private profitierten. Die staatliche Konkurrenz arbeitete unwirtschaftlich, verschwendete Rohstoffe und beschäftigte zu viele Arbeiter. Zudem bestimmten nicht Techniker und Kaufleute, sondern „volksdemokratisch bestimmte" Personen den Betriebsablauf.

Als man 1952 einsah, dass sich die Menschen nicht freiwillig zu Produktionsgenossenschaften zusammen- oder in Staatsbetriebe einfinden wollten, kam die radikale Wende: Mao riss das Ruder herum und fortan zwang man Bauern in Genossenschaften und Privat- in Staatsbetriebe. Menschen, die sich dem widersetzten, kamen in Umerziehungslager, wo sie profitloses Verhalten lernen sollten. 800.000 überlebten diese Lager nicht.

5.4 Chinas großer Sprung zurück

Ab 1952 wurden Chinas Bauern zwangsweise in Kooperativen eingegliedert. Vieh und Maschinen gehörten jetzt gemeinschaftlich einer Gruppe von meist 300 Familien. Von Konkurrenz und Profitsucht befreit sollten die Erträge steigen. Theoretisch. Praktisch stiegen sie nur in jenen Gärten, die man privat bebauen durfte. Und deren Erträge man am Schwarzmarkt gut verkaufen konnte. Chinas Nahrungsmittelproduktion hingegen kam nicht mehr vom Fleck.

Ein Befreiungsschlag sollte da die Rettung bringen. Man wollten den „kommunistischen Menschen" schaffen. Der sollte das

Gemeinwohl über das Eigenwohl stellen, das „Wir" über das „Ich". Vom Besitz losgelöst würde er sich mit übermenschlicher Anstrengung für die Gemeinschaft einbringen: Maos „großer Sprung nach vorne" war geboren.

Innerhalb von 15 Jahren wollte man Englands Schwerindustrie überholt haben. Staatliche Großfirmen hatten sich als ineffizient herausgestellt und so baute man dezentral in Dörfern unzählige Klein-Hochöfen. Bereits im April 1959 konnte man offizielle Produktionszuwächse von 107 Prozent vermelden. Tatsächlich hatten viele Dorfgenossenschaften des Nachts einfach Eisenbahnschienen abmontiert und eingeschmolzen. Die Produkte waren meistens unbrauchbar.

Chinesisches Kind mit Hungerbauch, ca. 1959
Quelle: Wikipedia

Da auch diese Variante scheiterte, versuchte man die Flucht nach vorne: Über Nacht fasste man 1958 eine Dreiviertelmillion Kooperativen zu 26.000 Kommunen zusammen. Eigentum und Löhne wurden gänzlich abgeschafft, Nahrung und Kleider kostenlos verteilt. Man arbeitete gemeinsam, jeder so viel er konnte. Karl Marx' Vision, „Jeder nach seinen Fähigkeiten, jeder nach seinen Bedürfnissen", sollte China endgültig aus den Klauen des Profits befreien.

Statt dem Geld, das für Chinas Intellektuelle nur für Ungleichheit und Ausbeutung stand, gab es nun ein Punktesystem. Es wurde kompliziert nach der Art der Tätigkeit, nach Geschlecht, Alter und der Gemeinschaftsleistung einer Gruppe berechnet.

Theoretisch konnte man darum beim Staat „einkaufen". Praktisch waren aber weder Reis noch Weizen verfügbar. Maos Plan, dass das Arbeiten für das Gemeinwohl fremder Menschen ungeahnte Potentiale mobilisieren würde, hatte sich als nicht zutreffend herausgestellt. Wer hart auf dem Felde schuftete, verstand nicht, dass Kollegen, die den Tag im Schatten eines Baumes verbracht hatten, letztendlich gleich viel Punkte, also Reis, bekamen. Von den gesetzlich vorgeschriebenen 48 Stunden arbeitete man in Staatsbetrieben maximal vier Stunden täglich produktiv.[168] Zur Herbsternte 1958 befanden sich nur mehr 40 Prozent der Bauern auf ihren Feldern. Die Produktion brach ein, die größte Hungernot der Weltgeschichte vernichtete 30 Millionen Menschenleben (manche sprechen sogar von 60 Millionen).

Das subventionierte Gemeinwohl

Nicht das, wofür der Markt den größten Gewinn versprach, sondern das, was „volksdemokratisch" von Politologen oder Soziologen, von Arbeitern und Landespolitikern gemeinschaftlich beschlossen und in Plänen festgeschrieben wurde, sollte eine Wirtschaft produzieren. Das sollte der Gemeinschaft einen höheren Nutzen sichern. Tatsächlich produzierte das System auf jeder Ebene viel zu wenig, um seine Bürger menschenwürdig zu versorgen.

Die Staatsbetriebe hatten aus „humanitären Gründen" zu viele Mitarbeiter, die Entlassung notorischer Faulpelze war unmöglich. Weil die Rohstoffpreise nicht im Wettbewerb, sondern von der Politik künstlich (niedrig) festgelegt wurden, bedeutete deren Verschwendung niemandes persönlichen Verlust. Neue Trends aufzuspüren oder auf die besonderen Bedürfnisse von Minderheiten (Allergiker) einzugehen – wozu denn auch? Der „Vorteil" von Mangelökonomien ist, dass man sich um den Absatz der wenigen Güter keine Sorgen machen muss.

---

[168] China Daily, 21.9.1988, 6.1.2010

Letztendlich produzierten staatliche Betriebe wesentlich teurer als im Kapitalismus, noch dazu von lausiger Qualität. Weil aber nicht Unternehmer, sondern Unternehmensfremde die (zu niedrigen) Verkaufspreise festgelegt hatten, schrieben die meisten Betriebe horrende Verluste. Oft mehrmals im Jahr musste die Zentralregierung die Defizite ausgleichen, um die Weiterproduktion zu sichern. Man subventionierte Strom und Brot, die Kohle und den Reis. Man subventionierte Fahrräder, Zement und Stahl ... Wenn aber die Mehrheit aller Firmen mehr Werte verbrauchen, als sie produzieren, dann kann eine Volkswirtschaft nicht überleben. Woher kam also das Geld für die Subvention der Gemeinwirtschaft?

Die Sowjetunion stand bei Exporten von ... an Stelle ... (Weltalmanch '84, '86, '87)	
Rohstoff	Weltrang
Gas	1.
Erdöl	2.
Steinkohle	6.
Mangan	1.
Eisenerz	4.
Asbest	1.
Mangan	1.
Blei	2.
Phosphate	3.
Bauxit	3.
Platin	2.

Die Sowjetunion finanzierte die gigantischen Defizite ihrer Gemeinwirtschaft und der Osteuropas oder Kubas mit dem ungehemmten Raubbau an ihren natürlichen Ressourcen. Kaum ein Metall oder Energierohstoff, den man nicht aus der Erde scharrte. In China gab es aber keine nennenswerten Vorkommen. Die Antwort gibt Chinas Außenhandelsstatistik.[169]

Einfuhren von 35,77 Mrd. Renmimbi standen Ausfuhren von 41,43 Mrd. gegenüber. Der Überschuss zur Finanzierung eines entfesselten Marxismus kam aus dem Export von Lebensmitteln! Selbst Häute, Felle, Eier und sogar Schweineborsten versuchte man verzweifelt zu verscherbeln. Sogar die eigenen kleinen Erdölvorräte exportierte man für Reisimporte.

---

[169] Fischer Weltalmanach, 1984

> **Volksrepublik China:**
> **Wirtschaft: BSP 1979: 250.770 Mill. $ / 290 $ pro Kopf**
> **Außenhandel 1982 Einf. 35.770 Mill. RMB. ¥, Ausf. 41.430 Mill.**
> **RMB ¥. (100 $ = 198 Renmimbi ¥)**
> Wichtige Ausfuhrgüter: 40% landwirtschaftl. Erzeugnisse (Tee, Seide, Sojabohnen, Eier, Häute, Felle, Borsten, Federn, Tungöl, Lacke), 60% Bergbau- und Industrie-Produkte wie Wolfram und Erdöl
> (Fischer Weltalmanach 1984, S. 264)

5.5 „China: Moving away from Marx"

So titelte das Time-Magazine 1985.[170] Bis 1979 hungerten 60 Prozent der Menschen regelmäßig, 90 Prozent fallweise. Nur 30 Jahre später ist der Hunger heute ausgerottet. Nach dem (friedlichen) Tode Maos 1976 kam Deng Xiaoping 1979 an die Macht. Von einem Tag auf den anderen erlaubte man die Gründung privater, profitorientierter Betriebe. Um das ausgezehrte Land schneller zu beleben, lockte man mit Steuervergünstigungen West-Firmen in sogenannte Sonderwirtschaftszonen.

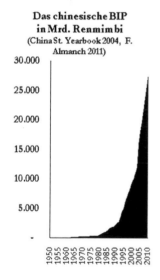

Das chinesische BIP in Mrd. Renmimbi
(China St. Yearbook 2004, F. Almanch 2011)

„Die Firmen kamen ja nur wegen des schnellen Profits!", so Globalisierungskritiker bitter. Stimmt, die Hauptsache war aber, dass sie überhaupt kamen. Für West-Firmen bestand ein hohes subjektives und objektives Risiko. Bis vor Kurzem waren Menschen, denen man eine Be-

---

[170] Time Magazine, 29.9.1985

reicherungsabsicht unterstellt hatte, noch in Lagern auf Nimmerwiedersehen verschwunden. Und in solch ein Land sollte man seine besten Leute schicken?

Von der Gemein- zur Privatwirtschaft

Über Nacht setzte ein wahrer Gründerboom ein, ähnlich wie in Taiwan vor 30 Jahren. Millionen Kleinbetriebe entstanden über Nacht. Und sie hatten nur ein Ziel vor Augen – reich durch Produktion. Die jahrzehntelange Umerziehung zur „profitlosen Gesellschaft" hatte keinerlei Spuren in der chinesischen Mentalität hinterlassen. Wie in Taiwan produzierte man alles, was mit einfachen Mitteln und einfacher Technik möglich war.

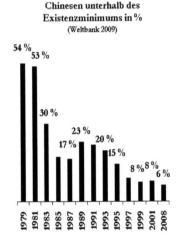

Chinesen unterhalb des Existenzminimums in %
(Weltbank 2009)

Im Gegensatz zur Industrialisierung Europas im 19. Jahrhundert konnten chinesische Unternehmer aber nicht 2 oder 3% Gewinn ins Produkt hineinkalkulieren, sondern 20 oder 30%. Denn mittlerweile ermöglichte die Erfindung des Containerverkehres die Globalisierung und man konnte Produkte – zu lokalen Niedriglöhnen gefertigt – zu (hohen) westlichen Preisen verkaufen. Damit vollzog sich der Aufstieg dreimal so schnell wie der Englands 150 Jahre zuvor. Natürlich waren die Löhne der ersten Kleinbetriebe mit 30-40 Dollar monatlich sehr niedrig, aber immerhin doppelt so hoch wie beim Staat zuvor – so es die Jobs dort überhaupt gegeben hatte.

Das Ergebnis ist bekannt: Nach 40 Jahren Stagnation verzehnfachte sich das Pro-Kopf-Einkommen Chinas in nur 30 Jahren – von 300 auf 3.000 Dollar. Chinas Menschen leben heute in einer Aufbruchstimmung wie Europäer in den 1950ern. Nach 40 Jahren Stagnation hatte sich die Lebenserwartung in nur 30 Jahren plötzlich auf 66 Jahre erhöht. Die Kindersterblichkeit war dramatisch von 17,5% (1979) auf unter 4% gesunken! Bis 1979 galt als reich, wer ein Fahrrad sein Eigen nannte. Heute besitzen 54 Prozent der Städter ihren eigenen Computer, 97 Prozent eine eigene Waschmaschine, 6 Prozent ein eigenes Auto.[171]

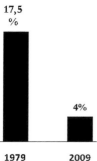

Kindersterblichkeit in China (Weltbank 2010)

Die Chinesische Akademie der Sozialwissenschaften schätzt, dass schon 10 Prozent der Chinesen Vermögen (wie Wohnungen und Autos) von über 100.000 Dollar besitzen.[172] Die Anzahl jener Chinesen, die unterhalb des Existenzminimums leben müssen, verringerte sich von 52 Prozent (1982) auf 6 Prozent (2009).[173] Insgesamt konnten unvorstellbare 600 Millionen Menschen bitterster Armut entkommen – ohne dass dabei irgendjemand hätte ärmer werden müssen.

Lebenserwartung in China (Weltbank 2010)

---

[171] Globalisierung, Böhm/Lahodynsky, S. 96
[172] Die Zeit online, 15.2. 2007
[173] Chinas (uneven) progress against poverty, Martin Ravallion und Shaohua Chen, Worldbank Report, 2004

Die Kluft wird größer

„Die gegenwärtige Entwicklung, dass die Globalisierung Ungleichheit, Armut und Umweltzerstörung schafft, ist eine Folge des kapitalistischen Kernprinzips: Dass jeder sich selbst nützen soll. Dieses Prinzip hat zu Unternehmen von globaler Größe geführt, die die Demokratie ausgehöhlt haben"[174], so Christian Felber.

Die Kluft zwischen Arm und Reich sei unerträglich groß geworden, der Aufschwung komme nur einer Minderheit zu Gute. Das stimmt. Die Kluft ist tatsächlich größer geworden. Aber nur deshalb, weil eben viele Millionen reicher geworden und aufgestiegen sind, aber eben noch nicht alle. Niemand hatte dafür allerdings ärmer werden müssen. Gelang es etwa einem „ehrgeizigen" Chinesen 1980 (1978 hätte man ihn als „kapitalistisch" oder „gierig" tituliert), mit einfachsten Nähmaschinen Stirnbänder zu produzieren und für 100.000 Dollar jährlich an westliche Importeure zu verkaufen, so kassierte die „Bank of China" zwar die 100.000 Dollar des amerikanischen Importeurs ein (daher auch die unvorstellbaren Devisenreserven Chinas), sie druckte dafür aber 600.000 Renmimbi Yuan und überwies diese dem Chinesen-Exporteur auf dessen Konto. Damit bezahlte der dann seine Lieferanten und fünf Mitarbeiter, die „von der Straße kamen".

Eine Gesellschaft hatte nun mehr Geld, mehr Güter. Lieferanten hatten neue Aufträge und Arbeitslose ihre ersten Jobs. Und ohne, dass auch nur irgendwer ärmer werden musste. Der Unternehmer verdiente nun möglicherweise das 10fache seiner Arbeiter, aber diese das Doppelte von früher – oder überhaupt zum ersten Mal etwas.

Die Firma Bosch hat in Wuxi 3.000 neue Jobs geschaffen, bald werden es 4.000 sein. 300 Dollar im Monat sind schon für

---

[174] Neue Werte für die Wirtschaft, Christian Felber, S. 82

angelernte Arbeiter normal.[175.]Fachkräfte erhalten das Doppelte. Weil die Globalisierung an den Küsten („Container-Seehäfen") begann, vegetieren im Hinterland heute noch Menschen von 20, 30 Dollar. Somit ist die Kluft sogar innerhalb des Landes riesengroß. Sollte man aber jetzt das Bosch-Werk schließen, damit sich die Kluft nicht weiter vergrößert?

So viele Chinesen leben ...	1979	2009
... in bitterer Armut: Gelegenheitsjobs/Land < 20 Dollar/Monat	52%	6%
... als Fabrikarbeiter/Kleinbauern/Pensionisten Vor 1979 < 35 Dollar/Monat, 2009 <60 Dollar/M.	33%	29%
... als Mittelschicht: moderne Industrieberufe von 60 – 1.000 Dollar/Monat	5%	55%
... als reiche Funktionäre/Oberschicht >2.000 Dollar Vermögen, 2009 > 10.000 Dollar	2%	10%

Um die Entwicklung der chinesischen Gesellschaft zu demonstrieren, wurde diese nach sozio-ökonomischen Kriterien in Cluster unterteilt. Vor 1979 war über die Hälfte der Menschen extrem arm, 2009 waren dies nur noch 6%. Die Anzahl einfacher Fabrikarbeiter sank nur leicht von 33% auf 29%, aber nur deshalb, weil viele, die zuvor in bitterer Armut gelebt hatten, nun wenigstens eine Stufe aufgestiegen waren. Das sind heute die berühmten Wanderarbeiter aus dem Hinterland.

Von der ersten Generation Fabrikarbeiter (<60 Dollar) ist jener Anteil, der sich qualifizieren konnte, in eine neue Mittelschicht aufgestiegen. Zu dieser zählen nun auch Dienstleistungsberufe wie Ärzte, Rechtsanwälte, Nagelstudios oder Architekten. Zur Oberschicht gehörten früher ausschließlich Angehörige der kommunistischen Partei, heute gibt es 340.000 Dollar-

---

[175] Stuttgarter Nachrichten online, 22.4. 2010

Millionäre.[176] 10% der Chinesen verfügen schon über substantiellen Besitz wie Wohnungseigentum oder Auto.

Natürlich hat sich das Maß der Ungleichheit erhöht, aber die sozialen Spannungen sind heute um ein Vielfaches geringer als zu Zeiten des großen Hungers.

Felber hat recht, dass Kapitalismus zu Ungleichheit führt – weil die Menschen eben auch ungleich sind. Es heißt aber nicht, dass für den Aufstieg von 600 Millionen Chinesen auch nur ein einziger dafür ärmer werden musste.

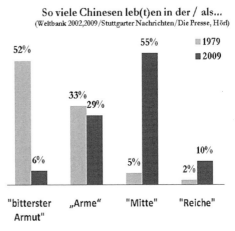

Felber hat recht, dass mit dem Wechsel zur kapitalistischen Produktionsweise neue große Unternehmen entstanden sind. Allerdings haben sie weder direkt noch indirekt zum Abbau von Demokratie geführt. Im Gegenteil: Chinas neue Privatkonzerne treten international als Konkurrenz zu US-amerikanischen Firmen auf und limitieren damit den Einflussbereich der alten Platzhirsche. Der seit Jahren sinkende Anteil von US-Konzernen am Welt-Volkseinkommen beweist dies eindrucksvoll.

Und es ist auch der Wohlstand, den die Großkonzerne schufen, der Chinas Bürger 1989 erste demokratische Freiheiten fordern ließ – gegenüber ihrer marxistischen Diktatur.

---

[176] Deutsche Bank Research: Der Aufstieg der Mittelschicht in China und Indien, 2006

Felber und der Welthandel

Erstaunlicherweise kam Christian Felber in einem Thesenblatt 2007 zum Ergebnis: „Je liberalisierter die Weltwirtschaft, desto geringer das Wachstum".[177] Welthandel führe zu Ausbeutung und Armut, so der Tenor. Dem steht Chinas Entwicklung diametral entgegen. Während seiner Zeit ohne Welthandel hatte das Land so stark abgebaut, dass das Riesenreich selbst vergleichsweise kleinen Ländern wie Japan gegenüber hoffnungslos unterlegen war. Erst als China seine Wirtschaft liberalisierte und mit der Globalisierung den Welthandel für sich entdeckte, begann seine einmalige Wachstumsstory.

Felbers Beobachtung, wonach das weltweite Wachstum (wegen des zunehmenden Welthandels, „Globalisierung") in den 90er Jahren im Durchschnitt nur bei 1,1% gelegen habe[178], ist schlicht falsch. Die wahren Zahlen sind im Internet ohne großen Aufwand innerhalb von 3 Minuten googlebar und liegen bei einem Vielfachen.

„Der Anteil von Afrika südlich der Sahara (690 Millionen Menschen) am Welthandel war 1998 kleiner als der von Belgien (10 Millionen). 1998 stellten die am wenigsten entwickelten Länder zehn Prozent der Menschheit, aber nur 0,4% der Exporte. Der Anteil südlich der Sahara sank von 2,3% 1980 auf 1,4% 1998"[179] (Anmerkung: Felbers Thesenblatt stammte aus dem Jahr 2007, der Stand der Zahlen aus 1998).

Die Zahlen mögen stimmen, auch wenn sie nicht mehr taufrisch sind. Doch stehen sie Felbers eigener Grundaussage entgegen, Welthandel und Globalisierung machten die Welt ärmer. Gerade weil Afrikaner südlich der Sahara – beinahe schon prinzipiell – nicht produzieren, gibt es auch keine Produkte, die man international für gutes Geld verkaufen könnte. Damit kann

---

[177] Aktuelle Daten zu Wirtschaft und Gesellschaft, Christian Felber, 2007
[178] Ebenda
[179] Aktuelle Daten zu Wirtschaft und Gesellschaft, Christian Felber, 2007

Afrika an Welthandel und Globalisierung nicht teilnehmen. Daher auch die große Armut.

> **Weltwirtschaft – Globalisierung**
> **Der Welt-Warenhandel stieg zwischen 2000 und 2006 um 6,6 Prozent jährlich. Das Pro-Kopf-Bruttoinlandsprodukt der Entwicklungsländer wies zwischen 2000 und 2006 ein Wachstum von fast 30 Prozent auf im Vergleich zu 10 Prozent der Gruppe der hochindustrialisierten Staaten (G 7).**
> Die jüngste Globalisierungsphase hat zu einer stärkeren Gewinnverteilung (von Nord nach Süd, Anm.) geführt, wobei das Pro-Kopf-BIP der Entwicklungsländer von 812 Dollar im Jahr 1980 auf 1.621 Dollar stieg.
> (XII. UNCTAD-Konferenz für Handel und Entwicklung, 2007)

Viele Staaten Westafrikas hatten im Jahre 1979 noch ein wesentlich höheres Bruttosozialprodukt (wie etwa die Elfenbeinküste mit 1.000 Dollar) als etwa China mit 290 Dollar. Allerdings war dieses nur dem Verkauf von (Agrar-)Rohstoffen geschuldet. Heute hat die Elfenbeinküste ein BIP von knapp 900 Dollar, China aber eines von über 3.000 (2010).

Wahrscheinlich ist es ein Mentalitätsproblem. Die chinesische Kultur ist – im Gegensatz zur afrikanischen – äußerst materialistisch orientiert. Wohlstand gilt als hohes gesellschaftliches Ziel. Und weil eine (asiatische) Gesellschaft verinnerlicht hat, dass sie nur mit der Produktion von Gütern zum ersehnten Wohlstand kommt, löste jeder Liberalisierungsschritt in Süd- oder Ostasien einen Produktivitätsboom aus. Diesen gibt und gab es in Afrika (leider) nie (vergleiche Kapitel „Und leider nicht ... in Afrika!").

Und die vielen Millionäre?

Felber klagt, dass die Zahl der „High Net Worth Individuals" mit Finanzvermögen von mehr als 1 Million Dollar weltweit alleine 2003 um 7,5% auf 7,7 Millionen angestiegen ist.[180] Mag sein. Das lässt sich in einer Gesellschaft, die innerhalb von 30 Jahren ihre Einkommen verzehnfacht hat (+ 900%!), aber nicht vermeiden. Im Unterschied zu anderen Schwellenländern bezahlen sie in China aber sehr hohe Einkommenssteuern. In China haben sich generell alle Schichten nach oben entwickelt, so auch die ganz Reichen. Mit Sicherheit haben sich dabei die Gagen der „Oberen 10.000" um ein Vielfaches stärker entwickelt als die der restlichen 1.300.000.000 Menschen. Als es Chinas Reiche noch nicht gab, waren Hunger, Armut und Aggression für die „restlichen 1.300.000.000" aber tägliches Schicksal.

5.6 Wenn die Karawane weiterzieht

„Kaum steigen die Lohnkosten in China, zieht die Konzern-Karawane nach Vietnam oder Bangladesch weiter. Denen geht es nur um Profit, typisch für den modernen Finanzkapitalismus!", empören sich nun Globalisierungskritiker. Teilweise haben sie auch recht. Allerdings machen das Konzerne, weil der Druck der Konsumenten, immer noch höheren Nutzen (Profit) durch noch billigere Einkäufe zu erzielen, sie dazu zwingt. Deutsche Tanktouristen fahren nach Österreich, um ein paar Euros zu sparen, Österreicher lassen sich in Ungarn die Zähne richten, Europas Autofahrer kaufen Hyundai. Und Siemens geht nach China.

---

[180] Ebenda

Jobs für jedermann

„Für einen Hungerlohn in Fabriken schuften – das war das Schicksal vieler Wanderarbeiter in China noch vor einigen Jahren. Doch nun kommt der Aufschwung in ganz China an, sodass es in den Industriezentren an Arbeitskräften fehlt. Wanderarbeiter können sich nun den Job aussuchen – und beginnen, Forderungen zu stellen", so in einer China-Reportage im Deutschlandfunk.[181]

Dass die Karawane weiterzieht, ist der Marktwirtschaft tatsächlich inhärent. Das macht auch nichts. Seit 1979 sind Chinas Löhne real um durchschnittlich 10 Prozent pro Jahr gestiegen. Alleine 2007 erhöhten sie sich um 20% netto. Um an gute Leute heranzukommen, müssen sich Chinas Firmen manchmal geradezu überbieten, und so bieten immer mehr schon freiwillige Sozialleistungen an. Auch stärkte die riesige Nachfrage nach Arbeitskräften die Massenkaufkraft Der Chinese Ye Lusheng im Deutschlandfunk: „Ich möchte mindestens 300 Dollar im Monat inklusive Verpflegung und Unterkunft. Und wenn möglich, möchte ich auch gar nicht in einer Fabrik arbeiten. Das mache ich nur im Notfall. Aber ich glaube, es gibt genügend andere Jobmöglichkeiten. Ich würde gern als Fitnesstrainer oder im Hotelmanagement arbeiten."[182]

Viktor Fung, Chef der Internationalen Handelskammer China, lächelt über das Klischee von der billigen Werkbank Chinas, wenn er meint: „Wenn ich ein billiges Produkt will, muss ich heute nach Bangladesch oder Vietnam gehen[183]". Die Volksrepublik China sei die technologische Leiter schon nach oben geklettert. Anstatt Spielzeug zu bauen, fertige man jetzt Hochgeschwindigkeitszüge. Die deutsche Firma Isler musste 2009 Auf-

---

[181] Deutschlandfunk, 27.3.2010
[182] www.dradio.de, 27.3.2010
[183] Im Interview mit der Presse 24.3.2010, S. 17

träge an vietnamesische Fabriken vergeben, weil chinesische keine ausreichenden Produktionskapazitäten mehr frei hatten. Also zieht die Karawane nun nach Vietnam – doch wird in China dafür keiner ärmer. Niemand wird deshalb gekündigt – die erfahrenen Fabriken Chinas versuchen sich nur an hochwertigeren Produkten. So ist der Lauf des Lebens.

„Wir sind die glücklichste Generation!", hat ein junger Bursche auf seinem Moped einem Reporter des Deutschlandfunks in Saigon im Sommer 2010 zugerufen. Und war laut johlend im Getümmel einer pulsierenden Stadt verschwunden.

5.7 Konzerne: Textilarbeiter ausgebeutet?

Oft wird im Zusammenhang von West-Konzernen und (etwa vietnamesischen) Textilarbeitern von Ausbeutung gesprochen. Und natürlich sind Monatsgehälter von 80 Dollar gering – deren Produktivität ist es mit nur 12% eines Singapur-Arbeiters aber auch.[184] In den Fertigungen ausländischer Konzerne pendeln die Löhne mittlerweile wenigstens zwischen 100 und 150 Dollar.

Wer leichtfertig von Ausbeutung spricht, möge alternative Produkte nennen, die ein Land herstellen könnte, das seine Wirtschaft erst 1986 liberalisiert hatte. Dessen Land und Bevölkerung nach vier (!) Kolonialkriegen am Boden lagen und dessen Kommunismus dann den Rest zugrunde richtete. Dessen Intelligenz entweder auf dem Schlachtfeld lag oder als Boat People" in den 1970ern vor der Planwirtschaft über das Gelbe Meer ins kapitalistische Amerika geflohen war (250.000 von ihnen waren dabei jämmerlich ertrunken).

---

[184] German Trade and Invest, 2.3.2011

Was hätte für Westfirmen sonst von Interesse sein können? 40 Jahre gemeinwirtschaftlicher Experimente hatten die Region von der technologischen Entwicklung abgekoppelt. Das einzige Fach, das alle Ost- und Südasiaten flächendeckend gelehrt wurde, war die politische Ökonomie eines Karl Marx. Politologen, Philosophen und Soziologen waren in marxistischen Systemen zahlreich und hoch angesehen. Für einen US-Maschinenbaukonzern, der in China produzieren mochte, war deren Wissen aber nicht verwertbar.

Sollte man ab 1986 (oder China ab 1979) wegen einer vitalen Kleinwirtschaft nach Vietnam (oder China) kommen? Außer ein paar ineffizienten Staatskolossen oder noch ineffizienteren Genossenschaften gab es dort keine Firmen. Ganz im Gegenteil: Wer (etwa in China) heimlich produziert hatte und damit Gewinne schrieb, hatte mit einer drastisch reduzierten Lebenserwartung zu rechnen. Wenn es also vor Ort weder Technologie noch Bildung noch Unternehmertum (mit guten Produkten) gab, dann blieb als einzige Ressource die günstige Arbeitskraft.

Wie seit Hunderten von Jahren wirft man Konzernen vor, „sie würden Regierungen und Nationalstaaten gegeneinander ausspielen, um am billigsten produzieren zu können". Doch ist das ein Teil des Lebens. Genauso, wie es jemandem erlaubt ist, heute ein Mobiltelefon „Made in China" und morgen eines „Made in England" zu kaufen. Vielleicht hat die chinesische Firma gerade gute Forscher an der Hand und somit einen Technologievorteil. Vielleicht hat das englische Werk gerade ausgebaut und damit einen Kostenvorteil.

Weil Konzerne von Menschen gesteuert werden und die auch das für sie Beste herausschlagen wollen, dürfen sie – ja, sollen sie geradezu – dorthin wandern, wo sie die größten Vorteile haben. Man nennt das in der Volkswirtschaftslehre den „komparativen Kostenvorteil". Wenn die Produktion immer dorthin geht, wo sie gerade die besten Produktionsbedingungen hat, dann werden die Ressourcen dieser Erde letztendlich optimal genutzt. Man nennt dies die „optimale Allokation von Ressourcen".

Gerade in rückständigen Gesellschaften ohne ausgeprägte Unternehmer- und Erfinderschichten können fremde Unternehmer Initialzündungen setzen. In jedem Fall erzeugen sie vor Ort Wertschöpfung: Wenn eine chinesische Fabrik in Bangladesch Textilien im Wert von 50 Millionen Dollar nähen lässt, dann druckt die Nationalbank des Landes Geldscheine in eben dieser Höhe und bringt sie über Beamtenlöhne (Lehrer, Krankenschwestern, Polizisten) oder Brückenbauten in Umlauf. Eine Gesellschaft wird also reicher. Ohne dass jemandem etwas genommen werden musste.

Die Arbeitsbedingungen sind für die Arbeiter in diesen Fabriken ohne Zweifel hart. Aber ihr altes Leben als Tagelöhner – 6 Monate im Jahr 14 Stunden täglich Knochenarbeit im Reisfeld für 10 oder 20 Dollar/Monat, dann 6 Monate arbeitslos – war noch viel härter. Je mehr Menschen in Bangladesch in Brot und Arbeit kommen – und sei es auch zu Billiglöhnen – desto mehr Güter werden produziert und Geld gedruckt. Und desto schneller steigt der Lebensstandard. Als Folge entstehen Dienstleister wie Ärzte, Architekten und Frisöre. Und auch für deren Leistungen wird die Geldmenge erhöht. Und dann bleibt nur die Hoffnung, dass sich unter der lokalen Bevölkerung Talente herauskristallisieren, die sich selbstständig machen und eigene

Firmen gründen. Und dann zündet der Wohlstandsturbo wie in China oder Südkorea.

Natürlich sind 200 Dollar-Löhne wenig – vor allem in Österreich. Für vietnamesische Verhältnisse stellt sich die Situation jedoch schon differenzierter dar: In einer Pension nächtigt man für 2 Dollar, für die Mahlzeit in einem Restaurant bezahlt man 0,20 Dollar (in Touristengegenden das Doppelte).

Wen wundert es, dass die Globalisierung in Südostasien von nur 6% der Bewohner als negativ angesehen wird, aber von 36% in Westeuropa. Platz 1. Österreich, Platz 2. Deutschland. Und dann lange nichts.

Auch in Österreich waren es einst Konzerne, die die höchsten Löhne zahlten und das Volkseinkommen entsprechend erhöhten: Beispielsweise Opel in Aspern (General Motors), BMW in Steyr, Borregaard in Hallein (norwegischer Papierkonzern), Sony in Anif und Thalgau, Siemens in Wien und Magna in Graz.

5.8 China 2012: Profit- vor Gemeinwirtschaft

Die Marktwirtschaft hat selbst Chinas Staatbetrieben gutgetan. Natürlich haben die alten Monopole geholfen, die anachronistisch produzierenden Betriebe in die Neuzeit zu retten. Viele Staatsfirmen hatte man (bis zu 49%) über die Börse demokratisiert. Weil Chinesen leidenschaftliche Spieler (und Zocker) sind, gehören die früher formalen Volksbetriebe heute tatsächlich auch dem Volk.

Trotz der Diskriminierung durch den Staat sind Chinas Privatfirmen dynamischer als die der staatlichen Konkurrenz. Li Jianming, Vizepräsident des „Gesamtverbandes Chinesischer Unternehmer" (CEC) meint: „Die Staatsunternehmen dominieren nach wie vor die umsatzstärksten Branchen. Aber kürzlich hat der Staatsrat neue Regeln erlassen, damit Privatunternehmen mit den Staatsbetrieben in einen fairen Konkurrenzkampf treten können."[185]

In der Liste mit „Chinas Top 500 Privatunternehmen 2010" hatten private Firmen eine Kapitalrentabilität von 5,79 Prozent, staatliche eine von 5,38 Prozent. Mitarbeiter staatlicher Firmen würden einen Umsatz von 52.700 Renmimbi (5.700 EUR) erwirtschaften, die Mitarbeiter privater Firmen jedoch einen von 78.600 Renmimbi (8.490 EUR)[186]. Beinahe 50% mehr.

Kapitalismus und Demokratie

Letztendlich wird Chinas Ehrgeiz seinen Menschen (neben Gütern und sozialer Sicherheit auch) die Demokratie bringen. Man spricht von einer Schwelle von 6.000 Dollar BIP pro Kopf, ab der sich die Bürger eines Landes von ihrem Wunsch nach Mitbestimmung nicht mehr abbringen lassen. Keine Gesellschaft, die ihre Güterproduktion gemeinwirtschaftlich organisierte, konnte in der Vergangenheit auch nur annäherungsweise an diesen magischen Wert herankommen. Im kapitalistischen China liegt das BIP heute schon fast bei 4.000 Dollar. Geht das Wachstum in diesem Tempo weiter, wird man in wenigen Jahren 6.000 Dollar erreicht haben. Muss China seinen Renmimbi Yuan aufwerten, auch schon früher. Dann wird es „spannend" werden. Wenn man an die brutale Geschichte Chinas denkt, hoffentlich nicht zu spannend.

---

[185] Beijing Rundschau, 15.10.2010
[186] Ebenda, 19.2.2012

5.9 „Zurück" in die Zukunft?

Große Firmen sollten in Felbers Gemeinwohl-Wirtschaft verstaatlicht werden. Ab 250 Mitarbeitern erhielten Belegschaft und Staat 25% der Stimmrechte, ab 500 50%. Konzerne über 5.000 Beschäftigte sollten zur Gänze vergesellschaftet werden. Man muss nicht nach China oder die Sowjetunion blicken, um die Erfolge solcher Experimente zu erforschen.

SPAR und BILLA enteignen, KONSUM auferstehen lassen

Würden Felbers Träume Wirklichkeit werden, würde das für Österreichs zwei größte Handelskonzerne die komplette Enteignung bedeuten. Bei SPAR würde man die Anteile den 10 Gründerfamilien wegnehmen, im Falle BILLA der Mutter REWE. Weil in Felbers Reich kapitalistische Aktiengesellschaften dann längst abgeschafft wären, würden die sozialisierten Staatskonzerne wahrscheinlich als „Non-Profit-Genossenschaft" betrieben werden. Um die Zukunft dieser Ver-Genossenschaftlichung von Privatbesitz braucht man nicht lange zu rätseln. Man braucht nur in Österreichs jüngste Vergangenheit zu blicken und erhält die Antwort:

Die Vergangenheit hieß Konsum-Genossenschaft. Sie gehörte 700.000 (SPÖ-nahen) Genossenschaftern, oberster Aufsichtsrat war Österreichs mächtigster Gewerkschafter, Anton Benya (SPÖ). Obwohl der Konsum gleich nach Kriegsende mit unzähligen Filialen (zu Niedrigstpreisen) an hervorragenden Standorten – nämlich in der Mitte von Gemeindebauten[187] – ausgestattet wurde, gab es schon 1958 erste finanzielle Probleme. Wer derweil bei der kapitalistischen Konkurrenz einkaufte, wusste um den Unterschied: Dort wurde jeder Kunde freundlich be-

---

[187] Mit „Gemeindebau" meint man in Österreich meist eine der 220.000 Wohnungen, die von der Gemeinde Wien ab den 1920er Jahren errichtet wurden.

grüßt, beim Konsum war das – wohlwollend formuliert – nicht immer der Fall. Dazu waren die Produkte beim Genossenschafter teurer, und es gab eine geringere Anzahl von Artikeln. 1.000 Artikel beim Konsum, 4.000 bei der Konkurrenz. Der Autor, der als BILLA-Angestellter 1995 in übernommene Konsum-Filialen zum Mithelfen geschickt worden war, kam aus dem Staunen nicht heraus. Bei BILLA erschienen pünktlich um 6 Uhr die ersten Mitarbeiter, um Brot und Frischware hurtig in Regale einzuschlichten. Beim Konsum erschien man nicht vor 7. Die ersten Aktivitäten: Kaffee trinken, rauchen, reden.

Beide sperrten sie um 8 Uhr auf: Bei BILLA war der Boden dann schon frisch gewienert, die Regale komplett eingeräumt. Bei Konsum standen die mit Waren bepackten Container-Wagen noch bis Mittag in den Gängen herum und verbreiteten den Charme einer muffigen Lagerhalle.

Mitgliedskarte Konsum Österreich 1977
Quelle: Wikipedia

Korruption in der Gemeinwohl-Ökonomie

Fast 20 Jahre in Serie hatte der Konsum Verluste geschrieben. Alleine 1983 fehlten sage und schreibe 1,3 Milliarden Schilling in der Kassa. Die Lösung sah man im „Sale and lease back". Dabei türmte man zwar weiterhin Jahr für Jahr immer neue Schulden auf, verkaufte aber jährlich die besten Filialimmobilien (an sozial-demokratische) Banken – um sie dann zurück zu mieten. Als keine Filialen mehr zum Verscherbeln da waren, war man pleite. Das war 1995.

Mit 26 Milliarden Schilling[188] Schulden war es die größte Insolvenz der Republik. Die Geschichte, und eigentlich die Konsumenten, hatten das „Non-Profit"-Genossenschaftsmodell demokratisch abgewählt – sie hatten dem Konsum ihren Konsum verweigert.

Für die meisten staatlichen Betriebe dieser Welt ist der „Non-Profit"-Anspruch meist die einzige Kennzahl, die (über-) erfüllt wird. Typisch für die Betriebe der Gemeinwirtschaft war auch die Korruption, die aus der Verflechtung von Staat und Politik herrührte. Im Fall des Konsums hatte der Generaldirektor der Gewerkschaftsbank BAWAG, Helmut Elsner (SPÖ), dem glücklosen Konsum-General Hermann Gerharter (SPÖ) 550.000 Euro zugesteckt – in bar. Zuvor hatte der sich seine Pensionsansprüche noch um stolze 1,235 Millionen Euro abfinden lassen.[189]

Gerharter selbst war im Rahmen mehrerer Gerichtsverfahren wegen betrügerischer Krida und Untreue zu 580.000 Euro Strafe verurteilt worden. Dafür hatte er bei seiner Hausbank, der SPÖ-„nahen" Gewerkschaftsbank BAWAG, einen entsprechenden Kredit aufgenommen. Die hatte diesen aber sang und klanglos irgendwann einmal einfach „glattgestellt" – auf gut Deutsch: Man hatte ihm den Kredit erlassen, also geschenkt. Notiz am Rande: Das zuständige Gericht hatte ursprünglich sogar vergessen, die Strafe Gerharters in Höhe von 580.000 Euro überhaupt einzukassieren. Wäre die BAWAG nicht durch einen Spekulationsskandal untergegangen, wäre nichts von alledem ans Licht gekommen. Den „gelernten Österreicher" wundert das ohnedies nicht mehr.

Wer sich an die Skandale des Jahres 2011 erinnert, dem kommt leicht das Grauen: Da hatten 100 von der Bundespolitik eingesetzte Telekom-Manager (SPÖ und ÖVP) sich Millionenbeträge durch fingierte Aufwände ausgezahlt. Die Telekom hat knapp 10.000 Mitarbeiter, nach Felber wäre sie heute zu 100%

---

[188] www.dasrotewien.at 6.1.2012
[189] Die Presse, 24.10.2007

zu verstaatlichen. Nun hält die Republik ohnedies nur noch 28% der Aktien. Offensichtlich immer noch zu viel, denn die Korruptionsanfälligkeit wächst mit der Höhe des Staatsanteils an Unternehmen.

Darum sollte auch die Telekom sofort demokratisiert werden, sprich: an die Bürger unseres Landes via Börse verkauft werden. Warum sollte ein Staat im 21. Jahrhundert eine Telefonfirma betreiben? Er baut auch keine Feuerwehrautos und füllt keine Limonade ab. Im Gegenteil zu erstgenanntem Wirtschaftszweig sind die beiden letzteren in Sachen Korruption nämlich nie negativ aufgefallen.

Ungerechtigkeit und Privatwirtschaft

Obwohl das offizielle BIP der Österreicher in den 70er und 80er Jahren mit dem westlicher Staaten vergleichbar war, waren die realen Lebensumstände bescheiden.[190] Die Bediensteten privater Betriebe hatten mehr und schneller zu arbeiten als die in Staatsbetrieben, verdienten aber gleichzeitig meist weniger. Dafür hatten die Bürger jährlich immer noch höhere Steuern zu bezahlen, um die Staatwirtschaft mit deren hohen Gehältern (und damit horrenden Verlusten) zu subventionieren.

Österreichs Staatswirtschaft war ungerecht: 75% der Menschen mussten härter arbeiten, damit 25% es entsprechend leichter hatten. Felbers Staatswirtschaft kann nur in einer „Mixed Economy" bestehen – würde die Mehrheit aller Firmen staatlich (und damit defizitär) werden, hätte man ein gewaltiges Finanzierungsdefizit; im Gegensatz zur Sowjetunion besitzt das Land kaum Bodenschätze, um seine neue Gemeinwirtschaft zu stützen. Und es hat keine BRD, die jährlich Milliarden Euro überweisen will.

---

[190] Man darf sich nicht täuschen lassen: Weil das Land so arm war, war der Baugrund – und damit das Bauen – billig

6. Und leider nicht ... in Afrika!

Das Buch „Dead Aid" von Dambisa Moyo hat aufgerüttelt. Das „Time Magazine" hat Moyo gar unter die 100 einflussreichsten Personen gereiht. Dabei hat die Volkswirtschaftlerin aus Sambia nur aufgelistet, was man ohnedies schon ahnte. Über 1.000 Milliarden Dollar Entwicklungshilfe (reiner Schenkungsanteil, ohne Rohstofferlöse oder Kredite) hatten in Afrika nichts erreicht.[191] Zudem habe Afrika weder von den hohen Rohstoffpreisen der 1970er profitieren können noch von denen dieser Tage. Längst seien ehemals ärmere Länder aus Asien mit Wachstumsraten von über 10% an Afrika vorbeigezogen.[192]

Schwarzafrika ist von der positiven internationalen Entwicklung völlig abgekoppelt. Es gibt keine einzige „afrikanische" (also von Afrikanern gegründete und betriebene) Fabrik, die in großem Stile produziert. Es fehlt(e) zu jeder Zeit und überall an Gründerwellen – und selbst Handwerker produzieren nur lokal und in Kleinstmengen. Einem ganzen Kontinent fehlen die Güter – damit kann er am Freihandel aber nicht teilnehmen und bleibt arm.

Die Misere Afrikas mit Kolonialismus oder Sklaverei zu begründen, griff schon in den 1970ern zu kurz. Äthiopien und Liberia waren etwa nie Kolonie, viele Gegenden wie Burundi oder Ruanda waren dies nur auf dem Papier. Einige Gebiete Kameruns waren zwar offiziell unter deutscher Kolonialverwaltung, doch waren 1897 von 2.600.000 Einwohnern Deutsch-Kameruns nur gezählte 253 Europäer – davon 181 Deutsche (und davon wiederum etwa 120 Erwachsene).[193] In Kamerun war auch die Sklaverei nur Nebenthema. Sie war dort früher

---

[191] Dead Aid, Dambisa Moyo, S.
[192] Ebenda, S. 60
[193] www.deutsche-schutzgebiete.de, 2.4.2012

verboten (1820) als etwa in den USA (1865) oder in Brasilien (1888).

Nur mit Abscheu und Entsetzen kann man an die finstere Zeit der Sklaverei denken. Über 500 Jahre hinweg waren insgesamt bis zu 12 Millionen Afrikaner verschleppt worden.[194] Das war schlimm – aber die Zeit in Europa war um vieles schlimmer: Allein die Pestpandemie von 1347 bis 1353 raffte in 6 Jahren 25 Millionen Europäer dahin, ein Drittel der damaligen Bevölkerung. Die Besitzungen des Erzstiftes St. Peter in den Salzburger Bezirken Pinzgau und Pongau waren damals zu 40 Prozent menschenleer und verödet.[195] Dann der Dreißigjährige Krieg, Pest-, Ruhr- und Typhuspandemien. Noch 1919 tötete die Spanische Grippe vom Typ A/H1N1 25 Millionen Europäer, der Wissenschaftler John M. Barry[196] spricht sogar von 50 Millionen Toten. Von den Weltkriegen ganz zu schweigen: Weltkrieg I: 17 Millionen Tote, Weltkrieg II: 40 Millionen Tote (in Europa).

6.1 Unternehmerinnen dringend gesucht

„Das Problem ist die Ungleichverteilung des Wohlstands zwischen Afrika, Lateinamerika und dem Westen!" – das klingt einfach – und doch nur wirtschaftsesoterisch. Es gibt keine Ungleich*verteilung*. Es wird in den einzelnen Gegenden nur unterschiedlich viel *erzeugt*. Und die Verschwörung des Westens gegen den Süden hat als Erklärung spätestens seit dem Aufstieg des viel ärmeren Südostasiens längst ausgedient

So hat sich in Westafrika seit seiner Unabhängigkeit kein einziger Unternehmer gefunden, der etwa in Pfannen Kaffee rösten

---

[194] Geschichte Afrikas, John Lliffe, S. 173ff
[195] Salzburger Bauer, 11/2010, S. 31
[196] John M. Barry: The Great Influenza. The Epic Story of the Deadliest Plague in History. 2004

wollte – und das trotz seiner Tradition im Kaffeeanbau. Vietnam hatte solch eine Tradition nicht. Und obwohl Vietnam das ärmste Land der Welt war, begannen Tausende verzweifelter Kleinbauern mit der Marktliberalisierung (von 1986), Kaffee anzubauen. Unzählige Kleinunternehmer versuchten sich im Rösten an der grünen Bohne. Nur 15 Jahre nach der Markt-Liberalisierung ist Vietnam heute der zweitgrößte Produzent von Kaffeebohnen und (zunehmend) führend bei geröstetem Kaffee. Qualitätsmängel nimmt man in Vietnam in Kauf, bis zu 30 Prozent der Kaffeebohnen werden in Rotterdam als Mangelware zurückgewiesen.[197]

Jedenfalls ist die Wohlstandskluft zu Afrika und Europa wesentlich geschrumpft – ohne dass Vietnam Europa oder Afrika dabei etwas weggenommen hätte. Vietnam produziert eben.

Entwicklungshilfe, „süßes Gift"

Der junge kenianische Ökonom James Shikwati sagte einmal klipp und klar: „Wer Afrika helfen will, der darf kein Geld mehr geben." Damit meint er nicht humanitäre Hilfe wie etwa nach Naturkatastrophen, sondern die „offizielle" Entwicklungshilfe in Form von Darlehen, Zuschüssen und Subventionen. Geldgeschenke lähmten nur den Leistungswillen und verhinderten Unternehmertum. „Wenn europäische oder US-amerikanische Steuerzahler afrikanische Projekte finanzieren", so der Ökonom, „dann verspüren die Menschen vor Ort keine Verantwortung mehr

James Shikwati, Kenyattischer Ökonom auf der TED 2007
Quelle: Wikipedia/Erik (HASH) Hersman

---

[197] Néstor Osorio, Direktor der Weltkaffeeorganisation bei einer Kaffee-Konferenz in Saigon

dafür". Beispiel Elfenbeinküste: Dort wurden für teures Geld in vielen Dörfern Brunnen mit manuellen Pumpen gebaut. Als erste Pumpen kaputt gingen, warteten die Einheimischen auf westliche Helfer, die sie dann reparieren sollten. Derweilen versorgten sie sich wie früher mit Wasser aus den Flüssen. Die Reparatur selber zu übernehmen kam niemandem in den Sinn – schließlich waren die Brunnen ja Geschenke.

So ergeht es Tausenden von Projekten. Ziehen Entwicklungshelfer ab, laufen die Maschinen noch ein paar Tage oder Wochen lang. Ist aber erst einmal die berühmte Schraube auszutauschen, steht alles still und keiner fühlt sich mehr verantwortlich.

Heute fahren die „Experten" staatlicher Entwicklungshilfeorganisationen oder NGOs in ihren klimatisierten Geländewagen durch den Sahel oder durch die Serengeti. Hier lassen sie einen Brunnen bohren, dort eine Solaranlage auf das Schuldach schrauben. Einem anderen Dorf übergibt man Notstromaggregate. Nicht selten waren die Experten dabei teurer als das verbaute Material. Und sind sie einmal weg, ist die Zukunft der installierten Güter mehr als ungewiss.

Wer kam eigentlich bei unseren Vorfahren im 18. Jahrhundert in einer Prunkkutsche vorbei und sprach beim Bürgermeister vor, ob denn das Dorf nicht eine Wasserleitung brauche? Wollte ein Tiroler Bergdorf Wasser auch in Dürrezeiten haben, dann hatten alle Dorfbewohner diese mühsam selber anzulegen. Niemand half und niemand schenkte Geld.

Entwicklungshilfe, die afrikanische Dörfer nach dem Zufallsprinzip mit geschenkten Brunnen oder Straßen überrascht, ist nicht nachhaltig. Sie erzieht zu Bequemlichkeit und Passivität. Schließlich braucht man nur zu warten, bis man auch einmal von der Glücksfee im Land Cruiser „gezogen" wird. Abgesehen davon hätte niemand so viel Geld, um einem kompletten Kontinent die Infrastruktur zu schenken.

Statistisch lässt sich belegen, dass Entwicklungshilfe, die ein bestimmtes Maß überschreitet (8% des Bruttosozialprodukts), das Wirtschaftswachstum des Empfängerlandes sogar verringert. Das durchschnittliche afrikanische Land erhielt in den neunziger Jahren jedoch Zahlungen im Wert von über 15% seines Bruttosozialprodukts.[198] Auch der Demokratisierungsprozess Afrikas leidet unter der zu starken Entwicklungshilfe. Paul Biya, der Diktator des ölreichen Kameruns, bestreitet 41% seines jährlichen Staatsbudgets aus (geschenkten) Entwicklungshilfegeldern. Die Gaben aus dem Westen zementieren alte Machtstrukturen. Ohne sie wäre die Welt um ein paar Diktatoren ärmer – und Biya ohne Job.[199]

6.2 Große Pläne mit der kleinen Bohne

Nestlé hat er auf seinem Heimmarkt schon das Fürchten gelehrt. Es war 1996, als der gelernte Heilpraktiker Dang Le Nguyen Vu im Kaffeerösten seine Chance auf Wohlstand sah. Mit Freunden schweißten sie in seinem Dorf aus alten Teilen Pfannen und rösteten ihren ersten Kaffee. Zarte 25 Jahre war er da jung. Vu erhielt weder Hilfe von einem NGO noch von irgendeiner Entwicklungshilfeorganisation. Alleine die Aussicht auf Wohlstand hatte den Aufbau des Konzerns beflügelt. Nach 14 Jahren beschäftigt seine ehemalige Hinterhof-Rösterei heute 1.000 Mann, sein Franchisesystem betreibt 1.000 Kaffeehäuser quer über Südostasien. Organisation und Design hat er von Nestlé und Co. kopiert. Seinen Instantkaffee hat er „G 7" getauft – weil er seine Bohnen eines Tages in den 7 reichsten Ländern verkaufen will.

Anfangs schweißte man noch gebrauchte Maschinen aus China zusammen, heute produzieren vietnamesische Firmen schon selber Röstanlagen.

---

[198] Vgl. Wir retten die Welt zu Tode: Für ein professionelleres Management im Kampf gegen die Armut , William Easterley
[199] Vgl. Wir retten die Welt zu Tode, William Easterley

„Wachstum gibt es in Asien doch nur, weil westliche Konzerne dort Milliarden investiert haben; davon profitieren ohnehin nur wenige", wissen Globalisierungskritiker. „Die Kaffeesparte ist symptomatisch für die Bereiche der Nahrungsmittelerzeugung in Vietnam. Fast immer dominieren kleine und finanzschwache Familienbetriebe[200]", weiß man hingegen bei der Germany Trade & Invest, der deutschen Wirtschaftsförderungsgesellschaft in Saigon. Südostasiens Aufschwung ist von den Abermillionen Kleinunternehmern getragen; die Westfirmen beschleunigten den Trend allerdings.

Kürzlich machte Dang Le Nguyen Vu für seine neue Kaffeerösterei in Boun Ma Thuot City 40 Millionen Dollar locker. Herzstück ist eine Kaffee-Röstmaschine, mit der man westliche Qualitäten erzeugen kann. RFB 350 heißt das schmucke Stück und kommt aus dem Haus Neuhaus Neotec. Das ist eine kleine Firma aus dem schleswig-holsteinischen Reinbek.[201] Es sieht aus, als ob sich die Vietnamesen nicht nur selbst am eigenen Schopfe aus dem Sumpf zögen, sondern auch „bei uns" für neue Jobs sorgten.

Vietnamesischer „G 7"-Instantkaffee in einem Supermarkt in Montreal.
Quelle: Wikipedia/Dragfyre

---

[200] http://www.gtai.de/ 9.2.2010
[201] http://www.kaffeesatzpr.de 9. 2. 2010

6.3 Geschäftsideen für Afrika

Wo sind die Vus in Afrika? Hier ein paar Ideen, was man produzieren könnte: Für die Kaffeerösterei wäre Westafrika besonders geeignet. Der Rohstoff ist in hervorragenden Qualitäten vorhanden, viel besser als etwa in Vietnam. Er ist denkbar günstig, weil in lokaler Währung zu erwerben. Importierter Kaffee ist zwar überall zu haben, aber unerschwinglich, weil in Dollar zu bezahlen. Damit hat man hohe Verkaufspreise bei gleichzeitig niedrigen Produktionskosten – ein El Dorado für Kaffeeunternehmer, bisher allerdings nur theoretisch.

Kaffeerösten braucht kein Hightech, die Abpackung würde – wie bei allen Jungunternehmern auf dieser Welt – vorerst mit einfachen Geräten von Hand erfolgen. Der Absatzmarkt wäre schier unendlich. Zusätzlich wartete „der gesamte Westen" sehnsüchtig auf die erste afrikanische Kaffeemarke, die fortan unsere (Herzen und) Verkaufsregale stürmen könnte.

Wie wärs mit Schokolade? Die Elfenbeinküste produziert heute 1,4 Millionen Tonnen Kakaobohnen, Ghana knapp die Hälfte.[202] In lokalen Supermärkten stapeln sich Cadburry- und Nestlé-Schokoladen um 5 Dollar. Findet sich denn niemand, der Schokolade lokal für einen Bruchteil davon produziert? Für eine erste kleine Produktion bräuchte man nicht einmal Maschinen, sondern nur Pfannen und Töpfe.

Über 800 Milliarden Dollar erzielte Nigeria in 50 Jahren mit dem Verkauf von Erdöl. Mit subventioniertem Benzin (um 0,10 Euro/Liter) und Stahlwerken im Landesinneren – ohne Gleisanschluss und Hafen, wie man am Tag der Eröffnung entsetzt bemerkte – verpulverte man sie wieder. Heute importiert das Tropenland sogar den Zucker.

---

[202] http://www.allchocolate.com, 9. 2. 2009

Im Großbritannien des 19. Jahrhunderts probierten sich verarmte Schmiede an der Produktion von mit Pferden gezogenen Mähwerken, an Drehpflügen und später auch an Dampftraktoren. Hunderte scheiterten, doch einige überlebten – und schufen Güter, Geld und Jobs.

Vom Steyr 80 wurden von 1949 – 1964 60.000 Stück gebaut. Sein unverwüstlicher Einzylinder-Dieselmotor (15 PS) gab ihm den Spitznamen „15er".
Quelle: eigenes Bild

Welcher Nigerianer besorgt sich alte Traktor-Baupläne wie die eines Steyr 80 („15er")? Die Technik aus den 50er Jahren ist simpel, und statt ein paar 100 westliche Großtraktoren mit 150 PS im Jahr zu importieren, könnte man für die Millionen Kleinbauern Afrikas den billigen 15-PS-Traktor sogar exportieren. Und Österreichs Entwicklungshilfe-Organisationen hätten ein sinnvolles Projekt.

Besser doch ein kleineres Projekt? Auf jedem afrikanischen Markt findet man buntes Plastikgeschirr „Made in China" oder „Vietnam". Warum? Bis vor Kurzem war Vietnam noch viel ärmer als die meisten Länder Afrikas. Und im Gegensatz zu Afrika verteilte hier weder irgendjemand Entwicklungshilfe-Milliarden noch gibt es dort Rohstoffvorkommen von Bedeutung. Wo ist der afrikanische „Entrepreneur", der eine alte Spritzgussmaschine auftreibt? Billiger (und profitabler) kann man nicht produzieren.

Ohne Kapitalisten kein Kapitalismus

Österreichs kleinstes Bundesland, Vorarlberg, war seit dem 15. Jahrhundert mit Hunderten kleinen Dorf-Sägen überzogen. Außer dem Sägeblatt aus Eisen kam alles aus den Wäldern. Lokale Minifirmen verdienten mit dem Verkauf „ihres" Rohstoffes Holz gutes Geld – ganz ohne Kapital.

Wenn ein afrikanischer Staat heute Holz (oder andere Rohstoffe) verkaufen möchte, kann er auf keine heimischen Unternehmer zurückgreifen – es gibt schlicht keine. Also muss man ausländische bezahlen. Und die müssen europäische Personalkosten hereinverdienen.

Stoffels Sägemühle im Vorarlberger Hohenems. Ab 1549 bauten Bauern zwölf Sägen am Salzbach. Bis auf das Sägeblatt war alles aus Holz, selbst die Schrauben. Quelle: Wikipedia/Friedrich Böhringer.

In Europa bauen sich Kleinunternehmer schon seit dem Mittelalter Sägemühlen, die zur Gänze aus dem kostenfreien Rohstoff Holz gefertigt sind – so können sie ihre eigenen Ressourcen selbst verwerten. Wenn in Afrika niemand auf die Idee kommt, sich so ein Sägewerk selber zu bauen, dann muss man solche Ideen halt nach Afrika tragen.

Geld ist in Afrika vorhanden, mehr als in China, Indien oder Vietnam zu Beginn von deren Industrialisierungen. Alleine 8 Millionen Auslandsnigerianer überweisen jährlich 3,3 Milliarden Dollar in die alte Heimat.[203] Für die erste Gründerwelle reichen ohnedies Werkzeuge wie Schweißgerät und Fräse aus. Dank Freihandel und Internet sind sie schon für eine Hand voll Dollars zu bekommen. Und Hinterhöfe für eine ebensolche Produktion gibt es an jedem Platz der Welt.

---

[203] Weltbankzahlen für 2007, auf: www.africannews.ch, 10. 2. 2009

6.4 Der „Business-Plan" für Afrika

In den USA haben spezielle Schulungsprogramme zahlreiche „afroamerikanische" Unternehmer hervorgebracht. Afrika braucht aber mehr: Den panafrikanischen Businessplan. In dessen Zentrum steht ein neuer Schultyp, die „Schule für Entrepreneurship". Sie soll junge Afrikaner zu jungen Unternehmern ausbilden. Wagen die dann diesen Schritt, sollen sie von westlichen Experten professionell in ihrer Selbstständigkeit begleitet werden.

An den Tourismusschulen Salzburg Klessheim gibt es seit Jahrzehnten einen erfolgreichen Post Graduate-Lehrgang, der jährlich 35 Menschen aus Entwicklungsländern zu Hotelmanagern ausbildet. Im Rahmen ihrer Ausbildung erfahren sie, wie man „vor Ort ein gutes Produkt" (er)findet, wie man seine eigenen Ressourcen damit vermarktet. Sie absolvieren in Vorzeigebetrieben Praktika, verfassen erste Businesspläne. Studien haben den Erfolg bestätigt: Eine Mehrheit macht sich in der Heimat später selbstständig, generiert Umsätze und Gewinne – und echte Jobs. Und weil die Zentralbanken der Länder in deren Umsatzhöhe neues Geld in Umlauf bringen, werden die Länder reicher.

Die Schule für „Kapitalisten"!

In Hunderten Schulen quer über den ganzen Kontinent muss in den Menschen die Leidenschaft erweckt werden, das eigene Schicksal in die Hand zu nehmen. Und das Bewusstsein, dass nur die Produktion von Gütern Wohlstand schafft. Die Vision: Auch Afrika soll einmal einen Bill Gates, einen Marc Zuckerberg oder einen Steve Jobs hervorbringen.

Jeder westliche Staat soll über seinen Entwicklungsdienst ein ganz bestimmtes Land betreuen – so hält ein Wettbewerb das Engagement der Geberländer hoch. Die potentiellen Schüler für jede dieser „Höheren Schulen" werden von den Volksschul-

Klassenlehrern am Land und in den Städten vorgeschlagen. Bei der Auswahl geht es vor allem um soziale Merkmale wie Aktivität/Leidenschaft, Durchhaltevermögen und Selbstdisziplin. Die Schule ist für alle Kandidaten anfangs gratis. Nach einer Welle erster Prüfungen müsste man aber die weniger geeigneten in andere Schultypen vermitteln.

Beim „Schul-Design" sollte man sich prinzipiell am angelsächsischen Modell orientieren. Das heißt also Schuluniform, Kurssystem, professionell gekleidetes Lehrpersonal, Führung als „High School" oder „Col-

lege". Immer als Ganztagsschule mit gemeinsamem Essen, mit sozialen wie sportlichen Aktivitäten und einem Internat.

Inhaltlich sollte man es um das duale Ausbildungssystem des deutschsprachigen Raumes ergänzen: Die Schüler sollten primär technische Fertigkeiten erwerben und eine Leidenschaft für technische Lösungen entwickeln. Im Rahmen von Stipendien könnten dreimonatige Praktika in westlichen Unternehmen abgeleistet werden. Idealerweise betreibt die Schule auch einen Gewerbepark, in dem junge Absolventen die ersten Jahre mit ihrer jungen Firma billig bleiben könnten.

Eine kaufmännische Abteilung und eine Bank für Klein-Kredite runden das Angebot in der Unternehmer-Schmiede ab. Man lernt das „1x1" der BWL, und am Ende steht ein Businessplan, am besten der für die künftig eigene Firma. Absolventen, die tatsächlich eine Firma wagen, werden zwei oder drei Jahre lang gecoacht. Idealerweise handelt es sich dabei um ehemals (erfolgreiche) Westunternehmer, die ihre „α-Power" nun weitergeben wollen. Die Trainer sollten ordentlich verdienen; dafür wird regelmäßig Rechenschaft verlangt.

6.5 „Flucht vor der Armut"

„Wir" wären schuld, dass so viele Senegalesen sich auf den Weg nach Europa machen würden, weiß man auch im Deutschlandfunk. So manches europäische Boot hätte sich an der Überfischung senegalesischer Hochseegewässer beteiligt, denn die Senegalesen könnten mit ihren Nussschalen nicht so weit hinausfahren.[204]

Die angedeutete „Verschwörung" des Nordens gegen den Süden gibt es nicht. Sonst hätte es eine ähnliche auch gegen Südkorea, Japan oder China auch gegeben. Und warum gibt es diese dort heute plötzlich nicht mehr?

Die Gründe für den Misserfolg sind wie immer vielschichtiger. Senegal ist ein streng muslimisches Land, auf 50% seiner Talente verzichtet man von Hause aus. Frauen werden teils brutal diskriminiert und unterdrückt. Doch sind repressive Gesellschaften nie erfolgreich, der Unternehmergeist wird hier ein Fremder bleiben.

Die Fischer-Boot AG

Als US-Siedler im 19. Jahrhundert die „Great Plains" besiedelten, da gründeten sie (neben den Saloons, natürlich) in neuen Städten als Erstes Börsen und andere Märkte (wie Pelzbörsen), um Produktion und Handel in Gang zu bekommen.

---

[204] www.dradio.de, 20.8.2008

Seit 1998 gibt es in Abidjan (Elfenbeinküste) eine kleine Börse, die Bourse Régionale des Valeurs Mobilières S.A.. Auf ihr werden die Wertpapiere von 8 afrikanischen Ländern gehandelt, darunter auch die von Senegal. Man müsste nur ein paar kreative Köpfe (mit kapitalistischer Gesinnung) finden. Die sammelten dann die vielen kleinen Überweisungen der Auslandssenegalesen vor Ort ein und gründeten die „Fischerboot AG". Die würde ein hochseetüchtiges Boot anschaffen und den Europäern dort Paroli bieten.

Nehmen wir an, es fänden sich zwei senegalesische „α-Tiere", Abayomi und Mokabi. Die hätten im Internet einen gebrauchten Trawler aus Frankreich für knappe 5 Millionen Dollar gefunden. Damit käme man auf See hinaus und könnte die heimischen Fanggründe endlich nützen.

Weil man 5 Millionen nicht zu Hause in der Tasche liegen hat, drucken sie 10.000 Anteilsscheine einer frisch gegründeten AG („Aktien") und verkaufen sie zum Preis von jeweils 100 Dollar (das können sich auch Arme leisten). Der Kaufpreis von 100 Dollar geht dabei ins Eigentum der Fischerboot-AG über, man bekommt ihn nicht mehr wieder. Allerdings könnte man den Anteilsschein über die Börse weiterverkaufen und so wieder an sein Geld rankommen.

Nun hat die „Fischerboot AG" eine Million an Eigenkapital (10.000 x 100 Dollar). Das ist essentiell, denn es braucht immer erst Eigenkapital, um dann Fremdkapital zu kriegen. Auch wer in Europa eine 100.000-Euro-Wohnung kauft, muss zuerst 20.000 Eigenkapital vorweisen, bevor er 80.000 Euro an Kredit erhält.

Die eine Million Eigenkapital eist nun ein Darlehen über 4.000.000 Dollar los. Man hat die fünf Millionen, kauft das Boot und geht damit auf großen Fang. Nehmen wir an, das Jahr war ein Erfolg: Den gefangenen Fisch konnte man für 500.000 Dollar verkaufen, für Dieselrechnungen und Gehälter blieben 200.000 auf der Strecke, und für Ersatzteile noch einmal 80.000.

Schweren Herzens ging die Kreditrate von 160.000 weg. Letztendlich bleibt ein Überschuss von 60.000 Dollar. 20.000 gehen davon als Steuern an die kleine Hafenstadt – die baut dort ihre erste Schule. 20.000 will man in ein neues Kühlhaus stecken und 20.000 verteilt man als Dividende an die Aktionäre. Mussten die Aktionäre einst 100 Dollar für den Anteilsschein riskieren, so erhält man nun 2 Dollar Dividende. Die Verzinsung, also die Rendite, beträgt damit immerhin 2%.

Das ist zwar weniger, als man auf dem Sparbuch kriegt, der Aktionär ist aber ohnedies eher am Kursgewinn interessiert. Resumé für die „Fischerboot AG": „Pekunia non olet" (Geld stinkt nicht). Nicht einmal, wenn es nach Fisch riecht.

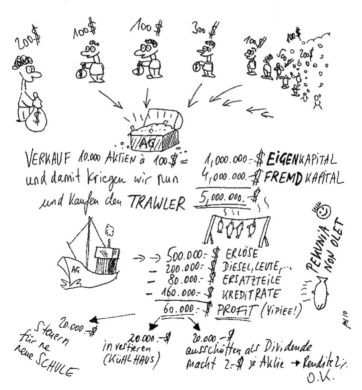

Eine moderne Gesellschaft kommt ohne Kapitalmarkt nicht mehr aus. Eine Gesellschaft von Handwerkern und Kleinstbetrieben ist romantisch oder nett, aber bettelarm – und aggressiv. Es braucht die Leit- und Großbetriebe, mit denen man Großgeräte oder Forschungen betreiben kann, und die gibt es nur mit Aktienkapital. Im verarmten Zwergenstaat Ruanda gibt es seit 2010 eine Börse, die Rwanda Stock Exchange – kurz RSE. Beim ersten Börsengang in der Geschichte verkaufte eine Brauerei 25% ihres Kapitals. Die Emission war dreifach überzeichnet, es ist also noch genügend Geld im Land für weitere Firmengründungen. Das zarte Pflänzchen Kapitalismus wurzelt nun selbst am Kiwu-See; möge es im Tropenklima wohl gedeihen.

6.6 Zieglers Zahlenmix: Von Äpfel + Birnen

Für Jean Ziegler ist das Problem schnell und einfach analysiert: „Die Völker der armen Länder arbeiten sich zu Tode, um die Entwicklung in den reichen Ländern zu finanzieren. Der Süden finanziert den Norden und insbesondere die herrschende Klasse der nördlichen Länder."[205] So habe sich die öffentliche Entwicklungshilfe 2003 für die 122 Länder der Dritten Welt auf 54 Milliarden Dollar belaufen, gleichzeitig hätten aber genau diese Länder 436 Milliarden Dollar als Schuldendienst an den Norden überwiesen. Und Ziegel wütend: „Diese Verschuldung ist die anschaulichste Illustration der strukturellen Gewalt, die in der heutigen Weltordnung am Werk ist".[206]

---

[205] Das Imperium der Schande, Jean Ziegler, S. 69
[206] Ebenda

Zieglers Zahlen falsch

Ziegler geizt auch hier nicht an wütenden Pauschal-Verdächtigungen, jedoch an Belegen oder Zahlen – zumindest solchen von wissenschaftlichem Niveau. Tatsächlich erhielt der Süden im Jahr 2003 54 Milliarden Dollar an Entwicklungshilfe – doch ist die Entwicklungshilfe nicht dazu da, um Kredite zu tilgen. Und wenn „der Süden" schon 436 Milliarden an Zins und Tilgung gezahlt hätte, dann für Kredite in der Höhe von etwa 2.554 Milliarden Dollar, die er zuvor erhalten hatte (2007).[207]

Was aber ohnehin nicht stimmt. Wenn Jean Ziegler davon spricht, dass „der Süden" die herrschenden Klassen des Nordens mit 436 Milliarden Dollar Schuldendienst subventioniere, dann erinnert der Wahrheitsgehalt eher an Propaganda-Sendungen von anno dazumal. Denn im Schuldendienst von 436 Milliarden Euro, den der „arme Süden" laut „World Development Report" (Weltbank) zu zahlen hatte, steckten tatsächlich die Kreditrückzahlungen zahlreicher Ländern drinnen – aber nur in verschwindendem Ausmaß jene aus den Entwicklungshilfe erhaltenden-Länder des „Südens". Der Löwenanteil der inkriminierten 436 Milliarden Dollar Schuldentilgungen stammte (genauso wie die 2.554 Milliarden Euro an Krediten) aus Osteuropa oder Asien. In den 436 Milliarden Dollar steckt vor allem der Schuldendienst von EU-Ländern wie Polen oder Tschechien. In den 436 Milliarden Rückflüssen an die „herrschende Klasse des Nordens" stecken vor allem jene Rückflüsse aus ölreichen Ländern wie Russland oder Kasachstan. Oder die aus der boomenden Türkei. Die 436 Milliarden enthielten Rückflüsse aus den bärenstarken Industrienationen China, Hong Kong oder Singapur. Aus den „High-Tech"-Tigerstaaten Malay-

---

[207] Weltbank: World Development Report, In: Fischer Weltalmanach 2006, S. 601

sia und Südkorea. Eingeweihte würden hier eher vom Osten denn vom Süden sprechen.

Dass Länder wie Polen oder Südkorea etwas von den 54 Milliarden Dollar „Entwicklungshilfe an den Süden" abbekommen hätten, ist dabei mehr als unwahrscheinlich. I

Aus südlichem Afrika floss (fast) nichts an den Norden

Die wirklich armen Gegenden dieser Welt, wie die Sub-Sahara-Länder (allerdings inklusive Südafrika), tragen mit 231 Milliarden den geringsten Teil an den Schulden von 2.554 Milliarden Dollar bei. Aber gerade diese Länder sind es, denen seit 1996 und vor allem seit 1999 regelmäßig nicht nur die Schulden, sondern auch Zinsen erlassen werden. Und es sind gerade die Länder, deren Staatshaushalte sich teilweise zu über 40% aus den jährlichen Geldgeschenken des Nordens finanzieren – ohne jeden Rückzahlungsanspruch.

Alleine 1999 hatte der Weltwirtschaftsgipfel in Köln ein Entschuldungsprogramm für die ärmsten Länder (Low Income Countries, LIC) dieser Welt beschlossen. 2000 wurden 34 Milliarden Dollar erlassen, im Durchschnitt waren das 47% aller Schulden der betroffenen Länder. 2005 erließen die führenden Industriestaaten den 18 ärmsten Ländern dieser Welt dann alle Schulden – in Höhe von 48 Milliarden Dollar.[208] Einige Jahre später kamen noch einmal 25 Milliarden an Schuldenerlässen bei anderen Ländern dazu.

Die Verschwörung des „Imperiums der Schande"

„Heute haben sich neue Feudalsysteme herausgebildet, die unvergleichlich mächtiger, zynischer, brutaler und gerissener sind als die früheren, nämlich die transkontinentalen Privatgesell-

---

[208] (Alle Schulden bei IDA, IWF, und ADF), G8-Konferenz in London, 10./11. Juni 2005

schaften", so Jean Ziegler.[209] Er sieht in ihnen eine Art Verschwörung, bei der die inkriminierten Organisationen die Welt beherrschten („planetarische Macht"), indem sie in einer Welt des Überflusses einen künstlichen Mangel erzeugten.

Wer bei „Mangel" spontan an Kommunismus und nicht an den Kapitalismus denkt, der hat Ziegler nicht verstanden. Er sieht auf der Welt überall „Kosmokraten, die übermenschliche Anstrengungen unternehmen, um die Kostenlosigkeit der Natur zu zerstören". Der Grund liegt Zieglers Fangemeinde schon auf den Lippen: Habgier und Profit. Indem die Kosmokraten Dienstleistungen, Kapital und Güter künstlich verknappten, würde dieses „Imperium der Schande" jährlich das Leben von Millionen Menschen vernichten.[210]

Zieglers Gedankengänge zu verstehen, ist auf der einen Seite leicht – wie Karl Marx fällt er auf die Irrungen des Nullsummenspiels herein. Auf der anderen Seite fällt es aber schwer, weil die wütend in die Welt gebellten Vorwürfe nicht (wirtschafts-)wissenschaftlich untermauert werden.

Ein vietnamesischer Kleinunternehmer kocht Schokolade und verkauft sie am Markt, seine Notenbank druckt im selben Ausmaß Banknoten und bringt sie über Beamtengehälter unters Volk – darum hat er nun mehr Geld, und sein Volk hat mehr Güter und mehr Jobs. In reicheren westafrikanischen Ländern findet sich niemand, der so etwas wie Schokolade produziert. Weil es dort somit weder Jobs noch Güter gibt, braucht es auch keine Geldnoten. Nun aber den Schluss zu ziehen: „Der vietnamesische Schokoladeproduzent verfügt über Geld, in Westafrika tut man das nicht – also hat die herrschende Kosmokraten-Oberklasse Vietnams das arme Westafrika ausgebeutet", das macht keinen Sinn.

---

[209] Das Imperium der Schande, Jean Ziegler, S. 29f.
[210] Ebenda, S. 31

Die eigentliche Tragödie ist doch: Weil Afrika ohne eigene Güter nicht am Welthandel teilnehmen kann, ist es für die meisten Konzerne schlicht uninteressant.

Entwicklungsländer Deutschland, Österreich

„Man braucht keine Maschinengewehre, kein Napalm, keine Panzer, um die Völker zu unterwerfen und ins Joch zu zwingen. Dafür sorgt heute ganz alleine die Verschuldung." Die Verschuldung von „Dritte Welt"-Ländern wie Polen, Tschechien, Russland oder China? Die können sich ihren Schuldendienst locker leisten – ihre Staatshaushalte strotzen vor Geld. Jean Ziegler vertauscht bei seinen Zahlenkonstruktionen Äpfel mit Birnen. Aus der Sensationsmeldung „Die Dritte Welt des Südens bekommt zwar 54 Mrd. Dollar Hilfe aus dem Norden, muss aber gleichzeitig 436 Mrd. Dollar an diesen für Schulden bezahlen!", bleibt bei genauerer Analyse nichts als Propaganda.

Kein Wirtschaftsjournalist, dem solche Zahlen spanisch scheinen. Kein Medium und kein Verlag, der hier dem Mainstream widerspricht. Lesen Medienleute Ziegler nicht? In Bezug auf das Wirtschaftswissen in der Bevölkerung gehören Deutschland oder Österreich zu den ärmsten Ländern dieser Welt. Die Zahlen, die Europas linker Mainstream heute produziert, können gar nicht so falsch sein, als dass sich nicht sofort genügend Empörte fänden, die sich selber nun noch mehr empörten und die solcherart empörenden Zahlen nun sofort wütend in die Welt hinausmultiplizieren. Mit Kritik – oder gar Opposition – hat „Europas Mainstream" nur im Ausnahmefall zu rechnen.

Wenn es Europa nicht gelingt, seine Bevölkerung schleunigst (professionell) betriebswirtschaftlich auszubilden, dann wird der Kontinent letztendlich nicht an der Finanzkrise scheitern, sondern am Bildungsnotstand dieser Zeit.

7. Irrtümer über unsere Wirtschaft

Kritische Ideen – abseits des breiten Mainstream – haben es in Europa immer schon besonders schwer gehabt. Wer nicht links denkt, dem unterstellt man ohnedies, sich im Dienste (fremder) Mächtiger zu verdingen. Doch Europa braucht Kritik, denn sein System ist ja nicht fehlerfrei. Das hier vorliegende Buch sieht es als demokratische Herausforderung, kritische und kaum veröffentlichte Ansichten offen zu diskutieren. Es will das „in Österreich nie Ausgesprochene" aussprechen. Und bittet um Verständnis, wenn „in Österreich noch nie Gehörtes" auf den ersten Blick auf Unverständnis stößt.

7.1 „Banken und Spekulanten haben an der Krise Schuld"

Christian Felber liegt im Mainstream, wenn er die Verstaatlichung des Bankensektors fordert. Dabei sind 80% der deutschen Banken, die Staatshilfe beziehen (müssen), in Staats- und Landesbesitz. Es war ihre Nähe zur Politik, ihre ohnehin falschen (und falsch ausgebildeten) Mitarbeiter, die in die Katastrophe führte. Und ein Geschäftsmodell, das sich nicht am Markt, sondern an politischen Projekten messen musste. Nicht die Wirtschaft, sondern die Politik muss man an die Kandare nehmen. Denn beim Staat liegt nicht die Lösung, sondern der Grund fürs internationale Schuldenchaos.

Die Staatsschuld an der Staatsschuld

Es begann in den 1990ern unter Clinton: Im Community Reinvestment Act zwang man US-Banken, das Produkt „Subprime" überhaupt erst zu erfinden und Kredite an Millionen Menschen aus der Unterschicht zu geben. Auf Geheiß der Politik (der US-Notenbank-Chef wird vom US-Präsidenten bestellt) senkte

Amerikas staatliche Zentralbank „FED" die Staatszinsen von 8% auf 3%. Die großen staatlichen Bausparkassen („Fanny Mae", „Freddy Mac") hatten als Rückversicherer den Banken schon seit 1934 Kredite ab- und als Anlagepapier weiterverkauft. Es war aber die Clinton-Administration, die die staatsnahen Bausparkassen nun zwang, dabei auf eine (nennenswerte) Bedarfs- oder Bonitätsprüfung zu verzichten. Richtig gelesen: Die „toxischen" Wertpapiere wie Mortgage Backed Securities hatten meist staatliche Emittenten!

Die Schwemme mit billigem Staatsgeld verfehlte ihre Wirkung nicht; Amerikas Mittelschicht ging shoppen und bescherte dem Land einen viel bewunderten Boom – auf Pump. „Demokratisierung des Kredites" nannten Demokraten dies in ihrer Werbung – die Wahlerfolge gaben recht. Und schon damals blähte billiges Staatsgeld neue Blasen auf – Stichwort „dot.com".

In Amerika verschuldeten sich Private – in Europa der Staat

Unter George Bush war Staatsgeld dann fast gratis (1%) – und aus „normalen" Menschen wurden Spekulanten. 2006 kaufte man jede vierte Immobilie zu Vermietungszwecken. Selbst für Millionen, die keinen (echten) Job ihr Eigen nennen konnten, bürgten US-Ministerien („Federal Housing Administration", FHA). Alleine für die (staatliche) Bausparkasse Ginny Mae bürgt die (staatliche) FHA heute für über 1.000 Milliarden an Schrottkrediten. Immer häufiger kauften Amerikas „Everyday People" mit ihren „2%-Krediten"[211] aber nicht mehr nur Häuser oder Mietappartements, sondern ließen den neu aufgenommenen Kredit gleich auf dem Konto liegen und beauftragten ihre Bank, (z.B.) 10% pro Jahr daraus zu machen. So sammelte sich das staatliche Billiggeld dann bei den Banken.

---

[211] Annahme: 1% Leitzins plus 1% Bankspanne

Eigentlich logisch: Würde der Staat den Ölpreis auf fast null absenken (etwa durch den Verzicht auf Mineralölsteuer), könnten Ölkonzerne die Benzinpreise halbieren. Die Menschen würden plötzlich Sprit verschwenden oder damit spekulieren. Umsätze und Gewinne von Ölfirmen explodierten, ebenso die Aktienkurse. Deswegen hätten Ölkonzerne aber die (unweigerlich darauf folgende) Erdölkrise genauso wenig verursacht wie die Banken die staatlich initiierte Geldschwemme.

Obwohl George Bush im Jahr 2004 politisch eigentlich schon am Ende war (Abu Ghraib, Irak-Krieg, Guantanamo,…), wurde er (wenigstens diesmal) zweifelsfrei (wieder)gewählt: Hatte er doch Millionen „Kleiner Leute" ein besseres Leben (auf Pump) ermöglicht, als es die eigenen Verhältnisse eigentlich ermöglicht hätten – wie Europa im „System Kreisky".

„System Kreisky" trieb Europa in die Krise

Im Unterschied zu Amerika verschuldeten sich die Europäer nicht privat, sondern überließen es dem Staat. Nationalratswahl 2008: Vor der Wahl versprach die SPÖ den Ausbau des Sozialstaates („Anti-Teuerungspaket") – mit Geld, das man nicht hatte. Nach der (gewonnenen) Wahl fand man ebendies heraus und nahm neue Schulden auf. Einem Wahljahr (2008) folgten drei des medialen Dauer-Hickhacks, wo man nun das Geld für die Versprechen des einen Jahres herbekommen könne. So zerreibt sich unsere Republik schon seit Jahrzehnten und vergeudet (neben unserer aller Zukunft) auch noch unsere Nerven und die Glaubwürdigkeit der Politik.

Mit diesem „System Kreisky" gewinnt in Europa seit den 1970ern immer der die Wahl, der sich die meisten Sozialleistungen ausdenkt – auf Pump. Immer weniger wollte man arbeiten, ging immer früher in Pension. Selbst, wer nie etwas einbezahlt hatte, bekam eine Staatspension. 23 Milliarden Euro schießt der Staat für Zinsen und die Subvention der Rentner zu, 13 Milliarden Euro pumpt er sich dafür ein jedes Jahr. Mehr als 100 Abfangjäger kosten.

Im Gegensatz zu Häuslebauern tilgen Staaten ihre Schulden aber nicht – sie zahlen nur die Zinsen. Die Wahl von 1971 gewann Kreisky mit einer Heiratsbeihilfe von 15.000 (!) Schilling. Dafür benötigte man von 1972 bis 1987 jährlich 1 Milliarde Schilling neuer Kredite. Nur für die erste Milliarde aus 1972 wird man 2012 schon 40 Jahre lang Zinsen bezahlt haben. Etwa 200% (40 Jahre à 4% jährlich). 100 Jahre nach dem Kreisky-Sieg sind es dann insgesamt 400% Zinsen – nur für die erste Milliarde.

P.S. 1: Und immer noch ist davon kein einziger Groschen getilgt.
P.S. 2: Dabei wurde auch 1973 eine Milliarde Kredit neu aufgenommen. Und auch 1974, 1975, ...

Griechenlands panhellenistische sozialistische Partei „PASOK" nahm nach jeder Wahl bis zu 50.000 Vertragsbedienstete mit Drei-Jahresverträgen auf, um ihnen im Falle eines Wahlsieges die Verbeamtung zu versprechen. Heute hat das Land 800.000 Staatsangestellte, bei 350.000 fällt die Definition eines operativen Aufgabenbereiches schwer. Eisenbahnschaffnern versprach man 420 Euro monatlich, wenn sie sich die Hände wuschen. Busfahrer bekamen 310 Euro, wenn sie pünktlich zur Arbeit kamen. In Russland hob Vladimir Putin am Vorabend zur Wahl mit einem Federstrich die meisten Pensionen um 25% an. Seitdem nimmt das Land jährlich fast 4 Milliarden Euro zusätzlicher Schulden auf.

In vielen Ländern versprach man Baby-, Kinder oder Ehebeihilfen, um sie einige Zeit nach der Wahl dann wieder abzuschaffen. Lateinamerikanischen Politikern hätte man in ähnlichen Fällen Wählerkauf vorgeworfen.

Silvio Berlusconis Forza Italia verschenkte in bestechender Offenheit gleich direkt Einkaufsgutscheine an junge Pärchen.

Partei	Geldversprechen	HIN und ...	... WEG
PASOK	46.000 Verbeamtungen zeitl. befristeter öffentlich Bediensteter	GR 1981	nicht
PASOK	€ 310 für Pünktlichkeit, € 420 monatlich für Händewaschen	GR 90iger	2011
Einiges Russland	Erhöhung Kleinpensionen 25%	Russland 2007	nicht
SPD	Pensionsantritt vor dem 65. Lebensjahr	BRD 1972	gepl.
Parti Soc.	Senkung Wochenarbeitszeit auf 35 Stunden	Frankreich 1997	2008
Labour	Baby-Prämie € 2.500	England 2005	2011
Sozialisten	Kinderprämie € 2.500.-/€ 3.500	Spanien 2008	2011
Forza Italia	Baby-Bonus € 1.000, Einkaufsgutscheine €1000 für Pärchen	Italien 2005	2012
CDU	Senkung Tabak- und Kaffeesteuer	BRD 1953	1955
SPÖ	Heiratsbeihilfe 15.000 Schilling	Ö 1971	1987

So wuchsen Europas staatliche Schuldenberge, bis sie heute umzukippen drohen. Natürlich haben Banken an der Ausgabe von Staatsanleihen (1% Umsatz) verdient. Lebensversicherungen haben 3,5% Anleihezinsen kassiert und nur 3% an Anleger weitergegeben. Aber selbst, wenn man 4 Jahre lang diese 0,5% (Umsatz!) „einstreifen" konnte, was ist es gegen die 50%, auf die man nun verzichten muss? In der Endphase der Staatsgeldflut gelang mit Anleihen manch Spekulationsgewinn. Na und? Wenn ein Privatmann jährlich neue Schulden macht, ohne die alten je zu tilgen, dann ist er eben nach 40 Jahren pleite. Und es ist allein seine Schuld, auch wenn die Bank seine letzten Schuldpapiere schnell noch irgendwie verhökern konnte. Es war übrigens der französische Staat, der seinen Banken untersagte, sich von griechischen Anleihen zu trennen – und der jetzt seine Banken stützen muss. Und generell gilt: Wie alle Firmen haben auch Banken am liebsten Kunden, die Rechnungen begleichen, anstatt sie in den Konkurs zu treiben.

Private Banken waren da besonnener: Deutschlands Raiffeisen- und Volksbanken-Verband appellierte an die rotgrüne Bundesregierung unter Gerhard Schröder, die unkontrollierte Schuldenaufnahme zu stoppen. In einer eigenen Petition warnte man 2003 vor Turbulenzen, die von der „Aushöhlung des Stabilitätspaktes" ausgingen.

Wenn man sich im linken Mainstream bald wieder empören wird, dass „die Banken und Spekulanten wieder zocken, als hätte es keine Krise gegeben", dann hat dies (wie immer bloß) einen Grund: Der Staat verschenkt sein Staatsgeld wie in Europa seit den 1970ern und in Amerika seit den 1990ern. „Die aggressive Geldpolitik der internationalen Notenbanken ist Grundlage für den Anstieg der Börsen", analysiert Erich Stadlberger von der Oberbank, wenn er den Börsenaufschwung für 2012 betrachtet.[212]

Im April 2012 „verschenkte" die EZB Eurogeld zum symbolischen Zins von 1% an Europas Banken. Die der USA und Großbritannien taten Ähnliches, und so „druckte" man in nur 4 Wochen (per Mausklick) unbeschreibliche 4.000 Milliarden Euro. Damit schlägt man sogar 2006 – das Jahr, dem der Einsturz der Geldberge folgte.[213]

---

[212] Gewinn 4/12, S. 51
[213] Gewinn, 4/12, S. 45

7.2 Für „Ökonomisierung der Gesellschaft"

Selbst Spaniens Immobilien-Blase fußte auf staatlichem Geld – dem der Europäischen Zentralbank EZB. Mit 2% war es – wegen des schwächelnden Deutschlands damals – künstlich billig gehalten worden. Spaniens Wirtschaft war durch EU-Direktzahlungen (vor allem aus Deutschland) hingegen aufgeheizt, da erzielte der (staatlich verordnete) Billig-Zins ein ähnliches Ergebnis wie das Löschen eines Brandes mit Benzin. Als die so staatlich initiierte Immobilienblase platzte, erklärte man es einem ökonomisch ungebildeten Volk mit der Schuld von Banken oder Spekulanten.

Kein Wunder: Wer in Europa heute über Wirtschaft spricht, hat nur ausnahmsweise einmal im BWL-Unterricht (oder gar in der Privatwirtschaft) gesessen. Wer aber nicht versteht, wie Märkte (also Menschen) ticken, der geht denen auf den Leim, die sich die Welt mit Hilfe von Komplotten zusammenreimen. Mit dem Komplott des Kapitals oder von Konzernen, mit dem der Banken oder Spekulanten.

Wenn es Europa nicht schleunigst gelingt, seinen Lebensstandard nachhaltiger zu gestalten und seine Bürger ökonomisch auszubilden, dann hat der Kontinent die wirklich großen Krisen noch vor sich – den Zenit des Wohlstandes allerdings schon hinter sich.

7.3 „Frauen werden diskriminiert!"

Wenn die der SPÖ nahestehende Tageszeitung „Österreich" den Frauenbericht eines SPÖ-Ministeriums („Für Frauen und Öffentlichen Dienst") abdruckt, dann sind Überraschungen nicht zu erwarten. Tenor: Österreichs Männer diskriminieren ihre Frauen. Warum sonst würden diese bei gleicher Qualifikation denn um so viel weniger verdienen. Um 25,5% nämlich hätten die durchschnittlichen Bruttostundenverdienste der Österreicherinnen 2006 unter jenen der Männer gelegen.[214] Nur im Öffentlichen Dienst wären die Unterschiede geringer, Frauen also weniger (von Männern) benachteiligt (worden).

> **Frauenbericht 2010**
> Superg'scheit, aber unterbezahlt!
> (Österreich, 28.5.2010)

Die angedeutete Verschwörung verliert an Gewicht, wenn man den Bericht dann selber liest. Da steht zum Beispiel, dass beinahe in der gesamten OECD Burschen bei technischen und mathematischen Fächern signifikant stärker talentiert seien als Mädchen. Und das, obwohl zwei Drittel des (österreichischen) Lehrpersonals Frauen sind. Beim Lesen wiederum seien Mädchen stärker.[215]

Akademiker ist nicht gleich Akademiker

„Österreich ein Land der Machos, auch 2012 keine Spur von Gleichbehandlung", klagt der linke Boulevard.[216] Dabei wären Frauen sogar noch besser qualifiziert als Männer, hätten bei Uniabsolventen sogar eine Mehrheit von 55%.

> **Macho-Falle für Frauen**
> Sie verdienen 34,4% weniger, Kaum Zugang zu Chef-Etagen
> (Österreich, 8.3.2012)

Doch kann es Gleichbehandlung nur bei Dingen geben, die auch gleich sind. Unglücklicherweise studieren Frauen aber vor allem geisteswissenschaftliche Fächer, Männer hingegen die (aufwendigeren) technischen. 95% der Pferdewissenschaftler

---

[214] Frauenbericht 2010, „Sozioökonomische Situation", S. 3
[215] Frauenbericht 2010, „Bildung", S. 21
[216] Österreich, 8.3.2012

sind weiblich, 70% sind es bei den Publizisten, Jobs gibt es dort nur ausnahmsweise. Bei Elektrotechnik werden Frauen auf Händen getragen, denn neun von zehn Studenten sind hier Männer.

Nun werden die Leistungen von Maschinenbauern von einer Gesellschaft aber stärker nachgefragt als die von Philosophinnen – ist doch beinahe jedes Produkt dem Know-how eines (Diplom-)Ingenieurs geschuldet. Die Leistungen von Philolog(inn)en, Soziolog(inn)en oder Politolog(inn)en hingegen werden von der Wirtschaft (und ihren Bürgern) gar nicht nachgefragt. Für diese ist ein regulärer Job ein Zufallstreffer, beziehungsweise erfordert er zusätzliche Bildungsanstrengungen auf anderen (oft kaufmännischen) Gebieten.

Frauen wählen ihr Studienfach eher nach Gesichtspunkten „Macht es mir Spaß?" aus oder „Bin ich damit unter interessanten Menschen?". So entscheiden sie sich oft für „soziale Jobs", auch wenn die wenig oder gar kein Geld versprechen. Für Männer steht bei der Berufswahl eher das Verlangen im Vordergrund, einmal gut davon leben oder eine Familie ernähren zu können. Oder sich eine Partnerin „leisten" zu können, die beruflich weniger Ehrgeiz an den Tag gelegt hat. Und die von ihrem künftigen Partner erwartet, sie ernähren zu können.

Der Markt bestimmt den Lohn

Bei einem Vortrag erläuterte ein Unternehmensberater einmal die Lohnfindung bei neuen Angestellten eines soeben gegründeten Betriebes: Eine alleinerziehende Mutter, die nur an drei bestimmten Vormittagen arbeiten konnte, erhielt den Lohn gemäß Kollektivvertrag. Ein flexibler (weil kinderloser) junger Mann, der für jeden Dienst – auch an Sonn- und Feiertagen und am Abend – eingesetzt werden konnte, bekam um 20% über dem Kollektivvertrag bezahlt. Er hatte für das Unternehmen einen höheren Wert, weil er flexibler einsetzbar war. Dadurch kann die Firma ihre Ressourcen besser auslasten, kann mehr und höherwertiger produzieren und verdient letztendlich mehr.

Natürlich erklärt die Andeutung, „die Männer würden sich hinter den Kulissen (oder augenzwinkernd) absprechen, um sich auf Kosten der Frauen zu bereichern" das Problem einfacher. Allerdings nicht wissenschaftlicher. Und so erstaunt der Lösungskanon als Folge solcher Studien in Österreich nur mittelstark: „Staatliche Vorschriften sollen Frauenquoten in Unternehmen vorschreiben".

Als Harald Schmidt in seiner Show am Weltfrauentag 2011 Helmut Zerlett, den Leiter seiner Big Band, fragte, ob der denn für die Frauenquote wäre, kam es aus dem Mund geschossen: „Aber, natürlich!" Nicht einmal Helmut Schmidt war aber aufgefallen, dass in Zerletts Band keine einzige Frau zu sehen war. Ja, dass man sich nicht einmal erinnern konnte, jemals dort eine Frau gesehen zu haben. Sollte eine Frauenquote in Zerletts Besetzungspolitik eingreifen? Sollte der Staat, falls sich keine Musikerinnen fänden, gar welche zu solchen bestimmen?

Und das ist auch das Problem in den Betrieben. Im Personalmanagement gibt es eine Mehrzahl weiblicher Leiter. Wurden Männer also diskriminiert? Nein, Frauen zieht es magisch in den Personalbereich. Wer einmal als (einziger) Mann in einer Psychologie-Vorlesung gesessen hat, weiß, wovon hier gesprochen wird. Im Gegensatz zum „Human Ressource"-Bereich finden sich in der Produktion (dort wo die höchsten Löhne sind) bloß Männer. Kein Wunder, zu über 90% zieht es sie in technische Fächer.

Selbst innerhalb desselben Studienfaches gibt es noch Unterschiede: Obwohl VerkäuferInnen genauso erfolgreich sein können wie ihre männlichen Pendants, will nur eine Minderheit der Betriebswirtinnen die brutalen Knochenjobs im Verkauf. Betriebswirtinnen zieht es lieber in die zweite Reihe, ins Controlling oder in das Marketing. Dorthin dringt zwar nicht der Pulverdampf von der Verkaufs-Front, jedoch auch kein dicker Bonus bei Erfolg.

Der öffentliche Dienst zahlt keine Marktgehälter

Im öffentlichen Dienst gibt es bei der Bezahlung zwischen Mann und Frau kaum Unterschiede – kein Wunder, zahlt der Staat doch nicht nach Leistung, sondern nach der Länge der Dienst-Zugehörigkeit. Lehrerinnen, die wegen ihrer Kinder nur halbtags arbeiten, sind meist nur an drei oder vier Vormittagen in der Schule. Kaum ist die letzte Stunde abgehalten, eilt man schon zum Nachwuchs heim.

Damit stehen sie am Nachmittag aber weder für ausführliche Eltern- oder Schülergespräche zur Verfügung noch können sie Aufgaben in der Schule übernehmen, die über die rein gehaltenen Unterrichtsstunden hinausgehen (Projekte, Exkursionen,…). Solche Tätigkeiten verbleiben dann bei den vollbeschäftigten, (oft) männlichen Kollegen. Hält ein Lehrer statt 20 Stunden (=100%) also nur 10 (50%), dann liegt der Marktwert dieser Leistung eigentlich nicht bei 50%, sondern meist darunter. Doch der Staat zahlt starr nach Tarif – und das sind 50%.

In der Marktwirtschaft ist das Entgelt jener Spiegel, der zeigt, in welchem Ausmaß eine Person den Gesamterfolg des Unternehmens beeinflusst hat – Hier würden Halbtagskräfte wahrscheinlich nur 40% bekommen. Also um 20% weniger.

Viele Mütter wollen Halbtagsjobs, die sich mit ihren Mutteraufgaben vereinbaren lassen. Damit sinkt manchmal jedoch der Marktwert ihrer Leistung. Nun aber die Männer so hinzustellen, als hätten die sich gegen Frauen verschworen, ist ungerecht. Immerhin kompensieren zahlreiche Sozialleistungen (wie Kindergeld und Kinderabsetzbetrag) die Differenz. Es passt aber in unsere Zeit, fast jedes gesellschaftliche Problem mit einer angedeuteten Verschwörung aufzulösen.

7.4 „Pflegeinvestitionen schaffen Jobs"

„Die soziale Krise steht vor der Tür", beschwört Michael Chalupka 2009 die Reporter auf seiner Pressekonferenz. Seine Lösung: Bund und Länder sollten doch 1 Milliarde in die Pflege investieren, das würde dann 20.000 Jobs im betreuungsintensiven Pflegebereich schaffen. Mit einer Million Euro würde man in Kindergärten bereits 15 Jobs schaffen, im Bausektor bloß 11, rechnet Diakonie-Sozialexperte Martin Schenk dann vor.[217]

Leider verwechselt er da Äpfel mit Birnen. Denn Kindergartenjobs werden von der öffentlichen Hand subventioniert. Je nach Art des Trägers müssen jährlich 88% der Kosten (hier am Beispiel Wiens) durch Bund, Länder oder Gemeinden zugeschossen werden.[218] Und zwar jedes Jahr aufs Neue. Dies erhöht die Steuerbelastung für die Bürger und senkt Realeinkommen. Damit können sich die Menschen weniger Güter leisten, die Beschäftigung im Lande sinkt.

Es sei denn, die Diakonie würde zur Abwechslung einmal eigene Quellen anzapfen.

7.5 „Kapitalismus an Ressourcenschwund schuld!"

Felbers Mantra, der Kapitalismus würde nur die Vermehrung des Finanzkapitals als Ziel verfolgen und dabei die Umweltziele vergessen, durchzieht seine Werke.[219] Tatsächlich zählt die Förderung des Umweltschutzes nicht zu den ureigensten Aufgaben der inkriminierten Wirtschaftsform – allerdings schafft nur sie die Ressourcen, um Umweltschutz-Maßnahmen zu bezahlen.

---

[217] „Soziale Krise vor der Tür", SN 25.8.2009 , Pressekonferenz 24.8.2009
[218] „Kostendeckungsgrad Wiener öffentlicher Kindergärten knappe 12%", auf: www.oe24.at; 20.2.2009
[219] Die Gemeinwohl-Ökonomie, Christian Felber, S. 22

Vorerst benötigt der Kapitalismus auch mehr Ressourcen als die „Handwerker-Ökonomie" Marokkos. Er nutzt sie aber effizienter. Kapitalismus heißt, dass es keine Autostopper mehr gibt, weil die meisten jungen Menschen sich heute eigene Gefährte leisten können. Oder einfach mit dem Flieger fliegen. Doch dafür braucht man Ressourcen wie Aluminium, Stahl und Kunststoff. Und Kerosin. Viele, die den Kapitalismus verteufeln, unterschätzen aber dessen Dynamik. Je stärker nämlich die Nachfrage nach bestimmten Ressourcen ist, desto stärker steigen auch die Preise. Das tut den Konsumenten weh und sie verbrauchen davon weniger. Gleichzeitig ziehen hohe Preise neue (profitorientierte) Unternehmer an, für die sich das Forschen nach Alternativen nun auszahlt.

Im April 2012 kostete Kerosin über 4,50 Dollar je Gallone, das 10fache von 1972. Und auch die Preise von Aluminium, Strom und Kunststoff haben in den letzten 60 Jahren entsprechend angezogen. Das hatte aber nicht zur endgültigen Erschöpfung der Ressourcen geführt, wie dies der „Club of Rome" einst prophezeite. Verteilungskriege blieben uns erspart, und auch den Untergang der Menschheit mussten wir bislang noch nicht verkraften.

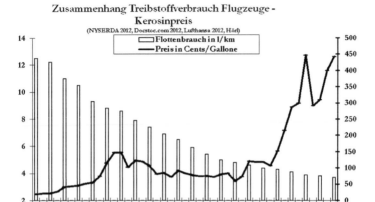

Die schärfsten Preistreiber waren übrigens „kleine Leute" – alleine weil sie (mathematisch) durch ihre schiere Menge schon mit kleinen Handlungen für große Wirkungen verantwortlich sind. Immer öfter fliegt man in die Ferne – und selektiert die Airlines nach dem Preis. Diese „Gier" zwang die Airlines zum Kauf effizienterer Flugzeuge und es konnten nur die Hersteller mit den besten Ingenieuren liefern. Mittlerweile fliegt nicht nur Richard Branson auf Biosprit, auch die Lufthansa betankt immer wieder Flieger auf Transatlantikrouten damit. Langfristig wird man wohl auf Erdgas, das mit Windenergie gewonnen wurde, umsteigen. Das Rennen für die Zukunft wird in jedem Falle spannend bleiben. Und es wird gut ausgehen.

7.6 „Die Ernten werden sich halbieren!"[220]

Amerikaner lieben Katastrophen – doch nur (als Film und nur) zum Spaß. Europäer lieben Katastrophenszenarien – und sterben fast vor Angst, weil man fix mit ihnen rechnet. Wollen die schrecklichen Ereignisse aber dann partout nicht eintreten, rechnet man sie halt herbei. Stichwort „Saurer Regen". Man erinnere sich noch an Berechnungen aus den 1980er Jahren, demnach in Mitteleuropa heute kein einziger Baum mehr stehen dürfte. Natürlich ist es legitim und wichtig, Fehlentwicklungen aufzuzeigen, indem man den abgelehnten IST-Zustand etwas plastischer formuliert. „Der Saure Regen ist eigentlich nicht mehr existent", weiß Gerhard Mannsberger, Sektionschef im Umweltministerium.[221] Mittlerweile versinkt die Alpenrepublik sogar in Wald – 47,2 Prozent des Landes sind bereits verwachsen. Strengere Auflagen, die Entwicklung von Umwelttechnologien und der Untergang des osteuropäischen Sozialismus haben das Phänomen des Sauren Regens fast verschwinden lassen.

Schwarzgemalt...	„Quelle"	Tatsächlich ...
„Europa wird im Jahr 2000 in weiten Teilen entwaldet sein." „Erst stirbt der Wald, dann der Mensch." (-Die Grünen, 1986)	Umweltgruppen, Parteien	... hatte man 1980 u. a. Werte aus der Stahl-Stadt Linz genommen und die auf ganz Österreich hochgerechnet. Heute „erstickt" Österreich eher im Wald.
„100.000 Neuinfektionen mit Schweinegrippe (tägl.). 35.000 Deutsche könnten sterben!"	Gesundheitsministerium UK, Prof. Windorfer	... war es ein Sommerthema. Nach einigen unspektakulär verlaufenen Grippeerkrankungen blieben die Staaten auf Bergen von Impfstoffen sitzen.

---

[220] Presse, 9.2.2010, S.25
[221] Die Presse, 12.5.2010

Schwarzgemalt...	„Quelle"	Tatsächlich ...
„55% der Niederlande liegen schon heute unter dem Wasserspiegel."	UNO Klimabeirat IPCC	... sind es 26%. Man hatte bei der IPCC zu dem, was „unter dem Meeresspiegel liegt" (26%) noch das, was „von Flüssen bedroht ist" dazugezählt (29%)
„Afrikas Ernten könnten sich wegen der Klimaerwärmung bis 2020 halbieren." (UNO-Chef Ban Ki-Moon)	UNO/IPCC. Working Group II, Kap. 12/2/3	... gibt es keine andere Studie, die dies belegt. Hat ein übereifriger Mitarbeiter das in die Rede hineingeschrieben? Und schreiben nun alle ab?
„Gletscher im Himalaya werden bis 2035 verschwunden sein."	UNO und WWF	... entbehrt dies jeder Grundlage.
„2011 werden alle Währungen verschwinden! 2013 bricht das System zusammen!"	Franz Hörmann	... unterliegt Hörmann beinahe schon bizarren Missverständnissen über das Funktionieren von Geld- und Finanzsystemen.
„In den 1990er-Jahren werden Rohstoffe wie Erdöl ausgegangen sein."	Dennis Meadows (Club of Rome)	... hatte man 1972 Verbrauchswerte linear in die Zukunft extrapoliert, steigende Preise führten aber zur Suche neuer Lagerstätten.

7.7 „Das US-Embargo hält Kuba arm!"

Jean Ziegler ist überzeugt, dass sich die „Herren des internationalen Finanzkapitals" gegen Kuba und Venezuela verschworen haben, weil der marxistische Staat ihnen die Profite verweigere.

Deshalb wollten sie Kuba durch ökonomische Blockaden (...) zu Fall bringen.[222]

„Marxismus unter Palmen", so verharmlosen Linke oft die „rote Diktatur" im Golf von Mexico. Gern streicht man Castros Ausgaben für die Bildung armer Massen (in den 1960ern) hervor. Man „brieft" europäische Journalisten, dass eine Abkehr vom Marxismus Kuba in Rekordtempo wieder zum größten „US-Bordell" machen würde. Und dass Kubas permanente Wirtschaftskrise in der eisernen US-Blockade begründet sei.

Eigenartigerweise lebte man aber auch in Österreich bis vor Kurzem vor einem eisernen Vorhang. Nur zwanzig Minuten hinter Wien hatten marxistische Staaten die Alpenrepublik von jahrhundertealten Handelsströmen abgeschnitten. Und doch brachte Österreichs kapitalistische Wettbewerbswirtschaft Persönlichkeiten hervor, deren Produkte so gut und hochwertig (=teuer) waren, dass man sie sogar bis nach Florida verkaufen konnte.

US-Blockade und Eiserner Vorhang

Die Insel Kuba hätte gegenüber Österreich sogar den Vorteil, Waren (so man welche produzieren würde) per Schiff kostengünstig in die ganze Welt zu liefern. Doch im Gegensatz zu Japan, Südkorea, China oder Indien konnte die Gemeinwirtschaft weder Innovationen noch Produktionen generieren.

Im rohstoffarmen, durch die „Blockade der Kommunisten" abgeschnittenen Niederösterreich mussten sich Unternehmer schon gehörig anstrengen, wollten sie Produkte schaffen, deren Preis einen teuren Bahn- und Straßentransport rechtfertigte. Direkt an der ehemaligen ČSSR-Grenze, im kleinen Waidhofen an der Ybbs, stellte eine kleine Tischlerei 1951 auf Büromöbel um. Durch unermüdlichen Fleiß, kreative Produkte und hoch

---

[222] Das Imperium der Schande, Jean Ziegler, S. 91

motivierte Menschen gelang das Husarenstück: „bene" verkaufte seine Produkte „Made hinter Eisernem Vorhang" um gutes Geld nach Deutschland, England, nach Dubai oder in die USA.

In Wiener Neustadt baute Wolf Hoffmann Flugzeuge („Diamond Aircraft"), in Schrems baute Johann Weichselbaum – fast in Sichtweite der Stacheldrahtverhaue – den Fertigteilhausproduzent „Elk-Bien-Zenker" zum größten Player in Europa auf.

Hunderte Kilometer Stacheldraht schnitten Österreich bis 1989 von Mitteleuropa ab.
Quelle: Wikipedia/GNU/Ladin

Im Sozialismus Kubas wären solche Leute nicht nach oben gekommen. Sie hätten sich bei erster Gelegenheit ins kapitalistische Ausland abgesetzt. Oder sie wären verkümmert, denn in staatlichen Genossenschaften zählen Ideen nur auf dem Papier.

Jean Zieglers Kuba

Heute leben die Kubaner in Schweineställen und Hütten mit gestampftem Lehmboden. Sie darben von 11 Euro im Monat. Zwischen 15.000 und 17.000 Kubaner haben Castros Marxismus mit dem Leben bezahlt, Zehntausende haben in seinem Tropen-Gulag geschmachtet, mehr als eine Million Menschen ist aus dem „roten Paradies" geflüchtet. Kubas antiimperialistischer Fanatismus hatte die Welt im Oktober 1962 an den Rand eines nuklearen Krieges geführt. Und gestern wie heute hängt das Land am Subventionstropf linker Despoten – wobei auch deren Geld nicht aus der Produktion, sondern aus dem Raubbau ihrer Bodenschätze stammt.

„Was uns fehlt, ist die Überzeugung Che Guevaras, anderen das Leben zu nehmen", meinte hingegen der schweizerische Ex-Nationalrat Jean Ziegler und träumt von einer revolutionären Stimmung, die im tristen Alltag Kubas nur schwer aufkommen will. Die dafür aber zunehmend Europas Jugend zu begeistern scheint.

7.8 „Der Kapitalismus vernichtet Vielfalt!"

Die großen Lebensmittelketten von Wal-Mart bis Pycra fördern keine Vielfalt, sondern Uniformität", meint Christian Felber.[223] Tatsächlich haben Supermärkte heute aber 4.000 unterschiedliche Artikel, 1950 waren es gerade einmal 500 – ein Achtel. 45% aller Artikel heute sind jünger als 5 Jahre. Und war es nicht Felber, der einst den Überfluss im Kapitalismus geißelte, weil es da so viele Joghurt-Sorten gebe?

Wer hat die unzähligen Wurst- und Käsesorten je gezählt, die während des „Bauernherbstes"[224] angeboten werden? Wer die zahlosen selbst produzierten Apfelsäfte, Schnäpse, Weine oder Biere? Nie zuvor konnten unabhängige Kleinunternehmer unkomplizierter eigene Produkte kreieren und vermarkten. Dutzende Imker produzieren in der Londoner City heute ihren „Original London Honey" und vertreiben ihn per Internet. Vor 30 Jahren undenkbar. Und täglich wird der bunte „Laden Welt" noch bunter.

Tatsächlich sehen wir heute eine große Spreizung im Lebensmittelverbrauch. Aufgrund der industriellen Massenproduktion sind viele Güter des täglichen Lebens billiger geworden. Das stärkt die Kaufkraft und so bleibt immer mehr Geld für hochqualitative Güter über. Und auch diese werden immer besser.

---

[223] Felber, S. 254
[224] Großveranstaltung im Salzburger Land (seit 1996), bei der auf Hunderten Bauernmärkten selbst produzierte Lebensmittel angeboten werden.

Lactose- und fructosefreie Nahrungsmittel waren früher unerschwinglich, heute bieten Handelsketten ganze Sortimente zu günstigen Preisen an.

7.9 Ziegler: Konzernwachstum ohne Jobs

„Wenn eine kleine Softwareschmiede kreativer ist als Microsoft, wird sie geschluckt", klagte schon Felber einmal pessimistisch über die vermutete Allmacht des Konzerns. Doch geht davon die Welt nicht unter. Viele Unternehmer warten geradezu auf den Anruf aus Amerika (und die damit verbundenen Millionen). Wenn Unternehmer nicht an Gates verkaufen wollen, dann müssen sie es auch nicht. Larry Page und Sergei Brin von Google verkauften nicht an Microsoft und sind heute stark wie nie zuvor. Marc Zuckerberg von Facebook blieb alleine und auch die Software-Schmiede SAP.

Laut Christian Felber ist Bill Gates als einer der reichsten Männer dieser Welt ohnedies auf sehr fragwürdige Weise zu seinem Geld gekommen. Er habe die schlechtere Qualität nur besser vermarktet (als die Konkurrenz). Laut Felber habe Microsoft von der Einschränkung des Wettbewerbes profitiert und daher Monopolpreise erhoben.[225] Aussagen wie die, dass Microsofts Produkte von so geringer Qualität seien, stellt Felber einfach so in den Raum. Er braucht sie nicht durch Beispiele oder gar Studien zu belegen – alleine der Vorwurf, ein „Konzern" zu sein, scheint seinen Jüngern als Beweis für die moralische Verkommenheit schon zu genügen.

---

[225] Neue Werte für die Wirtschaft, Christian Felber, S. 76

Jean Ziegler und die Software-Schmiede Microsoft

Microsoft scheint auch für Jean Ziegler ein „rotes Tuch" zu sein: „Die größte Gesellschaft der Welt, Microsoft, hortet in ihren Safes einen Schatz von 60 Milliarden Dollar. Seit Anfang 2004 wächst er monatlich um eine Milliarde Dollar[226]". Zieglers Lösung: Die „Kosmokraten" sollten einfach ihre Preise senken, die Löhne erhöhen, neue Arbeitsplätze schaffen oder Projekte in der südlichen Hemisphäre unterstützen.

Stattdessen würden die Konzerne Jobs abbauen, die Löhne senken und auf dem Rücken Lohnabhängiger Fusionen durchführen.

Außer der Tatsache, dass Microsoft bloß die Nummer 120 unter den größten Firmen dieser Welt ist (Fortune 500, 2010/2011), stellen sich auch noch andere Fakten etwas differenzierter dar. Die Tabelle beweist, dass der US-Konzern mit einer einzigen Ausnahme (1995) seit Bestehen ununterbrochen jährlich neue Jobs geschaffen und den Mitarbeiterstand vermehrt hat. Einzige Ausnahme bildete die Finanzkrise von 2008, aber da war Zieglers Buch bereits geschrieben. Ziegler suggeriert, dass Microsoft (seit 2004) Monat für Monat eine Milliarde Dollar Kapital anhäuft. Damals hatte Microsoft 60 Milliarden auf der hohen Kante, heute (Anfang 2012) sind es aber „nur" mehr 53 Milliarden. Das pessimistische Szenario, die Firma würde unkontrolliert Schätze aufeinandertürmen, bis sie in Geld und Macht ersticht wäre, ist somit – vorsichtig formuliert – nicht eingetroffen.

---

[226] Das Imperium der Schande, Jean Ziegler, S. 34

Und auch die Kaufkraft seiner Kunden hat Microsoft nicht beschnitten. Ganz im Gegenteil: Preisbereinigt wurden Betriebssysteme und Office-Pakete fast immer billiger – obwohl sie gleichzeitig um ein Vielfaches leistungsfähiger geworden waren als ihre jeweiligen Vorgänger. Kostete Windows 2.x im Jahre 1986 noch 326 Dollar, waren für Windows 98 nur mehr 267 Dollar hinzublättern. Windows 7 gibt es heute schon für 120 Dollar. In Wahrheit bekamen Microsofts Kunden immer mehr Leistung für immer weniger Geld.

Ziegler: Der Kapitalismus schafft keine Jobs

„Der globalisierte Kapitalismus ist im Stadium immer schnelleren Wachstums ohne Schaffung von Arbeitsplätzen, ohne sozialen Aufstieg seiner Arbeitnehmer und ohne die Erhöhung der Kaufkraft seiner Konsumenten", so Jean Ziegler. Man ist an Hans-Peter Martins „Globalisierungsfalle" erinnert, in der der Bestsellerautor schon in den 1990ern die Welt vor „joblosem" Wachstum warnte. Gottlob genauso unnötig wie unter Ziegler.

Dass die Konzerne heute trotz Wachstums Jobs abbauen, wird – vorsichtig formuliert – von der Entwicklung vieler deutscher Unternehmen nicht gerade unterstützt. Eine kleine Auswahl: So erhöhte der Megakonzern Mercedes 2011 den Umsatz um etwa 8% und nahm in allen Ländern und in allen Branchen neue Mitarbeiter auf. Die Personalkosten stiegen konzernweit um 6%, nicht mit eingerechnet die höchste Mitarbeiterprämie in der 100jährigen Geschichte des Konzerns, 4.000 Euro für jeden Mitarbeiter – Arbeiterelend

Jahr	Angestellte
1980	40
1981	125
1982	200
1983	383
1984	608
1985	910
1986	1.200
1987	2.000
1988	2.800
1989	3.900
1990	5.200
1991	11.700
1992	15.300
1993	16.500
1994	20.900
1995	17.800
1996	20.561
1997	22.232
1998	27.055
1999	31.575
2000	39.170
2001	48.030
2002	50.621
2003	54.468
2004	57.086
2005	61.000
2006	71.172
2007	78.565
2008	91.259
2009	92.736
2010	88.596
2011	90.412

sieht anders aus. Das gleiche Bild bei Volkswagen, BASF und Co.: Höhere Umsätze, höhere Beschäftigungszahlen, höhere Personalkosten und höhere Boni für die Mitarbeiter – bei Volkswagen mit 7.500 Euro Bonus für jeden Mitarbeiter sogar doppelt so viel wie im Vorjahr. 7.500 Euro Bonus für jeden – egal ob Klofrau oder Vorstand.

BASF-Konzern 2011, Veränderungen gegenüber 2010		
Umsatz	73,5 Mrd. €	+ 15%
EBIT[227]	8,4 Mrd. €	+ 4%
Mitarbeiter	111.100 €	+ 2%
Mercedes-Konzern 2011		
Umsatz	106,5 Mrd. €	+ 8%
EBIT	8,7 Mrd. €	+17%
Mitarbeiter D (Personalaufwand)	167.700	+ 2% (+ 6%)
Mitarbeiter Welt	267.000	+ 3%

Ziegler wittert die Verschwörung, wenn er „transkontinentale kapitalistische Gesellschaften (wie Microsoft) mit ihren eigenen Spionage- und Gegenspionagediensten die Hauptquartiere konkurrierender Kosmokraten ausspionieren" sieht[228] – ohne sich freilich mit Kleinigkeiten wie wissenschaftlichen Beweisen aufzuhalten. Dabei war in der Zeit von Microsofts Aufstieg vielen unabhängigen Computerfirmen – trotz der „Unterwanderungsaktivitäten" Microsofts – die Markteinführung direkter Microsoft-Konkurrenzprodukte gelungen. Viele sind zudem sogar noch kostenfrei (Ausnahme StarOffice von „Sun") und Microsoft-kompatibel.

Zum Beispiel gibt es das Konkurrenzprodukt zu Microsofts „Internet Explorer", den Webbrowser „Firefox", gratis und franko. Gratis – und erfolgreich – sind auch das direkte Konkurrenzprodukt zu Microsoft Office, das „Open Office" oder das direkte Konkurrenzprodukt zu Microsofts Betriebssystem

---

[227] Vor Sondereinflüssen
[228] Jean Ziegler, Das Imperium der Schande, S. 213 f.

"Windows", "Linux". Mittlerweile ist Firefox sogar zum erfolgreichsten Browser Deutschlands avanciert, sein Marktanteil liegt mit 46% weit vor dem "Internet Explorer" von Microsoft mit 30%.[229] Bill Gates hat es nicht verhindern können.

Dabei hat die neue Konkurrenz Microsoft nicht geschadet. Obwohl die Softwarepreise sinken, (und nicht etwa steigen, wie Jean Ziegler meinte), verdient der EDV-Konzern prächtig. Jährlich produziert man neue High Tech-Güter für 70 Milliarden Dollar, erwirtschaftet Rekordgehälter für seine 40.000 Ingenieure und alleine an Ertragssteuern liefert man 5 Milliarden Dollar ab.[230] Statt wie üblich 40 Prozent schüttet man bei Microsoft nur 23% des Gewinnes aus (von 23 Mrd. Dollar), 5,2 Milliarden. Der Rest verbleibt im Unternehmen und so sitzt der Internetkonzern mittlerweile auf Barmitteln von 53 Milliarden. Forderten nicht Globalisierungskritiker auch schon einmal die Reduktion von Ausschüttungsquoten?

Ziegler: "Konzerne sollten Projekte in der Dritten Welt unterstützen"

Die Empfehlung Zieglers, Bill Gates solle doch Projekte in der südlichen Hemisphäre unterstützen, ist längst erfüllt. Nur wenige Minuten Internetrecherche hätten schon genügt, um die größten Vorurteile abzubauen. Seit 1999 hat es sich die "Bill and Melinda Gates Foundation" nämlich zum Ziel gesetzt, alles Vermögen, das man mit dem Konzern verdient, an Projekte in der Dritten Welt zu spenden. Bis auf 10 Millionen Dollar für jedes der drei Kinder wird letztendlich alles Geld, das Gates im Norden erwirtschaftete, in den Süden fließen. Zurzeit liegen bereits unglaubliche 35 Milliarden Dollar in der Stiftung[231]; alleine 1,8 Milliarden investierte man bislang in Afrikas Landwirt-

---

[229] www.webmasterpro.de, 16.1.2012
[230] Annual Report, Auf: www.microsoft.com, 16.1.2012
[231] Die Welt, 26.1.2012

schaft („Alliance for a green revolution in Africa"), 1,5 Milliarden gingen in AIDS- und andere Impfprogramme („Globale Allianz für Impfstoffe und Immunisierung"). Und Zehntausende amerikanischer Studenten aus armen Familien verdanken ihr Studium den Stipendien des ehemaligen Konzernlenkers. Mittlerweile hat auch Warren Buffet, Eigentümer des Investmentfond-Konzern „Berkshire Hathaway", und drittreichster Mann der Erde, angekündigt, 85% seines Vermögens zu spenden. 6,41 Milliarden Dollar wurden bereits über die „Bill and Melinda Foundation" in die Züchtung trockenresistenter Maissorten oder rostresistenter Weizensorten investiert („Harvest Plus-Program").

Konzerne (wie Microsoft?) würden keine sozialen Investitionen setzen, der Süden sei ihnen ganz egal, schimpft Ziegler. Doch bietet gerade Microsoft schon seit 2001 alle Windows-Produkte in Entwicklungsländern wie Thailand oder Indien als „Start-Variante" zum symbolischen Betrag von 40 Dollar an.

Bill und Melinda Gates in Oslo 2009. Bill Gates' erste Stiftung datiert mit 1999. Mittlerweile verteilten 830 Mitarbeiter fast 40 Milliarden Dollar.
Quelle: Wikipedia/CC/Kjetil Ree

Manchmal klingen Zieglers Vorwürfe so plausibel, weil sie so wütend vorgetragen werden und auf Differenzierungen verzichten. Prüft man die „aufgedeckten" Verschwörungen aber wissenschaftlich, stellt sich auch schon einmal das Gegenteil heraus.

7.10 „Die Lohnquote sinkt!"

> **AK-Fakten zur sozialen Lage**
> **Einkommensschere öffnet sich dramatisch!**
> Die Kluft zwischen denen, die hohe Gewinn- und Renditeeinkommen beziehen, und dem Großteil der Bevölkerung (untere und mittlere Einkommen) wird immer größer. Der Blick auf die gesamte Einkommensverteilung zeigt unmissverständlich, dass der hohe Anteil der Gewinn- und Besitzeinkommen am gemeinsam erwirtschafteten Wohlstandszuwachs dramatisch steigt und die Lohnquote sinkt – weil die Gewinne und die Vermögenserträge doppelt so schnell wachsen wie die Löhne.
> (AK Oberösterreich, Februar 2010)

Gerne „frisieren" Burschen ihr erstes Moped *hinauf*. Beim Lohnquotenkonzept „frisiert" man Zahlen generell *hinunter*. Die Lohnquote ist ein Instrument der 1970er Jahre, das international fast nur noch von Gewerkschaften verwendet wird, weil die vorhersagbaren Aussagen ihre Argumentationslinie unterstreichen.

Die jährlich publizierte OECD-Studie „Growing Unequal"[232] kommt zum Schluss, dass sich die Verteilung der Einkommen zwischen Arm und Reich in Österreich über die letzten 25 Jahre hinweg fast gar nicht verändert hat. Von 1995 bis 2009 ist der sogenannte Gini-Koeffizient sogar von 0,27 auf 0,257 gesunken! Von einer Kluft-Bildung kann wissenschaftlich betrachtet also keine Rede sein.

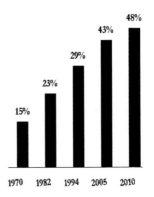

Oft wird auch behauptet, die Menschen würden immer weniger

---

[232] Deutsch: „Mehr Ungleichheit trotz Wachstum"

verdienen und deshalb würden immer weniger Menschen überhaupt noch Lohnsteuer abliefern müssen. Dabei wurden über die letzten 15 Jahre immer mehr Steuerpflichtige bewusst von der Lohnsteuer ausgenommen. Zuletzt schaffte die schwarzblaue Regierung im Jahr 2005 die Lohnsteuerpflicht für Kleinstverdiener ab, 350.000 Bürger waren von einem Tag auf den anderen von der Steuerpflicht ausgenommen. Ihre reale Kaufkraft war damit signifikant gestiegen. Heute bezahlen die reichsten 10% beinahe 60% der Lohnsteuer.

Natürlich ist ein Handelsangestellter mit 1.500 brutto im Monat nicht reich. Als der Autor 1995 im Filialleiterkurs eines österreichischen Handelskonzerns saß, bekam der Handelsangestellte aber ganze 500 Euro – brutto. Und diese 500 Euro waren noch zu versteuern. Alleine die Miete des Autors war damals höher. In nur 15 Jahren haben sich die Löhne aber seitdem um 200% erhöht, die Inflation jedoch nur um 33%.[233] Und bis ca. 1.100 Euro brutto ist heutzutage gar keine Lohnsteuer mehr zu bezahlen. Somit geht es auch hier bergauf.

„Der Lohnquotenschmäh"

Bis in die 1970er war die Aussagekraft der sogenannten Lohnquote einigermaßen sinnvoll anwendbar. Seitdem greift man fast nur mehr auf sie zu, wenn man die Opferrolle von Arbeitnehmern politisch unterstreichen will. Aufgrund ihrer Konstruktion *muss* die Lohnquote mit den Jahren nämlich zwangsläufig sinken.

Die Lohnquote gibt den Anteil der Löhne am Bruttoinlandsprodukt an, den verbleibenden Rest nennt man Gewinnquote und schreibt sie „Unternehmern" zu. Betragen die (Brutto-)Arbeitnehmerbezüge also etwa 70% am BIP, dann betragen die Gewinneinkünfte folglich 30%. Bei einer Netto-Lohnquote

---

[233] Basis HVPI 1995-2011, Statistik Austria

wurden die Sozialversicherungsbeiträge und Lohnsteuern berücksichtig. Um wenigstens eine Mindestaussagegüte zu erreichen, „bereinigt" man die Ergebnisse, indem man etwa den Anteil von Teilzeitkräften berücksichtigt.

In moderner Wirtschaft muss Lohnquote sinken

Auf dem Weg zu einer internationalen Dienstleistungswirtschaft führt beinahe jede Veränderung zu einer Verringerung der Lohnquote. Ohne dass es Lohnempfängern dafür schlechter ginge.

Viele Jobs, die früher im Angestelltenverhältnis erledigt wurden, werden heute „selbstständig" erledigt. Steuerberater, die vor 30 Jahren angestellt waren, arbeiten heute auf Selbstständigen-Basis für ihren Chef. Obwohl sie also keine wesentlich andere Arbeit machen als die Generation zuvor, beziehen sie nicht mehr Lohn-, sondern Selbstständigen-Einkünfte. Also Gewinneinkünfte. Inhaltlich wäre ihre Tätigkeit vor 30 Jahren aber der Lohnquote hinzuzurechnen gewesen.

Heute gründen 28.000 Menschen jährlich eine Firma. Vor 30 Jahren war es gerade einmal die

Von 28.000 Firmengründungen waren aus... (Statistik Austria 2010)

(Sport-) Wetten, Lotterie	1,6%
Personalleasing	0,4%
Gebäudebetreuung	2,4%
Werbung und Marketing	4,6%
EDV+ Telekom	4,0%

Hälfte. Viele Branchen gab es vor 30 Jahren noch gar nicht. Und die vielen neuen Branchen werden überwiegend selbstständig ausgeübt, obwohl man sie früher eher als Angestelltentätigkeit gesehen hätte. So war EDV-Beratung 1980 ein Fremdwort. Und die ersten Berater hatte man tatsächlich noch fix angestellt. Doch das mochte irgendwie nicht so recht in die Mentalität der jungen IT-Generation hineinpassen. Und so sind EDV-Berater heute meist selbstständig – genauso wie Marketingberater oder Webdesigner.

> **Arbeitnehmereinkommen steigen kaum – Unternehmensgewinne nehmen deutlich zu**
> Während die Arbeitnehmerinnen und Arbeitnehmer am Anfang der 80er Jahre noch über 70 Prozent des Volkseinkommens bekommen haben, sind es heute nicht einmal mehr 60 Prozent. Umgekehrt stieg damit der Anteil, den Unternehmen und Vermögende für sich lukrieren konnten. Langfristig fehlt dieses Geld nicht nur bei den Pensionen, in der Arbeitslosenversicherung und der Krankenversicherung, sondern schwächt auch den privaten Konsum.
> (AK Salzburg: Wir wollen Gerechtigkeit, 2010)

Es stimmt: In den 1970er Jahren war die Bruttolohnquote um einige Prozentpunkte gestiegen. Aber nur deshalb, weil Österreichs Staats- und Gemeindewesen Zehntausende Beamte und Angestellte in Staatskonzernen und Ministerien aufgenommen und überdurchschnittlich hoch bezahlt hatte. Auf Pump, denn Österreichs Staatswesen verursachte so wie seine Staatskonzerne hohe jährliche Verluste, deren Schuldendienst heute über höhere Steuern und Gebühren die Nettolöhne kürzen.

Dabei sagt die Lohnquote weder etwas über die Höhe noch die Verteilung von Einkommen aus. Obwohl die Lohnquote in den letzten 20 Jahren gesunken ist, waren Österreichs Löhne um über 100 Mrd. Euro angestiegen – doppelt so stark wie die Inflationsrate. Der Gini-Koeffizient, also die Maßzahl für die Verteilung der Einkommen ist von 1995 bis 2009 von 27 auf 25,7 zurückgegangen. Die berühmte Kluft ist also gesunken, die Gleichheit also angestiegen.

Wie gering die Aussagekraft der Lohnquote überhaupt ist, sieht man anhand ihres Pendants, der Gewinnquote. Da fließen etwa die Milliardengewinne der Nationalbank und die der mittlerweile profitablen Staatswirtschaft (ÖIAG[234]) mit ein.

Damit wird die Lohnquote automatisch geringer. Die ÖIAG-Dividenden landen aber nicht in Unternehmerhänden, sondern beim Staat als Eigentümer und damit als Sozialleistungen wieder bei Herrn und Frau Angestellten auf dem Girokonto. Längst sind auch nicht mehr alle „Lohnbezieher" so arm wie von manchem Lohnquoten-Verwender propagiert. Alleine von 1999 bis 2009 sind die Kapitalerträge privater Haushalte von 13 auf 29 Milliarden Euro gestiegen. Viele Angestellte, die aufs Land ziehen, vermieten ihre alte Wohnung. Und haben damit plötzlich Mieteinkünfte, also Gewinneinkommen. So wie der Wohnbau fördern aber auch moderne Vorsorgeinstrumente wie Pensionsvorsorge und Bausparen die Gewinnquote, denn Zins- und Dividendenerlöse erhöhen die Gewinnquote – auch wenn (wie in den meisten Fällen) ein Angestellter sie bezieht.

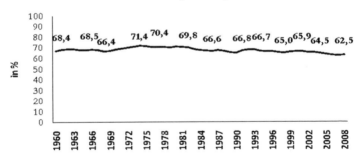

Die bereinigte detusche "Lohnquote" von 1960 -2008
(BMAS 2009)

---

[234] Österreichs staatliche Firmenbeteiligungen werden in der sogenannten „Österreichischen Industrieholding AG" (ÖIAG) verwaltet.

In Deutschland liegt die Lohnquote heute nur um sechs Prozent unter der vor 50 Jahren. Berücksichtigt man die enormen Kosten der Wiedervereinigung, unterstreicht der Wert die starke Position der deutschen Industrieangestellten.

AK-Politik und sinkende Lohnquoten

Was die Lohnquote tatsächlich unter Druck bringt, ist der Erfolg von Arbeiterkammern und Gewerkschaften bei der Abschwächung (manche nennen es Verhinderung) von Pensionsreformen: Weil seit vielen Jahren eine Erhöhung des faktischen Pensionsalters (etwa durch hohe Abschläge) von ÖGB und AK unterlaufen wird, hat Österreich die dritthöchsten Pensionskosten am BIP (nach Frankreich und Italien).[235] Und nirgendwo (außer in Belgien und Slowenien) gehen Menschen früher in Pension. Deshalb tauschen aber immer mehr ältere Arbeitnehmer ihre hohen Gehälter in (relativ) kleinere Pensionsbezüge. Die Pensionen zählen aber nicht zur Lohnquote – und so schrumpft selbige weiter vor sich hin, ohne dass es aber jemandem schlechter ginge. Volkswirtschaftlich eine Katastrophe: Die jungen Nachfolger steigen bei geringeren Gehältern ein, zahlen damit weniger Steuern. Die Lohnquote sinkt. Gleichzeitig braucht es immer mehr Steuermittel, um die stets neuen Rekordstände an (Früh-)-Pensionen zu bezahlen. Die Steuern müssen steigen und rauben den Aktiven immer mehr die Luft zum Atmen.

Seit 1995 stiegen die Arbeitnehmerentgelte um 32%, die der Pensionen aber um 50%![236] Schon oberflächliche Kenntnisse in den Grundrechenarten reichen, um die Tragweite der in Jahrzehnten aufgebauten Situation zu erahnen. Weil aber die steigenden Sozialtransfers (wie eben die der Pensionen) nicht in der

---

[235] Die Presse, 15.10.2009
[236] Inklusive Ausgleichszulagen, „Wohlstand, Armut und Umverteilung in Österreich", 2010

Lohnquote enthalten sind, muss diese logischerweise im Verhältnis zum BIP sinken.

Nicht Neoliberalismus und fremdländische Konzernallmacht haben Europa in die Krise gestürzt, es war die „Gier der kleinen Leute". Oder das eiskalte Kalkül, mit der Gier der „kleinen Wähler" zu spielen. Wobei es nicht einmal die absolute Höhe der unberechtigt verteilten Geldbeträge ist, wohl aber deren hohe Anzahl, die in ihrer Summe Europas Staatswesen an den Rand der Klippe drängt.

7.11 „In unseren Städten hungern Kinder!"

Stimmt. Bei einigen (wenigen) Einwanderer-Familien. Nicht aber bei der großen Mehrheit (einheimischer Familien). Obwohl im öffentlich-rechtlichen Fernsehen traditionellerweise vor allem einheimische Familie als Armen-Beispiel dienen.

Uschi Glas organisiert in ihrem „Verein Brotzeit" Frühstücksmöglichkeiten für Münchener Schulkinder. Man hatte herausgefunden, dass manche Schulkinder (in ausgesuchten, sozial schwierigen Gegenden) hungrig in die Schule gekommen waren. Das Projekt ist gut. Und es ist auch gut, dass es solche Projekte immer häufiger auch hier in Österreich gibt. Obwohl die Armut (vor allem unter Österreichern) schon seit vielen Jahren rückläufig ist.

Waren in den 1990ern noch 14% armutsgefährdet, sind es heute nur mehr 12%. Bei Österreichern gerade einmal 10%. Und das auch nur, weil in Europa „armutsgefährdet" ist, wer weniger als 60% des Durchschnittseinkommens im Monat zur Verfügung hatte. Und weil eben dieses in den letzten 15 Jahren kräftig angewachsen ist, gilt mittlerweile als armutsgefährdet, wer als vierköpfige Familie monatlich nur 2.165 Euro netto zur Verfügung hat. Immobilieneigentum nicht ausgeschlossen. Waschmaschine, Handy oder Auto sind bei den meisten „Armutsgefährdeten" ohnedies Standard.

USA: Mehr Arme als in Kuba

Die europäische Union ist am Missbrauch ihrer Armen-Zahlen selber schuld. Seit dem Europäischen Rat von Laeken im Jahr 2001 hat sie die magischen 60% willkürlich als „Kenngröße für die soziale Eingliederung" definiert.[237]

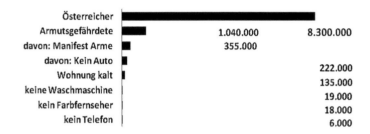

Von Armut bedroht ist, wer weniger als 60% des Durchschnittseinkommens verdient. Für Familien gelten eigene Sätze: So ist eine vierköpfige Familie bereits armutsgefährdet, wenn ihr monatlich weniger als 2.165 Euro netto zum Leben bleiben.[238] Dabei gelten solche Familien auch dann als „armutsgefährdet", wenn sich sowohl Auto als auch Telefon und Waschmaschine im Haushalt finden – oder man in der eigenen Immobilie wohnt. Eine Million „armutsgefährdeter Menschen gibt es heute in Österreich, 355.000 davon sind „manifest arm" (4,2%). Aber

nur 19.000 von ihnen haben keine eigene Waschmaschine (0,23%), nur 18.000 kein eigenes Farbfernsehgerät (0,22%) und gar nur 6.000 kein Telefon (0,07%).

---

[237] EU SILC 2010
[238] EU SILC 2010, auf 12 Monate gerechnet.

Die 60%-Grenze macht keinen Sinn

- Weil die Durchschnittsgehälter ständig steigen, steigt auch die 60%-Armutsschwelle, ab der man als „armutsgefährdet" gilt, ständig. Steigt das Durchschnittseinkommen etwa um 20 Euro monatlich, muss die Kaufkraft der „Armutsgefährdeten" um 60% davon, also 12 Euro steigen. Steigt sie aber etwa nur um 10 Euro, ist deren Kaufkraft zwar gestiegen, es gibt aber nun mehr „Armutsgefährdete" als vorher. Trotz der gestiegenen Kaufkraft von 10 Euro.
- Man könnte alle Gehälter Österreichs verzehnfachen und alle Subventionen, Auslagenersätze, Beihilfen, Zuschüsse und Zulagen gleich mit dazu. Und trotzdem wären wieder gleich viele arm, denn das Durchschnittseinkommen hätte sich damit ebenso verdoppelt. Und damit auch wieder die Anzahl derer, die in den 60%-Bereich hineinfallen.
- Wer in das Land mit der nach dieser Definition geringsten Armut ziehen wollte, müsste einen Flug ins kommunistische Nordkorea buchen. Die Kaufkraft des Monatslohnes beträgt fast überall 1 Euro, für alle. Außer in der Hauptstadt gibt es fast niemanden, der weniger als 0,60 Euro (60% des Durchschnittseinkommens) verdient. Aber auch kaum jemanden, der mehr verdient. Somit ist die Spreizung zwischen höchstem und niederstem Einkommen am geringsten. Also gibt es hier per definitionem die wenigsten Armen. Trotzdem ist der Flüchtlingsstrom von Süd- nach Nordkorea überschaubar.
- Innerhalb Europas müsste man sich in Tschechien niederlassen, hier gibt es nur 9% „Armutsgefährdete". Würden das die Tschechen ähnlich sehen? Etwa die, die als Erntehelfer und Hilfsarbeiter nach Österreich zogen? In ein Land mit einer um 40% höheren „Armutswahrscheinlichkeit"?

Auf der „Suche nach den Armen"

Früher gab es in Österreich viel mehr Arme als heute. Und weil die Durchschnittseinkommen, an denen sie bemessen werden, wesentlich geringer waren, waren sie auch „wirklich" ärmer. Wie viele hunderttausend Kleinst-Pensionistinnen schmachteten noch bis in die 1980er in engsten Substandard-Einraumwohnungen ohne fließend Wasser oder Klo? Ernährten sich von Billigbrot und fettem Fleisch? Für die öffentliche Meinung war das damals nie ein Thema, war das Land doch auf Jahrzehnte hinaus ununterbrochen sozialdemokratisch, also „gerecht", regiert. Das änderte sich im Jahr 2000 schlagartig, als die SPÖ, die sich mittlerweile in der Rolle einer Art „Staatspartei" eingelebt hatte, völlig unerwartet in die Opposition gedrängt wurde. Herausforderer Schüssel (ÖVP) hatte als Drittstärkster gemeinsam mit dem Zweitstärksten, der FPÖ, eine Koalition gebildet – obwohl dies traditionellerweise dem Stimmenstärksten zukommt.

Zur Ehrenrettung Schüssels sei gesagt: Ohne diesen „Trick" hätte es einen demokratischen Machtwechsel in Österreich wahrscheinlich nicht (nie?) gegeben, der Kanzler wäre weitere Jahrzehnte ununterbrochen von derselben Partei gestellt worden. Es ist die Ironie des Schicksals, dass im Jahr 2000 auch Mexikos „Partei der institutionalisierten Revolution", die Wahl verloren hatte. Sie war seit 1929 ununterbrochen an der Macht gewesen.

Nach dem Verlust des Bundeskanzlers 2000 war die SPÖ paralysiert, sie war geradezu blind vor Wut. Die Macht zu teilen war in ihrem Selbstverständnis offensichtlich nicht mehr vorgesehen. In Ministerien riss man Festplatten aus Computern, man organisierte Massendemonstrationen und warnte das Ausland vor der neuen „undemokratischen" Regierung. Es war die Urtragödie eines an die Allmacht gewöhnten Mainstreams, der zwar noch über die Medien-, nicht aber mehr über die Regierungsmacht verfügte.

Es dauerte nicht lange, da hatte man das „Gegengift" gefunden. Man positionierte sich als „gerechter Streiter gegen die Allmacht der Reichen und der Mächtigen", wie sie nun auf der Regierungsbank eingezogen wäre. Da half es auch nichts, dass Schwarzblau die Künstler-Sozialversicherung eingeführt hatte, die Lohnsteuerpflicht für 350.000 Kleinstverdiener abgeschafft hatte – der Mainstream blies zum Halali auf die „sozial kalte und herzlose" Politik des „neoliberalen" Kanzlers. Damit es nicht auffiel, dass die „sozial haltlosen Zustände" das Resultat der 30 Jahre währenden sozialdemokratischen Kanzlerschaft gewesen sein mussten, überflutete man das Land mit Schreckensmeldungen. Täglich las man, wie sich Elend und Hunger unkontrolliert vermehrten, wie arm die Österreicher würden und wie unverschämt sich nur einige wenige Großgrundbesitzer und Unternehmer eines steigenden Lebensstandards erfreuen könnten.

Manch Österreich-Besucher der Jahre 2003 oder 2004 musste sich in einer lateinamerikanischen Bananenrepublik wähnen, in der nur eine klitzekleine Oberschicht in Luxus schwelgte, während eine rechtlose Mehrheit im Dreck der Straßen darbte. Nach 6 Jahren medialem Dauerfeuer war die Stimmung derart aufgeheizt, dass selbst Sympathisanten von Schwarzblau sich erleichtert zeigten, als die SPÖ 2006 den Bundeskanzler wieder stellte. Doch die Geister, die man rief, die wurde man (so schnell) nicht los. Mittlerweile war im Lande eine wahre Armutsindustrie entstanden, die heute Asylantenheime, Nachtasyle, Integrationshäuser, Sozialsupermärkte betreibt. Sie hat Zehntausende Angestellte und ist zu 100% auf Steuergelder angewiesen. Globalisierungskritische Gruppen versuchen, die Armutsindustrie zu unterwandern, um der Öffentlichkeit die Verkommenheit des kapitalistischen Systems zu beweisen. Bei einem Nachlassen der sozialen Abstiegsangst, so glaubt man vielleicht bei Caritas und Co., könnte man den Einfluss auf öffentliche Fördertöpfe verlieren. Also dreht man weiter an der (Angst-)Schraube. Wissend, dass, wer Wind sät, Sturm ernten wird.

Heute leben wir in einer paradoxen Welt: Nie zuvor gab es in unserem Land einen so breit gestreuten Massenwohlstand, nie zuvor war dieser auch dermaßen gleich verteilt. Und doch ist das gesellschaftliche Klima ähnlich aufgeheizt wie in den 1920er Jahren, als dies völlig anders war. Für die Zukunft lässt das nichts besonders Gutes ahnen.

7.12 „Schwund-Geld – basisdemokratisch und gemeinschaftsbildend!"

Umlaufgesichertes Geld (auch Freigeld oder Schwundgeld) ist Geld mit einem Ablaufdatum. Gibt man es nicht innerhalb einer bestimmten Zeit aus, verliert es seinen Wert. Beim berühmten „Wörgler Schwundgeld" während der Weltwirtschaftskrise musste monatlich eine Marke zu einem Prozent vom Nominalwert gekauft (und draufgeklebt) werden, sonst wäre der Geldschein ungültig geworden. Der Wert des Geldes nahm also vorhersehbar ab. Weil die heimischen Unternehmen die Geldscheine akzeptierten und die Menschen zum Ausgeben gezwungen waren, blieb das Geld im Ort und es kam zu einem bescheidenen Aufschwung. Sparen machte keinen Sinn.

Wörgler Schwundgeld von 1932. Rechts oben sind die geklebten (Negativ-) Zinsmarken zu sehen.
Quelle: Wikipedia

Ideenlieferant war dabei die Freiwirtschaftslehre Silvio Gesells. Doch ganz neu war die staatlich erzwungene Wertvernichtung auch schon damals nicht. Bereits im Mittelalter (zwischen

1075 und 1400) erklärten lokale Fürsten und Klöster in bestimmten Situationen das von ihnen ausgegebene Münzgeld für ungültig bzw. tauschten es mit einem Abschlag von etwa 15% bis 40% gegen die von ihnen stattdessen neu ausgegebene Währung. Als „Münzverrufung" behübschte man den schlichten Diebstahl durch den Staat.

Das „Wunder von Wörgl" entstand in einer Extremsituation. Die Weltwirtschaftskrise von 1929 hatte die schwache Wirtschaft Österreichs massiv getroffen. Doch war das Geld nicht basisdemokratisch, wie heute gern verklärt wird, sondern eher das Gegenteil. Denn die Menschen mussten einen Wert von 100 leisten, um diesen Wert dann mit der Zeit wegschmelzen zu sehen. Eine Währung hatte ihre Aufbewahrungsfunktion völlig verloren. Weil Sparen sinnlos wurde, zwang man die Menschen, von einem Tag auf den anderen zu leben. Von der Hand in den Mund.

In den 1930er Jahren war es einen Versuch wert, für heute kann es aber nicht als Vorbild gelten. Eine moderne Wirtschaft muss Waren vorfinanzieren, die Menschen wollen auch nicht nur zur Miete wohnen, sondern sich ihren Wohnraum entweder ansparen bzw. abbezahlen. Die Produktion langlebiger Konsumgüter käme ganz zum Erliegen, weil Konsumenten nicht auf deren Anschaffung hin sparen könnten bzw. sie nicht finanzieren könnten. In Deutschland wäre alleine eine Million direkter Jobs im Fahrzeugbau akut gefährdet (und drei Millionen indirekt). Die Folgen für Ökonomie und Wohlstand wären katastrophal, eine Weltwirtschaftskrise à la 1929 die Folge.

Das Schwundgeld ist aber nicht nur undemokratisch, es ist auch unsolidarisch – gegenüber den Produzenten und Händlern anderer Orte. Verfügten die eventuell sogar noch über bessere Produktionsvoraussetzungen als im „Schwundgeld ausgebenden" Ort, dann würde die Allokation von Ressourcen nicht mehr volkswirtschaftlich optimal erfolgen. Man würde nicht am besten Ort, sondern an dem mit dem größten Einzugsgebiet für Schwundgeld produzieren. Damit könnten sich nicht mehr ausgesuchte Regionen auf ein bestimmtes Produkt (in Großserie) spezialisieren, stattdessen würden viele Orte viele Produkte in vielen Kleinserien – völlig überteuert – erzeugen. Kaufkraft und Wohlstand würden sehr schnell abnehmen.

So wie auch die Größe der Orte. Kann ein mittelalterlich produzierender Ort (und dessen System) sie nicht ernähren, flüchten sie zum nächstbesseren. Die Dörfer würden sterben, und nicht wachsen.

Waldviertler Kirchturmdenken

Sechs Regionalgelder gibt es mittlerweile schon in Österreich, 60 sind es in Deutschland (10 davon sollen funktionieren[239]). Es handelt sich dabei meist um Parallel- oder Komplementärgelder. Dabei gibt man Euro-Gutscheine aus, die nur von heimischen Kaufleuten akzeptiert werden. Der Sinn ist klar: Die Kaufkraft soll im Dorfe bleiben.

Auch hier wieder greift der Mensch in die optimale Allokation von Ressourcen ein. Volkswirtschaftlich und ökologisch wäre es am besten, wenn der Mensch überhaupt in Ballungsräumen wohnen würde. Der öffentliche Verkehr erfolgte dort effizienter, genauso Energiever- und Müllentsorgung, Wohnraumschaffung oder Produktion. Nun bremsen schon Kilometergeld und Pendlerpauschale als „Zersiedelungsprämie" den Aufbau effizienter Zentralräume. Mit dem Regionalgeld würde dies noch langsamer vonstattengehen.

Tauschgeld ist der Ausfluss eines antiquierten Kirchturmdenkens einer Gesellschaft, die – völlig frei von Wirtschaftsbildung – zunehmend einem romantisierten Gesellschaftsbild des 13. Jahrhunderts anzuhängen scheint. Dabei zementiert die neue Währung ökonomisch ineffiziente Strukturen ein. Mit dem Regionalgeld müssten die Kaufleute eines Ortes etwa den Bau

---

[239] GEWINN, 11/2011

eines Shoppingcenters zwei Ortschaften weiter nicht fürchten. Dabei hätte dieses für die Menschen wahrscheinlich einen höheren Mehrwert als ein überteuerter Tante-Emma-Laden mit geringem Angebot. Hält man mit sanftem Druck Menschen zum Kauf von Gütern unterm eigenen Kirchturm an, beschneidet man in Wahrheit ihre Freiheit ganz massiv. Denn man verhindert ökonomische Veränderungen (etwa den Bau des Shoppingcenters zwei Ortschaften weiter), die bei freien demokratischen Entscheidungsabläufen anders verlaufen wären. Damit ist Tauschgeld alles, nur nicht basisdemokratisch.

Natürlich kann der Wohlstand einer Gemeinde vordergründig zunehmen, kurzfristig zumindest. Gleichzeitig lässt das unsolidarische System den Wohlstand woanders dafür im selben Ausmaß schmelzen. Als „gerechte" Strafe wird der Wohlstand im eigenen Ort dafür langfristig abnehmen, weil einzementierte Strukturen die Kosten (und damit die Preise) für seine Bürger künstlich hochhalten.

Weil man Bürger in der heutigen Zeit nicht mehr mit Gewalt zum Bleiben zwingen kann, werden sie das tun, was sie immer schon zu tun pflegten: Sie fliehen vor dem Mief des Dorfes in die Stadt.

7.13 „Wenig arbeiten – viel verdienen!"

Totgesagte leben länger: Obwohl die Wirtschaftswissenschaft die Arbeitszeitverkürzung als Job-Motor längst „in den Papierkorb verschoben" hat, wird diese in den letzten Jahren immer öfter zurückgeholt. Europas Gewerkschaften übersehen, dass die Arbeitszeitverkürzung nur eines sicher kann: Die Arbeitslosigkeit erhöhen. Ausgerechnet „kapitalistische" Länder mit hohen Jahresarbeitszeiten – wie Japan, Amerika oder die Schweiz – haben die geringsten Arbeitslosenraten. Frankreichs Staatssozialismus hingegen weist die höchste Quote auf.

Nehmen wir an, eine große Firma besitzt zwei Werke, eines in Frankreich, das andere in der Schweiz. Die Angestellten beider Werke erhalten 3.000 Euro (12 Mal im Jahr). Der Zürcher Mitarbeiter leistet bei einer 42 Stundenwoche insgesamt 2.312 Jahresstunden, der Pariser bei einer 35 Stundenwoche nur 1.594. Damit arbeiten Schweizer um 45% mehr als Franzosen. Die Lohnkosten betragen bei gleichem Lohn in der Schweiz also 15,57 Euro je Stunde (36.000 Euro : 2.312 Stunden), in Frankreich allerdings 22,58 Euro je Stunde (36.000 : 1594). Macht insgesamt also um 31% geringere Kosten für das schweizerische Werk.

Weil die Steuern, die ein Staat für seine Aufgaben braucht, in einem „Viel-Arbeiter-Staat" wie der Schweiz jetzt aber auf 45% mehr Arbeitsstunden verteilt werden können, sind die Steuerausgaben für Arbeitgeber (wie für Arbeitnehmer) auch geringer. Damit spart der Schweizer Unternehmer nicht 31%, sondern wahrscheinlich eher 45%. Hand aufs Herz: In welchem Land würden Sie als Arbeitgeber lieber investieren?

	Jahresarbeitszeit in Std. (UBS 09)	Rang	Arbeitslosigkeit (OECD 08)	Rang
Schweiz	**2.312**	**1.**	**2,6%**	**1.**
Japan	1.997	2.	4,2%	2.
USA	1.955	3.	6,1%	4.
England	1.762	4.	5,6%	3.
Österreich	**1.746**	**5.**	**8,2%****	**5.**
Deutschland	1.717	6.	10,1%*	6.
Frankreich	**1.594**	**7.**	**10,9%***	**7.**
* 3% Arbeitslose in Form von Frührentnern hinzugerechnet ** in Österreich 3% Frührentner und weitere 2% ÖBB- und Beamten-Frührentner				

Und Hand aufs Herz: Wohin würden Sie als Arbeitnehmer ziehen, wenn es zu Hause zwar auf dem Papier die 35 Stundenwoche gibt, aber keine realen Jobs dazu?

Und Hand aufs Herz: Wenn der Schweizer Betrieb bei 45% höherem Umsatz (bei 45% mehr Arbeitsstunden) und deshalb geringeren Steuersätzen Reallöhne erwirtschaften kann, die doppelt so hoch sind wie jenseits der Grenze, wohin würden Sie ziehen?

Überstunden-Abbau gegen Arbeitslosigkeit

Um die ausufernden Staatsausgaben der Republik im Jahr 2012 einzudämmen, wollen Arbeiterkammer-Direktor Werner Muhm (SPÖ) und der leitende ÖGB-Sekretär, Bernhard Achitz (SPÖ), dass Arbeitgeber für jede Überstunde einen Euro an Sondersteuer an die Sozialversicherung abführen. Damit würde man auch gleichzeitig die Arbeit besser auf die Arbeitslosen verteilen.

Zur Vorgeschichte: Die SPÖ hatte die Nationalratswahl von 2008 (wieder) mit einem „System Kreisky" gewonnen: *Vor* der Wahl hatte man im sogenannten „Anti-Teuerungspaket" eine Fülle neuer Sozialleistungen über das österreichische Wahlvolk ausgeschüttet. Warnungen, dass der Wählerkauf (wie schon seit 40 Jahren) *nach* der Wahl bloß neue Steuern und Schulden nach sich ziehen würde, hatte man großzügig überhört. Erfolgreich setzt man auf das österreichische Kurzzeitgedächtnis und Österreichs strukturelles Demokratiedefizit. Nun wird also abgerechnet: Um die Geschenke für den Wahlsieg 2008 zu bezahlen, nahm man schon 2009 zusätzlich mehr neue Schulden auf (was man freilich Banken oder Spekulanten in die Schuhe schieben konnte), 2012 drehte man an der Steuerschraube. Freuen Sie sich auf die Nationalratswahlen 2013: Bis dahin haben die Österreicher die neuen Steuern von 2010, von 2011, oder 2012 schon längst wieder vergessen – und dürfen sich auf ein Wahljahr mit vielen neuen bunten Sozialleistungen freuen.

In jedem Fall soll jetzt die Überstundensteuer die leeren Töpfe füllen und so nebenbei auch gleich die Arbeit neu verteilen. Eine solche Idee kann nur Köpfen entspringen, die noch nie in der Privatwirtschaft waren – schon gar nicht in verantwortungsvoller Position. Beispielsweise hat der Produktmanager eines Sportartikelhändlers im Sommer eher weniger zu tun, im Winter dafür umso mehr. Soll man jetzt in den vier „heißen" Winter-Monaten statt den 15 wöchentlichen Überstunden eine Ersatzkraft einstellen? Für 15 Stunden in der Woche und auf 4 Monate im Jahr beschränkt? Welche qualifizierte Kraft könnte von nur 15 Stunden wöchentlich leben? Und was würde sie die restlichen 8 Monate machen? Könnte man sie dann so einfach freisetzen, oder würden Arbeiterkammer und Gewerkschaft den Betrieb nach vier Monaten auf ein unbefristetes Dienstverhältnis klagen? Wie kann jemand überhaupt qualifiziert bleiben, wenn er 8 Monate im Jahr nicht in seinem Bereich arbeitet? Und ist so ein Lebensstil Menschen überhaupt zumutbar – rein menschlich gesehen?

Was macht man eigentlich mit dem „alten" Produktmanager im Sommer? Wenn man ihn nur 30 Stunden auslasten kann, soll man sein Gehalt entsprechend kürzen? Oder ihn feuern? Glaubt man bei der AK, Mitarbeiter so motivieren zu können?

> **Weltbank: Europa muss mehr arbeiten**
> Die Europäer arbeiten, um zu leben – und arbeiten dabei zu wenig, um ihren sozialen Wohlstand zu sichern, warnt die Weltbank. In Europa arbeitet man deutlich weniger als in den USA oder in Japan.
> (Die Presse, 25.01.2012)

Für die gesamte Wirtschaft würden die Pläne der Gewerkschaft – selbst für unqualifizierte Tätigkeiten – eine höhere Fluktuation mit sich bringen. Abgesehen davon könnten Arbeiterkämmerer und Gewerkschafter da ihre Rechnung ohne den Wirt gemacht haben: Viele Angestellte sind nämlich bedeutend fleißiger, als ihnen das von ihrer Vertretung zugetraut wird, und so haben sie nichts gegen ein höheres Einkommen durch Mehrarbeit. Zudem wäre die Verteuerung der Überstunden als Message für die Volkswirtschaft ohnehin fatal: (noch) weniger Arbeit, noch weniger Wohlstand – dafür (noch) mehr gesellschaftliche Spannungen und eine noch höhere Abhängigkeit von staatlichen Almosen. Will eine Gesellschaft mehr Wachstum, muss sie hingegen wachsen wollen. Es mit der Besteuerung von Überstunden zu verhindern, ist kontraproduktiv.

7.14 „Der Kapitalismus ist an stagnierenden Realeinkommen schuld!"

Man kann deutsche Arbeitnehmer ja verstehen, wenn sie nicht mehr an die Zukunft glauben. Seit 1991 sehen sie zwar höhere Bruttolöhne, netto bleibt davon aber nicht viel über. Denn das „Mehr" fließt in Form höherer Abgaben ins „schwarze Loch" der neuen Bundesländer.

Deutsche Steuerflut nach 1991		
1991	Solidaritäts-ZS	5,5% auf ESt. + KSt.
1991	Erhöhung Arbeitslosenversicherung um 2,5%	
1993	Erhöhung MwSt.	Von 14% auf 15%
1998	Erhöhung MwSt.	Auf 16%
1999	Erhöhung Stromsteuer	2 Pf. /KWh
ab 1999	5 Öko-Steuer-Stufen	0,32 Pf. Gas, 6 Pf. Benzin
ab 2000	8 Tabaksteuererhöhungen	
2003	Neu: Zinssteuer	25%
2006	Streichung Zuschläge bei Besserverdienenden	
2007	Erhöhung MwSt.	Auf 19%
2007	Erhöhung Versicherungssteuer auf 14% bzw. 18%	
2007	Reichensteuer	+3% auf Spitzensteuersatz
2007	Sparerfreibeitrag halbiert	von € 1.500 auf € 750

Dass man mit all dem Steuergeld indirekt auch Jobs im Westen sichere, könnte man (wirtschaftlich aufgeklärten) Schweizern nicht verklickern.

Wo man deutsche Arbeitnehmer aber nicht verstehen kann, ist, wenn sie die Konsequenzen aus dem sozialistischen Experiment ausgerechnet dem Kapitalismus zuschreiben. Wenn einer auf dieser Welt die Mittel erwirtschaften kann, um das Desaster zu bezahlen, dann ist er es. Nachfolgend eine kleine Auswahl an Grausamkeiten, die zufälligerweise mit dem Jahre 1991 einzusetzen begannen.

DDR: Schuldenökonomie wie Griechenland

Pragmatisch gesehen war die frühere DDR eine (diktatorische) Schuldenökonomie wie das (freilich demokratische) Griechenland heute. Ohne Zuschüsse kapitalistischer Wettbewerbswirtschaften wären beide längst zusammengebrochen. Die Gemeinwirtschaft der DDR produzierte viel zu wenig, um die Bedürfnisse der Menschen angemessen zu befriedigen. Mangel an allen Ecken oder 20jährige Wartezeiten auf Autos oder Telefonanschluss waren die Folge. Und selbst das bescheidene Niveau konnte die DDR nur deshalb aufrechterhalten, weil sie vom (kapitalistischen) Ausland, vornehmlich der BRD, am Leben erhalten wurde.

1,5 Milliarden DM zahlte der Westen jährlich für die Rumpelpisten über DDR-Gebiet nach Westberlin – offizieller Jargon: „Transit-Autobahn". Mit seinem „Exportschlager", dem Verkauf Tausender Ostdeutscher gegen Westmark verdiente man Milliarden. Willy Brandt gewährte Milliarden-Kredite – und alle wussten, dass man das Geld nie wiedersehen würde. Zusätzlich floss billiges Erdöl aus der Sowjetunion ins Land des institutionalisierten Bananenmangels.

Seit 1991 fließen jährlich etwa 75 Milliarden Euro in den Osten. Zum Vergleich: Die gesamten Budgeteinnahmen Österreichs betrugen im (guten) Jahr 2011 gerade einmal 62 Milliarden. In den 20 Jahren von 1991 bis 2011 flossen in Summe also über 1.500 Milliarden (!) Euro von West nach Ost. Mit Zins (und Zinseszins) in Summe so an die 1.800 Milliarden. Deutschlands Staatsverschuldung heute? 1.800 Milliarden und ein paar Zerquetschte. Anders ausgedrückt verzichten Deutschlands Arbeitnehmer jährlich auf 3% Reallohnzuwachs wegen Deutschlands anti-kapitalistischen Experiments.

Pakt für Deutschland: „Nettolöhne steigern"

20 Jahre nach dem Mauerfall steht das Land am Scheideweg. Entweder gewinnen jene Kräfte die Oberhand, die die desaströsen Folgen eines antikapitalistischen Projektes durch eine Rückkehr zum Antikapitalismus lösen wollen. Oder man mobilisiert alle Kräfte eines Landes und beschließt den „Pakt für Deutschland". Zentrales Element: Deutschland muss mehr arbeiten. Schon Volkswagen hat sich vor Kurzem von der 28-Stundenwoche verabschiedet und wandelte Milliardenverluste damit in Gewinne um. 7.500 Euro Bonus kassiert dafür jetzt jeder Arbeiter.

Nach Rekordgewinn
VW-Mitarbeiter erhalten Rekordbonus von 7500 Euro
Europas größter Autobauer VW hat im vergangenen Jahr einen Rekordgewinn von 15,8 Milliarden Euro erwirtschaftet. Das füllt auch die Taschen der Belegschaft. VW zahlt den höchsten Bonus in der Firmengeschichte. Etwa 100.000 Mitarbeiter profitieren.
(Faz.net, 8.3.2012)

Seit man bei VW die Arbeitszeit von 28 auf 35 Stunden angehoben hat, taumelt man von Rekordgewinn zu Rekordgewinn. Natürlich ist das auch anderen Faktoren (wie den wettbewerbsfähigen Produkten) geschuldet, aber die Systematik gibt die Richtung vor: Würde die gesamte Wirtschaft statt jetzt 35 mittelfristig 38 bis 40 Stunden arbeiten, würde dies das Bruttoinlandsproduktes um bis zu 14% steigern. Weil der Staat seine Kosten (für die ehemalige DDR) nun aber auf mehr im Land geleistete Arbeitsstunden verteilen kann, könnten die Steuern abgesenkt werden. Das erhöhte die Kaufkraft um weitere 3%.

7.15 „Als Kleiner hast Du keine Chance!"

Dass man in Europa „als Kleiner keine Chancen hat", bekommt man mit der Muttermilch verabreicht. Das Uralt-Vorurteil ist nicht nur pures Gift für Land und Leute, es stimmt in keinerlei Weise. Studiert man diverse OECD-Studien aus den Jahren 2001, 2007 und 2008 über die Durchlässigkeit sozialer Schichten, dann muss man sich weniger Sorgen um den Zustand der Gerechtigkeit als um die Psyche eines Volkes machen.

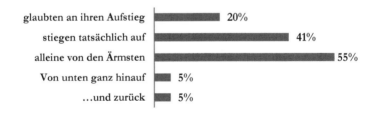

Optimismus in Deutschland: "Von 1995 - 2007....
(SOEP/IW 2008)

- glaubten an ihren Aufstieg — 20%
- stiegen tatsächlich auf — 41%
- alleine von den Ärmsten — 55%
- Von unten ganz hinauf — 5%
- ...und zurück — 5%

Deutschland: Gelebter Pessimismus

Das Allensbach-Institut hat die Ergebnisse „sozioökonomischer Panels" („SOEP") von 24.000 Personen untersucht und mit OECD-Studien in Verbindung gebracht: Die Ergebnisse wurden in fünf Einkommensgruppen a 20% eingeteilt. Und sie sind fürwahr erstaunlich:

- Nur 20% aller Deutschen glaubten, innerhalb der nächsten 10 Jahre mindestens 1 Stufe (von sechs) finanziell aufzusteigen[240].
- Tatsächlich waren es dann aber 41%, wobei kein Unterschied bei Immigranten festzustellen war (40%).
- Bei den „Ärmsten" (auf der untersten von sechs Stufen) verbesserten sich sogar 55% aller Menschen (51% bei Immigranten).
- 5% aller Deutschen schafften es sogar von ganz unten ganz nach oben!
- Aber auch den Platz an der Sonne gibt es – wider einer populärer Meinung – nicht garantiert. Ebenfalls 5% stiegen wieder ab. Die Durchlässigkeit nach oben ist in wettbewerbswirtschaftlichen Systemen wesentlich schneller als in gemeinnutzorientierten. Nur 50% der Deutschen, die 2007 „ganz oben" waren, waren dies auch schon 12 Jahre vorher. Die Erklärung: Besonders talentierte Newcomer wandern in der Marktwirtschaft besonders schnell an die Spitze, weil sie mehr zum Gesamterfolg der Organisation beitragen. Hier muss auf Politiker und andere wirtschaftsfremde Personen beziehungsweise deren politische Netzwerke keine Rücksicht genommen werden.
- Über die Jahre hinweg schafften es – je nach Berechnung zwischen 37 und 41% aller Menschen – sich um mindestens eine Einkommensstufe zu verbessern. Damit liegt man in Deutschland wie in Österreich auf einer Ebene mit den USA oder auch Australien.

Die „gefühlte Ungerechtigkeit" erweist sich im Lichte echter Fakten als reines Angst-Gespinst. „Wer wagt, gewinnt!", lautet vielmehr die Diagnose. Und das beginnt mit Fleiß und Ehrgeiz. Bezeichnenderweise hat die gesellschaftliche Diskussion die

---

[240] „Mythen über die Mittelschicht", Roman Herzog Institut, 2011

Bundesbürger schon dermaßen frustriert, dass nur mehr 31 Prozent „sozialen Aufstieg" überhaupt als etwas Erstrebenswertes erachten (60 Prozent sind es hingegen bei „sozialer Gerechtigkeit").

Das ist gefährlich: Wenn Bürger für sich gelernt haben, dass man auch mit mittelmäßigem Einsatz ganz gut leben kann, oder wenn sie denen glauben, die jede individuelle Verbesserungsbemühung als chancenlos brandmarken, werden sie auch nicht aufsteigen. Es ist der geschürte Frust, der eine ganze Generation zu „Wutbürgern" mutieren ließ und jetzt Frieden und Wohlstand bedroht.

Ohne Ehrgeiz glücklich

Das Spielen mit sozialen Abstiegsängsten hat auch in Österreich über die letzten Jahre zu großen Umbrüchen in den Einstellungen geführt.

Nur mehr 24% der Österreicher glauben, dass man es vor allem durch Arbeit zu etwas bringt! Dass man dafür

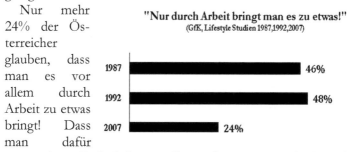

sogar private Opfer bringen sollte, wollen gar nur mehr 34% der Menschen akzeptieren.

Dies ist das postmaterialistische Bild einer alternden Wohlstandsgesellschaft. Der Wohlstand, der von Eltern und Großeltern noch mit wesentlich größerer Anstrengung und unter härteren Lebensbedingungen (wie etwa geringerer Lebenserwartung) bei geringerer sozialer Absicherung erarbeitet wurde, ist für viele junge Menschen heute selbstverständlich geworden. Eigentlich ein gutes Zeichen. Wenn junge Menschen aber denen glauben, die ihnen einreden, Anstrengungen zahlten sich erst gar nicht aus, dann bringt man sie um ihren beruflichen (und materiellen) Erfolg. Dann fühlen sie sich in ihrem Pessimismus bestätigt – und tragen ihn noch entschlossener in die Gesellschaft.

„Früher konnte sich ein kleiner Mann noch ein Haus bauen, heute ist das unmöglich", so ein weit verbreitetes Vorurteil.

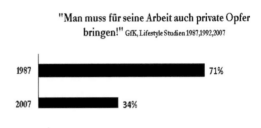

Aber auch in den 1960er und 1970er Jahren ging das nur, wenn man zusätzlich Überstunden machte oder pfuschen („Schwarzarbeiten") ging. Darüber hinaus kamen vor 40 Jahren viele Menschen noch von Bauernhöfen und so war der Baugrund meistens gratis. Und noch etwas vergisst die „Früher-war-der-Himmel-blauer"-Fraktion: Baugründe waren deshalb so billig, weil die Nachfrage nach ihnen so gering war – die Menschen hatten Hungerlöhne und konnten sich gerade einmal die Miete in kleinen Zimmern leisten. Ein Drittel ging für Lebensmittel drauf, heute sind es 12%.

Hohe Immobilienpreise sind auch ein Zeichen, dass sich eine qualifizierte Mehrheit Wohnungseigentum leisten kann und damit die Preise in die Höhe treibt. Denn Grund und Boden lassen sich nicht vermehren.

Heute subventioniert der Staat den Wohnbau durch die Wohnbauförderung. Gerade einmal 10% Eigenkapital muss man im Land Salzburg aufbringen, wenn man in den Genuss der Salzburger Landesförderung kommen will.[241] Daran ist prinzipiell

---

[241] www.salzburger-wohnbaufoerderung.at , 14.2.2012

einmal nichts Schlechtes: Weil aber die Höhe der Rückzahlungsrate für das öffentliche Förderdarlehen mit etwa 25% des Haushaltseinkommens gedeckelt ist (den Rest übernimmt das Land), ist es für den jungen Eigentümer betriebswirtschaftlich unklug, mehr zu arbeiten. Er müsste neben einem Mehr an Lohnsteuer und Sozialversicherung auch noch eine höhere Rate an das Land Salzburg zahlen. Wenn Menschen heute weniger ehrgeizig sind als früher, dann kann es heute auch am Staate und seinen falschen Anreizen liegen.

Postmaterielle Inkonsequenz

Seit circa zwei Jahrzehnten ist die Entwicklung „postmaterieller" Wertvorstellungen Gegenstand zahlreicher Untersuchungen. Zusammenfassend kann man sagen: Je älter jemand ist, desto mehr hängt er an materiellen Werten (zu der freilich auch die Sicherheit gehört). Je jünger einer ist, desto mehr zählen abstrakte „höhere" Güter wie Glück, Freiheit, Gesundheit oder Umweltschutz.

Manchmal verliert die Suche nach den „neuen Werten" allerdings an Schärfe. Einerseits will man durch weniger Ehrgeiz und Konsumgüter „anders" leben als die Eltern, andererseits will man mit Laptop und iPhone jederzeit kommunikativ verfügbar sein – auch am Strand von Bali. Doch sind Laptop, iPhone und der Trip nach Indonesien letztendlich nichts anderes als Konsumgüter, nur eben modernere. Am Lebensstil hat sich in Wahrheit nichts geändert.

Dass die Produktion von iPhones genauso wie der Langstreckenflug die Umwelt negativ beeinflussen, wird dabei genauso ausgeblendet wie die Tatsache, dass ein Weniger an materiellem Wohlstand auch die Zahl der Handlungspräferenzen irgendwann einmal schrumpfen lässt. Auf gut Deutsch: Wer weniger hat, hat auch weniger Konsumfreiheiten.

In einer Gesellschaft, die nicht mehr strebt und forscht und nichts mehr Neues wagt, können nicht mehr genug Güter (und

Dienstleistungen) produziert werden, um den heutigen Lebensstandard zu erhalten. Das braucht es aber, denn die Gewerkschaften zwingen über ihre jährlichen Forderungen nach Reallohnsteigerungen das System, also die Firmen und ihre Angestellte, zu permanentem Wachstum. Wenn man einer Gesellschaft aber gleichzeitig weismacht, Ehrgeiz und Mehrleistung würden dem Einzelnen nicht mehr zum individuellen Aufstieg verhelfen, verunmöglicht man dem System jede Wachstumschance, um die Gewerkschaftsforderungen nach mehr materiellem Wohlstand zu erfüllen.

Österreich: Agonie und Voll(ks)versorgung

Von der Chancenlosigkeit der Mittelschicht ist oft die Rede. Und dass man heutzutage gar keine Chance mehr habe, es aus eigener Kraft zu schaffen. Dabei ist die Aufstiegsquote (der

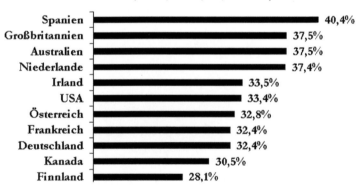

Aufstiegsquote des unteren Einkommensquintils - in % aller Einkommensbezieher dieses Quintils
Neumann, Schäfer, Schmidt, 2010, OECD 2010)

Land	%
Spanien	40,4%
Großbritannien	37,5%
Australien	37,5%
Niederlande	37,4%
Irland	33,5%
USA	33,4%
Österreich	32,8%
Frankreich	32,4%
Deutschland	32,4%
Kanada	30,5%
Finnland	28,1%

Prozentsatz aller Einkommensbezieher eines Quintils, die den Aufstieg schaffen) selbst in den USA nur um Nuancen höher als in Deutschland oder Österreich.

Wenn eine Gesellschaft nicht mehr an ihren eigenen Aufstieg glaubt, so die Erfahrung von Experten, dann fordert sie ein höheres Sicherungsnetz durch den Staat. Dies führt dann wiederum zu staatlichen Fehlanreizen, die den Aufstieg durch Bildung, harte Arbeit oder das Eingehen unternehmerischer Risiken unwahrscheinlich machen. Die Ressourcen einer Volkswirtschaft werden schlechter ausgenutzt. Sie wird als Ganzes unproduktiver und es werden weniger Mittel erwirtschaftet, die dann zur Verteilung bereitstehen.

Viele Menschen versuchen erst gar nicht, mehr oder härter zu arbeiten. Jede Gehaltsverbesserung würde durch den Wegfall von Subventionen bestraft werden. Wer weniger als 36.400 Euro jährlich verdient[242], kann bis zu 2.920 Euro als Sonderausgaben absetzen, bis 60.000 wird eingeschliffen, darüber hinaus geht gar nichts mehr.

7.16 „Umverteilung macht reich!"

Heute kommen in Österreich schon fast 37 Prozent des Haushaltseinkommens aus staatlichen Leistungen. In keinem westlichen Industriestaat ist der Anteil höher. Wer von einem ungezügelten Kapitalismus spricht, kann unmöglich die Alpenrepublik meinen. Und er erwähnt in der Regel auch nicht, dass der Wohlfahrtsstaat zuerst 48%[243] der Bürger-Einkommen in Form von Steuern nimmt – bevor er ihnen davon die angesprochenen 37% zuteilt.

---

[242] § 18 (3) Z 2 EStG 2010/11: Gesamtbetrag der Einkünfte („Jahres-Brutto minus aller Abzüge außer der Lohnsteuer")
[243] Staatseinnahmenquote Österreich 2010, Statistik Austria, auf: www.statistik.at,

Das am stärkste umverteilende Land der OECD ist Österreich: 37% des verfügbaren Haushaltseinkommens kommen aus staatlichen Leistungen. Das verringert freilich die Nettolöhne und so tragen diese nur mehr 63% zum Familieneinkommen bei. Am wenigsten freizügig sind vordergründig angelsächsische Länder wie Amerika, Kanada, Australien oder die Schweiz (mentalitätsmäßig gehören die Eidgenossen ohnehin zu den protestantischen Atlantikstaaten).

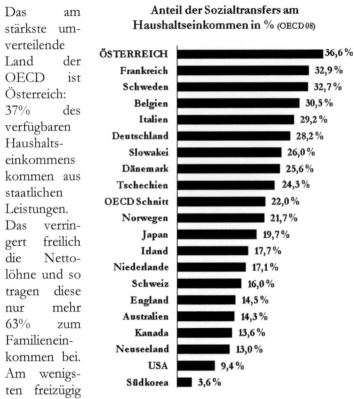

Anteil der Sozialtransfers am Haushaltseinkommen in % (OECD 08)

Land	%
ÖSTERREICH	36,6 %
Frankreich	32,9 %
Schweden	32,7 %
Belgien	30,5 %
Italien	29,2 %
Deutschland	28,2 %
Slowakei	26,0 %
Dänemark	25,6 %
Tschechien	24,3 %
OECD Schnitt	22,0 %
Norwegen	21,7 %
Japan	19,7 %
Irland	17,7 %
Niederlande	17,1 %
Schweiz	16,0 %
England	14,5 %
Australien	14,3 %
Kanada	13,6 %
Neuseeland	13,0 %
USA	9,4 %
Südkorea	3,6 %

Interessant wird es, wenn man (vergleichbare) Staaten einmal nach Realeinkommen und einmal nach der Umverteilungsstärke reiht. Ist Österreich beim Umverteilen noch unangefochten an der ersten Stelle, verschwindet es beim Thema „Realkaufkraft des Jahreseinkommen" aber auf den 12. Rang.

Noch offensichtlicher ist es bei Frankreich und seinem Staatssozialismus (und seinem rekordhaften 23%-Anteil von Beamten an der Gesamtbevölkerung): Die stolze Republik ist Nummer Zwei bei der Umverteilung, aber mit Platz 14 Vorletzter bei den Realeinkommen. Amerika ist das Land, das selbst Gefängnisse von privaten Firmen führen lässt (mit großem Erfolg übrigens). So kann es sich bei den Reallöhnen mit der Schweiz messen.

Realkaufkraft und Staatstransfers: An welcher Stelle stehen...?		
(OECD 2008, UBS Preise+Löhne, 8/2010, Hörl)		
Land	Sozialtransfers am EK in %	Kaufkraft Jahres-Eink.
Österreich	**1.**	12.
Frankreich	**2.**	14.
Schweden	**3.**	10.
Italien	**4.**	15.
Deutschland	**5.**	7.
Dänemark	6.	11.
Norwegen	7.	13.
Japan	8.	6.
Irland	9.	**4.**
Niederlande	10.	9.
Schweiz	11.	**1.**
GB	12	8.
Australien	13.	**3.**
Kanada	14.	**5.**
USA	15.	**2.**

Stehen Länder wie die USA, Kanada, Australien, England oder die Schweiz bei den Kosten für Staats-Bürokratie und Umverteilung an letzter Stelle (was traditionell für eine unübersehbare Anzahl an Schmähartikeln in soziologischen Zeitschriften garantiert), so stehen sie bei der realen Kaufkraft an vorderster Front. Der Schluss: Wo wenig umverteilt wird, sind die Bürokraten schlank, die Menschen aber nicht.

Viele Amerikaner erleben einen Kulturschock (der eigentlich ein finanzieller ist), wenn sie nach Europa kommen. Kassiert der Staat beim Autokauf in Massachusetts 5% Umsatzsteuer, so nimmt die Alpenrepublik neben 20% Umsatzsteuer noch bis zu 16% NOVA. Darum fahren Amerikaner für den Preis eines „Golf" eben „Passat".

Die massive Umverteilung von Einkommen kostet eine gesamte Bevölkerung mehr Kaufkraft (ohne dass sie dabei offensichtlich zufriedener wird), als sie den Begünstigten Einkommen bringt. Man merkt die Kosten für den Staat nur nicht sofort. Europas Volkseinkommen sind nämlich künstlich hochgerechnet. Das Bruttoinlandsprodukt („BIP") errechnet sich aus der Summe aller Güter und Dienstleistungen, die eine Volkswirtschaft im Laufe eines Jahres herstellt. Bei privaten Firmen ist es klar: Aus den Umsatzzahlen des Jahresabschlusses kann man genau ersehen, wie viele neue Güter das Tageslicht erblicken durften. Doch was produziert ein Beamter? Und weil man das nur schwer berechnen kann, nimmt man stattdessen einfach jenen Betrag, den er der Republik gekostet hat, als den Wert an, den er volkswirtschaftlich produziert hätte. Und weil Europas Staatsdiener besser verdienen als etwa Angestellte oder Unternehmer, erreichen die BIPs Europas auf diese Weise teils enorme Werte.

Allerdings reduzieren die Kosten für die Staatswirtschaft durch hohe Steuern dann die Nettolöhne, was für Frust und Spannung sorgt. Vor allem asiatische Flüchtlinge, die sich von den hochgerechneten BIPs Europas blenden ließen, träumen schon nach wenigen Jahren Billiglohn in Frankreich oder in Italien von einer Zukunft in der Schweiz, in England oder in Amerika.

7.17 „Erfolg hängt nicht von Arbeit ab!"

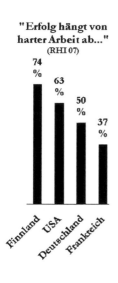

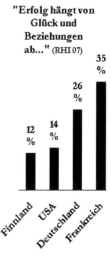

„50% der Deutschen glauben nicht, dass Erfolg aus harter Arbeit resultiert. Weitere 26% der Deutschen (aber nur 14% der US-Amerikaner) glauben, dass Erfolg in erster Linie eine Sache des Glücks und der richtigen Beziehungen ist".

In der internationalen Studie „Recht auf Aufstieg" kam das „Roman Herzog Institut" (RHI) im Jahr 2007 zu bemerkenswerten Resultaten: Je stärker ein Staat Märkte und Gesellschaft reguliert, desto höher ist auch das Gefühl gefühlter Ungerechtigkeit in der Bevölkerung. Menschen in so hoch regulierten Ländern wie Deutschland, Frankreich oder Polen halten Erfolg daher für eine Glückssache. Hält sich der Staat wie in den USA, Kanada, Finnland oder der Schweiz eher zurück, und ist das Individuum stärker auf sich selber angewiesen, ist das Gefühl leistungsgerechter Aufstiegschancen wesentlich ausgeprägter. Und damit die Stimmung in der Gesellschaft.

Laut World Values Survey (von 2005)[244] glauben 63 Prozent der Amerikaner, dass Erfolg aus harter Arbeit resultiere, wobei

---

[244] www.worldvaluessurvey.org, Survey 2005, 12.2.2012

nur 14 Prozent Glück und Beziehungen für wichtige Determinanten halten. In Frankreich ist dies nur jeder Dritte. Weil sich die Amerikaner weniger auf den Staat und seinen Sinn von Gerechtigkeit verlassen, investieren sie mutiger in die eigene Entwicklung. Deswegen wird es Firmen wie Apple, Google, Facebook oder Wikipedia auch weiterhin nur in Amerika geben.

In jedem Fall sind die Aufstiegschancen in Europa viel größer, als sie von seiner Gesellschaft empfunden werden. Die Verbannung wettbewerbsorientierter zugunsten versorgungsorientierter Strukturen hat in der Bevölkerung aber die Wahrnehmungsfähigkeit verringert.

7.18 „Die Mittelschichten schrumpfen!"[245]

Dass die Mittelschichten schrumpfen, steht für Deutschlands linken Mainstream schon seit Marxens Zeiten fest. Regelmäßig jagt das Thema Bürgern Angst und Schrecken ein. Schon 2008 sahen der Spiegel und das DIW Deutschlands Mittelschichten bröseln.[246] 2010 dann die gleiche Diagnose, gespenstisch unterstrichen von brennenden Barrikaden und vermummten Schlägern in Hamburgs Schanzenviertel. Untergangsstimmung. Soziologen malen die Zukunft Deutschland schwarz.

Bröckelnde Mittelschicht
Soziologen fürchten Erosion der Gesellschaft
Die Kluft zwischen Arm und Reich wächst, die deutsche Mittelschicht schrumpft rapide. Soziologen und Ökonomen warnen vor verheerenden Folgen: Sie fürchten soziale Resignation, Elendsquartiere in den Großstädten und eine Zunahme des gesellschaftlichen Gewaltpotentials
(Der SPIEGEL, 15.6.2010).

---

[245] Mittelschicht: Prozentsatz der Bevölkerung, der zwischen 50 und 150% des Medianeinkommens liegt
[246] Vgl. „Wo ist die Mitte?", Der Spiegel 10/2008; S. 39 f.

Mit einer „Brasilianisierung des Westens" droht der Soziologe Ulrich Beck, immer mehr Deutsche könnten in „prekäre Arbeitsverhältnisse abdriften und mit mehreren schlechtbezahlten Jobs am Existenzminimum knapsen".

Anlass für die Panik-Meldung war (wie auch schon in der Vergangenheit) eine Studie des Deutschen Instituts für Wirtschaftsforschung (DIW). Darin kamen die Autoren zu einem vordergründig schockierenden Ergebnis: „Die Einkommensgegensätze zwischen ärmeren und reicheren Haushalten nehmen in Deutschland seit der Wiedervereinigung zu. Zwar reduziert sich diese Einkommenspolarisierung in konjunkturell günstigen Phasen mit starken Beschäftigungszuwächsen. Danach aber steigt sie umso schneller wieder an."[247].

Vergleicht man die Horrorvision, die der Spiegel seinen Lesern 2010 zumutete, mit den echten Zahlen von 2012, wähnt man sich in einem anderen Land: Deutschland hat so wenige Arbeitslose wie nie zuvor seit der Wende, die Reallöhne steigen stark und Deutschlands BIP scheint Europa aus dem Dreck zu ziehen. Grund genug, sich die Unkenrufe von gestern näher zu betrachten.

Wenn aus schrumpfenden „wachsende Mittelschichten" werden

Seine Untergangs-Szenarien begründet Studienleiter Jan Goebel mit der Aussage, dass sich Deutschlands Mittelschicht seit dem Jahr 2000 von 64 auf 60 Prozent der Bevölkerung verringert habe.[248] Anlass genug für die DIW-Forscher, vor einer Erosion der Mittelschicht zu warnen. Eine starke Polarisierung der Einkommen in Arme und Reiche gefährde den sozialen Zusam-

---

[247] „Die Polarisierung der Einkommen. Die Mittelschicht verliert", Göbel, Gornig, Heißermann, Wochenbericht des DIW, Nr. 24/2010
[248] Frankfurter Allgemeine Zeitung, 15.6.2010

menhalt der Gesellschaft, so Goebel mahnend, sogar von „Statuspanik" war die Rede.

Was Herr Goebel allerdings nicht gesagt hat, waren die genauen prozentmäßigen Aufteilungen in Ober-, Mittel- und Unterschicht der einzelnen Jahre. Vielleicht hatte man diese aus der Grafik zur Vorsicht einmal weggelassen? Dass sich die Mittelschicht von 2000 bis 2006 verringert habe, stimmt. So aber auch wieder nicht. Denn Goebel hatte sich in einem Zeitraum von 16 Jahren gerade die 6 Jahre herausgepickt, die ein Absinken des Mittelstandes illustrierten. Dass die (ach so beängstigend angestiegene) Oberschicht im Jahr 2009 unglaubliche 17,5% ausmachte, wird durch die Tatsache relativiert, dass sie 16 Jahre vorher, 1993, ebenso 17,5% betrug. Dass die Mittelschicht in 16 Jahren von 61,7% auf 61,1% „abgesunken" ist, rechtfertigt wohl kaum die Angst vor einer Armenrevolte in Deutschlands Großstädten. Es sei denn, man schürt die Angst der Menschen mit künstlich depressiv gestalteten Berichten.

Die schrumpfende Mittelschicht von DIW und SPIEGEL: Dichtung +Wahrheit
(DIW 2010, Spiegel 2010, Hörl 2012)

Jahr	1993	1994	1995	1996	1997	1998	1999	2000	2001	2002	2003	2004	2005	2006	2007	2008	2009
Oben	17,5	18,0	17,5	17,0	17,0	18,0	19,0	16,0	16,2	17,5	18,0	19,5	19,0	18,0	19,0	19,5	17,5
Mitte	61,7	62,0	63,5	64,0	64,5	63,0	62,5	66,0	65,0	63,0	62,5	61,5	61,0	61,3	60,5	60,0	61,1
Unten	20,8	20,0	19,0	19,0	18,5	19,0	18,5	18,0	18,8	19,5	19,5	19,0	20,0	20,8	20,5	20,5	21,4

Wer die DIW-Zahlen selber nachmisst, kommt aus dem Staunen nicht heraus: Die Zahlen könnten eher für Jubel- als für Untergangsmeldungen dienen. Und man fragt sich, ob deutsche Journalisten entweder schlecht im Rechnen oder einfach nur zu bequem sind, um eine „Statistik ohne Zahlen" selber nachzumessen (oder die komplette Variante von DIW und Spiegel einzufordern).

Wie bei so vielen statistischen Berichten in Europa kann man sich auch hier des Eindrucks nicht erwehren, dass verzweifelt nach „Abstiegs-Szenarien" gesucht wurde. Und findet sich einmal nichts Negatives, dann hilft man halt ein bisschen nach, indem man sich auf taktisch gewählte Detailergebnisse konzentriert oder Wortspenden von Soziologen in den Text einbaut. „NGOs" wie das „Armutsnetzwerk Deutschland" übernehmen solch soziale Schreckensmeldungen ohne Prüfung oder gar Kritik.

Kritischer war man da schon bei der Frankfurter Allgemeinen Zeitung.[249] Hier fiel auf, dass man beim DIW die Einkommen je nach Haushaltsgröße unterschiedlich berechnet hatte, um „bedarfsgewichtete Äquivalente" zu erhalten. Ifo-Präsident Hans-Werner Sinn kritisierte die Methode als „statistisches Artefakt". So nimmt das DIW willkürlich an, dass zwei „Alleinlebende" einen um ein Drittel höheren Bedarf hätten als ein zusammenlebendes Paar, das etwa die Küche gemeinsam nutzt. Weil Alleinstehende aber nicht gleichzeitig auch um ein Drittel mehr verdienen, errechnet man so künstlich eine höhere Armutswahrscheinlichkeit herbei. In Wahrheit gehe ohnedies bis zu 80 Prozent der „neuen Armut" auf die Erosion alter Familienstrukturen zurück, die der Sozialstaat sogar gefördert habe, so der ifo-Chef.

Langer Rede kurzer Schluss: Es hat sich rein gar nichts verändert. Deutschlands Mittelschicht ist groß wie eh und je – auch wenn das manchen Soziologen nicht ins Weltbild passt. Und außer der geschürten Angst vor dem sozialen Abstieg bleibt auch von dieser Schreckensmeldung nicht viel übrig.

---

[249] Vgl. „Studie des DIW – Die Mittelschicht schrumpft", Frankfurter Allgemeine Zeitung, 15.6.2010

Die Schuldigen des DIW: Globalisierung, Wettbewerb und Gesellschaft

Noch mysteriöser wird es, wenn Wissenschaftler vom DIW analysieren, warum die Mittelschicht denn so stark „geschrumpft" sei – immerhin von 61,7% im Jahr 1993 auf 61,1% im Jahr 2009? Da wäre erst einmal die übliche Verdächtige, die Globalisierung: Durch den internationalen Wettbewerbsdruck hätten die Unternehmern ihre Löhne kaum erhöht.

Offizielle Zahlen unterstützen diese Ansicht aber nur teilweise: Deutschlands Arbeitnehmer haben die Bruttobezüge im besagten Zeitraum nämlich sehr wohl angehoben: Immerhin von 1.675 Euro (1991) auf 2.453 Euro (2011), ein Plus von 46 Prozent.[250] „In den 70er Jahren machten „Lohnsteuer und Sozialversicherung am Bruttolohn erst ein Drittel aus, heute sind es schon 50%", weiß in einem anderen DIW-Papier Karl Brenke.[251] „Von 1993 bis 1997 wurden sowohl die Steuern als auch die Sozialabgaben kräftig angehoben, um die Kosten der deutschen Einheit zu finanzieren." Und auch die nächsten zehn Jahren mussten Sozialabgaben und Lohnsteuer weiter angehoben werden. So wurden aus den Bruttolohnsteigerungen von 20 Jahren reale Einkommensverluste für die Bürger. Das „linke Experiment" der DDR hatte bewirkt, dass die Nettomonatsverdienste im Jahre 2011 um 60 Euro niedriger waren als im Jahr 1991.

Um seine zweite Erklärung für den „Abstieg der Mittelschicht" darzustellen, lässt Goebel den Soziologen – als ob man die Antwort dann nicht schon selber wüsste – Stefan Hradil von der Uni Mainz sprechen. Der sieht „Gesellschaftliche Hürden" als die Schuldigen: „Mit zunehmender Spezialisierung der Arbeit steigen die Hürden des gesellschaftlichen Aufstiegs". Eine Er-

---

[250] Globus Infografik GmbH, 2011, 14.2.2012
[251] Wochenbericht des DIW Berlin Nr. 33/2009

hebung beweise, dass Männer, die 1940 im Krieg geboren wurden, eine doppelt so hohe Chance hätten, in die obere Mittelschicht aufzusteigen wie Männer, die 1971 im Wohlstand zur Welt kamen.

Ach nein. Dass in einem ausgebombten Land jeder, der noch gesunde Arme hat, durch Arbeit aufsteigt – alleine schon, weil er überhaupt Arme hat – ist keine wissenschaftliche Sensation. Natürlich stellt sich die Situation für einen Deutschen, der heute im Wohlstand geboren ist, anders dar. Doch wie zahlreiche Studien beweisen (siehe oben), sind seine Aufstiegschancen intakt wie eh und je.

Mit dem letzten Punkt ihrer Erklärung unterliegen die DIW-Autoren dem Kardinalirrtum des linken Mainstreams – „Hartz IV": „Die Arbeitsmarkt-Reform hat das Schrumpfen der Mittelschicht verstärkt. Früher rutschten Langzeitarbeitslose nicht unbedingt in die Unterschicht ab, nach der Agenda 2010 bedeutet der Jobverlust fast zwangsläufig den Absturz aus der Mittelschicht". Das nächste Kapitel weiß vom exakten Gegenteil. Lassen Sie sich überraschen.

7.19 „Hartz IV hat zu Armut und Ungleichheit geführt!"

Die Autoren rund um Jan Goebel („Die Mittelschichten sinken!") hatten also die Hartz IV-Reformen als Schuldigen für das „Schrumpfen" der deutschen Mittelschicht identifiziert.

Karl Gaulhofer von der „Presse" kommt – wie viele Ökonomen – aber zum gegenteiligen Schluss[252]: „In den 10 Jahren vor der Arbeitsmarktreform (Hartz IV) waren Ungleichheit und Armut angestiegen, mit der Umsetzung der Reformen konnte der Anstieg der Ungleichheit gestoppt werden. Der Anteil armutsgefährdeter Deutscher sank dagegen dramatisch".

---

[252] Vgl. „Später Ruhm für Schröders Reformen", Die Presse, 4.2.2012

Deutschland 2000: „Kranker Mann"

Im Jahr 2000 war Deutschland Europas „kranker Mann". Das Land kam auch in guten Jahren nicht mehr von einer 10%igen Sockelarbeitslosigkeit herunter. Immer höhere Kosten verursachte das Heer aus Frühpensionisten und Langzeitarbeitslosen. Gerhard Schröders Reformideen waren radikal: Arbeitslosengeld gab es nur noch für ein Jahr, danach war fast jeder Job zumutbar. Den eisernen Kündigungsschutz weichte man kräftig auf, Arbeitszeiten flexibilisierte man.

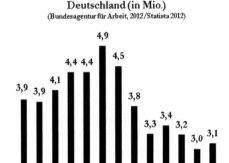

Entwicklung der Arbeitslosigkeit in Deutschland (in Mio.)
(Bundesagentur für Arbeit, 2012/Statista 2012)

Schon mit der Einführung Anfang 2006 sank die Arbeitslosigkeit sofort um 400.000 Menschen. In nur einem einzigen Jahr – von 2006 auf 2007 – kamen weitere 700.000 Menschen in Brot und Arbeit. Selbst im Krisenjahr 2009 mussten nur wenige Arbeitnehmer freigesetzt werden. Deutschlands Firmen brauchten ja keine Angst mehr zu haben, überflüssiges Personal in Krisenzeiten nicht mehr loswerden zu können. So stellten sie bei der erstbesten Gelegenheit 2010 schon wieder kräftig ein.

2011 feierte das Land die niedrigste Arbeitslosigkeit seit der Wiedervereinigung – die Beschäftigung erklomm ein Rekordniveau. Die Sozialsysteme fahren plötzlich Überschüsse, die Lohnnebenkosten könnten endlich gekürzt werden. Die Steuereinnahmen sprudeln wie noch nie und selbst in der Krise blieb genug, um den Sozialstaat ungeschoren davonkommen zu lassen.

Spanien: „Hartz IV" gegen Jugendarbeitslosigkeit

In der Krise könnte selbst Italien den von Kommunisten („CGIL") in den 1970ern eingeführten lebenslangen Kündigungsschutz (bei Betrieben ab 15 Mitarbeitern) nun lockern. Die Gesetze waren gut gemeint, bewirken aber das genaue Gegenteil. Die Reformen Schröders sind heute Vorbild für Frankreich, Griechenland und Italien. Leider (noch) nicht für Spanien. Bis zu vier Jahresgehälter müssen Spaniens Unternehmer zahlen, wenn sie einen Mitarbeiter kündigen wollen. Kein Wunder, dass es sich Firmen nicht „leisten" können, Mitarbeiter einzustellen. Das Relikt aus sozialistischen Tagen beschert dem Land mit 48% die höchste Jugendarbeitslosigkeit Europas. 23% sind es für die gesamte Bevölkerung.

Wenn eine 10-Mann-Firma einmal nur Aufträge für 5 Leute hätte, so müsste sie in Spanien oder Italien (und in Deutschland bis 2006) alle 10 Mitarbeiter weiterbeschäftigen. Weil ein Betrieb das während einer wirtschaftlichen Schwächephase aber nicht kann, droht ihm die Pleite. Selbst gesunde Betriebe drücken sich um Personalaufnahmen, so lange es nur geht. Zur Not greift man zu Werkverträgen, Schwarzarbeit – oder verlagert die Produktion ins Ausland. Spaniens kleine Firmen werden nach jeder noch so kleinen Krise wieder zurückgeworfen und können nicht zu Mittelbetrieben reifen. Die Lösung kann hier nur heißen: „Hartz Cuatro".

Deutschland: Fortschritt durch Angst

Viele Deutsche (und Österreicher) erleben „neue Themen" stets mit derart großen Angstgefühlen, dass nach einer intensiven Phase der kollektiven Selbstzerfleischung effektive Maßnahmen gesetzt werden. So verändern sich die Prozesse schneller und effizienter als in anderen Ländern – der damit einhergehende soziale Stress ist allerdings schlecht fürs Gemüt. So war auch die Diskussion um Hartz IV eine mediale Schlammschlacht, die ihresgleichen suchte. Letztendlich konnte Gerhard Schröder, damals Kronprinz der SPD, in seiner Partei dann doch die Reformen durchsetzen, die ein Helmut Kohl nicht im Traume anzudenken gewagt hätte.

Hartz IV: Mehr Arbeit, weniger Armut, stagnierende Ungleichheit

Zwei Millionen Arbeitslose hat Hartz IV innerhalb kürzester Zeit in Brot und Arbeit gebracht. Die Quote armutsgefährdeter Deutscher korrigierte ab 2006 sofort nach Süden. 15% weniger Armutsgefährdete in nur drei Jahren; die von Gewerkschaften, Linken oder Attac vielfach geforderte Erhöhung von Hartz IV hätte das Gegenteil bewirkt.

Der Anstieg der Ungleichheit konnte nachhaltig abgebremst werden.[253] Blieb der Gini-Koeffizient von 1991 bis 1999 ziemlich stabil bei etwa 0,262, stieg dieser mit dem Platzen der Internet-Blase im Jahr 2000 (und der weltweiten Flutung mit billigem Buchgeld) bis auf 0,293 (2005). Mit den Hartz-Reformen wurde der Anstieg schon 2006 in einen Rückgang verwandelt (0,285). 2010 lag der Gini-Koeffizient über fünf Jahre lang stabil bei 0,29.

---

[253] Vgl. Die Presse, 4.2.2012

7.20 „Deutschland kann seine Marktwirtschaft noch retten!"

Gerhard Schröder hatte zwar Deutschlands großes Strukturproblem gelöst, jedoch ein vielfach größeres geschaffen – ein soziales. Mit seinen Marktreformen könnte er das Ende der Marktwirtschaft in Deutschland eingeläutet haben. Deutschland tickt schon immer links. Selbst „Linksliberale", die im Prinzip ja für die soziale Marktwirtschaft wären, sind dies auch nur unter der Bedingung, dass sie zuerst „gezügelt" werden müsse. Als gezügeltes Endprodukt solle dann idealerweise so etwas wie ein „demokratischer Sozialismus" stehen.

Der Anfang vom Ende

Gerhard Schröder wollte die Hartz IV-Reformen möglichst schnell umsetzen, um deren Früchte schon in einer nächsten Amtszeit ernten zu können – dabei passierten Schlampigkeiten. Deutschlands Sozialgerichte gehen heute noch in einer Flut von Klagen unter, es kam zu Härtefällen.

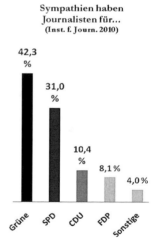

Auch Deutschlands Schul- und Mediensystem tickt links. Eine Befragung unter deutschen Journalisten, die sich politisch deklarierten, ergab 73,3% Stimmen für die Grünen oder die SPD: Das Ergebnis einer jahrhundertelangen gymnasialen Wirtschaftserziehung auf esoterischem Niveau („Nullsummenspiel").

Schröder hatte unterschätzt, dass sich in Deutschland über die Jahrzehnte hin eine soziale Parallelgesellschaft entwickelt hatte.

Mit Hartz IV musste sie von einem Tag auf den anderen schmerzvoll akzeptieren, dass es nun „keinen Deal" mehr gab. Der jahrzehntelange unausgesprochene „Gesellschaftsvertrag", „ein bedingungsloses Grundeinkommen ohne (wirkliche) Arbeitspflicht gegen eine geringe Kriminalitätsrate zu tauschen", war aus ökonomischen Kosten einseitig vom Staat aufgekündigt worden.

Und das stieß Millionen Menschen vor den Kopf. Sie hatten ihren monatlichen Scheck vom Arbeitsamt als wohl erworbenen Lohnanspruch zu begreifen gelernt. Dazu kamen Hunderttausende Menschen, die in den vom Sozialismus zerstörten Gebieten Ostdeutschlands tatsächlich auf Staatshilfe angewiesen waren. Die Auseinandersetzungen um Hartz IV beeinflussten das soziale Klima Deutschlands äußerst negativ. Selbst DBG-Chef Sommer sah sich zum öffentlichen Widerstand gegen seinen Parteigenossen Schröder genötigt und nahm an entsprechenden Demonstrationen teil. Hartz IV löste die Gründung der „Linkspartei" aus, durch die extrem linke Positionen aufkamen, wie sie selbst in Deutschland bis dato nicht salonfähig gewesen waren. Mit dem Aufkommen der Piraten scheint Deutschlands Linke immer weiter nach links zu rücken. Man will jedem Bürger 440 Euro schenken und fordert vom Staat, Millionen Staatsposten zu schaffen. Die über 50 Jahre unterlassene Wirtschaftsausbildung von Akademikern und Gymnasiasten scheint das Land in stürmische Zeiten zurück zu katapultieren.

Deutschland 2022: „Das Trojanische Pferd"

Deutschland wird in 10 Jahren nicht mehr das Land sein, das es bis 2006 gewesen war. Kein Wunder, es war schon 1991 nicht mehr das, das es noch 1981 war.

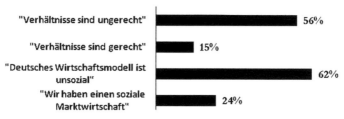

Nach einer Umfrage des Instituts für Demoskopie Allensbach sind nur noch 24 Prozent davon überzeugt[254], dass „wir eine soziale Marktwirtschaft haben"; 62 Prozent der Befragten meinen, das deutsche Wirtschaftsmodell sei „nicht wirklich sozial". Nur noch 15 Prozent der Befragten bezeichneten die wirtschaftlichen Verhältnisse im Großen und Ganzen als gerecht; 56 Prozent empfinden sie als nicht gerecht.

Dabei geben die Menschen nur das wieder, was sie von Medien täglich hören. War jemand vor 20 Jahren ehrgeizig, weil er eine Firma eröffnete, schmäht man ihn heute als gierigen Kapitalisten. Als lebte man in der DDR im Jahre 1975.

Es scheint, als habe sich die deutsche Geschichte beim Mauerfall von 1989 von der griechischen Mythologie inspirieren lassen. Zu voreilig hatte man den Sieg über Sozialismus und Diktatur gefeiert. Ähnlich einem Trojanischen Pferd sitzen die „Besiegten" heute längst im deutschen Bundestag und bekämpfen die verhasste Marktwirtschaft „von innen".

Mit ihrer kommunistischen Tradition muss die extreme Linke dabei nicht einmal hinterm Berge halten: So bringt der Mitteldeutsche Rundfunk regelmäßig DDR-Krimis. In den perfide inszenierten Propagandastreifen schwärmt man vom kommunistischen Kleinbürgeridyll scheinbar glücklicherer Zeiten. „Ich

---

[254] Vgl. Frankfurter Allgemeine Zeitung, 18.12.2007, S. 13

bin das Produkt meiner Umwelt", meint ein Zeuge unverhofft – und trainiert Marxismus-Wissen für Nostalgiker („Das Sein bestimmt das Bewusstsein").[255] Der Staatspolizist erinnert in seiner Uniform ein wenig an einen SS-Mann, er spricht ruhig und freundlich. Noch freundlicher bittet nur noch der Kommissar den überführten Dieb mit einem ehrlichen Lächeln ins Auto: „Aber bitte, Herr Pelzig, nehmen Sie doch Platz!" So mancher, der in Deutschland fernsieht, stellt sich die Frage, was am Sozialismus denn so schlecht gewesen sei.

In die Talk Shows (und nicht nur ins ZDF) ist die Linke gerne eingeladen. Man behandelt sie wie ganz gewöhnliche Politiker – und nicht wie die geistigen Nachfahren eines kommunistischen Terrorregimes (für Sahra Wagenknecht war der Bau der Berliner Mauer ohnehin notwendig). Die Deutschen haben sich heute eine Gesellschaft herbeigewählt, in der die Demokratie in Wahrheit schon wieder auf dem Rückzug ist: Sowohl die Linke wie auch ihre rechten Konkurrentinnen müssen vom Verfassungsschutz überwacht werden.

Sahra Wagenknecht war in der kommunistischen SED und ist heute Mitglied in der „Kommunistischen Plattform"[256], die „eine neue sozialistische Gesellschaft errichten will, in welcher man die positiven Erfahrungen des realen Sozialismus nutzen möchte und aus den begangenen Fehlern Lehren zieht".[257] Mit der Tatsache, dass der Kommunismus über 80 Millionen Menschenleben gekostet hatte, wird sie in Deutschland nicht konfrontiert. Eher mit ungeduldigen Fragen, wie man denn den menschenfeindlichen Kapitalismus zügeln könne.

Wenn Sahra Wagenknecht vom neuen Kommunismus – Pardon, Sozialismus schwärmt, dann loben deutsche Medien dies ohne kritische Distanz: „Sahra Wagenknechts Versuch, den

---

[255] MDR, Polizeiruf 110, „Nachttresor, 17.4.2012
[256] Laut Wikipedia ist ihre Mitgliedschaft seit Februar 2010 ruhend
[257] Beschluss der Landeskonferenz der Kommunistischen Plattform der Partei DIE LINKE des Landes Brandenburg vom 29. September 2007

Sozialismus neu zu denken, ist ambitioniert und mutig", lobt die Süddeutsche Zeitung.[258] „Freiheit statt Kapitalismus formuliert den Zweifel, den viele mit sich herumtragen", erklärt sich das Deutschland Radio solidarisch.[259] Und selbst das Handelsblatt lobte im Juli 2011[260]: „Sahra Wagenknecht entwirft in ihrem neuen Buch einen kreativen Sozialismus."

Deutschland diskutiert den Sozialismus, als hätte es seit den 1920ern noch keine Erfahrungen mit dieser Ideologie gegeben. Und es tut dies mit einer Aggressivität, die ebenfalls an diese Zeit erinnert. Deutschland ist das einzige Land dieser Welt, das sowohl mit einem links- als auch einem rechtsextremen Sozialismus experimentiert hat. Nun werken Deutschlands neue Philosophen (wie Frau Wagenknecht) an einer dritten Variante – und Deutschlands Medien werken emsig mit.

Deutschland glaubt an die Verschwörung

Wenn der Deutschlandfunk mit Neoliberalismus und Finanzwirtschaft abrechnet, dann kann es auch mal deftig werden. Für ihn sind die beiden so verbrecherisch wie Italiens Mafia, eine Ansammlung kompletter Irrer. Sie würden Politiker und Gesellschaft beherrschen, hätten gegen die Welt geputscht. Sie hätten die Erde mit Angst, Gefahr, Gewalt und Hass überzogen, die Demokratie wäre längst ausgeschaltet. Der Name des verhassten Weltenlenkers? Die „International Swaps and Derivatives Association", ISDA. Keiner entgeht dem Generalverdacht des Senders, für sie zu arbeiten. Thatcher, Kohl, Blair, Schröder, und selbst Ludwig Erhard – allesamt neoliberal! „...Bestochen?" fragt man sich ob der minutenlangen Schimpfkanonaden. Als Asoziale hätten sie Hunger und Armut in der

---

[258] Winfried Kretschmer, Süddeutsche Zeitung, 18./19. Mai 2011
[259] Arno Orzessek, Deutschland Radio Kultur, 12. Mai 2011
[260] www.amazon.de, 15.2.2012

Welt verbreitet. Nach einer halben Stunde will man in die Stadt, um Neoliberale aufzuspüren.

30.000 Argentinier seien dem Neoliberalismus zum Opfer gefallen. Dass Präsident Kirchner 2001 den Neoliberalismus aus dem Land verbannte, weil er 75% von Argentiniens Bankschulden nicht bezahlen wollte, macht ihn für den Deutschlandfunk zum Held. Dass der Schuldenschnitt in Wahrheit Tausende deutscher und österreichischer Sparer um ihre Altersvorsorge brachte, hält man für seine Hörerschaft als Erklärung wohl für zu kompliziert.

Und hier liegt das Problem. Dass Banken, Spekulanten und Konzerne sich gegen Deutschlands kleine Leute (und eigentlich die ganze Welt) verschworen hätten, gilt als „Common Sense". Die in den Medien (täglich tausendfach) angedeutete Verschwörung „gieriger Konzerne" hält man als politisch wertneutral. Eine wirtschaftsfremde Medien-Oberschicht erklärt sich und ihren Bürgern komplexe Wirtschaftsthemen mit (zu) einfach klingenden Verschwörungstheorien – zwingt damit aber „99%" der („beherrschten") Bürger das Gefühl auf, permanent zu kurz zu kommen. Das schürt diffuse Wut- und Ohnmachtsgefühle und bietet einen nahrhaften Boden für immer neue Parteien am linken Rande der Gesellschaft.

Wie damals in den 1920ern.

Die Bürger haben nicht verstanden

Deutschlands Bürger haben immer noch nicht verstanden, dass der Gewinn des Einen zugleich auch der Gewinn von allen ist. Sie haben nicht verstanden, dass „der Kuchen" nicht beständig kleiner, sondern – ganz im Gegenteil – beständig größer wird. Sie haben nicht verstanden, dass es Fortschritt, Produktion und Wohlstand nur dann gibt, wenn man den wirtschaftlich Aktiven einer Gesellschaft materielle Vorteile als Belohnung für ihr Engagement erlaubt.

In Deutschlands „Neuem Sozialismus", der das „S-Wort" freilich nicht im Namen tragen will, werden Großkonzerne zerschlagen werden. Man wird große Firmen diskriminieren und enteignen, man wird die Steuerlast für vermeintlich „Reiche" in die Höhe schrauben. Selbst die wenigen privaten Banken wird man noch verstaatlichen, ebenso die Medien. Dann wird man zum x-ten Mal versuchen, die eher „eigennutzorientierten und sparsamen" Deutschen zu „gemeinwohlorientierten und großzügigen" Moralisten umzuerziehen.

Staatsschulen und Staatsmedien werden ihr Volk in ungezählten Propagandaschlachten zum Gemeinwohl-Denken umerziehen. Beim MDR braucht man die kommunistischen Propaganda-Streifen nur einfach weiterlaufen zu lassen. Noch mehr Menschen werden das Land aus Verzweiflung über Hass und Neid und Depression verlassen. Die Arbeitslosigkeit wird auf 25% ansteigen, der Wohlstand schmelzen. Für das Kapital, so es ohnedies nicht schon im Ausland ist, werden alle Dämme brechen und es wird alle Fluchtwährungen wie den Schweizer Franken oder den US-Dollar auf ungeahnte Höhen treiben. Und zum ersten Mal werden die Deutschen jene Armut erleben, die sie sich über die Jahrzehnte herbeigeredet und -geschrieben haben.

Sollte es bürgerlichen Parteien – wider Erwarten – gelingen, eine linke Zweidrittelmehrheit trickreich zu verhindern (Kohl gewann seine Wahlen stets mit „linken Themen" – siehe Finanztransaktionssteuer © Merkel), dann hätte eine bürgerliche Minderheit den eigentlichen Wählerwillen hintergangen. Denn Deutschland will den Wechsel. Betrügt man es um diesen, wird sich die Wut von Mensch und Medien in einem noch wütenderen Klima niederschlagen. Wer hingegen glaubt, extreme Parteien wie die LINKE, die Piraten, Occupy oder Teile der Grünen „aussitzen" zu können, hat nichts begriffen.

7.21 „Bei Hartz IV verdient man einen Euro in der Stunde" [261]

Wieder einmal geht es bei „Sandra Maischberger" um die Armut. Linksextreme sind als „Experten" eingeladen – nicht als „Beschuldigte". „14% der Deutschen sind arm, müssen also mit weniger als 800 Euro im Monat auskommen". Natürlich darf die alleinerziehende Mutter mit 5 Kindern da nicht fehlen, 2.400 Euro kriegt sie monatlich vom Staat, und verbittert klagt sie an: „Markenkleidung ist da nicht mehr drin!" Gemeinsam mit der Kandidatin der Linken schimpft sie über Hartz IV. Zu Zeiten der Sozialhilfe hätten sie Urlaub noch extra bezahlt gekriegt. Und das Sozialamt hätte früher auch immer noch jemanden vorbeigeschickt, der dann gesagt hätte, der Fernseher sei ja schon so alt, da bräuchte man einen neuen. So ungerecht geht es in Deutschland zu.

„1 Euro-Job" heißt 27-Euro in der Stunde. Netto.

„Wie soll jemand denn von 359 Euro monatlich leben (heute 374)?", fragt man (unwidersprochen) in der Show. Muss man auch nicht. Nirgendwo in Deutschland (oder Österreich). 374 Euro sind nur das, was geldlich fließt – der Rest kommt extra. Hartz IV-Empfänger erhalten 374 Euro – plus den Großteil ihrer Miete (inklusive Heizung). Für Kinder gibt es Zuschläge. Wer freiwillig arbeiten geht, kann staatlich organisierte „1 Euro-Jobs" in Anspruch nehmen. Dabei muss sich der „Hartz IVler" aber nicht für einen Euro in der Stunde ausbeuten lassen, wie man manchmal suggeriert. Denn bei 550 Euro Miete bekommt er 523 Euro rückerstattet. Macht mit den 374 Euro und den 32 Euro aus einer „1 Tages-Woche" (8 Stunden täglich, einmal die Woche) insgesamt 929 Euro im Monat.[262] Netto, versteht sich,

---

[261] Presse, 2.1.2010, S. 9
[262] www.sozialhilfe24.de

und voll versichert. Bei 8 Stunden wöchentlich ergibt das einen Stundenlohn von 29 Euro netto. Davon kann eine Verkäuferin, die halbtags (20 Stunden) arbeitet, bloß träumen.

Selbstverständlich bekommen Hartz IV-Empfänger den Anwalt kostenfrei vom Staat gestellt. So verklagt man an den „freien Tagen" seinen „Brötchengeber",

Wohnung	€ 523.-
ALG II	€ 374.-
1 € Job	€ 32.-
Macht	€ 929.-

den Staat, auf Übernahme einer Reparatur hier oder die Bezahlung eines höheren Zuschlages dort. So mancher übernimmt auch schon mal wieder Aufgaben in der Wirtschaft und wird beim „Pfusch am Bau" erwischt.

7.22 „Österreicher werden diskriminiert!"

Österreich belegt den „ohnmächtigen" Spitzenplatz im Europäischen Diskriminierungsranking. Satte 22% fühlten sich im Vorjahr mindestens einmal diskriminiert. Der EU-Schnitt liegt bei nur 16%.

EU-Umfrage: Österreicher fühlen sich diskriminiert
Diskriminierung ist in Österreich besonders weit verbreitet – zumindest empfinden das viele Einwohner so. In der neuesten Eurobarometer-Umfrage liegt Österreich mit Italien ganz vorne.
(Die Presse, 10.11.2009)

64% der Österreicher befürchten (und beim Fürchten sind wir richtig gut), dass die Finanzkrise zur Diskriminierung aufgrund des Alters führen wird. Immerhin 39% meinen, Behinderte seien diskriminiert. Interessanterweise besitzt Österreich aber eines der weltweit großzügigsten Versorgungssysteme für Behinderte. Querschnittgelähmte müssen nicht arbeiten gehen, sie können (Gott sei Dank) aus einem breiten und tiefen Speiseplan für Transferleistungen wählen. Operationen, Anwendungen, Therapien und Rehab-Aufenthalte werden selbstverständlich (und zu Recht) bezahlt, die Wohnbauförderung sorgt großzügig für Wohnraum, das Auto wird kostenlos adaptiert.

Es verwundert, wie „ungerecht" die Österreicher ihr Leben wahrnehmen. Es verwundert weniger, wenn man das tägliche Bombardement mit Jammer- oder Skandalmeldungen betrachtet. Wer einige Zeit im Ausland war und zu Hause als erstes heimische Medien konsumiert, vergiftet just die Seele, der er bis dahin noch eine Kur gegönnt hatte.

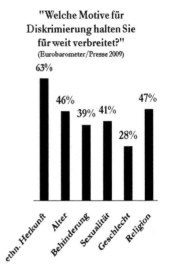

7.23 Wir sind doch alles „Kleine Leute"

Unlängst unterhielt ich mich mit einem Pärchen. Beide haben gute Jobs, sind pragmatisiert[263] und somit unkündbar. Beide verdienen jeweils über 4.000 Euro monatlich. Überstunden bringen weiteren Verdienst, im Alter kann man mit einer überdurchschnittlichen Rente rechnen. Das Haus ist abbezahlt, man genießt teure Urlaube, fährt gute Autos. Und trotzdem: Als „Kinder Kreiskys" halten sie sich immer noch für „kleine Leute", die Welt für „ungerecht und kalt", die „anderen" für „gierig" und „berechnend". Und hinter den Vorhängen der Gesellschaft vermuten sie Wirtschaftsbosse und Großgrundbesitzer als heimliche Strippenzieher. Thomas Bernhard, schau herunter!

---

[263] Österreichischer Begriff für die Übernahme in ein Beamtendienstverhältnis

Woher kommt Europas „negative Kraft"?

Während sich Amerikaner – selbst bei halbem Einkommen – als zur Mittelschicht gehörig fühlen, gibt es eine unsichtbare Kraft, die uns Europäer niederhält. Ist es vielleicht das Lichtdefizit? Man kennt die düsteren Mythologien germanischer Heldensagen oder die skandinavischer Märchen. Je südlicher man von Skandinavien über Schleswig-Holstein in die Fön-Regionen Mitteleuropas stößt, desto froher wird die Stimmung. Und desto wohlhabender und optimistischer die Bürger – und desto schwächer manch politische Kraft.

Ein weiterer Ansatz ist die mitteleuropäische „Perfektionsneurose": Vielleicht hängt Europas Pessimismus mit der unleugbaren „deutschen Gründlichkeit" und ihrem Perfektionsanspruch zusammen? Vorerst sind dies einmal hervorragende Voraussetzungen, um perfekte Autos und Maschinen anzufertigen. Der alles überdeckende Anspruch an das Leben, dieses genauso perfekt wie Maschinen planen und betreiben zu können, lässt aber keinen Freiraum für unerwartete Entwicklungen. Der Marxismus war angetreten, die Zyklen und Krisen des Kapitalismus zu glätten. Doch die menschliche Entwicklung verläuft nun einmal nicht linear, und sie lässt sich nicht immer planen.

Die perfekte Maschine kennt 0% Toleranzen und ist 100%ig zuverlässig oder ausgelastet. Eine Pflanze hingegen kann über die Photosynthese gerade einmal 1 bis 2% des Sonnenlichtes in Energie umwandeln – und doch ist es mehr als ausreichend, um üppiges Leben auf der Erde entstehen zu lassen. Unter dem Drang zur Perfektion leiden viele Mütter dieser Zeit, weil sie ihr bisheriges, wohlgeordnetes Leben (perfekt saubere Wohnung, perfekt strukturierter Tagesablauf, geplanter beruflicher Erfolg) mit einem Kind plötzlich nicht mehr in altgewohnter Perfektion organisieren können. Manche Mütter verlieren unter dem selbst erzeugten Druck sogar die Lebensfreude.

Mit großer Sicherheit verabsäumt es Europas wirtschaftsfreie Erziehung, junge Europäer auf die dynamischen Entwicklungen des Lebens vorzubereiten. Das Wilhelminische Schulsystem bereitet die Jugend im 21. Jahrhundert auf die vielfältigen Interessen vor, die ein großbürgerliches Leben im 19. Jahrhundert so mit sich bringt. Philosophie, Chemie, französische Gedichte aus dem Mittelalter und all die anderen Schönen Künste. Außerhalb der elfenbeinernen Schultürme finden Abiturienten jedoch eine völlig andere Welt vor. Dabei ist diese ja nicht schlecht, nur mit den Tools des 19. Jahrhunderts muss man sie geradezu als „kalt und egoistisch" empfinden.

Vielleicht sind es auch die massiven Auswanderungen ab dem 18. Jahrhundert. Sie haben Mitteleuropa wahrscheinlich die besten Köpfe gekostet. Auch wenn Nationalisten anderer Meinung sind: Wer sich auf große Wanderschaft begibt, gehört meist zu den Besten seines Landes. Über 200 Jahre hinweg hat die biologische Selektion die Optimistischsten, die Risikobereitesten, die Fleißigsten und die Willensstärksten ins „Land of the Free" gehen lassen. Sie alle hatten die Kraft, Europas Feudalsystem zu entkommen und jenseits des Atlantiks eine neue Zukunft zu beginnen.

Glücklicherweise sind aber noch genügend „Gute" dageblieben, so wie Sie zum Beispiel, werter Leser ;-)

Ganz sicher hat Europas Leben in feudalen, monarchistischen und (offen) diktatorischen Verhältnissen das Denken unseres Kontinentes geprägt. Über viele Jahrhunderte haben die Menschen verinnerlicht, dass man „denen da oben" nicht über den Weg trauen dürfe. Dass man aber, wenn man unter einem „gerechten Herrscher" lebe, dafür mit staatlichen Zuwendungen rechnen dürfe – frei nach dem Motto: „Teile und herrsche!" („Divide et impera!"). Über viele Generationen wurden die Bürger Kontinentaleuropas von mehr oder weniger brutalen Diktaturen beherrscht. Obwohl man in der Mehrzahl war, war man politisch oder militärisch eine Minderheit. Man fühlte sich zu Recht von denen da oben bedroht. Heute hat die Mehrheit aber alle Möglichkeiten – die Herkunft vieler Politiker aus Unterschichtverhältnissen verdeutlicht dies. Subjektiv glaubt eine ganze Gesellschaft aber immer noch, sich emanzipieren zu müssen.

Wer in Deutschland streikt, hat immer recht – geht es doch gegen „die da oben". Wenn man Menschen interviewt, die vergeblich auf die U-Bahn warten, trifft man auf Verständnis für die Streikenden. Wenn die erkämpften Gehaltszuwächse dann aber zur Erhöhung von Fahrkarten führen, überrascht die Menschen das. Die Schuld hat dann der Staat, hätte der doch privatwirtschaftlichen Interessen nachgegeben und sich nur am kalten Markt orientiert.

Die Depression der 70er

Der Economist-Journalist Matthew Ridley hat mit seinem Buch „Wenn Ideen Sex haben" für Furore gesorgt. Wir sind reicher, gesünder, glücklicher und friedfertiger als alle Generationen vor uns – zudem leben wir länger. Mit seinem Buch möchte er Europäern Mut machen, positiver und optimistischer in die Zukunft zu blicken.

Dabei war Ridley in den 1970er Jahren selber Pessimist. „In den 1970ern war die Zukunft düster, weil mir das alle gesagt haben: Die Bevölkerungsexplosion ist unaufhaltsam, Hungersnöte unvermeidlich, das Öl geht aus, der Regenwald verschwindet", so erinnert sich der Marktliberalist mit Schaudern. Er habe dies alles geglaubt. Niemand habe ihm in den 1970ern irgendetwas Optimistisches über die Zukunft der Welt erzählt.[264] Als er aber mit den Jahren das Scheitern der düsteren Prophezeiungen entdeckte, kehrte er um und begann plötzlich, die im Mediendi-

---

[264] Die Presse, 25.3.2012, S. 13

ckicht untergegangenen („leisen") positiven Meldungen zu entdecken. Denn die Medien verstärkten das evolutionäre Bedürfnis der Menschen nach schlechten Meldungen.

Für ihn ist sicher, dass der Lebensstandard in den nächsten 70, 80 Jahren noch weiter „enorm ansteigen" werde. Weil wir „füreinander arbeiten werden und Menschen ihre Ideen via Internet und neue Medien immer besser austauschen können". Wenn ein Chinese heute ein antivirales Präparat erfände, stünde es auch bald Europa zur Verfügung. Und Ridley fasst zusammen:

- Das reelle Bruttoinlandsprodukt pro Kopf hat sich in den letzten 50 Jahren weltweit verdreifacht.
- Die Kindersterblichkeit hat sich in diesem Zeitraum weltweit um zwei Drittel verringert.
- Und die globale Lebenserwartung ist um ein Drittel gestiegen.

Weltweit sieht Ridley nur für Europa die Wahrscheinlichkeit eines materiellen Abstiegs. Die Europäer hätten sich in den letzten 20 Jahren durch die massive öffentliche Verschuldung ein schnelleres Wachstum verschafft, als es ihre Produktivität ermöglicht habe. Außerdem lähme Europas Angst vor technologischen Neuerungen den künftigen Fortschritt. Ridley sieht dies in der Überalterung des Kontinents begründet.

Was ihn ärgert: Selbst nach 20 Jahren ignoriere Europa selbstgefällig die Gentechnik – obwohl Millionen Menschen auf der Welt sie zu ihrer vollsten Zufriedenheit konsumierten. Sie reduziere Pestizid-, Dünger- und Energieeinsatz, die Konsumenten erhielten bessere Lebensmittel.

In seinem Werk beschwört der gelernte Zoologe Europas Bürger, vom Pfad des Pessimismus abzurücken. Und er nennt sechs berühmte Neuerer unserer Weltkultur: den Mathematiker Archimedes, die Erfinder von Zahlen und Algebra, Fibonacci und al-Chwarizmi, ferner George Stevenson, Thomas Edison und Steve Jobs. Ihre Gemeinsamkeit? Sie alle hätten die Welt verändert, weil sie Optimisten waren. Nur Optimisten sind aktiv – sie forschen und entdecken, gründen Firmen, wagen Neues. Und sie treiben die Gesellschaft weiter.

8. Das 19 Punkte-Programm für den Aufbau einer liberalen Zivilgesellschaft

30 Jahre war die sozialdemokratische Partei Österreichs in ununterbrochener Reihenfolge an der Macht. Österreichern fällt das gar nicht auf. In Ländern mit konservativen oder gar liberalen Zivilgesellschaften – wie in den USA, England oder Holland – wäre das schlicht undenkbar. Parallel zur nicht enden wollenden Serie von SPÖ-Bundeskanzlern entwickelte sich die Dominanz einer linken Zivilgesellschaft, die heute Medien und Themen dominiert.

So hört man über Jahre hinweg, dass die Armut steigen, die Ungerechtigkeit größer und die Kluft weiter werden würde – obwohl der jährliche EU-Armutsbericht vom Gegenteil berichtet. Welches Medium war in den letzten Jahren und Jahrzehnten mutig genug, um der verordneten Abstiegsangst entgegenzutreten? Wenn Österreich in den Kreis echt demokratischer Gesellschaften aufsteigen will, muss es eine liberale Zivilgesellschaft herausbilden.

In Österreichs katholisch-sozialistischer Tradition sind liberale Spuren nur mit der Lupe auffindbar. Einer dieser Ausnahme-Persönlichkeiten war Friedrich August von Hayek. Sein Werk „Der Weg zur Knechtschaft" widmete er den „Sozialisten in allen österreichischen Parteien". Der Aufbau einer „liberalen Zivilgesellschaft" kann nur behutsam und in Trippelschritten vor sich gehen. Denn Österreichs Medien und Verlage sind an wirklich Kritischem nicht interessiert – es sei denn, es bestätigt ihre Mainstream-Meinung.

Wird Österreichs liberale Zivilgesellschaft einmal in Konturen sichtbar sein, wird sie herbe Rückschläge erleben – denn wenn der Sozialismus eins nicht mag – dann ist das Konkurrenz, die anders denkt.

8.1 Europäer betriebswirtschaftlich bilden[265]

„Wissen Sie, was sich hinter Basel II verbirgt? Oder wie sich ein schwacher Euro auf die Kaufkraft auswirkt? Was ist GATT?" – Noch nie gehört? Dann geht es Ihnen wie der Mehrzahl unserer Studenten. Deren ökonomische Kenntnisse sind – vorsichtig formuliert – „besorgniserregend". Zu diesem Schluss kam das „Institut für Bildungsforschung der Wirtschaft", IBW, in einer Studie 2010. Nur die Hälfte der Studenten hatte den simplen „Kreuzerl"-Test überhaupt bestanden, lächerliche 5% davon mit „sehr gut". Natur- und Geisteswissenschaftler fielen sogar zu 75% durch.

> **Bildungslücke Wirtschaft**
> STUDIE: Österreichs Studenten interessieren sich zwar für ökonomische Zusammenhänge, kennen sich aber nur mäßig aus
> (Presse, 6.5.2010).

50% der Lehrlinge wissen nicht, dass die Kreditrate aus Zins und Tilgung besteht, 67% kennen den Unterschied zwischen Nominal- und Effektivzins nicht, ein Drittel weiß nichts von Investmentfonds.[266] 53% der Österreicher beurteilten in einer Gfk-Umfrage ihr Verständnis über wirtschaftliche Zusammenhänge als „eher schlecht" bis „sehr schlecht".[267] Kein Wunder, dass 90% der Österreicher der Meinung sind, dass die finanzielle Allgemeinbildung in Österreich verbessert werden müsste.[268].

---

[265] Die Presse, 8.5.2010, S. 15
[266] AK Wien, 2006. Untersuchung Wiener Lehrlinge zum Thema Finanzfragen
[267] GFK 2007, 4500 Probanden
[268] Die Finanzkompetenz der österreichischen Bevölkerung, ÖNB 3/2007

Gymnasium alleine ist zu wenig

Wenn Menschen nicht verstehen, wie Märkte – also Menschen – ticken, dann neigen sie dazu, es sich mit Verschwörungstheorien zu erklären. Dann sind Spekulanten an steigenden Ölpreisen schuld und nicht arabische Lieferländer, die gerade die Schwäche europäischer Konsumenten ausnutzen können, um ihre Rohstoffe besser verkaufen zu können. „Nur" mit Matura oder einem „Flower-Power"-Studium kann man heute wirtschaftlich nicht mehr existieren. Das Gymnasium vermittelt Wichtiges, allerdings ausschließlich „Statisches". So gewöhnt etwa Physik die Schüler ans Denken im Nullsummenspiel. Beispiel: Die Summe der Energie in einem Raum ist immer gleich. Was in Naturwissenschaften gilt, trifft für die Wirtschaft nicht mehr zu – Stichwort „Nullsummenspiel" – hier ist die Summe aus 100 Einzelteilen auch schon mal 105.

Unterricht Finanzwissen – für Karl Marx?

Karl Marx war im Gymnasium. Darum „wusste" er: Hat der eine weniger, hat der andere dafür mehr. Wie im 19. Jahrhundert wird dieser Irrtum auch heute noch aktiv an unsere Jugend weitergegeben. In Form des Kommunisten Brecht im Deutsch-Unterricht: „Wär' ich nicht arm, wärst du nicht reich!". Marx hatte Philosophie studiert (Dissertation „Differenz der demokritischen und epikureischen Naturphilosophie"), vielleicht ein bisschen Jura. Danach war er Publizist. Eine Unternehmensbilanz blieb für ihn ein Buch mit sieben Siegeln, einen Produktionsbetrieb sah er von innen nie.

Was Marx geholfen hätte, wäre ein Schulfach „Finanzwissen" gewesen. Heute braucht Europa es wie einen Bissen Brot. Es sollte künftig in allen Schulformen unterrichtet werden und zwar ausschließlich von echten Wirtschaftsakademikern. Ganz wichtig auch die Universität: Jeder Absolvent – egal welcher Studienrichtung – sollte verpflichtend Betriebswirtschaftslehre im Mindestausmaß von 8 Stunden gehabt haben. In Wahlpflichtfächern könnte man Rechnungswesen anbieten – das Latein des Kaufmannes. Kein Österreicher sollte die Sekundarstufe II (Abitur) mit einem Niveau unterhalb des EBCL, des europäischen Wirtschaftsführerscheines[269], abschließen. Für Privatpersonen muss der EBCL gratis sein.

Felber: „Nein zu Wirtschaftsbildung"

Nikolaus Pelinka, Ex-Sprecher von SPÖ-Bildungsministerin Claudia Schmidt und Politologe, lehnte den Vorstoß von Ex-Vizekanzler Pröll (ÖVP) nach einem Unterrichtsfach „Finanzwissen" energisch ab. Christian Felber von Attac, Gymnasiast, Philosoph und gelernter Tänzer, ließ via SN empört wissen: Dieses Schulfach „Zockerkunde" würde nur die undemokratische Finanzindustrie in die Klassenräume einladen.[270]

Kein Schulfach „Zockerkunde"
Finanzerziehung. Das Bildungsministerium lehnt ein eigenes neues Unterrichtsfach ab. Die Inhalte sollen aber anders vermittelt werden
(Salzburger Nachrichten, 19.10.2009)

Das verwundert nicht: Felber möchte das Schulsystem ganz anders umkrempeln, soll es die Menschen doch zu gemeinnützig denkenden Menschen umerziehen. Dabei sollen neue Unterrichtsfächer wie Gefühlskunde, Wertekunde, Kommunikationskunde, Demokratiekunde und Naturerfahrungs- und Wildniskunde helfen. Der Liberale fragt sich bange: Wird man Betriebswirtschaftslehre dann nur mehr im Untergrund oder in alten Katakomben lernen können? Werden kapitalistische Bücher wie etwa über Rechnungswesen oder Controlling dann

---

[269] EBC*L European Business Competence Licence
[270] SN, 19.10.2009, S.21

verboten werden? Oder nur umgeschrieben? Demokratisch, wie sich versteht.

Felber: „Die zehn Krisen des Kapitalismus"

Wie bei Karl Marx und Wladimir Iljitsch Lenin beginnt auch bei Christian Felber jedes Werk mit einer Krisendiskussion des so verhassten Kapitalismus. Die Schwächen des europäischen Bildungssystems in der Vermittlung von echter Wirtschaftsbildung zeigen sich (u.a.) in Felbers „Gemeinwohl-Ökonomie" (im Kapital „Die zehn Krisen des Kapitalismus"). Hier eine kleine Auswahl großer Fragen, die unser Bildungssystem zu beantworten nicht imstande war[271]:

- Die erste kapitalistische Todsünde ist sein Hang zum Monopolkapitalismus. Felber: „Aufgrund des systemimmanenten Wachstumszwanges (..) kommt es zur Herausbildung von Riesenkonzernen, die Marktmacht missbrauchen, Märkte abschotten und Innovationen blockieren". Hier muss ein modernes Schulsystem eines Tages lehren, dass Konzerne in Relation zu dem von ihnen geschaffenen Weltwohlstand immer kleiner werden. Dass Konzerne ebenso scheitern wie kleine Firmen oder eben auch nur Menschen. Dass es aber gerade Konzerne sind, die für den Löwenanteil der Umsatz-, Körperschafts- und Lohnsteuer verantwortlich sind. Es ist der BMW-Konzern, der seinen Mitarbeitern 7.650 Erfolgsprämie auszahlen kann[272], Porsche 7.600 Euro, BASF 6.200 Euro und Adidas immerhin noch 1.600[273]. Die meisten Kleinbetriebe erwirtschaften bloß Kollektiv- und Minilöhne, selten überweisen sie überhaupt Steuern an den Staat. Die Verallgemeinerung, Kon-

---

[271] Die Gemeinwohl-Ökonomie, Christian Felber, S. 19ff.
[272] Die Presse, 17.3.2012
[273] „Arbeitgeber Adidas: Sonderprämie für die Mitarbeiter", www.companize.com, 18.3.2012

zerne würden Innovationen blockieren, ist stammtischwissenschaftlich freilich längst bewiesen – wirtschaftswissenschaftlich allerdings noch nicht.

Felber behauptet gerne, der Kapitalismus schalte den Wettbewerb aus. Ein moderner Wirtschaftsunterricht würde Schülern das Gegenteil beweisen. Die größten Markt-Monopole gibt es im Sozialismus (Staatsmonopole) und in den „Kleine-Handwerker-Ökonomien" Afrikas oder Lateinamerikas. Kapitalismus heißt hingegen Wohlstand; damit mehr Bürgerrechte und eine wirksamere Konzernkontrolle.

- Der Kapitalismus führe zu einer „ineffizienten Preisbildung". Preise seien nicht das vernünftige Ergebnis rationaler Marktakteure, sondern Ausdruck von Machtverhältnissen, so Felber. Wer einmal einen (halbwegs brauchbaren) Betriebswirtschaftslehre-Unterricht besucht hat, der weiß, dass *alle* Preisbildungen dieser Welt Ausdruck von Machtverhältnissen sind. Generell. Und in allen Kulturen, und zu allen Zeiten. Europas Jugend soll in Zukunft lernen, dass es in entwickelten (kapitalistischen) Gesellschaften vor allem Konsumenten und nicht Firmen sind, die bei der Preisfindung am längeren Hebel sitzen.

Im Sozialismus, in den verarmten Ökonomien Afrikas oder Lateinamerikas wird der Preis von nur einem einzigen Importeur oder dem Staat diktiert. Das ist undemokratisch. Im Kapitalismus gründen die vielen kapitalistisch eingestellten Menschen Firmen, um von den hohen Preisen zu profitieren. Dadurch kommen mehr Güter auf den Markt und die Käufer (=Konsumenten) spielen die Anbieter aus („Käufermarkt").

Darüber hinausgehend hat der Preis auch einen unbezahlbaren Informationswert für die Menschen. Je knapper ein Gut wird, zum Beispiel Erdöl, desto stärker steigt die Macht des Produzenten und damit auch der Preis des Gutes. Das tut dem Konsumenten weh, aber jetzt erst (und nur jetzt) nutzt man den Rohstoff effizienter oder forscht nach Alternativen.

Dass sich Produzenten und Konsumenten rational an einen Tisch setzen, um Preise im Interesse beider auszuhandeln (wie Felber fordert), ist nicht nur blauäugig – es deutet unter Umständen auf Lücken im Geschichtsverständnis hin. Nichts anderes hatte der COMECON im Kommunismus ja versucht – und hatte die halbe Welt dabei in Armut und Diktatur versetzt.

Außerdem gefährdete „der Traum vom fairen Rohstoffpreis" den Wohlstand unseres Kontinents. Stellen Sie sich vor, Europas Raffinerien wollten mit den Arabern künftig einen „fairen" – also billigeren Ölpreis aushandeln. Zwar fordern Globalisierungskritiker vom Westen gerne höhere Preise für Rohstoffexporteure. Aber nicht so gerne, wenn es die dann wirklich tun – und es einen Globalisierungskritiker dann selber trifft (das ist nur einer von vielen Widersprüchen bei Globalisierungskritikern). Wollte man sich also mit Arabern an einen Tisch setzen und „faire" – also in diesem Fall „niedrigere" Preise fordern, würde sich die arabische Gegenseite nur an den Kopf greifen und an China oder Indien liefern. Zum höheren Preis, wie sich versteht. Im Gegensatz zu Europa denkt man in Arabien und der restlichen anderen Welt streng kapitalistisch und möchte das Maximum aus seinen eigenen Ressourcen herausholen.

- Wie wenig die kapitalistische Marktwirtschaft in der Lage sei, die Grundbedürfnisse der Menschen zu befriedigen und damit die Menschenwürde zu wahren, beweise laut Felber die Explosion der Hungerzahlen. Hätten Mitte der 1990er Jahre noch weniger als 850 Millionen Menschen gehungert, wären es 2010 schon über einer 1 Milliarde gewesen. Was Felber nicht sagte: Der Anstieg war nur kurzfristig auf die Finanzkrise zurückzuführen – und das stand in den meisten Artikeln auch so drin. Was er ebenfalls nicht sagte: Ein Jahr später lag die Zahl schon wieder bei 930 Millionen.[274]

Was Felber auch nicht sagte: Noch nie haben – gemessen an der Weltbevölkerung – so wenige Menschen gehungert. 1960 hungerten (nach FAO-Angaben) noch 33 % der Weltbevölkerung, heute sind es nur mehr 13% (2009).

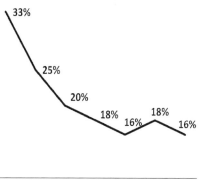

Und was Felber auch nicht sagte: Die Medienberichte sprechen gerne vom „Sinken des Hungers" – aber eben nur in jenen Ländern, die kapitalistische Strukturen aufbauen konnten (wie China, Vietnam, Indien, Russland, Brasilien). In Afrika und manchen Gebieten Mittelamerikas gibt es weder Kapitalisten noch Kapitalismus – daher auch Armut und Hunger.

---

[274] Die Entwicklung der Hungerzahlen, FAO 2010, Auf: www.agroforschung.de, 7.4.2012

- Kapitalismus heißt für Felber Werteverfall. „In der Wirtschaft kommen heute die asozialsten Personen besonders leicht nach oben, weil es um die Optimierung von Zahlenzielen geht (...)". Das abgrundschlechte Menschenbild, das Felber den Kapitalisten (gegenüber deren Bevölkerung) zuschreibt, hat Felber offensichtlich gegenüber den Kapitalisten selber. Man fragt sich, aus welchem Erfahrungsschatz Felber die Basis für seine wütenden Beschimpfungen von Führungskräften zieht. Weder hat der Absolvent eines geisteswissenschaftlichen Fächer-Mixes aus Soziologie, Politik und Spanisch (außer als Publizist) jemals in der Privatwirtschaft gearbeitet, noch an verantwortungsvoller Position – oder gar im Management. Er sei Autodidakt in Sachen Wirtschaftsbildung – und weiß damit 90 Prozent der Bevölkerung hinter sich. Würden Sie sich aber bei einem Chirurgen-Autodidakten unters Messer legen? Oder Ihr neues Auto dem Autodidakten zum Reparieren geben?

8.2 Lehrstuhl für Sozialismusforschung

Das 20. Jahrhundert stand unter der Dominanz sozialistischer Experimente. ... Alleine dem Kommunismus werden 80 Millionen Tote zugeschrieben (Das „Schwarzbuch des Kommunismus" von Courtois kommt auf 100 Millionen). So wurden in den Konzentrationslagern sowjetischer Sozialisten mindestens 12 Millionen Menschen ermordet. In denen kambodschanischer 2 Millionen – in nur vier Jahren. Alexander Solschenizyn: „Die Zahl der Häftlinge, die im Laufe von 35 Jahren (bis 1953) den Archipel (Gulag, Anm) passierten oder dort starben, beträgt schätzungsweise vierzig bis fünfzig Millionen."[275]

---

[275] Der Archipel Gulag, Alexander Solschenizyn, 2010, S. 334

Dass bekennende Kommunisten sehr oft Soziologen sind und wie Jean Ziegler als „normale Gesprächspartner" in Fernsehrunden gern gesehen sind, ist kein Ruhmesblatt für unsere Gesellschaft. In seinem Buch „Marx, wir brauchen dich!" hatte sich Ziegler von den Verbrechen des Kommunismus distanziert. Wie viele andere Soziologen sieht er in Lenin, Pol Pot oder Stalin aber nur Verrat am wahren Kommunismus, jedoch keine strukturellen Fehler in der betreffenden Ideologie.

Die Traumkandidatin gäbe es bereits

Europa braucht den Lehrstuhl für Sozialismusforschung. Die ideale Besetzung dafür wäre jemand Person wie die amerikanische Historikerin Anne Applebaum.

Anne Applebaum (Geboren am 25. Juli 1964 in Washington, D.C.) ist eine US-amerikanische Journalistin, deren Arbeiten über die Geschichte Osteuropas und des Kommunismus mehrfach ausgezeichnet worden sind. Sie studierte Geschichte und Literatur an der Yale Universität und Internationale Beziehungen an der London School of Economics. Ihr Buch „Gulag" wurde 2004 mit dem Pulitzerpreis ausgezeichnet.[276] Heute schreibt sie unter anderem für die Washington Post.[277]

Anne Applebaum, Autorin von „Gulag" (2003) und Pulitzerpreisträgerin (2004)
Quelle: Wikipedia(Applebaum/Slawek)

Anne Applebaum wurde während eines Besuchs in Prag von einem seltsamen Phänomen berührt. Auf der Karlsbrücke stie-

---

[276] www.wikipedia.org, 28.2.2012
[277] www.anneapplebaum.com/anne-applebaum, 27.2.2012

ßen angebotene Reliquien der untergegangenen Sowjetherrschaft auf größtes Kaufinteresse der Touristen. „Alle wären empört beim Gedanken, ein Hakenkreuz zu tragen. Keiner aber hatte etwas dagegen, sein T-Shirt oder den Hut mit Hammer und Sichel zu schmücken. Während das Symbol des einen Massenmörders uns mit Schrecken erfüllt, bringt uns das Symbol des anderen Massenmörders zum Lachen."[278]

8.3 Ökonomie ohne Soziologie

Der „Lehrstuhl für Sozialismusforschung" muss an einer betriebswirtschaftlichen Fakultät eingerichtet werden, keinesfalls an einer sozial- bzw. gesellschaftswissenschaftlichen. Als zu unkritisch hatten sich die beiden letztgenannten hier erwiesen.

Unzähligen Soziologie-Lehrstühlen soll erstmalig ein kritischer Gegenpol entgegengesetzt werden. Generell führt der soziologische Irrglaube, dass die Menschen in ihrem Leben nur passiv die ihnen von Fremden aufoktroyierten Rollen zu spielen hätten, in wissenschaftliche Sackgassen. Wer glaubt, dass alle Menschen „gleich talentiert und motiviert" wären und Buben wie Mädchen sich nur deshalb unterschiedlich verhielten, weil ihnen „von der Gesellschaft geschlechtertypische Rollenbilder" anerzogen worden wären – hat keine Ahnung vom Leben. Wer hätte jungen Männern (in Kursen?) die Aggression anerzogen, um in den Krieg zu ziehen? Oder ins Bordell zu gehen? Und warum hat man es nicht Frauen anerzogen?

Testosteron ist ebenso vererbt wie zum großen Teil die Intelligenz. Wer das nicht akzeptiert, wandert permanent am Rand zur Esoterik. Die Betriebswirtschaftslehre muss keinem ideologischen Duktus gehorchen, deshalb erzielt sie Ergebnisse, die im echten Leben anwendbar sind. Aus diesem Grund sind die

---

[278] www.schweizerzeit.ch, 26.2.2010

Wirtschafswissenschaften endlich vom Ballast des soziologischen Pessimismus zu befreien.

Überhaupt sollte an Uni-Standorten mit soziologischen Lehrstühlen evaluiert werden, wie vielen Absolventen der Einstieg in ein selbstbestimmtes Leben gelungen ist. Eines, das nicht auf die (permanenten) Subventionen durch öffentliche Stellen angewiesen ist. Wenn die Untersuchung zum Ergebnis kommt, dass dem großen gesellschaftlichen Aufwand kein entsprechender Nutzen entgegensteht, sollten soziologische Fakultäten entweder in solche umgewandelt werden, die Bürgern einen höheren Nutzen stiften oder (analog zu den gesellschaftlichen Kosten) mit steigenden Studiengebühren belegt werden. Dass man ein architektonisches Meisterwerk von einem Uni-Campus mitten in der Altstadt Salzburgs den Geisteswissenschaften reservierte, ist eine unglaubliche Verschwendung von Ressourcen.

Ein Lehrstuhl für Sozialismusforschung wäre ein erster Schritt in die Richtung einer ideologischen Machtbalance in Europa.

8.4 Generationengerechtigkeit neu definieren

Europas sozialistisches Erbe („Als Kleiner hast du keine Chance!") ist sicherlich dem langen Einfluss diktatorischer Regime geschuldet. Bis vor 150 Jahren bekamen „Nicht-Adelige" nicht einmal Kredit. Das höchste gesellschaftliche Prestige hatten Militärs und Großgrundbesitzer – und nicht Erfinder und Unternehmer wie in Großbritannien.

Nicht aus dem Gefühl, die Reichen hätten den Armen etwas weggenommen (das haben sie tatsächlich nicht getan), sondern aus dem Gefühl der Generationengerechtigkeit heraus sollten Erb- und Schenkungssteuer wieder eingeführt werden.

Arbeiten statt erben

„Mit ehrlicher Arbeit kannst du heute nix erreichen", weiß der Volksmund. Und so versucht mancher es erst gar nicht und vertraut stattdessen wie zu Kaisers Zeiten auf die Obrigkeit (und deren Gaben) – oder auf das Erbe der Familie.

Ein neues Phänomen unterstreicht die Forderung nach einer Erbschaftssteuer: Immer häufiger sind Kinder aus der Mittelschicht erfolgloser als ihre Eltern. Sie geben ihr Studium nach 10 Jahren auf – ohne eine Prüfung von Bedeutung gemacht zu haben.

Viele leben in den Tag hinein, beginnen nie in ihrem Leben einen Job. Weil sie stets das Erbe ihrer Eltern vor den Augen sahen. Es ist die „ur-bürgerliche" Erkenntnis, dass nur „hungrige" Menschen Hunger auf Erfolg haben. Wer als Junger schon zu weich gebettet wurde, möchte sich sein komfortables Leben nicht durch Forschergeist oder Unternehmertum verstimmen.

Der Melancholie, die Versorgungs-Staaten verbreiten, sollte eine neue Botschaft, „Vermögen wird erarbeitet, nicht vererbt!" entgegengesetzt werden. Kleinere Erbschaften von bis zu 7.000 Euro sollten erbschaftssteuerlich begünstigt sein, die Übertragung von Wohnungen, Häusern, Grundstücken und Firmen aber nicht – Österreichs altes Erbschaftssteuerrecht ist 2008 ersatzlos aufgehoben worden. Nun soll es wieder eingeführt werden. Allerdings mit kräftig angehobenen Steuersätzen. Im Gegenzug sollte die Einkommensteuer für den Mittelstand (von 2.250 bis 4.500 Euro brutto monatlich) um 2 Prozentpunkte abgesenkt werden.

Die Existenz von Familienbetrieben wird dabei nicht gefährdet, wenn man es wie in den Staaten macht: In den USA wandelt man die zu verschenkenden oder zu vererbenden Familienbetriebe in Aktiengesellschaften um und verkauft einen Teil davon dann an der Börse. Damit bezahlt man die Erbschaftssteuerschuld. Der in der Familie verbliebene – sagen wir 75%-Anteil – wird von nun an wertmäßig schneller wachsen, da er als AG leichter an Kapital und professionelles Personal herankommt. Im optimalen Fall sind die 75% innerhalb einer Generation so viel wert wie vorher die 100%. Alleine an der Wall Street gibt es 20.000 Aktiengesellschaften, deren Existenz sich auf das Erbschaftssteuerrecht zurückführen lassen.

Überdies beträgt die Wahrscheinlichkeit, dass die Erben einer Firma diese auch erfolgreich weiterführen, nur 50%. Somit ist es nicht nötig, ausgerechnet Firmeneigner zu verschonen.

Kirchen nicht vergessen

Manch kirchlicher Würdenträger redet einer steigenden Armut das Wort – wohlwissend, dass das Gegenteil der Fall ist. Dabei ist die Kirche die reichste Körperschaft in Österreich. Salzburgs Klöstern gehören ganze Straßenzüge mit Hunderten Wohnungen. Ab den 70er Jahren hatte man die Wohnungsnot junger Menschen ausgenutzt und Kirchengrund zum Bau von Wohnungen vermietet („Baurecht"). Obwohl die Behausungen zu Marktpreisen verkauft worden sind, mussten vom ersten Tag an jährlich hohe Mieten an die Kirche abgeführt werden. Nach 75 Jahren gehen die Wohnungen in den Besitz der Kirche über.

Der Grundbesitz von übergroßen Gütern, die zu Zeiten mittelalterlicher Diktaturen in den Besitz der Kirche wanderten, ist heute nicht mehr zeitgemäß. Das sollte mit hohen Grundsteuern korrigiert werden. Die Erlöse sind – ganz im Sinne von Caritas und Diakonie – der Armutsbekämpfung zweckgewidmet zuzuführen.

8.5 Schluss mit Föderalismus-Kindergarten

Im System Kreisky sprachen wir von der „Gier der kleinen Leute", auf deren Konto die Staatsverschuldung geht. Auf dem Lande sprechen wir von der „Gier der kleinen Fürsten", deren Gier nach lokaler Macht via Steuern und Gemeindeabgaben die Reallöhne der Werktätigen kürzt.

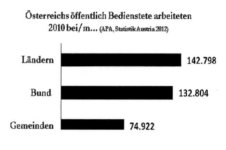

Traditionell betrachtet man in der politischen Diskussion nur die Entwicklung von Bundesbeamten – und übersieht dabei, dass die Länder ja noch viel mehr Angestellte haben. Und dann kommen da noch die Gemeindebediensteten dazu.

Österreich bringt das Kunststück zuwege, in neun Bundesländern neun unterschiedliche Bauordnungen zu haben. Neun unterschiedliche Forstgesetze, neun unterschiedliche Tierschutzgesetze. Als ob burgenländische Hunde so ganz anders Leid empfinden würden als ihre Wiener Kollegen. Und viele Klein- und Kleinstgemeinden haben ihre eigenen Bürgermeister – mit eigenen Gemeinderäten, eigenen Gemeindebediensteten, eigenen unrentablen Wasserwerken, eigenen kleinen unrentablen Versorgungseinrichtungen ... Alleine das Bundesland Oberösterreich hat bei 1,4 Mio. Einwohnern 444 Gemeinden.[279] Nordrhein-Westfalen (D) hat bei knappen 18 Mio. Einwohnern 396 Gemeinden. Dabei waren es in den 1970er Jahren noch 1.200 gewesen.[280]

---

[279] www.land-oberoesterreich.gv.at, „Gemeinden", 12.5.2012
[280] www.wikipedia.org, „Gemeinde (Deutschland), 12.5.2012

Wiener Gebühren kürzen Reallöhne

Tausende Landesbeamte verwalten sich und ihre Landesgesetze. Gäbe es – wie in Frankreich – bloß eine Bauordnung fürs ganze Land, Tausende Landesbeamten verlören ihre Tagesbeschäftigung. Das verursacht gigantische Kosten, die in Form überhöhter Gebühren von den Bürgern zu tragen sind. Wiens Gemeindebetriebe finanzieren zusätzlich millionenschwere Kampagnen, um etwa für die Lebensqualität der Stadt zu werben.

> **Wien-Wahl: Rund 15 Millionen pumpt die Gemeinde Wien in hiesige Zeitungen**
> Rund 15 Millionen Euro pumpt die Gemeinde Wien jährlich in „Kronen Zeitung", „Österreich" und „Heute": Inseratenpräsente für mediale Willfährigkeit zum Nutzen der SPÖ.
> (Profil.at, 31.7.2010)

In regierungsfreundlichen Blättern liest man dann, wie toll Wiens Nahverkehr sei. Man fragt sich staunend, ob man denn eine Wahl habe. A propos Wahl: Nach den Wien-Wahlen erhöhten Wiens Gemeindebetriebe ihre Gebühren saftig.

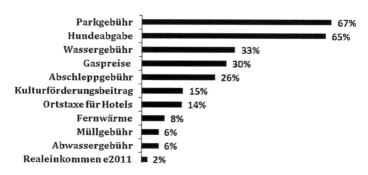

Gebührenerhöhungen der Gemeinde Wien für 2012
(Die Presse 2011)

Position	%
Parkgebühr	67%
Hundeabgabe	65%
Wassergebühr	33%
Gaspreise	30%
Abschleppgebühr	26%
Kulturförderungsbeitrag	15%
Ortstaxe für Hotels	14%
Fernwärme	8%
Müllgebühr	6%
Abwassergebühr	6%
Realeinkommen e2011	2%

45% aller armutsgefährdeten Menschen Österreichs leben in Wien.[281] Die Gebührenerhöhungen, alleine für das Jahr 2012, werden die Situation nicht verbessern. Auch in anderen Gemeinden kaschiert man aufgeblähte Beamtenapparate, die gerne „Bürgermeister wählen", durch überhöhte Gemeindeabgaben. In der Stadt Salzburg kassiert man 24 Millionen Euro an Kanalgebühr, bloß 15 Millionen stehen dem aber als Ausgaben gegenüber. Eine liberale Zivilgesellschaft, wie man sie aus Amerika kennt, würde hier auf Gebührensenkungen pochen. Das Staatswesen ist nämlich für die Menschen da und nicht umgekehrt.

Ohne Medienpluralismus keine Demokratie

Eine liberale Zivilgesellschaft würde ihrer Gemeindepolitik das nicht durchgehen lassen. Dazu braucht es aber die mediale Voraussetzung, liberale Sichten auch darzustellen.

Die wichtigsten Führungspositionen werden sowohl in Österreichs (staatlichem) Fernsehen als auch seinem Rundfunk in Wien (sowohl auf Bundes- als auch auf Landesebene) von der SPÖ besetzt. Massenblätter wie „Krone", „heute" oder „Österreich" dominieren den Wiener Zeitungsmarkt mit satter Dreiviertelmehrheit – keine von den dreien gilt dabei als ausgesprochen SPÖ-kritisch. Alleine für direkte Inserate gab der Pressedienst der Gemeinde Wien 2009 laut Rechnungsabschluss 13,5 Millionen Euro aus, alleine ein Drittel davon ging an „Krone", „Heute" oder „Österreich".[282] Auch die großen Wochenblätter wie News, Format und Woman, vom Sozialdemokraten Fellner gegründet, waren nur selten mit fundamentaler SPÖ-Kritik aufgefallen. Selbst wer dem Staatsradio ausweichen will, stößt auf das Privatradio „Antenne Wien" – es gehört zum Medienimperium des Wolfgang Fellner.

---

[281] EU SILC 2010
[282] www.profil.at; „Wien-Wahl: Rund 15 Millionen pumpt die Gemeinde Wien in hiesige Zeitungen", 31.7.2010

Nicht einmal in der U-Bahn entkommt man den Segnungen der seit 60 Jahren ununterbrochen absolut regierenden SPÖ – denn hier hängt das VOR-Magazin, Flaggschiff des Echo-Verlages (SPÖ). Es ist das offizielle Kundenheft der Wiener Linien, greifbar in sämtlichen U-Bahn-Waggons, Straßenbahngarnituren und Bussen. Bis zu 10% der Werbeeinschaltungen kommen alleine von Betrieben der Gemeinde Wien, so Geschäftsführer Christian Pöttler.[283]

Mit einer Auflage von 650.000 Stück ist das „Wiener Bezirksblatt" die mediale Hauptwaffe der

> **VOR-Magazin August 2010**
> (Auszug)
>
> Interview mit Vizebürgermeisterin Renate Brauner (SPÖ) zum Thema „Warum der Wiener Weg, gegen die Krise anzukämpfen, der richtige ist". Zwei-Seiten-Artikel über das Kindergarten-Paradies Wien plus Foto von Stadtrat Christian Oxonitsch (SPÖ). Umweltstadträtin Ulli Sima (SPÖ) wird um ihre Meinung zum „wunderbaren Naherholungsgebiet Penzing" gebeten. Renate Brauner (SPÖ) präsentiert den Dienstleistungsförderwettbewerb. Gemeinderätin Sonja Kato (SPÖ) bittet zum Mutter-Kind-Treff; Stadträtin Sonja Wehsely (SPÖ) im Aids-Charity-Einsatz; der Bürgermeister (SPÖ) auf Lokaltour im achten Bezirk.
> Quelle: Profil, 28.8.2010

SPÖ zur Verbreitung roter Botschaften bis in die Grätzln.[284] Gerade in der Vorwahlzeit rechnet sich das „Vormagazin" aus SPÖ-Sicht auch politisch. Einzig das Internet, in dem Gedanken noch frei schwirren können.

---

[283] „Genossenschaftswesen: Wie die Gemeinde Wien die SPÖ Wien alimentiert", Profil, 28.8.2010
[284] Ebenda

Was Österreichs Sozial„demokratie" vergessen hat: „Demokratie" beginnt bei der Freiheit des Andersdenkenden, bei der Möglichkeit, auch oppositionellen Gedanken öffentlichen Raum zu geben. Ein Land, in dem die Menschen nicht mehr wissen, wie sie das Instrument der Kritik benutzen können oder sollen, verlernt auch den Begriff der Demokratie: Den (fairen) Wettstreit von Ideen – und nicht nur von denen, die links sind.

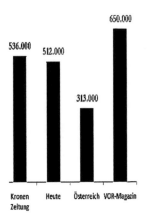

8.6 Der Super-Wahltag

Die starke „Politisierung" Österreichs ist sicher auch der rekordartigen Höhe an Wahlgängen geschuldet. Die Wahl zum Bundespräsidenten, die zum Nationalrat, die zu neun Landtagen und die zu den neun Gemeinderäten erfolgen dabei traditionell unkoordiniert und an rein zufälligen Zeitpunkten. So ist die Politik permanent im Wahlkampfstress und muss manch unpopuläre Maßnahmen unterlassen, weil sich Bundesthemen in die Debatte mischen. Dabei wäre eine österreichische Nationalratswahl, die nicht einen Sozialisten zum Bundeskanzler wählte, ohnedies eine Sensation.

Man sollte Ländern und Gemeinden Kompetenzen wie Raumordnung, Bauwesen oder Tierschutz schleunigst wegnehmen. Landtagswahlen wie im Bundesland Burgenland mit seinen 284.000 Einwohnern (Bundesland Bayern: 12,584.000) hätten dann nur noch Unterhaltungswert. Also eigentlich wie heute schon. In den USA finden alle Wahlen für fast alle Ämter an einem einzigen Tag statt, dem sogenannten Election Day. Dies ist der erste Dienstag im November. Sollten Regierungen schon einmal vorher zerbrechen, ist drei Monate später ein eigener Wahltermin anzusetzen. Die neu gewählte Regierung hat dann aber eine verkürzte Funktionsperiode – bis zum nächsten regulären „Election Day".

8.7 Für jeden (Wiener) eine Wohnung

Franz Vranitzkys (SPÖ) Pensionisten-Briefe von 1995 gingen in die Publizistik ein: „Vertraue nur der SPÖ, dann ist für deinen Lebensabend wohl gesorgt!" Neumodisches Zeug wie etwa Privatvorsorge oder Einschränkungen beim Lieblingssport der Alpenländer, der Massenflucht in die Frühpension, versprach man, von den Untertanen tapfer fernzuhalten. Damit kam, was kommen musste: Die verhinderten Reformen von damals tragen große Schuld an Österreichs Schuldenturm von heute. 23 Milliarden Euro schießt der Staat für Zinsen und die Subvention der Rentner heute zu.

Wien macht Wiener „arm" – und abhängig

Wenn das „rote Wien" und seine „befreundeten Organisationen" über den Anstieg der Armut und die ungleiche Verteilung von Vermögen klagen, dann klagen Österreichs Medien mit. Kritik an der „Kritik" ist da nicht vorgesehen.

**Armut darf nicht verharmlost werden –
hohe Reichtumskonzentration!**
Die reichsten 10% besitzen 60% des Immobilienvermögens
(Arbeiterkammer OÖ, Februar 2010)

Liberale wissen: Die Wiener „besitzen" deshalb so wenig, weil ihre politische Vertretung dies indirekt verhindert. Die Gemeinde Wien bietet die Mieten ihrer (mit Steuergeldern gebauten)

220.000 Gemeindewohnungen so weit unter dem Marktpreis an, dass alles außer mieten unklug wäre.

Während die Inflation aber Wohnungs-„Mieter" mit der Zeit verarmen lässt, profitieren Wohnungs-„Besitzer" hingegen von dem Preisverfall. Eine Mietergesellschaft tappt in die Armutsfalle. Und ist nun auf die Politik angewiesen – etwa vom SPÖ-nahen Mieterbund. Mieter müssen nun auf die Arbeiterkammer (SPÖ) hoffen und darauf, dass diese Druck auf niedrigere Mieten macht. Weil Mieten (spätestens) im Alter arm macht und die SPÖ jahrzehntelang alternative Vorsorgemodelle ausgebremst hatte, hängt die Existenz von vielen „kleinen Mietern" nun von der Erhöhung ihrer Rente ab. Und dafür kämpft dann der Pensionistenverband – der SPÖ.

Eine liberale Zivilgesellschaft fordert (und fördert) Eigentum für alle – das staatliche Wohnbauprogramm der USA hat seit den 1930ern 60 Millionen Familien zu Hausbesitzern gemacht. Nichts leichter, als den Immobilienwohlstand gleicher zu verteilen. Die Gemeinde Wien ist der größte einzelne Hausbesitzer auf dieser Welt. Es wäre ein Leichtes, aus Hunderttausenden Mietern Immobilieneigentümer zu machen. Wien sollte ¾ seiner fast 300.000 Miet- und Genossenschaftswohnungen an Mieter und Genossenschafter verkaufen. Der Weg dazu ist einfach: Wer 20 Jahre Miete zahlt, erhält die Wohnung gegen eine Abstandszahlung. Dafür ist sie dann 20 Jahre nicht handelbar.

Aus Hunderttausenden abhängigen „kleinen Mietern" würden Immobilien-Eigentümer werden. Wenn andere Städte mitzögen, könnte man in 10 Jahren eine Million Österreicher zu Besitzenden machen. Und die Gesellschaft würde eine bessere werden – denn eine „Besitzgesellschaft" hat ein höheres Selbstvertrauen, weil es weniger Abhängigkeiten gibt. Stolze Eigentümer brauchen keine „starken Parteien", die sich für „die vielen kleinen, schwachen Menschen" ins Zeug legen – die Menschen sind jetzt selber stark. Sie hängen nicht mehr von einer Arbeiterkammer ab, die sich aggressionsgeladene Schaugefechte mit vermeintlich Reichen liefert. Sie brauchen keinen Mieterbund mehr und keinen Pensionistenverband. Und zum ersten Mal seit dem Jahre 1955 wäre Österreichs Parteienfilz aus dem Leben unserer Bürger zurückgedrängt – das Land würde freier werden, erwachsener – und demokratischer.

Aber wichtig bleibt die freie Wahl: Wer lieber Mieter bleibt, kann es als solcher gerne bleiben. Er braucht dann aber nicht zu jammern, wenn er kein Vermögen hat.

Mieten macht arm

Lebenslanges Mieten füttert fremde Taschen und bedeutet Altersarmut. 26% aller alleinlebenden Pensionistinnen sind armutsgefährdet[285] – die überwiegende Mehrheit von ihnen lebt in Mietwohnungen. Angenommen, ein durchschnittliches Nettogehalt beträgt 1.400 Euro, die Rente (ab 60) 1.100 Euro. Um einen angemessenen Lebensstandard zu erhalten, benötigt man 700 Euro monatlich.

Als Mieter zwischen 20 und 40 hat man zwar 900 Euro zur Verfügung (700 zum Leben, 200 sogar zum Sparen), aber spätestens ab dem 60. Lebensjahr wird es dann eng: Weil die Pension um 300 Euro geringer ausfällt als das Aktiveinkommen, hat man nur mehr 600 zur Verfügung (700-100). Im Alter muss man jetzt sogar monatlich 100 Euro vom Sparbuch nehmen, um seinen Lebensstandard von 700 zu erhalten.

MIETEN „576.000"	20-60	Ab 60
Monats-Netto-EK	€ 1.400	€ 1.100
−Miete (inkl. 100 BK)	€ 500	€ 500
−Lebensaufwand	€ 700	€ 700
=Sparen/Entsparen	€ +200	€ −100

Hätte man mit dem 20. Lebensjahr allerdings begonnen, eine Eigentumswohnung für 100.000 Euro (über 20 Jahre) abzuzahlen, dann würde der Lebensstandard nach 20

---

[285] EU SILC, 2010, S. 22

Jahren einen Luftsprung machen. Zwar hätte man von 20 bis 40 kaum sparen können, wofür denn auch?

KAUFEN „862.000"	20-40	40-60	60-80
Monats-Netto-EK	€ 1.400	€ 1.400	€ 1.100
−Kredit (inkl. 100	€ 650	€ 100	€ 100
−Lebensaufwand	€ 700	€ 700	€ 700
=Sparen	€ +50	€ +600	€ +300

Der 40. Geburtstag brächte aber dann die Eintrittskarte in den erlauchten Kreis von Österreichs Vermögenden. Die Wohnung wäre nun wahrscheinlich über 130.000 Euro wert – man hätte der Inflation ein Schnippchen geschlagen. Außerdem hätte der Besitzende ab dem 40er nun 1.300 Euro für seinen Lebenswandel zur Verfügung (700 Lebensaufwand + 600 Sparen), ab dem 60er noch 1.000 (700+300).

Nimmt man ein Alter von 80 Jahren an[286], hätte der Mieter ein Lebenseinkommen von 576.000 Euro, der Vermögende allerdings eines von 732.000. Plus einer Eigentumswohnung, die er um 130.000 Euro verkaufen könnte. Mit einer Lebensverdienstsumme von 862.000 Euro besäße er dann um 286.000 mehr als Mieter – das sind um 50% mehr! Es liegt also nur in den Händen der Gemeinde Wien, ihre Bürger zu bereichern.

8.8 Staats- und Landesfirmen verkaufen[287]

Politiker sind keine Wirtschaftsexperten. Und glauben sie das von sich, vernichten sie stets Staatsvermögen. Alfred Gusenbauer studierte nach dem Gymnasium Philosophie und Politik.

---

[286] Das 13. und 14. Gehalt wird außer Acht gelassen, da es in beiden Fällen gleich hoch wäre.
[287] Die Presse, 17.1.2010

Statt Bilanzen-Pauken oder Management: Karl Marx und Jürgen Habermas.

> **Gusenbauer: AUA muss österreichisch bleiben**
> Gegen den Verkauf: Bundeskanzler Gusenbauer erteilte den Überlegungen von AUA-Chef Ötsch eine klare Absage
> (Presse, 19.5.2008)

Um bei seiner Klientel zu punkten, verhinderte Gusenbauer (SPÖ) den Verkauf der AUA, als man noch Geld bekommen konnte. „Luftfahrtexperte" Michael Häupl (SPÖ) sah gar „große Chancen für eine österreichische Lösung".[288] Dafür bekamen beide großes Lob von Fellners „Österreich" und Dichands Kronenzeitung. Die AUA blieb also österreichisch – und ging dermaßen pleite, dass die Republik dem Käufer, der deutschen Lufthansa, sogar noch 500 Millionen Euro bezahlen musste, damit sie sie überhaupt noch nahm.

Wieso sollen Fluglinien, Flughäfen oder Staudämme in Staatshand sein? Um alte Politiker mit frischen Jobs zu überraschen? Um die höchsten Managergehälter unseres Landes auszuzahlen? Warum sollten deutsche Pensionsfonds nicht Aktien des landeseigenen Energieversorgers „Salzburg AG" im Portfolio haben? Oder den Flughafen Wien? Weil dann nicht mehr heimische Parteiritter versorgt werden könnten? Man muss keine Angst vor Fremden haben. Der Strompreis wird nicht steigen, solange der Wettbewerb frei bleibt. Und wegtragen kann man Kraftwerke selbst heute noch nicht.

Eine Sperrminorität von 25% kann Bund und Land verbleiben, doch muss eine von der EU kontrollierte Stelle überwachen, ob nicht doch (Staats-) Politiker sich am Staatsbetrieb bereichern – Stichwort Telekom.

---

[288] Format 21/2008

8.9 Subventionswahnsinn stoppen

In unserem Land hat sich unbemerkt eine Parallelwelt etabliert, die sich der demokratischen Kontrolle durch den Souverän entzogen hat: die Subventionswirtschaft. Immer höhere Steuern erlauben es Bürgern immer weniger, über ihr Bruttoeinkommens frei zu verfügen. Stattdessen entscheidet nun die Politik für sie.

Kein Land der Welt subventioniert Kultur so stark wie Österreich. Und schafft dabei so viele Filme, die nie in echte Kinos kommen oder nur vor leeren Sälen spielen. Experimentelle Filme, die Bürger freiwillig nicht sehen wollen, würden in einer echten (Markt-)Demokratie keine Financiers finden. Hollywoods Filme erobern die Herzen dieser Welt, weil sie die Bedürfnisse der Menschen – also die des Marktes – abbilden müssen, um angesehen zu werden. Subventionskunst aus dem alten Österreich muss dies eben nicht.

> **Paradoxe Wirklichkeiten**
>
> Der Film „Der Doppelgänger" (Regie: Stefanie Winter) lebt vom Verschwimmen von Wirklichkeitsebenen und von Paradoxien: Sitzt der Mann in jenem Zug, der auch in der Schachtel, die er auf den Knien hält, im Kreis fährt? Ist der Mann, der das Spielzeughaus betritt, sehr klein oder das Haus doch sehr groß? Sitzt der Mann im Zug und gleichzeitig im Haus oder sehen der Mann und ein „Doppelgänger" dieselben Dinge (vgl. jene Szene, in der er zunächst aus dem Zugfenster schaut und dann dieselbe weiß gekleidete Frau auch vor dem Fenster des Hauses steht)? Sind am Ende alle Figuren (auch der Wissenschaftler) eine einzige Person? Was ist Erinnerung, was Fantasie oder Unterbewusstes, was „Realität"?
>
> www.scene-festival-nrw.de

Stefanie Winters experimenteller Kurzfilm „Der Doppelgänger" bekam alleine vom Land Salzburg 12.000 Euro Subventi-

on.[289] Dazu kam Staatsgeld aus dem Ministerium für Unterricht und Kunst, dem Österreichischen Kulturforum und so weiter und so weiter ... Manch Filmkünstler produziert jährlich einen neuen Film – zu hundert Prozent zwangsweise gesponsert von den Menschen, die ihn freiwillig nie sehen würden: den Steuerzahlern. Österreichs experimenteller Film wuchert im warmen Subventionsregen und produziert doch nur Mittelmaß. Salzburgs Elisabeth-Bühne nimmt gleich 615.000 Euro aus der (Landes-) Schatulle. New Yorks Broadway bleibt solch Geldsegen hingegen verwehrt. Und trotzdem ist er international erfolgreicher als Österreichs Staatskunst. Leider verzichten Österreichs subventionierte Medien auf solcherart Darstellung.
Christian Felber lehnt den Markt als Entscheidungskriterium entschieden ab. Für ihn sollen nicht Individuen über ihre persönliche Nachfrage über die Produktion in einer Gesellschaft abstimmen, sondern „demokratisch besetzte Gremien". Doch ist das dann demokratischer? Warum so kompliziert? Sollen doch mündige Bürger selber „abstimmen", was sie sehen wollen – mit Hilfe ihrer Geldbörsen.

Darum zuerst die Subventionen kürzen und dann Steuern senken. Können die Menschen wieder mehr über das verfügen, was sie erarbeitet haben, können sie sich auch wieder mehr Kinobesuche leisten. Und wenn sie wollen, sehen sie sich dann auch einen Film von Stefanie Winter an. Aber sie können frei entscheiden – für manch Politiker ein Greuel.

8.10 Österreichs Medien demokratisieren

Wie demokratisch ist ein Land, in dem der Kanzler 30 Jahre lang ununterbrochen von nur einer Partei gestellt wird? Ein

---

[289] Salzburger Subventionsbericht 2008, Auf: www.salzburg.gv.at, S.47

Land, in dem es keinen wundert, wenn die „Staatspartei" dies – nach einem ungeplanten Interregnum von sechs Jahren – auch weitere 30 Jahre tut.

Wie demokratisch ist ein Land, in dem die „Staatspartei" die Programmdirektoren aller staatlichen Fernseh- und Radiosender stellt? In dessen Radio Soziologen zwar vom Komplott des Kapitals und von neuen (alten) Utopien als Lösung künden – aber Kritik dazu vergessen?

Wie „demokratisch" ist eine Sozial-„Demokratie", wenn sie Millionen an den Boulevard bezahlt, um ihn auf Kanzlerkurs zu halten? Wenn sie Menschen zahlt, die hauptberuflich Leserbriefe oder Facebook-Freunde fälschen?

Wie dumm ist eine Opposition, wenn sie immer noch glaubt, auch einmal „Staatspartei" werden zu können? Und wie naiv sind Wähler, wenn sie glauben, über die Richtung eines Landes abzustimmen?

„Kanzler Werner Faymann: Freund und Helfer im Alltag"

„Selbst Tiere würden Faymann wählen", weiß man in der Kronenzeitung. Unglaubliche 35 Millionen Euro bekam Fellners „Österreich" von öffentlichen Unternehmen, 36 Millionen waren es bei „heute". Dass man dort lesen kann, wie freundlich der Kanzler nicht nur den Euro, sondern sogar Maries Handy (13) aus dem Kanalschacht rettete, zeigt von seiner großen Menschlichkeit. Dass Marie die Tochter von Wiens Polizeisprecher Mario Hejl ist, ist dabei reiner Zufall.

Durch übertriebene Faymann-Kritik sind auch Fellners bunte Wochenzeitungen wie news oder format nicht aufgefallen. Gattin Uschi Fellner empfahl ihren „Woman"-LeserInnen auch schon einmal, den *Man* Heinz Fischer von der „Staatspartei" zu wählen und nicht die *Woman* Ferrero-Waldner von der Opposition. Würde doch ein überzeugter Sozialist (und Mann) emanzipierte Frauen besser vertreten ... (als eine erfolgreiche Frau?)

Die „gelenkte" Demokratie

Österreichs Medienvielfalt ist inszeniert, selbst „unabhängige" Bundesländerzeitungen sind vorsichtig – Stichwort „staatliche Presseförderung". Vom Bundes-Boulevard bis zum Bezirksblatt, von der U-Bahnzeitung bis zum Fellner-Blatt – als Schnittmenge steht das Kanzlerfest der SPÖ. Dabei ist Österreich – im Unterschied zu Weißrussland – keine Diktatur. Jeder kann seine Meinung sagen. Ist sie aber nicht links, wird sie halt (meist) nicht abgedruckt.

Trotz vieler engagierter Journalisten, Moderatoren und Nachrichtensprecher ist des linken Mainstreams Motor immer noch der ORF. Die ORF-Gebühr subventioniert seine Marktdominanz, sein Wort ist heute Meinung. Von seinen drei Fernsehkanälen sind deshalb zwei sofort zu privatisieren. Die Vergabe neuer bundesweiter Senderechte ist an die Darstellung Mainstream-kritischer Standpunkte zu knüpfen. Eine Kommission hat darüber zu wachen, dass 25% aller politischen Standpunkte entweder konservative oder wirtschaftsliberale Meinungen abbilden.

Ein Musiksender muss nicht vom Staat betrieben werden, das können Privatbetriebe mindestens genauso gut. Ö3 und FM4 sind sofort zu demokratisieren, indem man sie verkauft. Die Bevormundung der Menschen muss ein Ende haben, mündige Bürger entscheiden künftig alleine, was sie hören wollen. Wenn ein Sender zu wenige Hörer hat, wird er von den Menschen offensichtlich nicht gebraucht. (Auch) Bei Ö1 ruft man am liebsten Linke an. Den Felbers, Marterbauers oder Schulmeisters bietet man (oft und) kritiklos ein Podium, ohne dabei Gegenstimmen vorzusehen. Wenn die Menschen aber immer nur die eine Seite der Medaille hören, halten sie diese für wissenschaftlich unumstritten. Und das ist gefährlich – weil undemokratisch.

Auch Ö1 muss oppositionelle Standpunkte ermöglichen („25%-Regel"). Ergo: Schließung oder Verkauf. Die Vergabe von Radiolizenzen muss in Österreich an bestimmte Kriterien geknüpft werden – wie das Senden eines bestimmten Anteils österreichischer oder wissenschaftlicher Inhalte. Auch Regionalsender brauchen keinen Staat, um Lokalnachrichten zu produzieren. Das machen Tausende Sender rund um den Erdball (auch ökonomisch) besser, weil sie nicht zu den äußerst großzügigen ORF-Gehältern produzieren müssen. Die ORF-Gebühr ist von aktuell 25,16 Euro auf 10,00 Euro monatlich zu reduzieren. Und am allerwichtigsten: Öffentlichen Stellen wird es untersagt, Werbung nur in ausgewählten Medien zu schalten. Wollen etwa Wiener (Gemeinde-)Firmen inserieren, müssen sie das gleichmäßig in allen Medien tun.

Die Branche der Medienunternehmen will Christian Felber von Attac „dringend zerschlagen". „Mit der Vielfalt der Eigentümer schwindet die Vielfalt!"[290], so der Globalisierungskritiker. Deshalb sollten sie sofort nach der Machtübernahme verstaatlicht werden. Gemeinsam mit dem Schulsystem solle dann die Umerziehung des Menschen zu profitlosem Verhalten gelingen. Doch tut dies Österreichs „gelenkter" Medienapparat heut ohnehin schon. Die Verstaatlichung der letzten übriggebliebenen „freien" Medien wäre nicht gerade eine demokratische Verbesserung.

8.11 Deutsche Medien demokratisieren

Drei Tage vor der deutschen Bundestagswahl 2009 fragte sich das ZDF zur Primetime: „Wie ungerecht ist Deutschland?" Und dass es in Deutschland sozial ungerecht zuginge, daran ließ man nicht den kleinsten Zweifel. Als man sich zum Ende des Beitra-

---

[290] Neue Werte für die Wirtschaft, Christian Felber, S.36

ges hin bemüßigt fühlte, die Niederträchtigkeit des (kapitalistischen?) Systems auch irgendwie mit einem Beispiel zu belegen, brachte man den „dünnen" Bericht über eine kleine, unbedeutende Hinterland-Firma, die einige Mitarbeiter schlecht behandelt hatte. Selbst der ZDF-Reporter musste eingestehen, dass „dies sicher nicht repräsentativ für Deutschland" sei – zur Vorsicht hatte man den Beitrag natürlich schon gebracht.

ZDF: Gefühlte und erlebte Armut

50% aller Befragten hatten in der ZDF-Sendung angegeben, dass es in Deutschland wirtschaftlich immer schlechter werde. Allerdings konnten dies nur 15% auch an sich persönlich feststellen. Im ersten Umkehrschluss bedeutet dies aber: 85% der Deutschen ging es wirtschaftlich *nicht* schlechter. Und im zweiten Umkehrschluss bedeutet dies, dass es in Deutschland (wie auch in Österreich) eine immer stärker wachsende Diskrepanz zwischen „gefühlter" und „erlebter" Armut geben muss. Wenn man sich den Sendetermin – drei Tage vor der Bundestagswahl betrachtet – und das Maß an journalistischer Sorgfalt und Objektivität, mit dem der Beitrag inszeniert wurde, dann könnte man als dritten Umkehrschluss ziehen: Es sind die Medien, die die soziale Abstiegsangst der Bürger schüren. Und in der ersten Reihe stehen dabei Deutschlands Öffentlich-Rechtliche.

Natürlich gehorchen nicht alle Medien Deutschlands (oder Österreichs) Europas linkem Mainstream. Viele bemühen sich redlich um eine ausgewogene Berichterstattung. Aber sie stellen – vor dem Hintergrund der großen Staatsmonopole – eine kleine Minderheit dar. Wie in Österreich sind auch Deutschlands Medien zu demokratisieren. Das heißt, sie sind „klug zu verkaufen". Unter anderem muss die Vergabe einer Lizenz an die Auflage gebunden werden, dass 25% der politischen Inhalte vor einem konservativen oder gar wirtschaftsliberalen Hintergrund zu stehen haben.

8.12 Fernseh-Angst zügeln

Thomas Bernhard hatte 1969 einmal bemerkt: „Durch Deutschland geht der Todernst, aber er ist lächerlich!" Ein ganzer Kontinent wird auf Untergang und Depression „gebrieft". Wer in Europa heute einen gemütlichen Fernsehabend plant, muss einen wahren Spießrutenlauf bewältigen, um der geschürten Abstiegsangst zu entkommen. Am 15.12.2009 wollte es der Autor wissen und setzte sich vor den Fernseher. Ohne zu ahnen, worauf er sich da eingelassen hatte.

Die nachfolgenden Sendungen (Auswahl) stammen alle von nur einem einzigen Fernsehabend:

	Titel	Inhalt
ORF 2 (21:05)	Report	U.a.: Armut in Österreich: Wie ungerecht ist der Wohlstand in Österreich verteilt? Was kann die öffentliche Hand tun; hilft die Reichensteuer?
ORF 2 (22:30)	**Kreuz und Quer:** „Freier Welthandel oder Gier: Der Weg zur gerechten Weltwirtschaft"	Die Weltwirtschaft ist ungerecht. Mit Rohstoffen wurde auf Kosten armer Länder gehandelt. Kleine Produzenten werden von großen Konzernen ausgenutzt und ausgebeutet.
ORF 2 (23:25)	**Kreuz und Quer:** „Roma in der Slowakei"	Von den 100.000en Roma sind 90% arbeitslos. Sie sind diskriminiert, sie werden gezwungen, von Sozialhilfe zu leben und keine Initiative zu zeigen.
ARD (22:45)	**Maischberger:** Schluss mit Heuchelei: Gier macht glücklich	Hochstapler Harksen berichtet, wie er gierigen Reichen Millionen abgenommen hat. Die Gier habe die Menschen blind gemacht.

ZDF (21:00)	**Unter Null -** Günter Wallraff – obdachlos durch den Winter	250.000 Rentner sind obdachlos. Wallraff mischte sich unter sie. Ist Deutschland rauer geworden? Sozialexperten warnen, dass sich die Armut angesichts Hartz IV noch weiter ausweiten würde.
RTL (22:15)	**Stern TV-Reportage:** Gestern Mittelschicht, heute ganz unten! Wenn Familien abstürzen.	Jeder 8. Bundesbürger ist arm. Im Sozialkaufhaus trifft man viele „normale Bürger", ein Lehrling sucht etwas zum Einrichten für seine erste Wohnung. Der Sprecher warnt mit sonorer Stimme: „Wenn er nicht aufpasst, wird er bald zu den 30.000 Obdachlosen in NRW zählen!"
Kabel 1 (21:15)	**Der Immobilienfürst**	„Immobilienhai" Sayn-Wittgenstein hilft verzweifelten Millionären, die sich ihre Villa nicht mehr leisten können.
Sat 1 (22:20)	**Akte 09:** „Wer mit Internet-Fälschungen Ihre Gesundheit ruiniert!"	Viele Produkte werden von kriminellen Unternehmern gefälscht und übers Internet vertrieben. Der Verbraucher zahlt drauf, die Gauner entkommen.
Sat 1	**Akte 09:** Endlich haben wir eine Wohnung!	Eine 26jährige Mutter von fünf Kindern sucht verzweifelt nach einer Wohnung. Erfolglos, niemand will vermieten – „Wie kalt ist diese Gesellschaft?"

Europas Jugend will sich nicht empören

Auf Europas Bildschirmen tobt der nackte Wahnsinn. Eine komplette Gesellschaft wird von einer außer Rand und Band geratenen Medien-Schickeria auf Depression und Untergang eingeschworen. Objektivitäts-Verpflichtungen sind Schall und Rauch, zu sehr hat man sich an den veröffentlichen Niedergang „des Systems" gewöhnt. In den Shows von ARD und ZDF gehören Vertreter der LINKEN – der Nachfolgepartei der linksextremen SED – so selbstverständlich zum Inventar wie Kameras und Kaffeeautomat. Dort parlieren sie staatsmännisch über das verbrecherische System des Kapitalismus. Vor kritischen Gegenfragen müssen sie sich genau so wenig fürchten wie vor dem „Quoten-Liberalen".

Selbst ein an sich harmloser Bericht über minderwertige Brustimplantate gerät im ZDF-Auslandsjournal bei Theo Koll zur Abrechnung mit der verabscheuenswürdigen „Profitgier des Kapitalismus". Zur Korrespondentin nach London gibt man „ins Land des Turbokapitalismus, nach England".[291]

Viele Moderatoren zeigen sich von der Verkommenheit des herrschenden Systems überzeugt und machen auch kein Hehl daraus. Positive Meldungen gibt es nicht. Stimmungen, die Lebensfreude zeigen, haben in der Erwachsenenwelt ab 20 Uhr nichts mehr zu suchen. Privatsender, die Zuschauer vor der öffentlich-verordneten Depression verschonen wollen, bezeichnet man als „seicht". Manchmal fragt man sich, was am Ende der öffentlich-rechtlichen Indoktrination stehen soll? Ein demokratischer Sozialismus? Oder die Revolution?

Die Menschen sind empört. Doch nicht über die, die mit gefälschten Armenzahlen das Volk zu Empörern aufwiegeln. Nein. Man empört sich über die verschwindende Minderheit an Nicht-Empörten. Und deren provozierender Nicht-Aggressivität.

8.13 Blühen uns die 1920er?

Die Stimmung ist heute so aufgeheizt wie zuletzt in den 1920er-Jahren. Jede gesellschaftliche Veränderung wird mit der ange-

---

[291] ZDF Auslandsjournal, 18.1.2012

deuteten Verschwörung von Banken, Kapital und Spekulanten erklärt. Europas Geschichte-Unterricht hat die Interpretation der Linken übernommen. Demnach sei es ein entwurzeltes Kleinbürgertum gewesen, das sich den dumpfen Ideen des Nationalismus angeschlossen habe.

Friedrich August von Hayek, liberaler Wirtschaftsnobelpreisträger, vertrat in seinem 1944 in England erschienen Werk „Der Weg zur Knechtschaft" hingegen die Meinung, dass der Nationalsozialismus in Deutschland nicht eine Form der kapitalistischen Reaktion gewesen sei, sondern eine „Weiterentwicklungen des Sozialismus". Für Hayek stünden alle Arten von Sozialismus, Kollektivismus und Planwirtschaft zwangsläufig in Widerspruch zu liberalen Individualrechten und rechtsstaatlichen Prinzipien. Gewaltherrschaften in totalitären Staaten wie damals Nazi-Deutschland, Italien und vor allem in der Sowjetunion seien nicht der besonderen Bosheit der entsprechenden Völker geschuldet (wie die Linke es interpretiert), sondern die Umsetzung der sozialistischen Lehre in eine geplante Wirtschaft. Diese führe notwendigerweise zu Unterdrückung, selbst wenn dies nicht die ursprüngliche Absicht der Sozialisten war.

Hans-Werner Sinns Juden-Vergleich

Als der Münchener Wirtschaftsprofessor Hans-Werner Sinn 2008 die „Hetze gegen Manager im Deutschland heute" mit der „Hetze gegen Juden früher" verglich, empörte sich eine öffentliche Meinung – der ifo-Chef musste den Vergleich zurückziehen. Eine Gesellschaft hatte sich ertappt gefühlt.

Die Nazis waren – vor allem ab dem Rauswurf des marxistisch-revolutionären Flügels (um die Gebrüder Strasser) 1930 – sicherlich weniger stark vom sozialistischen Gedankengut im Sinne Marx und Lenins beseelt als dies viele ihrer Grundsatzstatements vermuten ließen. Hitler dachte nicht im Traum daran, die Vermögensverhältnisse nach der Machtübernahme in Deutschland zu verändern.²⁹² Vielleicht hatte er sich selber anfangs noch als revolutionärer Sozialist verstanden – immerhin war er 1919 sozialistischer Soldatenrat – doch definierte sich diese Einstellung schon bald weniger als Kampf gegen Banken und Kapitalismus als vielmehr als Kampf gegen das vermeintliche jüdische Element in Finanzwesen und Kapitalismus.²⁹³

Hans-Werner Sinn, 2008
Quelle: Wikipedia/Jan Roeder, Krailling

Geschickt nutzte Hitler die sozialistischen Verschwörungsbilder der 1920er Jahre für seine Ziele aus, den Landraub im Osten und die Vernichtung der Juden zu bewerkstelligen. Die Stammtisch-Erkenntnisse dieser Zeit, „Kapitalismus, Reiche, Banken und Spekulanten würden die deutschen Arbeiter aussaugen" verknüpfte er mit einem über die Jahrhunderte latent vorhandenen Antisemitismus – der ähnliche Bilder formulierte.

Hans-Werner Sinn wollte sicherlich nicht die Schrecken der Nazis kleinreden. Ganz im Gegenteil, die Rhetorik dieser Tage hatte ihn nur erschreckend an die vergangener Tage erinnert. Wie gut, dass wenigstens einer die Zivilcourage hatte, dies einmal anzusprechen – wenigstens für einen Tag lang.

---

[292] Hitler. Eine Biographie, Joachim Fest, 1995, S.394
[293] David Clay Large: Hitlers München – Aufstieg und Fall der Hauptstadt der Bewegung: Hitler war am 15. April 1919 zum Soldatenrat in der sozialistischen Räterepublik Münchens gewählt worden, „Wahrscheinlich trug er sogar die rote Armbinde der Revolution".

„Wir sind 99%!"

„Wir sind 99%!", schallte es wütend von den etwa 200 Demonstranten am 15.1.2012 bei einer Kundgebung der Occupy-Bewegung, der sich neben dem Kabarettisten Roland Düringer auch Franz Hörmann („Das Ende des Geldes") nicht verschließen wollten. „Wir sind 99%" ist die moderne Formulierung für eine der ältesten und gefährlichsten Verschwörungstheorien. Sie suggeriert, dass ein Prozent der Menschen 99% Prozent beherrschen würden. Was für den Erfolg dieses „Evergreens" einer „Conspiracy-Bewegung" spricht, ist die Simplizität, mit der sie Gut von Böse trennt, ohne dabei Zweifel über den eigenen Standort zu lassen. Selbst der Dümmste kann das noch kapieren. Wen wundert es, dass bei der Occupy-Bewegung Wien auch Leute demonstrierten, die zuvor auch beim Gedenken an den Wehrmacht-Flieger Novotny gesichtet worden waren. Ein Demonstrant hatte eine Tafel mit „Goldman sucks" in die Höhe gehalten.[294]

> **Ermittlungen gegen Occupy-Aktivisten wegen Wiederbetätigung**
> Staatsanwaltschaft ermittelt wegen Verdachts auf Wiederbetätigung und Volksverhetzung bei Teilen der Occupy-Bewegung
> (Standard.at, 24. Jänner 2012)

---

[294] „Unfreundliche Übernahme – Rechte und Verschwörungstheoretiker in der österreichischen Occupy-Bewegung", www.profil.at, 23.1.2012

8.14 Das sozialistische Europa der 1920er

Nach dem desaströsen Zusammenbruch der Monarchie im Ersten Weltkrieg verwandelte sich das Macht- und Ideenvakuum Europas zu einem Nährboden für radikale sozialistische Ideen. Mit ihr vermischten sich antisemitische, antidemokratische und antikapitalistische Ideen zu einer höchstgefährlichen Mischung.

Der Globalisierungskritiker Klaus Werner-Lobo ist garantiert kein Antisemit. Er setzt in seiner Kapitalismuskritik aber auf bewährte Urängste: die des Beherrscht-Seins durch eine (kleine) Gruppe profitgieriger und skrupelloser Akteure, die die Welt regieren möchte.

Adolf Stoecker (1835 bis 1909) beklagte in seinen unzähligen

„Uns gehört die Welt!"

Klaus Werner Lobo zeigt auf dem Cover seines Buches „Uns gehört die Welt – Macht und Machenschaften der Multis" eine Weltkugel, über die die Plaketten internationaler Konzerne so gehängt sind, dass sie deren Welt-Allmachtsanspruch mehr als nur andeuten.

Vorträgen „das Missverhältnis zwischen jüdischem Vermögen und christlicher Arbeit".[295] Und wem die nicht enden wollenden Vergleiche von Managereinkommen und Arbeiterverdiensten bereits zum Halse heraushängen, mag es wenig trösten, dass man Ähnliches schon vor 80 Jahren erdulden musste: „Eine einzige jüdische Familie, das Haus Rothschild, hat in einem Jahre einen höheren Zinsgewinn, als die Löhne sämtlicher Bergarbeiter Deutschlands betragen!". So Julius Streicher, Herausge-

---

[295] Vgl. www.zeit.de, 4.3.2010

ber des „Stürmers", einer widerlichen Nazi-Postille. Für den Nationalsozialisten würde „die Verstaatlichung des Geldwesens dem schaffenden Volk endlich sein Recht geben[296]". Den „weltumspannenden Leihkapitalismus, der durch mühelose Zinseinnehmerei zur Versklavung ganzer Völker führt", wollte er brechen.

„Wir bekämpfen nicht das Kapital an sich, sondern nur den Missbrauch mit dem Geld, wie er im Mammonismus in Erscheinung tritt", wetterte Joseph Goebbels. Und Kampfgefährte Otto Strasser[297] wusste: „Wir sind [...] Todfeinde des heutigen kapitalistischen Wirtschaftssystems mit seiner Ausbeutung der wirtschaftlich Schwachen, mit seiner Ungerechtigkeit der Entlohnung, mit seiner unsittlichen Wertung der Menschen nach Vermögen und Geld, statt nach Verantwortung und Leitung". Schon 1920 forderte das 25-Punkte-Programm der NSDAP „die Verstatlichung aller zuvor privatisierten Bertriebe, die Gewinnbeteiligung des Volkes an „Konzernen", die „Kommunalisierung („Verstaatlichung") von Handels-Konzernen und deren Vermietung an Kleinunternehmer, die Enteignung von Boden für gemeinnützige Zwecke, die Abschaffung des Bodenzinses und die Verhinderung von Bodenspekulation".

Reinhold Mucho, Leiter der braunen Vorfeldorganisation NSBO, schrieb 1932: „Solange dieser Kapitalismus nicht überwunden ist – was das große Ziel des Nationalsozialismus bleibt – (...) müssen die sozial Entrechteten den Ausbeutungstendenzen Widerstand entgegensetzen. Kapitalismus ist unsittlich". Obwohl die Hyperinflation auf ungezügeltes Gelddrucken zur Finanzierung des Weltkrieges (1914-1918) zurückzuführen war, sah eine große Mehrheit – quer durch alle Parteien – die Schuld bei Spekulanten und Finanzkapitalismus.

---

[296] 13. November 1920 im Kurhaussaal in Bernburg.
[297] Das ehemalige SPD-Mitglied Strasser (er führte eine paramilitärische Gruppe, „Rote Hundertschaft") 1925 in die NSDAP ein und baute dort mit Bruder Gregor und Joseph Goebbels den „linken", sozialrevolutionären, Flügel der NSDAP auf.

Wollen wir nicht wieder politisch zweifelhafte Kräfte entstehen sehen, die die wachsende Sozialismus-Hysterie für ihre Sache nutzen, muss Europa schleunigst umkehren. Der Kontinent braucht Fairness im Disput. Hier wären die mahnenden Worte des Bundespräsidenten dringend gefordert.

Verlust der Verhältnismäßigkeit: 1920er und 2000er

Ein Mainstream hat sich in eine ideologische Hetzjagd auf den Kapitalismus hineingesteigert, die jede Verhältnismäßigkeit (und Fairness) längst abgelegt hat. „Wir sind viele" titelt der „Süddeutsche"-Journalist Heribert Prantl 2012 sein „neues Buch mit alten Inhalten", wenn er eine Verschwörung des Finanzkapitalismus andeutet, „der den Staat zum nützlichen Idioten" gemacht habe. Und er hat ja recht. Liest man deutsche Kommentare, scheinen gefühlte 90% der deutschen Journalisten auf seiner Seite zu sein. 90% der Österreicher finden ohnedies, dass es in ihrem Land ungerecht zuginge. Werte, wie es sie zuletzt in den 1920er Jahren gegeben hatte.

Ein außer Rand und Band geratener Mainstream konnte sich in einen Strudel hineinreden, weil die demokratische Kontrolle durch kritische Medien heute nicht mehr funktioniert. Dabei ist nicht einmal die Kapitalismus-Kritik frei von nationalen Elementen. Dass sich der Chef der Duisburger Linken auf der „Top Ten-Liste" für antisemitische Äußerungen des Simon Wiesenthal-Centers auf dem 9. Platz findet, ist vergleichsweise harmlos gegen den Heuschrecken-Vergleich von SPD-Chef Müntefering aus dem Jahre 2007 (Auch Felber schmückt seine Bücher gerne mit den schwirrenden Insekten).

Zur unglaublichen Entgleisung geriet die Coverstory der deutschen Metallgewerkschaft „IG Metall". Um die Raffgier US-amerikanischer Finanzinvestoren zu demonstrieren, zeichnete man die vermeintlichen Bösewichte auf Schmähbildern (wie in den 1920er Jahren) als fliegende Insekten mit großem Rüssel. So sehen Parasiten aus.

Hans-Olaf Henkel, Ex-Präsident des Bundesverbandes der Deutschen Industrie (BDI), fühlte sich „an die Propaganda im Dritten Reich erinnert". Hans-Ulrich Jörges, stellvertretender Chefredakteur des Stern, assistierte: „Der lange gebogene Rüssel konnte leicht Erinnerungen an antijüdische Hetzbilder wecken." Michael Wolffsohn[299], Historiker an der Bundeswehrhochschule: „60 Jahre 'danach' werden heute

IG-Metall: „Die Aussauger"[298]

Das Cover der Gewerkschaftszeitung „metall" zeigte 2005 ein zynisch grinsendes, saugendes Insekt und einen Hut mit der US-Flagge. Ein goldener Raffzahn glitzert unter dem langen gebogenen Rüssel.

wieder Menschen mit Tieren gleichgesetzt, die – das schwingt unausgesprochen mit – als „Plage" vernichtet, „ausgerottet" werden müssen. Heute nennt man diese „Plage" Heuschrecken, damals „Ratten" oder „Judenschweine".

Die politische Diskussion ist politisch so verroht wie schon seit der Nachkriegszeit nicht mehr. Deutschland und Österreich müssen ihre Medienlandschaft demokratisieren, sonst wird die Gefahr, dass eine aufgeschaukelte Bevölkerung eine gewisse kritische Masse überschreitet, übergroß. Wird das „System aber

---

[298] IG Metall: *metall - Das Monatsmagazin*. Ausgabe 5/2005
[299] Wolffsohn, M.: Zum 8. Mai- In: Rheinische Post, 3. Mai 2005

erst einmal unkontrollierbar, wird nicht die große Vision eines solidarischen und egalitären Europas zur neuen Wirklichkeit werden, sondern wieder irgendetwas aus dem Schreckensrepertoire der menschlichen Geschichte. In keinem Fall wird es unser Land demokratischer machen.

8.15 Menschenjagd stoppen

„Siegfried Pichler, Günther Kräuter, Hans Niessl: Man wird sich diese Namen wohl merken müssen, mehr noch: Man sollte sie auf einer Liste der Schande verewigen." So Andreas Koller in den Salzburger Nachrichten, nachdem die angesprochenen Sozialdemokraten öffentlich gefordert hatten, Steuersünder auf öffentlichen Internet-Listen zu brandmarken.[300] Und Karikaturist Wizany dichtete einem SPÖ-Think-Tank an, über „Virtuelles Handabhacken für Raucher" oder die „elektronische Steinigung für Ehebrecher" nachzudenken.

> **Jagd auf die Reichen: Werner Faymann und Laura Rudas stellen die Weichen nach links**
> SPÖ schärft beim Parteitag ihr linkes Profil
> Österreichs Vermögende im Visier
> (Format, 14.11.2010)

Wie schon vor 80 Jahren unter Lenin spalten manche Kräfte die Gesellschaft von heute wieder ganz bewusst, indem man sie in eine kleine Gruppe „schlechter" und eine große Gruppe „guter" Menschen teilt. Dabei würde sich die erste Gruppe auf Kosten der zweiten unverschämt bereichern.

Dass dies nicht „so heiß zu essen ist, wie es gekocht wird", beruhigen SPÖ-Funktionäre dabei immer wieder hinter vorgehaltener Hand. So nach der Art, dass „das Aufhetzen gegen

---

[300] SN, 28.1.2012

Minderheiten halt marketingmäßig zum politischen Geschäft gehöre." Reiche als Minderheit? Ja, seit „die Reichen" wie „die Unternehmer" zum Spielball politischer Kräfte geworden sind, muss man sie als Minderheit betrachten. Und zwar eine winzig kleine und dabei noch völlig ungeschützte. Denn die Stimmung ist bereits so aufgeheizt, dass selbst vernünftige Kräfte sich nicht vor die „armen" Reichen zu stellen trauen. Dabei sind auch Reiche Menschen. Auch wenn sie für manche nur der Abschaum sind.

Reicher als der Arbeiterkammer-Präsident?

Wann ist man aber eigentlich reich? Wenn man sein eigenes Haus besitzt? Oder erst, wenn man zusätzlich noch die alte Wohnung in der Stadt vermietet? Oder, wenn man mehr als ein Arbeiterkammer-Präsident verdient?

Gerne erzählt man sich folgende Geschichte: In den 1990er Jahren war der damalige Präsident der Salzburger Arbeiterkammer im größten Industriebetrieb des Landes unangemeldet aufgetaucht, um auf einer Betriebsversammlung zu reden.

Zuvor hatte ihn der Unternehmer gebeten, ihn bei den notwendig gewordenen Sparplänen zu beraten und ein gemeinsames Konzept zu erarbeiten. Stattdessen kam der Präsident in den Betrieb, ließ die Produktion des kriselnden Betriebes unterbrechen und die Belegschaft im Gefolgschaftsraum versammeln. Der Unternehmer, der aus der Verhandlung mit seinem wichtigsten Kunden hastig in die Halle gestürmt war, hörte gerade noch die Worte des Arbeiterkammerpräsidenten: „Hinter Eurem Rücken wollte mich Euer Chef überreden, gegen Euch gemeinsame Sache zu machen, um Eure Löhne zu reduzieren! Seht her, wie gut es dem Unternehmer geht. Er selber ist so reich und Ihr, die Ihr hart arbeitet, sollt für ihn den Kopf hinhalten und von Eurem eh schon geringen Lohn etwas hergeben. Soll doch er auf sein hohes Einkommen verzichten!"

Da wurde es dem gescholtenen „Reichen" zu bunt. Er bot dem Arbeiterkämmerer an, vor versammelter Mitarbeiterschaft – darunter auch seine Lohnbuchhalterin – seinen monatlichen Bezug offenzulegen, wenn auch der Arbeiter-Vertreter dies täte.

„Nicht einmal 140.000 Schilling (10.000 Euro) kriege ich!", antwortete der Präsident barsch ins Mikrofon. „Und ich verdiene 60.000 Schilling (4.000 Euro)!", antwortete der Unternehmer trocken. Vom Ergebnis überrascht, verließ der Präsident in seiner dunklen Dienstlimousine mit Chauffeur fluchtartig das Gelände.

8.16 Politiker auf die Schulbank

Haben Sie sich nie gewundert, wenn Bundeskanzler Werner Faymann zu Euro- oder Bankenkrise interviewt wird? Wenn er in Brüssel Finanzentscheidungen treffen muss, die die Zukunft Österreichs betreffen? Jemand, der nach dem Gymnasium ein paar Semester Jus studiert hat? Dann die Karriereleiter im „roten Netzwerk" klassisch hochgeklettert ist – Stichwort „Aktion kritischer Schüler", „Sozialistische Jugend", „Mieterbund", Kurzzeit-Konsulent bei der „Zentralsparkassa", „SPÖ-Gemeinderat"? Über ein ähnliches Backgroundwissen dürfte auch SPÖ-Bundesgeschäftsführerin Laura Rudas verfügen. Sie übt diese Funktion seit 2008 gemeinsam mit Günther Kräuter aus. Rudas hatte nach dem Gymnasium Politologie (was sonst?) studiert. Betriebswirtschaft oder VWL? Komplette Fehlanzeige, stattdessen Karriere in der „Sozialistischen Jugend" und bei den „Kinderfreunden".

103 von 183 Nationalratsabgeordneten sind Beamte – satte 56%. Nur 41 kommen aus der Wirtschaft oder sind wenigstens Freiberufler – 22%.[301] Viele haben überhaupt noch nie (in der

---

[301] Herbert Lackner: *Demokratie ohne Personal*, in: Nachrichtenmagazin *profil*, Wien, Nr. 14, 4. April 2011, S. 22

Privatwirtschaft) gearbeitet. Kenntnisse in Betriebs- oder Volkswirtschaft sind fast schon Ausschlussgrund für eine Politikerlaufbahn. Erfahrungsreiche Jahre in der Privatwirtschaft? Pustekuchen.

Politiker pauken BWL

Wenn Siegfried Pichler gegen seine Lieblings-Sündenböcke wütet, dann kann es richtig schmutzig werden. In regelmäßigen Annoncen spricht er zu Salzburgs „kleinen Leuten". Für Pichler scheint es festzustehen, dass die Politik „uns" an die Krisenverantwortlichen („Banken, Spekulanten, ...") verraten habe. „Die decken denen nicht nur den Tisch, sie binden ihnen auch noch die Serviette um, damit sie uns verspeisen!"[302] So stachelt man die Wut in der Bevölkerung regelmäßig und so richtig an. Bezahlt werden die Dauereinschaltungen in Salzburgs Presse mit dem zwangsweise abkassierten Geld der Arbeitnehmer.

„Zechpreller zur Kasse!"
Makazin: Der Staat hat Schulden, weil er die Spekulanten und Banken in den Krisenjahren mit 25 Milliarden Euro gerettet hat. Genau diese Krisenverursacher, die unser Steuergeld kassiert haben, kritisieren nun, der Staat habe Schulden. Abartiger geht es nicht! 25 Milliarden sind eineinhalb Mal so viel wie die 10 Milliarden, die der Staat nun zur Konsolidierung seines Haushaltes sucht.
(Echo 01/2012)

Die schockierende Zahl von 25 Milliarden findet in Österreichs Budget kein wissenschaftliches Echo. Tatsache ist, dass von 2008 bis 2011 insgesamt 5,4 Milliarden Euro an Österreichs (vor allem Staats- und Landes-) Banken gegangen sind. Diese 5,4 Milliarden haben aber nichts mit dem österreichischen Budgetdefizit zu tun. Natürlich haben diese 5,4 Milliarden den Schuldenberg der Republik auf 215 Milliarden erhöht. Sie stellen aber

---

[302] Echo 01/2012

nur 3% von ihnen dar. 210 Milliarden Schulden — oder 97% — waren schon vorher vorhanden. Sie sind vor allem der Auszahlung von Früh-, Regel-, Hackler- und Eisenbahner-Pensionen geschuldet. Um die Verhinderung jeder echten Pensionsreform, die dies korrigieren könnte, kümmert sich seit Jahrzehnten verlässlich die Arbeiterkammer.

Im Gegensatz zu den 3% Bankenschulden werden die 97% Staatsschulden allerdings nicht getilgt werden, prinzipiell schon nicht. Nicht einmal in 100 Jahren. Aber es sind die Zinszahlungen, die dafür jährlich das österreichische Budget um 8 Milliarden verringern. Mehr, als wir für die Banken an Schulden aufgenommen hatten.

Mit Bankenhilfe macht Republik 275 Millionen Euro Gewinn
(OÖ Nachrichten, 12.6.2011)

Für die 5,4 Milliarden Euro, die man für die Banken aufgenommen hatte, *bezahlt* Österreich nicht Zinsen, wie Herr Pichler angedeutet hat, Österreich *erhält* dafür welche. Wahre Wucher-Zinsen zwischen 8 und 9,3%! Würde man die in dieser Höhe von „darbenden Arbeitern" verlangen, man hätte Siegried Pichler zum erbittertsten Feind. Mitte 2011 hatte die Alpenrepublik mit Zinserträgen sogar mehr eingenommen als sie für die Bank-Schulden ausgegeben hatte. Mit 275 Millionen Euro hatte sich der Staat bis dahin an notleidenden Banken bereichert.

ÖVAG: Wenn der Staat sich selber rettet

Nicht „privaten Banken" musste mit staatlichem Geld beigestanden werden, sondern „staatsnahen Banken" mit privatem Steuergeld. So musste im Frühling 2012 das Spitzeninstitut des Volksbankensektors gerettet werden; der Anteil des eingesetzten Steuergeldes blieb mit 250 Millionen Euro aber überschaubar (dank Erhöhung der Bankenabgabe).

Der Untergang der Genossenschaftsbank begann mit der Übernahme der beiden Banken Investkredit und Kommunalkredit im Jahr 2005. Erstere stand im Nahbereich der Politik, zweitere operierte im Staats- und Gemeindeumfeld (sie finanzierte Gemeinden und verwaltete staatliche Fördergelder). Beide standen im Nahebereich der SPÖ. So hatte die Unterrichtsministerin Claudia Schmied (SPÖ) zuerst in der Investkredit Karriere gemacht und war dann als Vorstand in die Kommunalkredit gewechselt.

Als sich der Vorstand der Österreichischen Kontrollbank (ÖKB), Gerhard Praschak (SPÖ) 1997 erschoss, weil ihm der ehemalige Unterrichtsminister Rudolf Scholten (SPÖ) vor die Nase gesetzt werden sollte, kam die skandalöse Besetzungspolitik in heimischen Staatsbanken ans Tageslicht: Scholten hätte – wäre es nach Gerhard Randa (SPÖ) von der Bank Austria und Helmut Elsner (SPÖ) von der BAWAG gegangen – alternativ auch in der Investkredit mit einem Vorstandsposten versorgt werden sollen.

Rudolf Scholten, 2010
Quelle: Wikipedia/Jan Roeder

Gemäß den Tagebuchaufzeichnungen von Selbstmörder Praschak waren es SPÖ-Spitzen wie Franz Vranitzky, Viktor Klima oder Michael Häupl, die den Staatsbanker unter so enormen Druck gesetzt hatten, dass dieser nur noch den Ausweg im Freitod sah.

> **Gerhard Praschak: Der Selbstmord des Bankers**
> **Eine Verzweiflungstat aus Protest gegen politische Einmischung.**
> Am Nachmittag des 26.April1997, einem Samstag, steckte sich der 45-jährige Vorstand der Österreichischen Kontrollbank, Gerhard Praschak, in seinem Büro den Lauf einer Smith & Wesson in den Mund und drückte ab. Der Mann zählte mit fünf Millionen Schilling Jahresgage zu den bestbezahlten Bankmanagern, sein Vertrag war noch auf Jahre ungefährdet, ihm drohte keine Kündigung.
> (Die Presse, 8.3.2007)

Heute sitzt Rudolf Scholten nicht nur im Vorstand der Österreichischen Kontrollbank, gemeinsam mit Johannes Dietz (ÖVP) wurde er auch in den Aufsichtsrat der notverstaatlichten (ehemaligen Landesbank) Hypo-Alpe-Adria AG gesandt. Zudem ist Scholten seit 2004 Präsident des Bruno-Kreisky-Forums, seit 2005 Aufsichtsratspräsident der Wiener Festwochen und seit 2007 Aufsichtsratsvorsitzender des Österreichischen Filminstituts – der Stelle für die Vergabe der heimischen Filmförderung. So unterstützte man 2008 den („neomarxistischen") Anti-Bankenfilm „Let's make money" mit 64.000 Euro, später mit weiteren 15.287 Euro.[303]

Nachsatz: Kurze Zeit nach seinem Selbstmord wurde in Praschaks Wohnung eingebrochen. Dabei wurden (nur) die Originale der angesprochen Tagebücher gestohlen. Der Täter ist bis heute flüchtig.

BWL für Politiker

Österreich braucht neue Politiker, vor allem solche mit ökonomischem Niveau. Von Menschen, die sich mit wirtschaftsfremden Ausbildungen in Parteiorganisationen hochgedient haben, hat das Land nichts zu erwarten.

---

[303] Information des Filminstituts zum Antragstermin 11.12 2007, S. 18 ff.

Politiker sollten an einer wirtschaftswissenschaftlichen Fakultät spezielle BWL-Kurse besuchen müssen. Dabei müssten sie Fächer aus den Bereichen Controlling (Buchhaltung und Kostenrechnung), Volkswirtschaftslehre und ABWL[304] besuchen. Für einen Gemeinderat reichen 5 „Scheine" (=Prüfungen), für den Landespolitiker sind es schon 7 und auf Nationalratsebene sind es 10. Wer durchfliegt, kann zwar auch Politiker werden, bekommt aber von seinem Jahresgehalt 50% abgezogen.

Weil die „Politiker-Schule" von Politikern beschlossen werden müsste, ist ihre Umsetzbarkeit mehr als zweifelhaft. Da bleibt dem Alpenbürger nur die Hoffnung, dass eine Schuldenbremse in Verfassungsrang es künftig „leidenschaftlichen Sozialpolitikern" wenigstens erschwert, den Karren wieder in den Dreck zu fahren. Dass Herr Pichler von der „Arbeiterkammer Salzburg" die Verfassungsbindung einer Schuldenbremse wütend ablehnt („Volksverblödung", „politische Bankrotterklärung"), spricht für sich.

8.17 Lasst uns wie die Schweizer werden!

Wir befinden uns im Jahr 2012. Ganz Europa ist von Depression und Mieselsüchtelei besetzt. Ganz Europa? Nein. Ein von unbeugsamen Schweizern bevölkertes Land hört nicht auf, viel zu arbeiten und wenig zu jammern. Das Leben ist nicht leicht für die Regierungen der benachbarten Länder Frankreich, Deutschland, Österreich und Italien. Denn die Untertanen entfliehen dem Staatssozialismus ihrer Regierungen, um beim Schweizer Klassenfeind zu leben ...

---

[304] ABWL ist die Abkürzung für Allgemeine Betriebswirtschaftslehre

Die Schweiz. Tapfer verteidigt sie Werte wie Freiheit, Fleiß, Basisdemokratie, Tüchtigkeit und ihren fast schon „amerikanischen" Optimismus gegenüber den kollektiven Angstneurosen ihrer Nachbarn. Sie ist dabei erfrischend wirtschaftsliberal, obwohl sie von internationalen Pessimismus-Marktführern wie Frankreich, Deutschland, Österreich und  Italien (in dieser Reihenfolge) umzingelt ist. Nur einmal im Jahr, am Weltwirtschaftsforum in Davos, lässt man Europas aufgestachelte Jugend zum Steineschmeißen ins Land herein. Die Schweizer nehmen es gelassen, sie leben zu gut von der „Bequemlichkeit" ihrer Nachbarn:

Wer viel arbeitet, der hat auch mehr

Was die Nachbarn der Schweiz nicht verstehen (wollen): Nur harte Arbeit führt zu Wohlstand – nicht die Verteilung eines virtuell herbeigerechneten. Nachfolgend sieht man den Vergleich von Jahresarbeitszeit und Nettogehalt in eher kapitalistischen und eher sozialistischen Ländern.

	Arbeits-zeit p.a. (UBS '09)		Jahresnetto Mechaniker (UBS '09)		Jahresnetto Arbeiterin (UBS '09)	
Schweiz	2.312	1.	$ 35.200	1.	$ 24.600	1.
Japan	1.997	2.	$ 25.500	2.	$ 20.200	3.
USA	1.955	3.	$ 21.400	3.	$ 22.200	2.
GB	1.762	4.	$ 18.500	4.	$ 14.500	5.
Österr.	1.746	5.	$ 17.900	5.	$ 12.200	6.
BRD	1.717	6.	$ 16.200	6.	$ 16.100	4.
Frankr.	1.594	7.	$ 15.200	7.	$ 11.500	7.

Maschinen laufen in der Schweiz um 40% länger und es bleiben die Verkäufer um 40% länger in ihren Büros – ohne dass teure Überstunden anfallen. Damit produzieren sie auch um 40% mehr Güter und Dienstleistungen, die Schweizerische Nationalbank druckt um 40% mehr Banknoten und bringt diese in Umlauf. Damit hat eine Gesellschaft mehr Güter, mehr Geldnoten und mehr Kaufkraft. Und sie ist zufriedener und sozial stabiler.

Nirgendwo auf dieser Welt wird weniger gearbeitet als in Frankreich. Deshalb ist das Land heute wirtschaftspolitisches Notstandsgebiet. Frankreichs Arbeitslosigkeit erklimmt immer neue Rekordhöhen, die Reallöhne stagnieren auf dem Niveau von Schwellenländern. Nur die Stimmung ist noch niedriger.

Deutschland: hoher Stunden-, niedriger Jahres-Lohn

Während deutsche Stundenlöhne immer noch zu den „Top Five" in der Welt gehören, liegen Germaniens Jahreseinkommen nur im Mittelfeld. Frankreich hat mit seiner 35-Stundenwoche in fast allen Bereichen den letzten Platz gebucht. Dabei sind aber weder Franzosen noch Deutsche glücklich. Obwohl man nicht bereit ist, mehr als 35 Stunden im Büro oder in der Halle zu verbringen, möchten viele aber so viel verdienen, als wäre man länger dort gewesen. Und so er-streiken sich „gierige" Gewerkschafter höhere Löhne, als es ihre Arbeitsproduktivität rechtfertigen würde. Das wiederum zwingt die Arbeitgeber, die „Geschwindigkeit der Maschinen zu erhöhen", um in den wenigen Laufstunden entsprechend mehr zu produzieren. Und es zwingt die Wirtschaft, wenig produktive Arbeiten in billigere Länder zu verlagern. Dafür steigt die Belastung aus der Arbeit aber immer stärker. Die Folge: Der Arbeitsdruck nimmt zu, Depression und „Burn-out" nehmen zu.

Weniger die Gier der Unternehmer als die Gier der Arbeitnehmer nach einem komfortablen Leben bei weniger Arbeit treiben den Trend zur Globalisierung.

Schweiz: Schlanker Staat und dickes Portemonnaie

Eine Schweizer Arbeiterin verdient doppelt so viel wie ihre österreichische Kollegin. Weil Schweizerinnen pro Kopf fast 50% mehr produzieren, können die Ausgaben für den Staat auf mehr Arbeitsstunden ihrer Untertanen aufgeteilt werden. Sowohl Steuern als auch Lohnnebenkosten sind daher wesentlich niedriger als etwa in Deutschland oder Österreich. Vom Jahresgehalt nimmt der Staat den Eidgenossen 30 Prozent, den Österreichern aber 43.

In absoluten Beträgen sind die Staatseinnahmen der Helvetier aber wieder höher als bei der deutschsprachigen Konkurrenz. Die Schweizer schieben auch die soziale Verantwortung z. B. für die Altersvorsorge nicht auf einen ineffizienten Staatsapparat ab, sondern tragen diese selber. Dafür fördert der Staat großzügig Wohnungseigentum und Altersvorsorge.

OECD 2009: Die meisten Euro-Länder erleiden große Budgetdefizite. Die ganze OECD? Nein. Mitten in der Krise verzeichnen die Schweizer sogar einen Budgetüberschuss von 1,8 Milliarden Euro! Und reduzierten damit ihre Staatsschulden auf 39% (gemessen am BIP). Österreich? Doppelt so hoch: 78% – bei halbem Lebensstandard. Insgesamt sorgt der hohe Schweizer Wohlstand für großes Selbstvertrauen und Optimismus. Kein Wunder, dass die Mischung aus Bergidyll und Manchester-Kapitalismus die Jugend aus den angrenzenden Ländern absaugt.

8.18 Das Mehrheitswahlrecht

30 Jahre lang hatte eine einzige Partei die Republik Österreich geführt, ohne dass sich jemand daran gestoßen hätte. Nach einem „Interregnum" von 6 Jahren könnten uns das auch die nächsten 30 Jahre bevorstehen.

Auf dem Weg in die Demokratie

Das Mehrheits-Wahlrecht wäre eine echte Chance für Österreich, zur Demokratie internationalen Zuschnitts aufzusteigen. Dabei ist es einerlei, ob man sich für ein relatives oder absolutes Wahlrecht entscheidet. Bei der Wahl mit relativer Mehrheit gilt diejenige Alternative als Wahlsieger, welche die relativ meisten Stimmen auf sich vereinen kann. Beispiel: Personen A, B, C erhalten A: 40 %, B: 45 % und C: 15 % der Stimmen. Dann ist Person B gewählt, obwohl 55 % nicht für B gestimmt haben. Bei der Wahl mit absoluter Mehrheit (absolutes Mehrheitswahlrecht) dagegen muss eine Alternative mehr als die Hälfte aller abgegebenen Stimmen auf sich vereinigen. Ist dies im ersten Wahlgang nicht der Fall, werden in weiteren Wahlgängen schlechter gereihte Alternativen sukzessive ausgeschlossen („runoff method"). Die bekannteste Methode ist die Stichwahl, wobei nur mehr unter den beiden bestgereihten Alternativen mittels Mehrheitswahl entschieden wird.

Ein Mehrheitswahlrecht würde Österreich nachhaltig verändern. Wahrscheinlich würde die SPÖ das Land noch 10 oder 15

Jahre führen. Irgendwann würde mangels Korrektiv die linken Flügel aus Arbeiterkammer und Gewerkschaft die Oberhand gewinnen, eine entsprechende Entwicklung der Wirtschaft wäre die Folge. Medial würde der Widerspruch zwischen gelebter und verbreiteter Meinung steigen. Und irgendwann wären es die Österreicher satt, über Jahrzehnte hinweg immer von derselben Partei regiert zu werden.

8.19 Österreich braucht den „Wirtschaftsjournalisten"

Wer heute über Wirtschaft spricht, hat nur ausnahmsweise schon einmal im Wirtschaftsunterricht gesessen. Wer nie zu bilanzieren lernte und nicht weiß, wie Betriebe funktionieren beziehungsweise wie man sie führt, für den bleibt Wirtschaft aber immer rätselhaft. In Diskussionen zu Wirtschaftsthemen ist es offenkundig: Viele Moderator(inn)en haben von dem, was Finanzexperten da diskutieren, nicht den Funken einer Ahnung. Sie beschränken Zwischenfragen stets auf Oberflächliches. Wie spannend Wirtschaftsdiskussionen sein könnten, ahnt man bei CNN („Quest means Business") oder bei „Bloomberg TV"!

Fast ausnahmslos alle Journalisten haben ihr Wirtschaftsverständnis aus Gymnasien und geisteswissenschaftlichen (und juridischen) Fakultäten. Professionell unterrichtet wird Wirtschaft aber weder da noch dort. Wer Betriebswirtschaftslehre absolviert hat, betrachtet ökonomische Vorgänge vor einem breiteren Hintergrund, als dies ein Philosoph oder Politologe tut. Deshalb braucht es den 6-semestrigen Wirtschaftsbachelor, dazu den 4-semestrigen Master (siehe auch: Michael Hörl: „Die Finanzkrise und die Gier der kleinen Leute"). Wichtig ist eine berufsbegleitende Variante, die die bereits arbeitenden Journalisten weiterbilden kann.

Nachfolgend nun publizistische Beispiele, die Wirtschaftsjournalisten kritischer aufgearbeitet hätten:

Österreichs Handel „sackelt" Kunden aus![305] [306]

2008 las man fast im Wochentakt, wie teuer Lebensmittel in Österreich doch seien. Österreichs Lebensmittelhandel bereichere sich auf Kosten seiner Kunden, so der Tenor. In Freilassing würde man Lebensmittel um 13% billiger einkaufen als in Salzburg, wusste die oberste Preisjägerin der Arbeiterkammer Wien, Manuela Delapina.

> **Preise bei Lebensmitteln „hausgemacht": Warenkorb viel teurer als in Deutschland**
> AK fordert Minister Bartenstein zu Maßnahmen auf. Konsumentenschützer wollen ein strenges Regulativ.
> UMFRAGE: Wie verkraften Sie die Teuerungswelle?
> (News.at, 14.7.2008)

Offensichtlich hat sich kein Journalist die Untersuchung näher angesehen. Da wurden nämlich ausschließlich Top-Markenartikel abgetestet! So kostete „Uncle Ben's Spitzen Langkorn Reis 500 Gramm" in Salzburg 2,19 Euro, in Freilassing hätte es ihn aber schon zu 1,79 Euro gegeben! Um 22,3% würde Österreichs Handel da extra draufschlagen, so die Arbeiterkammer.

„Wer wenig hat und auf jeden Euro schauen muss, kauft meist preisbewusst ein", weiß man bei der AK Wien.[307] – Und deshalb sollten die Österreicher bei der vermeintlich immer stärker steigenden Armut (© AK) zum teuren „Marken-Yuppie-Reis" greifen? Noch dazu in der dekadenten Kleinpackung von nur 500 Gramm? Familien kaufen Eigenmarken! Einen Kilo „Clever Langkornreis" bei Billa kriegt man schon für für 0,79 Euro.[308] Bei doppeltem Inhalt! Wer die Kleinpackung bevorzugt, greift

---

[305] www.news.at, 14.7.2008
[306] www.news.at, 4.2.2010
[307] http://wien.arbeiterkammer.at, 11.10.2008
[308] www.cleverkaufen.at, 9.5.2010

zum „SPAR Kochbeutel Reis 500 Gramm", den gibt es schon für € 0,89.

Dass Markenartikel in Deutschland tatsächlich etwas günstiger zu haben sind, hängt mit der schlichten Größe unseres Nachbarn zusammen. In Österreich sind Filialen kleiner, sie liegen geografisch weit verteilt. Zudem kaufen Deutschlands Megakonzerne zu günstigeren Bedingungen ein.

Aber ist es nicht die Arbeiterkammer, die manchen Sozialromantikern ein Podium in deren Kampf gegen eine vermutete Konzernallmacht und für eine kleinstrukturierte (Land-)Wirtschaft bietet? Gleichzeitig fordert die Arbeiterkammer aber immer noch billigere Lebensmittel. „Bayerische Milchbauern sind doppelt so groß wie österreichische. Das Milchauto muss aber jeden Betrieb anfahren, egal ob für 2.000 Liter oder für 4.000", weiß Josef Braunshofer von der Berglandmilch.[309] Alleine der multinationale Konzern „Nordmilch" verarbeite so viel Milch wie alle österreichischen Molkereien zusammen. Natürlich kostet „Konzernmilch" dann bedeutend weniger.

Das Resultat billigerer Lebensmittel sind hochgezüchtete (und mit Medikamenten niedergespritzte) Kühe, die in ihrem Riesen-

---

[309] Entwicklung im Lebensmitteleinzelhandel in Österreich, wissen plus, Betriebs- und Volkswirtschaftslehre, 09/2008

stall kein Tageslicht haben und nach nur 2 Jahren als ausgezehrte Turbo-Kühe in der Wurstfabrik landen. Wenn man den Geiz der „kleinen Leute" anstachelt, sollte man auch die Produktionsbedingungen vor Augen haben, die dieser dann zur Folge hat.

AK: „Preis von Produkt X stieg um Y Prozent"

Die Deutschen zählen (neben den Holländern, Franzosen und Österreichern) zu den preisbewusstesten Konsumenten auf der Welt.[310] Über 50% des deutschen Handelsumsatzes werden schon in Discountern und Kaufhallen (mit schmalem Sortiment) getätigt, in Österreich ist es gerade mal ein Viertel. Der Österreicher kauft gerne die regionalen Produkte kleiner Hersteller (etwa von Kleinmolkereien). Solche unrentablen Kleinstmengen müssen aber vom Gesamtbetrieb mitgetragen werden. Genauso wie die kostenintensiveren, weil breiteren Sortimente der Supermärkte.

„Das Produkt X der Firma Y ist um Z% (z. B. um 34%) gestiegen!", so lauten Meldungen der Arbeiterkammer in regelmäßigen Abständen. Bei manchem Konsument mag dies den Eindruck erwecken, dass *alle* Nudelprodukte um 34% gestiegen seien. Die Menschen vergleichen die publizierten 34% mit ihrem 3,4%-Plus am Lohnzettel und werden wütend. Ist der Preis für das Produkt dann aber fünf Jahre lang nicht erhöht worden, ist das keine Meldung wert.

---

[310] Preisstudie OC&C, 2009, 60.000 internationale Verbraucherinterviews

100 €-Einkauf: Dem REWE-Aktionär bleiben € 0,61
(H&I 2008, 2012)

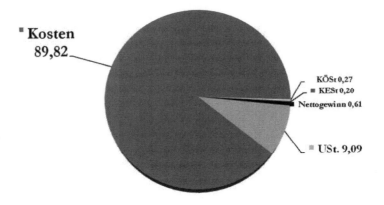

Österreichs neue Generation von Wirtschaftsjournalisten wird sich von solch Zahlenspielereien nicht mehr blenden lassen. Stattdessen analysiert man die Jahresabschlüsse der Handelskonzerne. Der Billa-Konzern gehört der deutschen REWE-Gruppe. So kam REWE Deutschland im Jahr 2008 auf eine Umsatzrendite von bescheidenen 1,2%. Ähnliche Werte dürfte auch die Österreich-Tochter erzielt haben[311]. Dem SPAR-Konzern blieben 2004 aufgrund des starken Wettbewerbs mit Erzrivalen Billa auch nur 1,4% Gewinn vom Umsatz[312].

Shopping-Umsatz	100,00
−Umsatzsteuer	-9,09
= **Nettoumsatz**	90,91
−Kosten (Personal, Miete, AfA, Energie..)	-89,82
=**Bruttogewinn**	1,09
−KÖSt	-0,27
−KESt	-0,20
= **Nettogewinn**	**0,61**

---

[311] „Rewe triumphiert über Edeka", www.capital.de, 2008
[312] „Discounter in Österreich auf dem Vormarsch", NZZ, 3.8.2005

Zurück zu Billa: 1,2% Umsatzrendite heißt, dass der Firma von allen Umsätzen ganze 1,2% als Bruttogewinn (vor Steuern) übrigblieben. Bevor der REWE-(=Billa-) Aktionär die 1,2% dann allerdings ausgeben kann, sind (in Österreich) noch 25% Körperschaftssteuer (KÖSt.) und 25% Kapitalertragssteuer (KESt.) abzuführen. So bleibt dem Aktionär bei einem Einkauf von 100 Euro (inkl. 10% Umsatzsteuer) gerade einmal 61 Cents. Oder 0,61 Euro. Oder 0,61%. Das lesen Sie in keiner Arbeiterkammer-Meldung.

Jedes fünfte Brot landet auf dem Müll
In Österreich landen Tonnen an Brot und Gebäck auf dem Müll, die Bäcker bleiben auf bis zu 25 Prozent ihrer Produkte sitzen. (Standard, 11.6.2008)

P.S.: In Wahrheit sind Lebensmittel heute viel zu billig. Seit den 1970er Jahren sanken die Ausgaben der Haushalte von knapp einem Drittel auf etwas über 12%. Der Preisdruck durch Konzernwettbewerb und Konsumenten hat zu Dumpingpreisen und Verschwendung geführt.

„Konzerne haben sich Österreich aufgeteilt!"

„Drei Einzelhandelsriesen beherrschen in Österreich 77 Prozent des Marktes. Wer aufmuckt, wird sanktioniert. Wer sich weigert, Listungsgebühren, Jubiläumszahlungen, Werbekostenzuschläge oder sogar Renovierungsgebühren zu zahlen, wird ausgelistet. Das kann sich kaum ein/e Zuliefer/in leisten, weil keine Alternative da ist"[313], so Christian Felber von Attac Österreich.

Interessanterweise ist es gerade Felber, der den „Wettbewerb" als künstliche Erfindung der Kapitalisten sieht, um Preise (von Zulieferern?) und Löhne zu drücken. Hier beklagt er wieder das Fehlen eines solchen.

---

[313] Neue Werte für die Wirtschaft, Christian Felber, S. 34ff

Ein Journalismus mit betriebswirtschaftlichem Hintergrund deckt solche Widersprüche auf und bewertet sie vor dem Hintergrund branchentypischer Kennzahlen. Fazit: In keiner Branche wird so wenig (gemessen am Umsatz) verdient wie im Einzelhandel: Mehr als 1,5% sind da nur selten drin, im Auto-Einzelhandel sind es gar nur 0,5%. „Im Lebensmittel-Einzelhandel sind es überhaupt nur 0,3% (!)", weiß Peter Buchmüller, Sprecher des Lebensmittelhandels in der Wirtschaftskammer.[314]

Umsatzrenditen ausgewählter Branchen
(Key Account 2010, NZZ 2004, ots.at 2009, Gabler 2011, wko 2008, Hörl 2012)

Deutsche Lebensmittelindustrie	5,0%
Gewinn Autohändler (Ö)	0,5%
Gewinn Mazda (Ö)	1,5%
Gewinn Rewe (D)	1,2%
Gewinn Spar (Ö) AG	1,4%
Gewinn Metro (D)	1,5%
Gewinn Carrefour (F)	2,3%
(zum Vergleich:) Umsatz=	100%

Die Bilanzen der Handelskonzerne wissen von den Riesenprofiten, die Felber ihnen unterstellt, ohnedies nicht viel. Im Gegensatz etwa zu denen der (deutschen) Lebensmittelzulieferer — da liegen die Umsatzrenditen bei fünf Prozent[315].

---

[314] ORF Salzburg, 29.10.2008
[315] Performance Measurement, Werner Gladen, S. 87

Felbers massiver Vorwurf, Österreichs Lebensmittelhandel würde mit seiner Marktmacht die Zulieferindustrie unterdrücken, wurde 2008 formuliert („Neue Werte für die Wirtschaft"). In ihrem Branchenreport fasst Österreichs Wirtschaftskammer die Situation der „Lebensmittelindustrie 2008" in drei Eckpunkten zusammen: „Die Anzahl von Betrieben und Beschäftigten stagnierte zwar (+0,5%), die

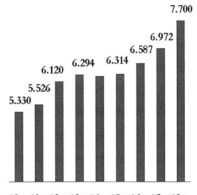

Umsätze explodierten allerdings geradezu um über 10%, die Exporte immerhin um 5,6%".[316]

Die Lebensmittelindustrie hatte die Löhne 2007 in den unteren Verdienstklassen um mindestens 2,7%[317] erhöht, 2008 um mindestens 3,65%[318]. Da die Inflation mit 2,2% (2007) und 3,2% (2008) geringer als die Lohnerhöhungen geblieben war, verzeichneten die Löhne ein positives Realwachstum.

Wer eine kaufmännische Ausbildung genossen oder schon einmal in der Privatwirtschaft gearbeitet hat, weiß um die Tücken der Kalkulation. Weil jeder Verkäufer weiß, dass er in den Verkaufsverhandlungen einen bestimmten Rabatt (in Form von Listungsgebühren, Werbekostenbeiträgen oder ähnlichem) her-

---

[316] „Österreichische Lebens- und Genussmittelindustrie 2008", auf: www.advantageaustria.org, 16.2.2012
[317] Fachverband der Nahrungs- und Genussmittelindustrie, 11.12.2007
[318] Fachverband der Nahrungs- und Genussmittelindustrie, 19.11.2008

geben muss, hat er ihn vorher in die Verkaufspreise mit einkalkuliert. Und unter großem Gejammer lässt man sich diesen in der Hitze des Verhandlungsgespräches dann auch wieder wegverhandeln. Ein über die Jahrhunderte gewachsenes Ritual. Auf neudeutsch würde man heute sagen: „It's part oft the game".

Stellt man den vordergründig einfach und schlüssig klingenden Anklagen („77% beherrschen den Markt!" – „Wer aufmuckt, wird sanktioniert") Fakten gegenüber, bleibt außer dem dumpfen Gefühl, „auch in diesem Wirtschaftsbereich ginge es ungerecht zu" nicht mehr viel übrig.

„Die Manager verdienen das 48fache ihrer Arbeiter!"

Regelmäßig gibt Österreichs Arbeiterkammer einen Bericht heraus, in dem sie die Einkommen der obersten paar Dutzend Vorstände herausgreift und ins Verhältnis zu den Einkommen Hunderttausender Mitarbeiter stellt. Die Aussage soll lauten: „Seht her, wie unverschämt sich die da oben auf Eure Kosten bereichern! So ungerecht ist das kapitalistische System!"

AK-Studie 2008: Trotz Börsenkrise erneut Rekordgagen für ATX-Manager

ATX-Manager verdienen im vergangenen Jahr 1.300.426 Euro pro Kopf (+14 Prozent), während die Personalkosten auf 27.349 Euro brutto pro Beschäftigten gesenkt wurden.
(Arbeiterkammer.at, 23.5.2008)

Bei der Errechnung ihrer Zahlen kann die Arbeiterkammer seit Jahren darauf vertrauen, dass niemand die Zahlen nachrechnet oder gar unangenehme Fragen stellt. Der Autor tat es dennoch und kam zu erstaunlichen Ergebnissen: Die Zahlen sind (wohlwollend formuliert:) „grob manipulativ konstruiert". Personalkosten von 27.349 Euro bedeuten einen Monatslohn von nur 1.953 Euro brutto im Monat – in einem Konzern? Wer schon einmal eine Konzernbilanz gelesen hat, der weiß, dass dieser Wert um mindestens 50% höher liegen müsste.

Zu ähnlichen Zahlen kommt auch die Statistik der „Österreichischen Gesellschaft für Politikberatung und Politikentwicklung", kurz ÖGPP[319]. So hätten die Vorstände etwa des „Raiffeisen International"-Konzernes 2007 im Schnitt eine Million Euro brutto verdient. Den eigenen Mitarbeitern habe man jedoch nur 14.795 Euro brutto zugestanden[320]. Damit habe „der" „Raiffeisen International"-Manager das 68fache eines Angestellten verdient. Unglaublich – Zu Recht.

Denn von den 58.365 Giebelkreuzlern arbeiteten 2007 gerade einmal 256 (!) Personen in unserem Land! Und das sind ein paar Spitzenleute in der Wiener Konzernzentrale, die den Megakonzern steuern. Die restlichen 58.100 beziehen ihre Löhne in Osteuropa.[321] Weil sie dort auch leben. Das durchschnittliche Einkommen des „Raiffeisen International"-Mitarbeiters hat man 2008 mit 15.730 Euro brutto jährlich berechnet. Bei 16 Jahresgehältern wären das für einen Top-Mitarbeiter in der Konzernzentrale gerade einmal 924,69 Euro brutto im Monat!

---

[319] Wichtige Kennzahlen börsennotierter Unternehmen in Österreich 2006-2010 sowie 2002-2010, Hauenschild/Höferl, ÖGPP, 2011
[320] 2008 waren 20.763 Euro Personalaufwand pro Mitarbeiter angegeben. Bei 32 Prozent Lohnnebenkosten kommt man auf 15.730 Euro Jahresgehalt.
[321] Raiffeisen International, Geschäftsbericht 2008, „Human Ressources", Entwicklung des Personalstandes

Zahlentricksereien

Glauben Österreichs Journalisten denn wirklich, der oberste „Risk-Manager" eines internationalen Bankkonzerns würde sich mit 924,69 Euro brutto im Monat abspeisen lassen? Mit einem Stundenlohn von 5,40 Euro? Geht es nach der AK, wohl nicht. Denn eine Studie der AK kommt schon bei einem durchschnittlichen Filialangestellten auf ein Monatsgehalt von etwa 2.200 netto[322]. Macht bei 16 Gehältern also gut und gerne 60.000 Euro jährlich. Und weil wir die Zahlen mit denen einer Konzernzentrale vergleichen wollen, rechnen Sie getrost noch einmal 50% dazu, also 90.000 Euro. DAS ist das realistische Jahresgehalt eines österreichischen (!) Bankers in der Konzernzentrale von „Raiffeisen International". Als Untergrenze. Der Vorstand kriegt 990.000. Macht ein Verhältnis von 1:11!

Raffgierige Manager steckten sich die Taschen immer voller, während man den eigenen Leuten die Gagen kürze, suggeriert die AK-Propaganda. Alleine 2007 „zahlte man den eigenen Mitarbeitern um 5% weniger". Die Löhne („österreichischer"?) Konzernmitarbeiter seien also um 5% gekürzt worden? Wer glaubt denn so etwas? Seit 1955 wurden in Österreichs Wirtschaft kein einziges Mal „großflächig" Löhne gekürzt. Die Lösung: In den letzten 10 Jahren war Österreichs Konzernen eine beispiellose Expansion nach Osteuropa gelungen. Alleine Raiffeisen International hatte 2007 um 11% mehr Leute in Zentraleuropa aufgenommen und hatte ihnen 27% mehr bezahlt[323]!

Mit den dort sprudelnden Gewinnen konnte man den Hochlohnstandort Österreich absichern. 2007 beschäftigte Österreichs Wirtschaft bereits 523.000 Mitarbeiter im Ausland, davon ca. 200.000 in Osteuropa. Weil im Zuge der Finanzkrise 2007

---

[322] „Wir sind keine Berater, wir sind Verkäufer - Probleme von Beschäftigten im Finanzdienstleistungsbereich Banken", AK Salzburg, 2008
[323] www.ri.co.at, 6.1.2010

und 2008 die Ostwährungen gegenüber dem harten Euro aber um bis zu 50% gefallen waren (die ukrainische Hryvna 2008 um −46%!), sanken die Löhne osteuropäischer Arbeiter bei der Umrechnung auf dem Papier *in Euro* stark. Damit fielen insgesamt die Durchschnittsgehälter bei österreichischen Konzernen. Und die Kluft zwischen (den in Euro sinkenden) Osteuropa-Gehältern und den (österreichischen) Vorstandsbezügen stieg.

Schluss mit der Manager- (=Menschen-) Hetze

Die ins Spiel gebrachten 924,69 Euro Personalaufwand im Raiffeisen-Konzern betreffen also nicht den durchschnittlichen Aufwand eines *österreichischen* Mitarbeiters, sondern den *aller* Angestellten dieser Firma. Also vor allem den Personalaufwand für ukrainische oder rumänische Angestellten mit ihren 400 Euro im Monat. Mindestens 200.000 (!!) osteuropäische Minilöhne rechnet man bei der ÖGPP auf diese Weise in ihren „Österreichischen-Konzern-Durchschnittslohn" mit ein. Und kommt damit auf die gewünschten (?) niederen Durchschnittslöhne. Obwohl auch die ÖGPP eher links angesiedelt ist, verdienen die ATX-Vorstände im Vergleich zur AK-Studie (trotz Osteuropa-Mitarbeitern) statt dem 48fachen hier nur das 20-fache ihrer („osteuropäischen") Angestellten.

Gier des Kapitalismus
Kritik an mangelnder sozialer Verantwortung der Konzerne
Zu einer Abrechnung über die Gier des Kapitalismus kam es beim „Arbeitnehmerparlament", der Vollversammlung der Arbeiterkammer.
(Zeitung der AK für die Steiermark, April 2005)

Wenn man das Verhältnis der Top-Manager zu ihren Angestellten vergleichen wollte, müsste man die Löhne osteuropäischer Angestellter mit den viel kleineren Bezügen ihrer osteuropäischen Manager vergleichen. Das Ergebnis läge irgendwo bei 1:10 oder 1:11. Soll aber die Spreizung *österreichischer* Löhne verfolgt werden, haben osteuropäische Gehälter dort nichts verloren. Die Gehälter *österreichischer* Top-Manager dürfen nur ins Verhältnis zu den Gehältern *ihrer österreichischen* Angestellten gesetzt werden. Dabei kommt man auf Werte von etwa 1:11. Da hilft es auch nichts, wenn die AK im Fließtext ihrer Präsentation auf die Osteuropäer in den untersuchten Firmen hinweist.

Überhaupt spricht man immer nur von den Managergehältern ausgesuchter ATX-Konzerne. Nimmt man die Vorstands- bzw. Geschäftsführergehälter aller Kapitalgesellschaften her, also auch die der GmbHs, und setzt man sie in ein Verhältnis zu den Durchschnittsbezügen ihrer Angestellten, kommt man seit Jahren stabil auf ein Verhältnis 1:5. Aber das macht niemand wütend.

Via ORF ließ Werner Muhm, Direktor der Arbeiterkammer Wien, die Österreicher wissen, dass die Schere zwischen Arm und Reich weiter auseinandergehe. Und dass Österreichs Vorstände im Jahr 2008 das 48fache ihrer österreichischen Mitarbeiter verdient hätten.

48-faches Gehalt
2008 verdiente der durchschnittliche Vorstand eines ATX-Unternehmens das 48-fache eines österreichischen mittleren Einkommens. Dies bedeute, dass ein Österreicher in einem ganzen Arbeitsleben das verdiene, was ein Spitzenmanager in einem Jahr bekomme, so Muhm. Das habe nichts mit Verteilungs- oder Leistungsgerechtigkeit zu tun.
(kaernten.orf.at, 29.2.2012)

Wer genau liest, hat es bemerkt: Herr Muhm spricht von einem nebulosen „österreichischen Durchschnittsgehalt" – also wieder nicht von dem eines österreichischen Konzernbeschäftigten. Auf Anfrage ließ die Arbeiterkammer 2012 wissen, dass man die Berechnungsbasis geändert habe und die Managergehälter nun mit dem Durchschnittsgehalt von 27.437 Euro vergleiche. Die stammten vom (SPÖ-nahen) Wirtschaftsforschungsinstitut Wifo, welches sich wiederum bei der Statistik Austria bedient hatte, die von einem SPÖ-Mann geleitet wird. Und damit komme man auch 2011 wieder auf ein Verhältnis von 1:48 – „Uff!"

Wahrscheinlich gibt es keinen einzigen österreichischen Konzern, dessen Mitarbeiter in Österreich nur 27.437 Euro brutto jährlich verdienen. So bekommt man bei Schöller-Bleckmann oder der „Voest Alpine AG" in Österreich heute eher 45.000 Euro im Jahr, bei der Telekom Austria 66.000 – immerhin das Zweieinhalbfache des AK-Bezugswertes. Bei der Generali AG verdienen Österreicher jährlich 55.000 – das Doppelte des AK-Wertes. Bei der AUA sind es heute etwa 48.000 Euro, bei Intercell sind es 56.000, beim Verbund sogar über 90.000 Euro – mehr als das Dreifache des Arbeiterkammer-Wertes. Beim Maschinenbauer Andritz waren es 42.000, bei Zumtobel ebenso und selbst bei der Post verdiente man noch knapp 33.000 Euro.[324]

Die 27.437 Euro Jahresgehalt sehen eher nach dem Durchschnitt aller heimischen Gehälter aus. Folglich wären da aber auch Hunderttausende (kleiner) Handwerkerlöhne wie die von Frisörinnen, Schuhmachern und Zimmermädchen eingeschlossen. Eine entsprechende Anfrage an die Arbeiterkammer blieb unbeantwortet.

Vergleicht man die Vorstands- und Mitarbeiterbezüge bei österreichischen Konzernen, die größtenteils in Österreich arbeiten, kommt man auf völlig andere Zahlen. Eine kleine Auswahl (2008):

---

[324] Wichtige Kennzahlen börsennotierter Unternehmen in Österreich 2006-2010 sowie 2002-2010, Hauenschild/Höferl, ÖGPP, 2011

Konzern	Angestellter (brutto)[325]	Vorstandsbezug[326]	Verhältnis
AUA	€ 48.542	€ 465.333	1:10
BWIN	€ 53.409	€ 550.000	1:10
Raiffeisen Intl.	€ 90.000	€990.000	1:11
Telekom Austria	€ 64.998	€ 860.000	1:13
Generali	€ 52.274	€ 458.000	1:9
Verbund	€ 91.297	€ 831.000	1:9
AK	€ 27.349	€ 1.300.000	1:48

Dabei haben einige AK-spezifische Berechnungsweisen die Vorstandsbezüge noch extra stark ansteigen lassen. So hat man beim Gehaltsaufwand mancher Vorstände (wie etwa bei der AUA – für 2008) die Abfertigungen für ausgeschiedene Manager einfach in den laufenden Aufwand für aktive Manager mit eingerechnet und kam – oh Wunder! – auf einen 126,3%igen Zuwachs (von 419.000 Euro) und damit auf unverschämte 948.000 Euro – „und das in Zeiten der Krise".

Um eine Mindestanforderung an Wissenschaftlichkeit und Fairness zu garantieren, werden in diesem Buch Abfertigungslasten vergangener Jahre nicht in die aktuellen Vorstandsbezüge eingerechnet (darum hier nur 465.333 Euro Vorstandsbezug für 2008).

Wer den Menschen suggeriert, eine abgehobene Manager-Kaste würde sich 48 Mal so viel ausbezahlen wie den eigenen Mitarbei-

---

[325] „Wichtige Kennzahlen börsennotierter Unternehmen in Österreich 2004-2008", ÖGPP, Oktober 2009
[326] „Wichtige Kennzahlen börsennotierter Unternehmen in Österreich 2004-2008", ÖGPP, Oktober 2009

tern, spricht nicht die Wahrheit. Aber er schürt die Wut und den Hass auf „das System".

Österreichs ATX-Vorstände verdienen (etwa) das 11fache ihrer österreichischen Mitarbeiter

Bleibt man fair und vergleicht die Vorstandsbezüge österreichischer Firmen, die in Österreich fertigen, mit denen ihrer heimischen Mitarbeiter, kommt man 2008 auf ein Verhältnis von etwa 1:11. Von den Horrorzahlen „1:48" fehlt jede Spur. Der AUA-Vorstand verdient das Zehnfache seines AUA-Mitarbeiters, der BWIN-Vorstand ebenso. Bei Raiffeisen International ist es das 11fache. Bei der Telekom verdient man das 13fache – hier spielt aber auch die Politik eine gewisse Rolle. Bei Generali und Verbund beträgt das Verhältnis gar nur 1:9.

Dass die „zweifelhafte Zahlenbasis" der AK nicht einmal in wissenschaftlichen Arbeiten aufgefallen ist (etwa bei der BWL-Diplomarbeit „Vorstandsvergütungspraxis in Österreich" an der Universität Wien bei Prof. Dr. Yurtoglu)[327], ist kein Ruhmesblatt für die ökonomische Ausbildung in unserem Land.

Und was versteht man eigentlich unter „den Managern"? Dass man die Durchschnittsgehälter von 58.000 Menschen eines „Raiffeisen International"-Konzernes in Beziehung „der" Manager setzen will und damit bloß drei Menschen meint, widerspricht jeder Wissenschaftlichkeit. Natürlich liest man in der AK-Presse-Aussendung offiziell noch etwas von „Vorständen" und „Top-Managern". Wissend, dass Medien und Meute dann aber doch nur verallgemeinernd „die Manager" hören und das dann so schreiben.

---

[327] „Vorstandsvergütungspraxis in Österreich", Dorit Muzikant, Jänner 2009

Felber und die Furche: „Das 700fache!"

Mit einem gewissen Gottvertrauen scheint man in der Furche Felber- und Arbeiterkammerzahlen zu vertrauen.

> **Die Gagen der heimischen Top-Manager steigen. Karl Vogd ging der Frage nach, warum 2006 ein derart gutes Jahr für Bosse war.**
> Felber: „Wenn jemand in einer Stunde 700-mal mehr verdient als ein anderer, ist das ein Verstoß gegen die Menschenwürde"
> (Die Furche, 26.2.2008)

Die katholische Wochenzeitung „Die Furche" dürfte am Felber'schen Vorschlag einer Gagenobergrenze von Managerbezügen Gefallen gefunden haben. Dabei zitiert sie eine Umfrage des Globalisierungskritikers, in der sich sogar drei Viertel der befragten Manager für eine Begrenzung ihrer Gehälter auf das 30-fache des Gehalts ihrer Mitarbeiter ausgesprochen hätten. Na klar. Weil keiner der befragten Manager das 20- oder 30fache seiner Angestellten verdient. Und keiner von ihnen einen Manager kennt, der so viel verdient. Weil es die (mit einigen Ausnahmen in staatsnahen Betrieben) auch nicht gibt. Das waren also ganz ehrliche Bekenntnisse.

Die Diskussion erinnert an Lenins Propagandamittel, durch angedeutete Wohlstandsunterschiede die Wut der Bevölkerung zu schüren und auf eine kleine Minderheit wohlhabender Kapitalisten („Kulaken" und Fabrikbesitzer) zu lenken. Dabei erklärte man willkürlich Bauern mit nur einigen Kühen schon zu Reichen („Kulaken") und gab sie dem Zorn der Masse preis. So konnte man die Gesellschaft (für politische Zwecke) destabilisieren und spalten. Heute deutet man an, „die Manager" würden das 30- bis 40fache ihrer Mitarbeiter (Felber: „Das 700 bis 1.000fache" – je nach Version) verdienen – wissend, dass dies die Realität nicht widerspiegelt.

Eine laienhafte Ausbildung (auf ökonomischem Gebiet) verunmöglicht es heimischen Akteuren, den Zahlenspielereien der

Arbeiterkammer auf gleicher Höhe (bzw. Tiefe) entgegenzutreten.

9. Yippie, wir verblöden!

„Die Zukunft ist für uns Bedrohung", warnt der Historiker Philipp Blom und beschwört ein Europa der Depression im „Taumel der Geschichte".[328] „Bankenkrise, Währungs-Infarkt[329], Staaten am Rande des Ruins, de facto verlorene Kriege, unsichere Energieversorgung und auseinanderbrechende Gesellschaften ...". Nein, Herr Blom beschreibt *nicht* die Zeit des Mittelalters, die von 1812 oder gar die von 1912. Er meint 2012.

Von 1910 bis 1914, da hätte es noch ein „immenses Aufbrechen" gegeben. Frauenwahlrecht, Feminismus, sexuelle Rechte, politische Partizipation und Demokratisierungsschub. – Was müssen das für tolle Zeiten gewesen sein! Heute hätten wir laut Blom eine „dumme Gesellschaftsordnung gewählt, in der eine winzige Geldelite (…) in die Geschäfte von Regierungen eingreift, während eine schrumpfende Mittelklasse ums Überleben kämpft. Die Gesellschaft von heute (2012, Anm.) sei undemokratischer, ungerechter und weniger sicher – als die von 1914?

Unsere Gesellschaft kann Menschen auf den Mond schicken. Aber sie ist unfähig, ihren Erdenbürgern zu erklären, dass es sich 1914 *nicht* besser gelebt hat als 2012. Noch nie in der Geschichte waren die persönlichen Rechte von Menschen so groß wie heute. Oder hätte 1914 ein Schwarzer zum US-Präsidenten gewählt werden können? Oder ein Homosexueller zum deutschen Außenminister? Hätten 1914 Bürgerbewegungen den Ersten Weltkrieg gestoppt wie solche in den 1970ern den Krieg in Vietnam? Blom schwärmt von der vor 100 Jahren erblühten Reiselust. Tatsächlich war das Reisen *damals* nur einer kleinen Geld-Elite vorbehalten, heute buchen Jugendliche drei Wochen Urlaub in Thailand. Dabei buchen sie nicht nur im Internet, sie informieren sich dort auch gleich, wie andere Gäste die unter-

---

[328] „Taumelnd am Abgrund", Philipp Blom, Die Presse, 25.3.2012
[329] Herr Blom schrieb über den „Euro"-Infarkt

schiedlichsten Hotels erlebt hatten. Basisdemokratischer geht es nicht mehr.

Unwissenheit schützt vorm Leben nicht

Wer heute öffentlich über Wirtschaft spricht, hat nur ausnahmsweise schon einmal im Betriebswirtschaftsunterricht gesessen – oder gar in der (Privat-)Wirtschaft gearbeitet. Nur ausnahmsweise kann man (Bank-) Bilanzen lesen, kennt deren Betriebsabläufe. Weiß nichts (Professionelles) über Notenbanken oder Zinsen.

Wer aber nicht versteht, wie Märkte, also Menschen, ticken, der reimt sich gesellschaftliche Vorgänge mit Hilfe von Weltverschwörungstheorien zusammen. Mit der Verschwörung der Reichen, des Kapitals, der Banken, Spekulanten und Konzerne. Der Vorteil: Selbst der Dümmste kapiert die Hinterlistigkeit der Reichen. Der Nachteil: Der wissenschaftliche Erfolg ist überschaubar.

Albert Einstein, 1921
Quelle: Wikipedia

„**Zwei Dinge sind unendlich: Das Universum und die menschliche Dummheit. Aber beim Universum bin ich mir noch nicht ganz sicher!**"

Das Wirtschaftswissen unserer Gesellschaft steht heute im entgegengesetzten Verhältnis zu seinem technischen Vermögen. Unserer Gesellschaft scheint der Hausverstand abhandengekommen zu sein. Heute gilt es schon als Erfolg, wenn Betriebswirtschaft für Gymnasiasten Fremdwort bleibt und nicht zum Feindwort wird. Ganze Studienrichtungen (wie etwa Politologie oder Soziologie) kommen auf dem Gebiet der Ökonomie über esoterisches Niveau nicht hinaus. Wenn man nachfolgende – teils krause – Theorien liest, beschleicht einen das traurige Gefühl, dass all die Tausenden Menschen, die ihr Leben für die europäische Aufklärung gelassen haben, umsonst gestorben sind. Vor dem Wirtschaftswissen hat die Aufklärung wohl haltgemacht.

9.1 Die „Zins-Verschwörung"

„Wenn heute in allen Preisen durchschnittlich 40%-50% Zinszahlungen enthalten sind und jeder zehnte Steuerfranken als Zins bezahlt werden muss, dann sind dies höchste Alarmzeichen". So steht es in der Präambel zu Hans-Jürgen Klaussners Partei „Human", der auch Franz Hörmann („Das Ende des Geldes") medienwirksam beigetreten ist. Die ominösen 40% schwirrten schon vor über 100 Jahren über diesen Kontinent. Seit 20 Jahren kommen sie nun wieder zum Vorschein. Grundtenor: An der Herstellung von Gütern würden nicht die 99,99% (O-Ton Klaussner) Arbeiter und Unternehmer, sondern nur die Banken (und damit einige wenige Reiche) profitieren.

Die sogenannte „Zins-Verschwörung" wurzelt im antiken Glauben an das Nullsummenspiel. Schon im Mittelalter wähnte man (jüdische) Geldwechsler als die wahren Strippenzieher der Gesellschaft, mit der Neuzeit warf man dies den kapitalistischen Banken vor.

„In einem Konsumgut stecken 40% Zinsen!"

Die Argumentation: Nicht nur das Produkt selber werde von Banken finanziert (sagen wir mit 5% Zinsen), sondern auch die vorgelagerten Produktionsstufen. Bei 7 Zulieferern komme man bei nur einem Unternehmen dann auf unglaubliche 40% Zinsen. Was alleine volkswirtschaftlich schon falsch ist, sind doch die Zinsen des einen Betriebes immer nur dessen erzeugter Wertschöpfung (Erlöse minus Wareneinkauf) zurechenbar. Die Zinsen von Zulieferbetrieben wurden mit deren Wertschöpfung verdient (Erlöse an Hauptkunden minus eigene Warenkosten).

Und auch betriebswirtschaftlich gibt es da einige Ungereimtheiten: Weder haben Banken jeweils den gesamten Endbetrag eines Produktes vorfinanziert, noch für jeweils ein ganzes Jahr. Wird ein Bier um 3,60 Euro an der Theke verkauft, dann hat der Wirt die Ware um 1 Euro netto eingekauft. Der Wareneinsatz wurde tatsächlich kurzfristig von einer Bank vorfinanziert, aber nur für 1 Monat, nicht für ein ganzes Jahr. Somit fielen aber nicht 5% Zinsen von 3,60 Euro an, sondern nur ein Zwölftel (1 Monat von 12) von 5% von einem Euro Wareneinsatz, insgesamt also 0,42 Cent. Oder 0,12% vom Endverkaufspreis. Wucher-Zinsen sehen anders aus.

Die Brauerei hatte den Gerstensaft dem Wirt also um einen Euro (netto) verkauft. Freilich hatte man die Gerste dafür zugekauft und diese (vielleicht) kurzfristig finanziert. Allerdings beträgt der Anteil der Gerste am Verkaufspreis von 1 Euro vielleicht 3%, somit 3 Euro-Cent. Wenn der Bierbrauer die 3 Cent überhaupt finanzieren musste, dann hatte er 5% für 3 Eurocent bezahlt. Und zwar für 60 Tage. Macht unerhörte 0,00025 Euro (0,025 Cent). Oder 0,007% am Endverkaufspreis von 3,60.

Nehmen wir an, der Bierbrauer wäre wie seine Zulieferer (Malz, Wasser, Strom, etc.) finanziell am Ende und er müsste außer den Personalkosten tatsächlich alle Zulieferer voll fremdfinanzieren, der Brauer müsste für etwa 50% seines Nettoverkaufspreises von 1 Euro Zinsen bezahlen; also für 0,50 Euro x 5% x 2/12.[330] Macht 0,4 Cent oder 0,4% am Endverkaufspreis. Insgesamt also ein überschaubarer Betrag. Egal, wie viele Vorstufen man nun in die Zinsrechnung mit einbezieht, selbst wenn man alles in der Branche vorfinanziert und es dem Gastwirt zurechnet, kommt man nicht über 3-4% Anteil an den volks-

---

[330] Betriebs- und Warenkosten machen etwa 50% aus. Finanzierungsdauer 2 Monate

wirtschaftlichen Gesamtkosten. Wer an die Knechtschaft durch die Banken glaubt, möge einen Buchhaltungskurs belegen. Die Analyse bereits weniger Bilanzen bringt hier Licht ins Dunkle. Versuchen wir es einmal mit der der Voest Alpine AG:

Gewinn & Verlustrechnung VOEST Alpine 2010/11		
	in Tsd. Euro	in %
Umsatzerlöse	**10.953.695,00 €**	**100%**
Umsatzkosten	− 8.519.672,00 €	
Bruttoergebnis	*2.434.023,00 €*	
Sonstige betr. Erträge	334.015,00 €	
Vertriebskosten	− 959.173,00 €	
Verwaltungskosten	− 554.805,00 €	
Sonstige betr. Aufwendungen	− 269.213,00 €	
Ergebnis der betr. Tätigkeit (EBIT)	*984.847,00 €*	
Ergebnisse assoziierter Firmen	30.088,00 €	
Finanzerträge	54.107,00 €	
Finanzaufwendungen	**− 288.074,00 €**	**-2,63%**
Ergebnis vor Steuern (EBT)	780.968,00 €	
Ertragssteuern (in % vom	− 186.409,00 €	(-23,9%)
Jahresüberschuss	***594.559,00 €***	***5,4%***

Wie man unschwer erkennen kann, betragen die Finanzierungskosten eines Konzernes ganze 2,63 Prozent. Will man die Zinskosten auf die Wertschöpfung des Konzerns beziehen und nimmt dabei 15% als Materialaufwand an, dann setzt man die 288 Millionen Euro Zinsaufwand in ein Verhältnis zu nun nur mehr 9,3 Mrd. Euro Umsatz (10,95 Mrd. Umsatz − 15%). Dadurch vergrößert sich der Zinsaufwand auf 3,1%. Und selbst, wer noch die anteiligen Zinskosten aller Zulieferer (unzulässigerweise) bei der Vöest draufrechnet, kommt nur mit größter Anstrengung auf über 5%.

9.2 Der „Jesus-Schmäh" oder das „Zinseszins-Paradoxon"

Wenn Kapitalismuskritiker beweisen wollen, dass das inkriminierte System nachhaltig ja gar nicht bestehen könne, dann bringt man das sogenannte Zinseszins-Paradoxon hervor. So etwa im Deutschlandfunk.[331] „Unendliches Wachstum kennt die Natur nicht, somit auch keinen Zinseszinseffekt." Und weil der Kapitalismus ja auf diesem fuße, gäbe es auch diesen nicht (ewig). So einfach ist das. Dann aber doch wieder nicht.

Der „Jesus-Schmäh"

Begleitet wird das Paradoxon gern mit einem Ausflug in antike Zeiten. Hätte man Jesus Christus nicht gekreuzigt und den Nagel im Wert von einem Euro stattdessen auf ein Sparbuch mit einer Verzinsung von 3% Zins gelegt, dann hätte man das kapitalistische System heute schon gesprengt. Mit Zins und Zinseszins wäre die Summe nach 2000 Jahren rein rechnerisch nämlich schon auf 47,255.178,755.828,605.388,683.227 angewachsen. Natürlich könnte keine Bank der Welt die Summe ausbezahlen. Selbst das gesamte Gold, das bis heute gefördert wurde, wäre nur einen Bruchteil wert: 3,267.000,000.000 Euro[332].

Wie bei allen Versuchen, das kapitalistische Produktionsprinzip totzurechnen, ist man auch hier mit Fakten nicht gerade zimperlich. Frei und flugs nimmt man eben mal 3% Verzinsung an – für die Dauer von 2000 Jahren. Doch muss man in der Menschheitsgeschichte nach solch enormen Zuwachsraten suchen wie nach der berühmten Stecknadel im Heuhaufen. Frei nach dem Motto: Nehmen wir doch einfach einmal die besten 20 Jahre aus 2000 Jahren heraus und rechnen sie auf 2000 Jahre

---

[331] DLF, 16.11.2008 19 Uhr
[332] 153.000 t wurden gefördert, Goldpreis 1.000 $, Siehe: Gold, Wikipedia, 30.1.2010

Dunkelheit zurück. Linear natürlich, der Einfachheit halber. Dem stehen allerdings wieder einmal harte Fakten gegenüber:

- Von Christi Geburt an bis ins Mittelalter (um 1000) war das Wirtschaftswachstum negativ, es lag bei -0,01 Prozent.[333] Die Verzinsung von Sparguthaben (so es sie überhaupt gegeben hätte), hätte bei minus einem Prozent („-1%") gelegen. Erst um 1500 begann zaghaftes Wachstum und selbst von 1000 bis ins Jahr 1820 war das Welt-BIP nur um 0,34% im Jahr im Schnitt gewachsen. Der Pächter des Arlberger „Hospizes" bezahlte 1667 immerhin 36 Gulden pro Jahr. Genau so viel wie 1517 – 150 Jahre vorher[334]. Nur in der kurzen Zeitspanne von 1820 bis heute waren es durchschnittlich 2,13% Wachstum im Jahr. Aber nur in wenigen Jahren übertrafen die Sparbuchzinsen dabei auch die Inflation.
- Wenn das Wirtschaftswachstum bei 0,25% jährlich liegt, können Banken maximal ein Prozent weniger an Sparbuchzinsen versprechen – „minus" -0,75%". Man müsste also etwas dafür bezahlen, wenn eine Bank auf das Barvermögen aufpasste. Reale, also positive Sparbuchzinsen gab es etwa in Argentinien seit dem Zweiten Weltkrieg überhaupt nur in einem einzigen Jahr. Und selbst in Großbritannien war dies nur in jedem zweiten Jahr der Fall gewesen.[335]
- Berücksichtigt man also realistische Wachstumszahlen, dann ergibt ein Euro, der im Jahre 0 auf ein Sparbuch mit einer Verzinsung von 0,03 Prozent eingezahlt wurde, nach gut 2000 Jahren einen Betrag von etwa 414,45 Euro. Und den Betrag stemmt selbst die Raika Müllendorf.

---

[333] The World Economy, Angus Maddisson, OECD 2006, S. 30
[334] Die Bruderschaft St. Christoph am Arlberg, Hans Thöni
[335] Die Presse, 23.3.2012

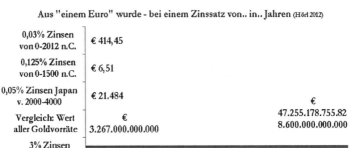

Aus "einem Euro" wurde - bei einem Zinssatz von.. in.. Jahren (Hörl 2012)

0,03% Zinsen von 0-2012 n.C.	€ 414,45	
0,125% Zinsen von 0-1500 n.C.	€ 6,51	
0,05% Zinsen Japan v. 2000-4000	€ 21.484	
Vergleich: Wert aller Goldvorräte	€ 3.267.000.000.000	€ 47.255.178.755,82 8.600.000.000.000
3% Zinsen (hypothetisch)		

Sparen macht arm!

Wer fleißig spart, unterstützt die Schuldenpolitik seiner Regierung, ohne davon persönlich zu profitieren. Schuld daran sind negative Sparzinsen – der berühmte Zinseszinseffekt existiert nur in den Phantasien älterer Mathematiklehrer oder kapitalismuskritischer Geschichten.

Wer heute sein Geld aufs Sparbuch legt, wird mit Peanuts abgespeist. Und selbst für Anleihen bekommt man beträchtlich weniger als die Inflationsrate ausmacht. Die Raiffeisenkasse Altenmarkt bezahlt auf Sparguthaben von 5.000 Euro immerhin noch 1,3% Prozent – bei 3,6 % Inflation relativieren sich diese Zins-„gewinne" aber schnell. In Japan erhalten Sparer 0,05 Prozent im Jahr, wer Staatsanleihen hat, immerhin das Doppelte ... 0,1 Prozent.

Warum gibt man uns nicht mehr? Gegenfrage: Was wäre Ihnen die vierte Leberkäsesemmel wert, wenn Sie schon drei (um jeweils 2 Euro) verspeist und somit keinen Hunger mehr hätten? Würden Sie die Semmel statt um zwei Euro schon um 1,50 kaufen? Nein? Dann vielleicht als Sonderangebot für nur 10 Cent? – Nein? Nein, denn Sie sind satt.

Und so geht es auch den Banken. Sie schwimmen geradezu in Liquidität (=Geld). Über 40 Jahre hinweg hatte man in Europa Geld gedruckt und als Sozialleistung unters Volk gebracht, über 20 Jahre taten dies die Amerikaner über die FED und die Privatverschuldung ihrer Bürger. Die US-Nationalbank dürfte in den letzten Jahren 14.000 Milliarden Dollar Geld gedruckt haben, ähnlich viel haben auch Europas Staaten aufgenommen. Auf gut Deutsch: Die Welt schwimmt in Geld. Und die Wahrscheinlichkeit, in den nächsten 10 Jahren mit Geld „Geld" verdienen zu können, geht gegen Null. Wer auf Nummer Sicher geht, hat längst in Grund und Boden investiert. Und wer zu leben weiß, hat es verjuxt.

Es ist etwas blauäugig, von heute an für die nächsten 2000 Jahre einfach so mir nichts, dir nichts eine konstant positive Realverzinsung anzunehmen. Eine aktuelle IWF-Studie bewies: In der Hälfte der Zeit zwischen 1945 und 1980 war die Realverzinsung amerikanischer und englischer Staatsanleihen sogar negativ, die Verzinsung also niedriger als die Inflationsrate. So baute man seine immensen Kriegsschulden ab.

Würden Sie heute also einen Yen auf ein Sparbuch legen, könnten Sie in 2000 Jahren, also im Jahr 4012, mit 8,71 Euro rechnen. Die Sparbuch-Monsterzahlen, die Systemzweifler vorrechnen, sind nichts anderes als ein Hilferuf nach Bildung.

Und die Erkenntnis Keynes, „In the long run we are all dead" (Langfristig sind wir alle tot), erinnert an die schmerzliche Tatsache, dass wir am Ende einmal alles zurücklassen werden müssen. Nicht einmal das Auto können wir nach oben nehmen. Warum sich also die Zeit bis dahin nicht besonders süß gestalten – mit einem aufgelösten Sparbuch?

9.3 Klaussners Banken-Verschwörung

Hans Jürgen Klaussner hat sie aufgedeckt.[336] Der Schweizer ist gelernter Maschinenbauer. Mit seiner HUMAN-Bewegung möchte er die Welt von der Zinsknechtschaft der Banken befreien. Denn die Banker hält er für den natürlichen Feind des Menschen. Vielleicht ist die Schweizerische Gesellschaft (betriebswirtschaftlich) zu gut ausgebildet, denn seit Kurzem lebt Hans Klaussner nun in Österreich. Im Gegensatz zu den Schweizern „lesen die mein Buch auch wirklich"[337], so der Banken-Revoluzzer über Österreicher.

Was Klaussner bei den Banken „aufdeckte"

„80 bis 90% der Schweizer sind kreditunwürdig – das ist das Problem der Banken", so Klaussner auf seiner Website. Diese Zahlen wären für Jürg Gschwend, Präsident der Schweizerischen Schuldenberatung, wahrscheinlich nicht nachvollziehbar. Er klagt über das Gegenteil: „Die Banken geben zu leichtfertig und zu viel Kredit – vor allem an Jugendliche[338]".

---

[336] "Wege aus der Finanzkrise", Auf: http://kreditie.jimdo.com,4.9.2011
[337] www.beobachter.ch, 21.1.2012
[338] www.selezione.ch/konsumkredit.htm, 21.1.2012

„Das Banken-Konzept ist ein natürliches Feindschaftsystem zur gutgehenden Wirtschaft[339]", so Klaussner – und er erinnert an Marxens These vom Klassenkampf („Natürliche Feindschaft zwischen Kapitalisten- und Arbeiterklasse"). Und wieder Klaussner: „Die Banken unternehmen alles, damit es der Wirtschaft schlecht geht und die Menschen tiefste Löhne ohne Gewinne haben. Sonst können die Banken keine Kredite verkaufen und bis zu 15% Zinsen verdienen[340]".

Das widerspricht allen betriebswirtschaftlichen Grunderkenntnissen. Ein

> **Klaussner über www.kreditie.ch:**
>
> Diese Webseite wurde erstellt, um das heute alles beherrschende, von Briten und USA gesteuerte Banken-Monopol-System von $ £ € als • verfassungsfeindlich • (kapital)verbrecherisch • egoistisch • zerstörerisch • illoyal • ungerecht zu entlarven und juristisch zu verbieten (…). Es blieb alles beim alten „Geld regiert die Welt"-System dieses erpresserischen Geldelite-Weltregierungs-Clubs, das weiterhin zum Schaden der Menschheit und des Planeten von deren politischen Marionetten umgesetzt wird.
> Quelle: www.kreditie.at, 22.1.2012

Bankensektor lebt prozyklisch mit der Entwicklung „seiner" Wirtschaft, die er finanziert. Die stürmische Entwicklung der US-Wirtschaft von 1994 bis 2007 (freilich auf Pump) hatte eine ebensolche Entwicklung des Bankensektors zur Folge. Geht es einer Firma gut und will sie deshalb expandieren, dann benötigt sie Geld für den Ausbau von Kapazitäten. Geht es einer Firma schlecht, bleibt sie auf ihren Produkten sitzen. Sie kann ihren Kredit nicht bedienen, ihrer Hausbank geht es deshalb schlecht. Beziehungsweise ist sie nicht kreditwürdig. Den meisten Gewinn macht eine Bank mit Menschen, denen es finanziell gut

---

[339] HPÖ Partei Kurzprospekt mit Statut 12 2011, S. 2
[340] „Ausgangsposition CH-D-Ö", Auf: www.kreditie.at, 20.1.2012

geht. Nicht zufälligerweise richtet sich die Bankenwerbung vornehmlich auf diese Kundengruppe.

Zum beschworenen Zinsniveau von 15% sei zu sagen, dass der durchschnittliche Hypothekarkredit in der Schweiz zurzeit (April 2012) um 2% zu haben ist, ein Girokredit (bei akzeptabler Bonität) um 5%.

Nachfolgend einige Aussagen von Klaussner:

„Der Banker, der an den Zinsen verdient, betreibt ein Pyramidenspiel. Die Banken sind Verfassungsfeinde. Zahlreiche Anwälte haben die Banken schon wegen illegalem Pyramidenspiel vor dem OGH angeklagt und Recht bekommen."

Eine Internet-Recherche im deutschsprachigen Raum konnte kein (auch abgewiesenes) OGH-Verfahren gegen Banken wegen des Betriebs eines Glücksspiels zum Vorschein bringen.

Tatsächlich erfolgt die staatliche Geldschöpfung (=Geldschein-Produktion) über die Vergabe von Bankkrediten. Wenn die Unternehmen eines Landes um 1 Milliarde mehr an Gütern produzieren als im Vorjahr (Wirtschaftswachstum), dann benötigt die Gesellschaft auch um 1 Milliarde mehr an Geldscheinen, damit die Güter auch gekauft werden können.

Früher prägten die Fürsten im Wert des (letztjährigen) Wirtschaftswachstums Münzen und brachten sie über Rüstungsaufträge und Palastbauten unter die Bürger. In demokratischen Gesellschaften erfolgt dies heute über das Bankensystem. Eine staatliche Notenbank druckt – vereinfacht gesagt – per Mausklick 1 Milliarde Banknoten und teilt sie privaten Kommerzbanken zu, die diese in Form von Krediten an wirtschaftlich Aktive weitergeben. Private Banken können aber nicht, wie Klaussner meint, beliebig viele Kredite vergeben – also selber Geld drucken. Werden von einer Wirtschaft nämlich mehr Kredite nachgefragt, als Güter produziert worden sind, hebt die Notenbank einfach den Leitzins an. Das ist der Preis für ihr digital erzeugtes Geld. Die Kommerzbanken geben die höheren Ankaufskosten weiter, was Privatkredite verteuert. Die Folge: Die Nachfrage nach (den nun teureren) Krediten sinkt, die Geldmenge steigt weniger stark.

„Die Banken leiten das Geld Schweizer Unternehmer nach Polen oder Portugal. Dort lassen sie Waren billig produzieren, die sie dann in die Schweiz verkaufen, wo sie den heimischen Unternehmern Konkurrenz bereiten. Denen geht es immer schlechter und deshalb brauchen sie dann Kredite von den Banken."

In der Regel geht die Initiative zur Verlagerung der Produktion vom Betrieb, nicht von der Bank, aus. Und es ist die Auslandsexpansion, an dessen Finanzierung Banken gut verdienen.

Dass Banken mit Kundengeldern im Ausland Konkurrenzprodukte herstellen lassen, um diese dann persönlich zu importieren und damit ihren eigenen Kunden zu schaden, nur um sie durch diese List zu Kreditnehmern zu machen (und so an ihnen zu verdienen), wurde mit keinem Beispiel belegt. Und wieder: Banken verdienen am meisten, je besser es ihren Kunden geht.

„Als die Schweizerische Notenbank 1910 gegründet worden ist, waren die vermögendsten Bürger Bauern. Um sich diese als Schuldner abhängig zu machen, schrieben die Banken in Gesetze hinein, dass die Steuern fortan nicht mehr in (der beliebten) Fronarbeit oder in Naturalien (wie Holz), sondern in Geld zu bezahlen waren. Damit waren die Bauern gezwungen, sich bei den Banken zu verschulden und Grundstücke als Sicherheit zu hinterlegen."

Laut „historischem Lexikon der Schweiz" war der Frondienst schon im 17. Jahrhundert ohne Bedeutung.[341] Offiziell abgeschafft wurde er am 4.5.1789. 1910 hatte er also sicher nicht mehr existiert. Ganz im Gegenteil: „Die Schweiz gehörte zu den

---

[341] Leibeigenschaft in der Schweiz, www.hls-dhs-dss.ch, 6.7.2011

am frühesten industrialisierten Ländern der Erde", weiß die Geschichte. Um 1900 war man schon ein relativ reiches Land. Die wohlhabendsten Bürger der Schweiz waren Industrielle, Bankiers und ein für diese Zeit beachtlich breiter Bürgerstand.[342]

Im Gegensatz zu Industrie und Gewerbe ging es der Landwirtschaft (wie im übrigen Europa) schlecht, viele Kleinbauern wanderten in die Städte. 1897 wurde der Schweizerische Bauernverband gegründet, „weil sich die Bauernschaft in einer großen Krise befand (…). Die Ertragslage der Bauern war völlig unbefriedigend".[343]

Die Ur-Sünde europäischer Bildungspolitik

Den Namen seiner Bewegung „Kreditie" leitet Hans Jürgen Klaussner vom lateinischen „credere = gegenseitiges Vertrauen" ab. „Es soll der lange gesuchte Dritte Weg zwischen Kapitalismus und Kommunismus sein, der die Vorteile beider Systeme vereint, ohne mit deren Nachteilen behaftet zu sein[344]". So ähnlich könnte man es auch bei Felber oder Nehru gelesen haben. Er unterliegt auch den gleichen Irrtümern.

„Auf das Wort Gewinn reagieren wir meist negativ und etwas schuldbewusst, weil bei eigenem Geldgewinn ein anderer immer gleichviel an Geld verlieren muss". Und Klaussner weiter: „Der über die eigenen Bedürfnisse hinausgehende Gewinn ist der Anteil einer anderen Person am gesellschaftlichen Reichtum. Privatproduktion zum Zweck von über die Bedürfnisbefriedigung hinausgehenden Gewinnen ist Ausbeutung".[345] Dass akademisch ausgebildete Menschen dies auch noch im 21. Jahrhundert glauben, ist die Ur-Sünde des europäischen Bildungssystems.

---

[342] www.technik.geschichte-schweiz.ch, 22.1.2012
[343] www.sbv-usp.ch, 1897-1909, 22.1.2012
[344] www.kreditie.at, 22.1.2012
[345] Das gelbe Buch, Die Lösung des ökonomischen Problems „Der Sozialismus", Hans Jürgen Klaussner, S. 23ff

Nehmen wir an, der Salzburger Dietrich Maier hätte gerade einen Power-Drink erfunden. Bewusst  will er mehr Dosen Limonade produzieren, als seine Familie trinken kann. Um Dosen für 1 Million Euro zu produzieren, hat er einen Kredit von 100.000 Euro gebraucht – mit 5% pro Jahr verzinst. Mit dem Verkauf der Limonade verdient er 50.000 Euro, nach Zinsen (5% von 100.000 Kredit = 5.000 Zinsen) bleiben ihm noch 45.000 über. Dabei hat der Unternehmer noch 5 Mitarbeiter und alle Zulieferer pünktlich bezahlt. Österreichs Nationalbank hat bemerkt, dass die Wirtschaft Salzburgs um 1 Million Euro gewachsen ist und so druckt sie (per Mausklick) 1 Million neuer Banknoten. Um es unter die Leute zu bringen, verkauft sie es für 1% (April 2012) an Salzburger Geschäftsbanken. Diese schlagen wiederum 1,5% Spanne drauf und „verkaufen" es um 2,5% als Kredit an wirtschaftlich aktive Menschen.

Eine Gesellschaft hat nun ein Mehr an Gütern (Limonade), ein Mehr an (Geld-) Vermögen, sie hat mehr Jobs und ihre Lieferanten haben neue Aufträge. Niemandem wurde etwas weggenommen. Niemand wurde ärmer – weder Arbeiter, Lieferanten und schon gar nicht Unternehmer. Natürlich hat Maier 5.000 Euro Zinsen bezahlen müssen, ohne den Kredit hätte er aber gar nicht erst zu produzieren beginnen können. Die 1.000.000 Volkseinkommen und die 45.000 Euro Gewinn hätte es ohne die 5.000 Umsatz für die Bank gar nicht gegeben.

„Ja, aber Maier müsste doch neben den 100.000 auch noch die 5.000 Zinsen zurückbezahlen? Damit wäre der Kreditnehmer (und mit ihm die Wirtschaft) gezwungen, immer weiter zu wachsen, um die Zinsen zu verdienen?" Erstens steigt die

Geldmenge durch den Kredit bei „Limonaden Maier" nur um 100.000 Euro, die kapitalistische Produktionsweise aber lässt Werte von 1.000.000 Euro daraus werden. In dieser Höhe werden Geldscheine gedruckt. In der einen Million an neu gedruckten Geldscheinen geht sich die Kreditrückzahlung von 100.000 Euro genauso locker aus wie der Gewinn von 45.000 oder eben die Zinszahlung von 5.000. Ohne dass irgendjemand zu weiterem Wachstum gezwungen wäre. Und zweitens hätte es ohne den Kredit von 100.000 Euro erst gar kein Wachstum gegeben. Keine neuen Güter, keine neuen Jobs und keine neuen Aufträge für die Rohstofflieferanten.

Jede landwirtschaftliche Revolution beginnt mit der Versorgung der Bauern mit Kleinkrediten (China um 1000 n. Chr., Österreich 19. Jh., Südostasien 21. Jh.). Mit den so finanzierten Betriebsmitteln erzeugen sie ein Mehr an Gütern „aus dem Nichts" heraus. Mit diesem Mehr kann nun der Kredit samt Zinsen zurückbezahlt werden – und es bleibt immer noch ein Überschuss zum Leben.

Echte Wirtschaftsbildung beginnt mit der Erklärung, wie (Wirtschafts-)Wachstum funktioniert. Das Ur-Missverständnis vom Nullsummenspiel muss unseren Bürgern endlich erklärt werden – beinahe alle Verschwörungstheorien kreisen um das Missverständnis. Es muss in jedes Wirtschaftskunde-Buch hinein, (echte akademische) Betriebswirte müssen dies die Menschen endlich lehren.

Das Grundkonzept des Gymnasiums stammt aus dem 16. Jahrhundert (Lateinschulen).[346] Wenn es uns nicht schleunigst gelingt, seine Informationsstruktur in das 21. Jahrhundert zu überführen, braucht es uns nicht zu verwundern, wenn uns permanent der kalte Geist aus dieser Zeit in unsere Gesichter bläst.

---

[346] 1735 K. u. k. Monarchie, 1812 Deutschland: Gymnasium im Humboldtschen Sinn

Klaussner: „Geldjudentum als Nomadentum"

Die Zinskritik begleitet als Art „außersystemische Opposition" das menschliche Wirtschaften schon seit der Antike. Er fußt auf dem alttestamentarischen Glauben an das Nullsummenspiel. Man erinnere sich: Weil es ja (schon seit Jahrtausenden) kein echtes Wirtschaftswachstum gebe, muss der Erlös, etwa für Zinsen, einem anderen dafür fehlen. Die Unkenntnis in der Bevölkerung darüber, dass ein Zins in Höhe von „5" Geldeinheiten aber direkt ein Kapital von „100" bewegte, um damit neue Güter (und Geldscheine) von „500" zu erschaffen, ist Europas Schulsystem zu verdanken.

> **Ohne Kommentar ...**
>
> Klaussner: Alles was sich seit dem Zweiten Weltkrieg (...) in Deutschland und im restlichen Europa mit dem Wiederaufbau der Völker und deren Staaten beschäftigt, ist feindbestimmt, weil es das Geldsystem des Feindes der Menschheit und des Vaters der Lüge benutzt. Das US-materialistische System will mit seinem Mammonglauben, der die Welt schon mehr als 2000 Jahre beherrscht, die menschliche Seele in die Versteinerung führen. Dass dies dem absoluten Ziel der „Luzifer-Freimaurer" entspricht und nur den Tod der Seele bedeuten kann, ist jedem spirituell geschulten Menschen bekannt.
> Quelle: www.kreditie.at, 20.1.2012

Die letzte große Zinskritik-Welle schwappte in den 1920ern über den von sozialistischen Utopien gerade euphorisierten europäischen Kontinent. Für die Nazis war es in den 1920ern ein Leichtes, die sozialistische „Zinskritik an Banken und Kapitalismus" mit dem nationalen Element zu konnotieren und es propagandistisch als „Zinskritik am Finanzjudentum" und an der „kapitalistischen Zinsknechtschaft" zu verwenden.

„Die US-Regierung weiß ebenso wie ihre geistig-jüdischen Führer, dass nur das neue Europa die Welt zu regieren berufen ist. Sie hatten berechtigt die nackte Angst im Nacken gespürt, als das neue Wirtschaftssystem des Deutschen Reiches ab 1933 die Arbeitslosigkeit mit fast zinslosem Geld ohne Golddeckung beseitigte und damit ein überragendes Beispiel für alle freiheitsliebenden Völker in Europa erschuf, das nur mit dem Zweiten Weltkrieg wieder zum Verschwinden gebracht werden konnte[347]" So Hans-Jürgen Klaussner auf seiner österreichischen Homepage. Gemeinsam mit Buchautor Franz Hörmann („Das Ende des Geldes") hat er die HPÖ-Partei gegründet, um die Welt von der Zinsknechtschaft zu befreien.

Die Zustimmung zu Klaussners Theorien ist in wirtschaftsakademischen Kreisen überschaubar. Seine Zinskritik erinnert zu oft an längst vergangene Zeiten. So rief der spätere Stürmer-Herausgeber Julius Streicher[348] 1924 auf einer Versammlung wütend in die Menge: „Die wahren Schuldigen sind die jüdischen Aktionäre und Bankiers, die nicht arbeiten, für die ihr Geld arbeitet! (...) Nicht ein Krupp, der in jahrzehntelanger harter Arbeit ein gewaltiges Werk geschaffen hat, ist ein Kapitalist– sondern ein Rothschild, der nur durch Zins und Zinseszins zu ungeheurem Vermögen gekommen ist!" Zuletzt noch einmal Klaussner: „Mit dem Schuld-Zinsgeldsystem haben die alles bestimmenden Geld-Eliten, die alle politischen Programme steuern, die Erde auf den Kopf gestellt mit dem Ziel, die Menschheit über die materielle Versteinerung als Konsumtrottel geistig und physisch zu vernichten.[349]" Wen Klaussner mit „Geld-Eliten" meint ist, ist nicht näher definiert. Auf der Homepage konnte man im Jänner 2012 Fall lesen: „Um die Weltgeschichte zu verstehen, muss man die Geschichte des Geldjudentums als Nomadentum verstehen" (in Hinblick auf die Geschichte des Zweiten Weltkriegs, Anm.)[350].

---

[347] www.kreditie.at, 15.12.2011
[348] Auszug aus einer Rede vom 17. September 1924 in Bamberg
[349] Ebenda, 15.12.2012
[350] Der Standard, 25.1.2012

Die Staatsanwaltschaft prüft den Vorwurf von „Wiederbetätigung" und „Verhetzung". Parteikollege Hörmann trotzig: „Bestimmte Inhalte müssen wegen des Verbotsgesetzes anders formuliert werden". In der Partei sei aber grundsätzlich jeder willkommen, „seien es Nazis, Marxisten oder Islamisten"[351]. Wer sich solche Freunde für Europas neues Wirtschaftssystem sucht, braucht keine Feinde mehr – armer Kontinent.

9.4 Silvio Gesell: Ohne Zinsen reich

Silvio Gesell ist der Erfinder des sogenannten Freigeldes. Gesell wurde 1862 am Rhein geboren und war Kaufmann in Argentinien. Das Gymnasium war die höchste abgeschlossene Ausbildung, der (Irr-)Glaube ans Nullsummenspiel somit bestimmendes Element in seinen späteren Studien. Im Gegensatz zu Marx und Engels (oder Felber) ist für Gesell der „Eigennutz des Menschen ein gesunder und natürlicher Antrieb, der es ihm erlaubt, seine Bedürfnisse zu verfolgen und wirtschaftlich tätig zu sein". Der freie Wettbewerb würde dabei dem Fähigsten die meisten Verdienstmöglichkeiten eröffnen – ohne Verfälschung von Zins und Bodenrente („Pacht"). Mit seinem „Freigeld" wollte Gesell die Geld-Zinsen abschaffen, mit der Verstaatlichung allen Grunds und Bodens auch die Bodenzinsen („Pachten") – vor allem für Bauern. Sein Kalkül: Fielen für eine Gesellschaft die Zinszahlungen (für Boden und Miete) erst einmal weg, blieben ausreichend Geld für die Unterstützung von Bedürftigen über.

---

[351] Der Standard, 25.1.2012

Als Erstes überschätzte Gesell die Höhe von Zinsen völlig. In der Landwirtschaft macht die „Boden-Rente", also die Pacht, tatsächlich bis zu einem Drittel der Erlösmöglichkeiten aus, in der Industrie sind es aber gerade einmal zwischen 2 und 5%. Könnte die VOEST Alpine auf Kredite verzichten, würde sie sich gerade einmal mickrige 2,63% ersparen. Damit kann man kein Sozialwesen finanzieren.

Als Zweites unterschätzte Gesell den Kapitalbedarf einer modernen Wirtschaft massiv. Der Kleinbauer des 11. Jahrhunderts brauchte

Postkartengruß von Silvio Gesell um 1920.
Quelle: Wikipedia.com/Frinck

tatsächlich bloß einen Gulden für das Saatgut, um produzieren zu können. Er kam ohne Kredite aus. Alleine im Volkswagenkonzern stecken heute aber über 200 Milliarden Euro an Kapital – da muss man sich zinsenmäßig einiges einfallen lassen, um an genügend Geld zu kommen.

Und drittens versteht Gesell wie alle Zins-Kritiker nicht, dass es ohne Zinserlöse (hier im Sinn von Mieterlösen) auch keine Produktion gibt. Jemand investiert nur dann in den Bau von Wohnungen, wenn er dafür später eine Miete erlösen kann.

Die Mehrzahl von Hotels und Shopping Centers auf dieser Welt besitzen Banken und Versicherungen. Nicht weil sie damit die Welt beherrschen wollen – die Eigentümer mischen sich in die Führung der Immobilien nur ausnahmsweise ein –, sondern weil die Banken die eingesammelten Spargelder auf diese Weise (eben durch Mieteinnahmen) verzinsen. Könnten sie keine Mieten von Hotel- oder Shop-Betreibern erlösen, würden Hotels und Shopping Center nicht gebaut, unzählige Jobs nicht erschaffen werden. Es würde weniger produziert werden, es bräuchte auch kein Geld gedruckt zu werden und eine Gesellschaft wäre ärmer und damit aggressiver. Und: Ohne Zinsen würden Menschen nicht sparen. Es ist in einer freiheitlich-liberalen Welt aber ein Grundrecht, über das eigene Einkommen auch zeitlich zu verfügen.

Für Gesell sind Kreditnehmer immer im Nachteil gegenüber dem Geldbesitzer, damit sah er das freie Kräftespiel zwischen Verkäufer und Käufer grundlegend gestört. Diese Sicht entspricht der Sicht des ausgehenden 19. Jahrhunderts, in dem das Auftreiben von Geld tatsächlich schwerer war als heute. Heute schwimmt die Welt geradezu in Geld. „Wir scheitern nie am Geld, immer nur an den Persönlichkeiten", so ein bekannter Unternehmensberater 2011 im Gespräch über gute Geschäftskonzepte und die Rolle der Banken.[352]

Seit 20 Jahren drucken die staatlichen Notenbanken dieser Welt unkontrolliert Geld, um die Taschen ihrer Bürger (vor Wahlen) zu füllen. Macht ein Gerücht die Runde, irgendwo auf diesem Erdenrund gäbe es eine neue Renditechance, strömen sogleich ungeahnte Kapitalmengen in das hoffnungsvolle Projekt. Geld ist im Überfluss vorhanden – Anlageideen aber nicht. Damit sind Kredite „Käufer-Märkte", der Kredit-Konsument bestimmt die Konditionen.

---

[352] Vortrag der Unternehmensberatung Netzwerkgruppe, Lembach/OÖ, 11.1.2012

9.5 Zinseszins-Effekt zwingt zum Wachstum

Der Zins sei ein „Tumor, der dem sozialen Organismus die Lebenskräfte entzieht", so der deutsche Zinskritiker Bernd Senf. Und er fasst den Grundirrtum der Zinskritik zusammen: Das „Zinseszinssystem" (also die Tatsache, dass die Zinsen auf Sparguthaben bei Nichtbehebung zu immer größeren Sparguthaben führen, die dann wieder verzinst werden) führe zu einem „exponentiellen Wachstum" der Guthaben. Um diese Zinsen zu erwirtschaften, müssten ständig mehr Kredite vergeben – also anderswo Schulden produziert – werden, „und die SchuldnerInnen wie SklavInnen im Dienste der GläubigerInnen immer mehr Zinsen zahlen". Die Vermögen würden (wegen des Zinseszinseffekts) immer stärker anwachsen. Irgendwann würde das System unter der wachsenden Schuldenlast zusammenbrechen. Gottlob ist dieser Effekt in den letzten 4000 Jahren nur sehr selten eingetroffen.

Dass vom Zinseszinseffekt keine reale Bedrohung ausgeht, wurde bereits dokumentiert („Sparen macht arm!"). Aber auch der „Druck zum Wachstum" kommt nicht von den Banken, den „Pauschal-Schurken" dieser Welt, sondern von „uns selber". So hat sich unser Staatswesen etwa zur Subvention unserer (Früh-)Pensionisten stark verschuldet. Die Österreicher gehen um 6 Jahre früher in Pension (als kalkuliert) und sie haben ihre Pensionen nur ausnahmsweise „wohl erworben". Nur 90% einer ASVG-Pension[353] kommt aus den Beiträgen aktiver Kollegen, 10% muss der Staat zuschießen. Bei Eisenbahnern steht es 25 zu 75. Die Staatszuschüsse summieren sich für einen ASVG-Pensionisten über die Jahre hinweg zu 55.770 Euro. Bei Eisenbahnern beträgt der Wert 747.547 Euro.[354] Ein beträchtlicher Teil davon wird durch die Aufnahme immer neuer Kredite fi-

---

[353] Österreichische Pensionen, die in der Privatwirtschaft erworben wurden, werden im ASV-Gesetz geregelt; daher ASVG-Pensionisten
[354] Die Presse, 4.7.2010

nanziert. Natürlich ist die „Gier" jedes einzelnen Frühpensionisten nach „noch früherer" und „noch höherer" Pension für sich gesehen relativ klein. Mit 2,6 Millionen multipliziert bringt es ein Staatswesen aber um.

> **Pensionen fressen Budget auf**
> Ein Drittel der Bundesausgaben gehen für Pensionen und Zinsen drauf
> (Oe24.at, 28.4.2011)

Von 67,3 Mrd. Euro Gesamtausgeben entfielen im österreichischen Budget 2011 8,3 Milliarden auf den Zuschuss zu den 2,2 Millionen ASVG-Pensionen und 7,8 Mrd. für die der Beamten an. 5,7 Mrd. zahlte man an Zinsen für die 215 Milliarden Schulden, die in den letzten Jahrzehnten zur Auszahlung von Pensionen aufgenommen wurden – und die auch in den nächsten Jahrzehnten nicht getilgt werden können.

Damit erhöhen alleine die Pensionszuschüsse den Schuldenberg von 215 Milliarden Euro jährlich um weitere 16,1 Mrd. Euro, ohne dass alte Schulden abbezahlt würden. Damit ist unser Land zum Wachstum verdammt. Würden Österreichs Menschen auf Wirtschaftswachstum verzichten, aber trotzdem besser leben wollen, als es die eigenen Verhältnisse erlauben und würde das BIP bei 300 Milliarden Euro stagnieren, dann stiege der Schulden-Anteil am BIP immer schneller an, bis die Bonität des Landes so schlecht wäre, dass die Fremdkapitalzinsen immer stärker ansteigen müssten. Wie schnell ein solches Staatswesen „kippen" kann, hat die Eurokrise bewiesen.

Deshalb sind die (wirtschaftlich aktiven) Bürger eines Landes gezwungen, immer mehr zu produzieren, um der steigenden Verschuldung (ausgelöst von einem Lebensstandard auf Pump) nachzulaufen.

9.6 Hörmann: Neue Gesellschaft ohne Geld

Im Standard-Interview[355] erklärte Hörmann, warum unser jetziges Wirtschafts- und Finanzsystem ausgedient habe. Franz Hörmann: „Weil wir aus Sicht der Rechts- und Wirtschaftswissenschaften Modelle verwenden, die auf die alten Römer zurückgehen. Das Zinseszinssystem stammt aus dem zweiten vorchristlichen Jahrtausend, die doppelte Buchhaltung aus dem 15. Jahrhundert. Und es gibt keinen Bereich unserer Gesellschaft und der Wissenschaften, wo Methoden dieses Alters überhaupt noch ernst genommen werden". Der einzige Zweck, warum man sich auf so alte Systeme heute noch verlasse: „Es dient dazu, gesellschaftliche Eliten mächtig und reich zu erhalten."

Die Argumentation, Zinseszinseffekt und Buchhaltung seien heute irrelevant, weil altertümlich, verwundert. Der Buchdruck wurde wahrscheinlich im 11. Jahrhundert in China erfunden. Bücher fertigt man heute etwas anders, das Grundprinzip aber ist dasselbe geblieben. Auch die Buchhaltung hat sich in den letzten 700 Jahren weiterentwickelt, kam sie doch bis vor 100 Jahren noch ohne Umsatzsteuer aus. Doch ist auch hier das Grundprinzip noch heut dasselbe.

Und so geht es mit Millionen Erfindungen und Erkenntnissen: Das Schwarzpulver wurde erstmals im 7. Jahrhundert bei den Phöniziern nachgewiesen, die Chinesen verwenden für ihre Feuerwerksknallkörper heute sogar noch die antiken Mischungen. Die Existenz eines modernen Kompasses fand man erstmals 1269 bei französischen Gelehrten – sein Bauprinzip hat sich sogar unverändert erhalten.

Dass die Welt an Instrumenten wie der Buchhaltung festhält, weil es im Interesse einer angedeuteten Verschwörung mysteriöser „gesellschaftlicher Eliten" wäre, wird von Hörmann nicht hinreichend belegt.

---

[355] Der Standard, 13.10.2010

Geht es nach Hörmann, würden alle Währungen ohnedies bis 2011 verschwinden, weil sie technisch nicht mehr funktionieren (Sie können dieses Buch ab 2012 erwerben – hoffentlich gegen Geld – „Danke!"). Hörmanns Ziel ist ohnedies eine neue Gesellschaft ohne Geld, bloß für die Übergangphase müsste es noch etwas geben – das sogenannte „mehrdimensionale" Geld. In seiner neuen Gesellschaft würden alle Ressourcen (Wohnraum, Energie, Lebensmittel) auf alle Menschen gleichmäßig verteilt werden, egal welche und ob sie überhaupt Leistungen dafür erbracht hätten. Dass Hörmann dafür zuerst einmal vielen Wohnungs- und Hauseigentümern Besitz wegnehmen muss, sagt er genauso wenig wie, *wie* er es den Besitzenden wegnehmen würde.

Hörmann: 10% Working Poor in Österreich

„Zehn Prozent der berufstätigen Bevölkerung können von ihren Arbeitseinkommen heute gar nicht mehr leben", so Franz Hörmann. Dem Irrtum, die Arbeiterschaft werde verelenden, weil die Kapitalisten sie wegrationalisierten, unterlag schon Karl Marx (siehe Kapitel „Die Ängste des Herrn K."). Und trotzdem haben sich die Arbeitereinkommen seit Marx verachtfacht – sind also um 700 Prozent angestiegen. Dass zehn Prozent der österreichischen Erwachsenen von ihrem Arbeitseinkommen nicht mehr leben könnten, kann getrost als unwahr bezeichnet werden.

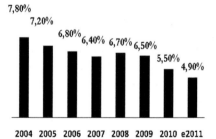

Arbeits- und Sozialminister Rudolf Hundstorfer (SPÖ) schreibt im Vorwort zum EU-Armutsbericht Ende 2011: „Der Anteil der Working Poor hat sich seit 2005 kontinuierlich verringert und liegt derzeit mit 4,9% (2011) weit unter dem EU-27-Durchschnitt von 8,4%.[356]" Als Gründe für die positive Entwicklung sieht er „die höhere Beschäftigungsquote von Frauen, den relativ geringen Anteil prekärer Beschäftigungsformen und den hohen Anteil kollektivvertraglich geregelter Beschäftigungsverhältnisse.

Die EU-Statistik spricht eine ähnliche Sprache. Innerhalb von nur sieben Jahren hat sich die Zahl der „Working Poor" um 30 Prozent verringert – von 7,8% auf nur noch 5,5% (2010).

Manchmal fällt es schwer, bei solchen Thesen einen wirtschaftswissenschaftlichen Bildungshintergrund zu vermuten. Tatsächlich unterrichtet der Professor an der Wiener Wirtschaftsuniversität am Institut für Unternehmensrechnung und Revision – und scheint exemplarisch für die ideologische Neupositionierung der ehemals renommierten Universität zu stehen.

9.7 Die Verschwörung der Ratingagenturen

Für Salzburgs Arbeiterkammer-Chef und ÖGB-Vorsitzenden, Siegfried Pichler, scheint die Welt ganz klar zu sein: Hier die „Guten" (Arbeitnehmer, Arme, Ausgebeutete), dort „alle anderen" (Gierige, Ausbeuter, Unternehmer, Reiche, Millionäre, Banken, Spekulanten, Zocker). Und Ratingagenturen. Mit diesen will „er endlich aufräumen". Sie stellten sogar „eine Gefahr für die Demokratie dar!"[357] Dass die Ratingagenturen sich mit der US-Regierung gegen den Euro verschworen hätten, ist freilich so schnell angedeutet wie ungenügend bewiesen.

---

[356] EU-SILC 2010, S. 6
[357] Echo 12/2011

Widerspruch gegen die Mainstream-Meinung kam dabei – eher unerwartet – von linker Seite: „Ich glaube nicht an die Verschwörungstheorie, dass die bösen USA Europa ruinieren wollen", sagte der SPD-Vorsitzende Sigmar Gabriel im Jänner 2012 auf „Spiegel online". Und Jürgen Trittin von den Grünen unterstützte ihn: „Wenn Ramsch als Ramsch bezeichnet wird, dann sollte man das ihnen nicht vorwerfen". Wenn man den Ratingagenturen etwas vorwerfen kann, dann, dass sie nicht schon vor zehn oder zwanzig Jahre aufgeschrien haben, als Europa sich Jahr für Jahr in immer noch abenteuerliche Verschuldungssituationen hineinmanövrierte. Jetzt den Überbringer der schlechten Nachricht für die schlechte Nachricht selber zu verantworten, ist in der abendländischen Kultur eigentlich nicht mehr „State of the Art".

Dass es keine ernst zu nehmende europäische Ratingagentur gibt, ist in der sozialistischen Tradition Europas begründet. Dem Kapitalmarkt traditionell skeptisch eingestellt setzte man seit 1945 auf staatliche Rentensysteme im so genannten Umlageverfahren: Die Pensionen eines Jahres werden aus den einbezahlten Rentenbeiträgen der Aktiven (des aktuellen Jahres) finanziert – der Fehlbetrag wird aus dem Budget bezahlt. In den USA oder der Schweiz setzt man hingegen auf die Förderung privaten Vermögens. In beiden Staaten fördert man als Erstes den Aufbau von privatem Immobilieneigentum. US-Amerikaner (wie Schweizer) bekommen mit 65 eine kleine Staatsrente von etwa 1.000 Dollar (Franken), vom Betrieb bekommt man zusätzlich eine kleine Betriebsrente in meist ebensolcher Höhe. Zusätzlich hat jeder US-Amerikaner aber durchschnittlich zwischen 100.000 und 200.000 Dollar angespart. Und es sind die mächtigen US-Pensionsfonds, die diese gigantischen Kapitalien verwalten. Und dabei vertrauen sie bei Expertisen bevorzugt US-amerikanischen Ratingagenturen. Überdies schreiben US-Gesetze dies so auch vor. Gäbe es deutsche oder österreichische Pensionsfonds von Bedeutung, würden diese deutsche oder österreichische Ratingagenturen bevorzugen (müssen). Dabei ist das Ansparen großer Kapitalien durch breite (US-) Bevölkerungsschichten als Pensionsvorsorge in Zeiten großer Geld-Fluten ohnedies kritisch zu hinterfragen. Unbestritten ist aber immer die eigene Wohnimmobile als Kern der Zukunftsvorsorge.

„Down ge-rated" lebt sich's billiger

Nach Banken, Spekulanten und Konzernen hat man in Österreich endlich einen neuen Sündenbock gefunden (noch dazu einen fremdländischen). Und der soll dazu sogar noch an unseren Problemen (aus den 1970ern und 80ern) schuld sein. Doch vergessen viele, dass Ratingagenturen nur Gutachten ausstellen. So kann das Gutachten über einen Staat zwar schlecht ausfallen (was eine höhere Zinsforderung erwarten ließe), und doch geben sich Kapitalgeber auch mit weniger zufrieden. Als Österreich das Triple-A noch hatte, musste es (im Jänner 2011) 3,7% Zinsen für neue Anleihen bezahlen. Nach der Zurückstufung waren es nur mehr 3,1% (Jänner 2012), im April gar nur mehr 1,73%.[358] Als Italiens Bonität noch höher war (2010), musste es 7% an Zinsen zahlen. Einige Abstufungen später waren es nur mehr etwas über 5% (Februar 2012).

Österreich und Deutschland sitzen auf Schuldenbergen von über 75% ihrer Wirtschaftsleistung (mit ausgegliederten Schulden sind es in Österreich weit über 80%). Griechenland hatte zu Beginn seiner Schuldenkrise 90%. In Wahrheit haben die Agenturen viel zu lange zugesehen. Das ist das Einzige, was man ihnen vorwerfen muss.

---

[358] Der Standard, 11.4.2012

9.8 Felbers „Neue Werte für die Wirtschaft – Eine Alternative zu Kommunismus und Kapitalismus"

Nach einem „Dritten Weg" wollte Felber suchen. Stattdessen ist sein Buch „Neue Werte für die Wirtschaft – Eine Alternative zu Kommunismus und Kapitalismus" eine einseitige Abrechnung mit dem Kapitalismus geworden – aus marxistischer Sicht. Ein wütendes Pamphlet, das so ziemlich alles Schlechte dieser Welt dem inkriminierten System zuschreibt. Natürlich will Felber mit dem Titel provozieren, wenn er den Kapitalismus, der die halbe Welt in Reichtum gestürzt hat, mit jenem System vergleicht, das für Armut und Barbarei in der anderen Hälfte verantwortlich zeichnete. Für Nicht-Linke ist das so, als wollte Felber einen „Dritten Weg" suchen – zwischen Schweinepest und Karibikurlaub.

Felber behauptet, die Planwirtschaft des Kommunismus habe die Menschenwürde weniger verletzt als der („heutige") Konkurrenzkapitalismus.[359] Damit verzichtet Felber – wie in seinem ganzen Buch – bewusst auf eine kritische Distanz zum Linksextremismus – und seine 80 Millionen Todesopfer. Felber spricht gerne von Mitgefühl, Liebe und Empathie. Kein einziges Wort des Bedauerns findet Felber für die 12 Millionen Opfer kommunistischer Konzentrationslager, den Gulags. Kein Wort für die 30 bis 60 Millionen Hungertoten eines kommunistischen Gemeinwohl-Projektes in China. Keines für das eine Fünftel der vietnamesischen Bevölkerung, das die kommunistischen Khmer mit bloßen Händen abgeschlachtet hatten.

Mit der einseitigen Diffamierung nur des „einen Weges" hat man ein Glaubwürdigkeitsproblem, wenn man den „dritten" sucht – und der so wie der „zweite" aussieht. Felbers Vergleich ist schlicht absurd. Und verdient eine ebensolche Antwort.

---

[359] Neue Werte für die Wirtschaft – Eine Alternative zwischen Kommunismus und Kapitalismus, Christian Felber, S. 114

Der „Dritte Weg zwischen Nord- und Südkorea"

Felber will einen „Dritten Weg" zwischen Kommunismus und Kapitalismus finden? Warum denn nicht gleich den Mittelweg? Als kommunistisches Beispiel könnte Nord-Korea dienen, für das kapitalistische sein südlicher Nachbar.

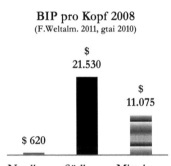

In Südkorea hat eine ungezügelte Managerklasse die Supermarktregale bis zum Bersten gefüllt, eine unterjochte Arbeiterschaft wurde zur höchsten Kaufkraft Südostasiens gezwungen. Eine entartete Demokratie hat Südkorea heimtückisch durchdrungen, Regierungswechsel laufen furchtbar friedlich ab. Die „blanke Gier" hat mit Hilfe einer künstlich arrangierten Wettbewerbswirtschaft Millionen hochentwickelter und ebenso bezahlter Jobs geschaffen. Konzernen wie Hyundai, LG und Samsung schufen zynisch eine Wohlstandsschwemme – in einem von Rohstoffen klinisch reinen Land.

Den Soziologen aller Ländern stehen Tränen im Gesicht: In Nordkorea sind alle Menschen gleich – wenn auch gleich hungrig. Darüber hinaus erhalten sie noch den „fairen" Einheitslohn

von einem Euro im Monat.[360] So viel kostet auch ein Kilo Tomaten. Die sympathische Volksarmee gewährleistet die Sicherheit aller ihrer fleißigen Untertanen. Fleißig sind sie sowohl beim Suchen von Nahrung auf stockfinsteren Äckern im November als auch beim Huldigen ihres gerechten und fairen kommunistischen Vorsitzenden. Von materialistischen Verlockungen hat dieses Volk sich stolz befreien können, selbst von der nach Medikamenten oder Heizung.

Nun mag man (wieder einmal) einwenden: Natürlich ist der Kommunismus Nord-Korea gar kein echter Kommunismus. So wie es auch der in China gar nicht war – oder der in Vietnam. Oder der in der Sowjetunion, der in den Volksrepubliken Rumänien oder Bulgarien – ganz zu schweigen von dem in der DDR, Albanien oder Kuba. Natürlich war auch der Ostblock-Sozialismus (laut Ziegler) pervertiert, „der in der Volksrepublik Mongolei dabei ganz besonders schlimm". Nicht einmal die Inder hatten den wahren Sozialismus gefunden – mit ihrem „Dritten Weg". Nichts mit dem „wahren" Sozialismus hatten freilich auch die Diktaturen Nordafrikas zu tun – der „Baath-Sozialismus" Syriens, Libyens, Ägyptens, Tunesiens oder im Irak war nur ein Zerrbild der wahren Lehre. Auch der in Venezuela könne nicht der wahre Sozialismus sein, genau so wenig wie der Boliviens.

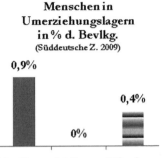

---

[360] Karin Janz, Welthungerhilfe, aus Nordkorea, Presse, 17.2.2010, S. 6

Irgendwann stellt man sich als Unbeteiligter bloß die Frage: Wenn eine Vision in unzähligen Experimenten unzählige Male probiert wird – und man hinterher nie zufrieden war – sollte man seine Energien denn dann nicht auf etwas Aussichtsreicheres lenken?

Das erste Globalisierungskritik-kritische Buch Europas:

„Die Finanzkrise und die Gier der kleinen Leute"

Für den Salzburger Ökonomen waren „Banken und Spekulanten" nur Nutznießer, nicht aber Auslöser der Krise. Während Europas Bürger seit den 70ern jene wählten, die den *Staat* am meisten Schulden aufnehmen ließen, um mit neuen Sozialleistungen Wahlen zu gewinnen, überließ man es in Amerika halt den *Bürgern* selbst, sich zu verschulden.

In beiden Systemen konnten Bürger besser leben, als es ihre Verhältnisse ihnen eigentlich erlaubt hätten. Als dann der Wirtschaftsboom auf Pump platzte, waren – wie seit dem Mittelalter – wieder einmal Banken oder Spekulanten schuld.

Der Ökonom Michael Hörl hat Mythen und Missverständnisse zu Konzernen, Kapital und Globalisierung aufgesammelt und sie auf 400 Seiten beherzt aufgeklärt: mit klar und nachvollziehbaren Fakten, garniert mit betriebswirtschaftlichen Kurzgeschichten, Comics und Statistiken.

Web: **www.michaelhoerl.at**
Facebook: **Die Finanzkrise und die Gier der kleinen Leute**

Michael Hörl

1969 wurde ich geboren, die Kindheit verbrachte ich in Salzburg (Österreich), Matura 1987. Wen der liebe Gott bestrafen will, dem schenkt er Hausverstand und Kenntnisse in Arithmetik – und sendet ihn in Bruno Kreiskys Österreich. Im Alter von 10 Jahren war ich der Meinung, Politik sei eine Art Wettkampf, bei dem derjenige gewinnt, der die meisten Möglichkeiten findet, das im Überfluss vorhandene Geld an Menschen zu verschenken.

1988 schrieb ich mich an der Wiener Wirtschaftsuni ein. *„BWL? – Machen das nicht alle, die nicht wissen, was sie sonst studieren sollen?"*, so ein Wiener Kombinationskünstler aus Philosophie, Soziologie und Theaterwissenschaften damals. Jahre später berichtete er mir begeistert, dass man ihm zeitgleich mit der letzten Diplomprüfung die Sozialhilfe schon für 2 Monate im Voraus überwiesen habe.

In den 1980ern war Österreichs Experiment einer sozialistischen Planwirtschaft gerade erst gescheitert; im Stakkato gingen Kreiskys Staatsbetriebe nun in Konkurs, Zehntausende Arbeiter verloren ihren Job. Osteuropas sozialistische Diktatoren verloren derweil ihre Völker – an Marktwirtschaft und Demokratie.

In England (Thatcher) und in Amerika (Reagan) hatte man redundante Staatsleistungen zurückgebaut – ebenso die Steuerlast. Für Österreichs Mainstream geradezu grotesk und in seinen gelenkten Medien schmunzelte man über den „Morbus Marktwirtschaft". Dessen Symptome – stark erhöhte Eigenverantwortung, ungezügeltes Freiheitsstreben bei gleichzeitig hohem Wohlstands-Fieber und eine unkontrollierte Wucherung liberaler Zivilgesellschaften blieben in Österreich dank jahrzehntelanger Dauerimpfung unbekannt.

Kreisky war 1983 zwar gegangen, sein System jedoch geblieben. Immer neue Milliarden borgten seine sozialdemokratischen Nachfolger von den Finanzmärkten und verteilten sie an Stammwähler wie Eisenbahner, Rentner oder Eisenbahner-Rentner. Und sprachen von fortschrittlicher und fairer Politik. *Vor* den Wahlen. *Danach* erhöhte man die Steuern und nahm neue Schulden auf. Ein Zusammenhang fiel nur „neoliberalen" Eigenbrötlern auf.

Und auch politisch blieb alles so, wie es schon immer war: Fiel irgendwo auf dieser Erde mal die Ernte aus und stiegen so die Preise, dann hatten Spekulanten schuld. Konnte man in fremden Ländern einmal Kredite nicht bedienen, dann lag es an der Gier des IWF. Hatte man selber zu viel ausgegeben, dann hatte sich das internationale Kapital verschworen. Und generell galt: Wer demonstrierte, hatte recht.

Welch' Überraschung. Wer in Österreich zum Thema Wirtschaft sprach, der hatte nur ausnahmsweise mal im BWL-Unterricht gesessen. Meistens kam man aus von Wirtschaftsinhalten klinisch rein gehaltenen Gymnasien, studierte dann Philosophie, Archäologie und Politik. Von der Ausbeutung in der Privatwirtschaft konnte so mancher wohl ein Liedchen singen – freilich ohne dort je ausgeharrt zu haben. Natürlich nahm man deren Geld – aber still und ohne Dank.

Mehrmals jobbte ich in Germany. 1993 absolvierte ich ein Praktikum an Österreichs Außenhandelsstelle in Johannesburg. 1991 lebte ich zum ersten Mal beim „Klassenfeind" in USA. Als das Reisebüro, für das ich drüben war, wegen des Irakkrieges I schlecht lief, wurde ich prompt freigesetzt. Saddam kapitulierte 6 Wochen später, die Firma hatte überlebt und so wurde ich gleich wieder eingestellt – mit der ersten Gehaltserhöhung meines Lebens. „Kriegsgewinnler" hieß man das in meiner Heimat kühl.

Ich war erst kurz als Betriebswirt in einem österreichischen Handelskonzern tätig, als ich 1996 nebenberuflich in die Erwachsenenbildung („Unternehmertraining") einstieg. Später wurde ich Lehrer für wirtschaftliche Fächer an den Tourismusschulen Klessheim. Wenn ich schon den negativen Duktus unserer Gesellschaft nicht ändern konnte, so wollte ich wenigstens einigen Jugendlichen eine positive Lebenseinstellung auf deren Lebensweg mitgeben. Deren Wirtschaftsbild sollte nicht auf Verschwörungen („Die Konzerne beuten uns einfache Menschen aus"), auf Mythen („Die Kluft geht auseinander") oder Sündenböcken („Die Reichen/Banken/Unternehmer sind schuld") basieren.

Wenn man versteht, wie Menschen denken, versteht man auch ihr (Wirtschafts-) System – es ist ja bloß ihr Spiegelbild. Unsere Absolventen begreifen Wirtschaft (hoffentlich) „positiv" und als eine Herausforderung, die man aktiv gestalten kann – und nicht passiv erdulden muss.